Werner Dreier, Falk Pingel (Hrsg.)

Nationalsozialismus und Holocaust –
Materialien, Zeitzeugen und Orte der Erinnerung
in der schulischen Bildung

Werner Dreier, Falk Pingel (Hrsg.)

Nationalsozialismus und Holocaust – Materialien, Zeitzeugen und Orte der Erinnerung in der schulischen Bildung

20 Jahre _erinnern.at_

StudienVerlag
Innsbruck
Wien

Gedruckt mit Unterstützung des Bundesministeriums für Bildung, Wissenschaft und Forschung.

≡ **Bundesministerium**
Bildung, Wissenschaft
und Forschung

erinnern.at
NATIONALSOZIALISMUS UND HOLOCAUST:
GEDÄCHTNIS UND GEGENWART

© 2021 by Studienverlag Ges.m.b.H., Erlerstraße 10, A-6020 Innsbruck
E-Mail: order@studienverlag.at
Internet: www.studienverlag.at

Buchgestaltung nach Entwürfen von Wilfried Winkler, neusehland.at
Satz und Umschlag: Studienverlag/Karin Berner
Umschlagabbildung: Albert Lichtblau
Korrektorat: Beatrix Brückler

Gedruckt auf umweltfreundlichem, chlor- und säurefrei gebleichtem Papier.

Bibliografische Information der Deutschen Nationalbibliothek
Die Deutsche Nationalbibliothek verzeichnet diese Publikation in der Deutschen Nationalbibliografie;
detaillierte bibliografische Daten sind im Internet über <http://dnb.dnb.de> abrufbar.

ISBN 978-3-7065-6165-5

Alle Rechte vorbehalten. Kein Teil des Werkes darf in irgendeiner Form (Druck, Fotokopie, Mikrofilm oder in einem anderen Verfahren) ohne schriftliche Genehmigung des Verlages reproduziert oder unter Verwendung elektronischer Systeme verarbeitet, vervielfältigt oder verbreitet werden.

Inhaltsverzeichnis

Martina Maschke, Manfred Wirtitsch:
20 Jahre _erinnern.at_ –
Das Bildungsministerium als Auftraggeber   9

Werner Dreier:
„Wissen und Erinnerung sind dasselbe ...".
Eine Rede anlässlich des Gedenktags 5. Mai   15

Peter Gautschi:
Holocaust und Historische Bildung –
Wieso und wie der nationalsozialistische Völkermord
im Geschichtsunterricht thematisiert werden soll   21

Victoria Kumar:
Die Vermittlung von Nationalsozialismus und Holocaust
in der Bildung heute   37

Adelheid Schreilechner:
Nationalsozialismus und Holocaust als persönliche und
schulische Herausforderung. Erfahrungen von Lehrerinnen
und Lehrern in Österreich und Israel   47

Peter Larndorfer:
„Die Bedeutung der historischen Dimension" –
Historisch-Politische Bildung in der Berufsschule   61

Falk Pingel:
Im Spiegel des Schulbuchs:
Die Darstellung des Nationalsozialismus
im deutschen Schulgeschichtsbuch und Ergebnisse der
deutsch-israelischen Schulbuchgespräche   75

Werner Dreier:
Im Spiegel des Schulbuchs:
Die Darstellung von Judentum und Israel
und die österreichisch-israelischen Schulbuchgespräche   95

Robert Sigel:
Über den Genozid an den Roma und Sinti lernen.
Die Materialien „Das Schicksal der europäischen Roma und Sinti
während des Holocaust" – www.romasintigenocide.eu   107

Unterricht(s-Materialien) mit Zeitzeugen

Anton Pelinka:
Hermann Langbein und die Anfänge der „Zeitzeugen Aktion" 119

Maria Ecker-Angerer:
Schulbesuche von Zeitzeuginnen und -zeugen:
ein Plädoyer für den Dialog 129

Maria Ecker-Angerer:
„Seitdem ich die Vorträge halte, weiß ich viel mehr von mir ..."
Ein Gespräch mit der Zeitzeugin Gertraud Fletzberger 137

Angelika Laumer:
„Das sind Fragen, die ganz danebengehen!"
Zu Interaktionen zwischen Zeitzeuginnen und -zeugen
in digitalen Interviews und ihrer Nachwelt am Beispiel
von www.weitererzaehlen.at 141

Irmgard Bibermann:
Das internationale Forschungsprojekt „Shoah im schulischen Alltag".
Wie funktioniert historisches Lernen mit videografierten
Zeitzeugen-Interviews auf einer Tablet-App? 155

Maria Ecker-Angerer, Werner Dreier:
„Darüber sprechen" – Eine Wanderausstellung mit Erinnerungen
von Zeitzeuginnen und -zeugen 165

Alle Erinnerung hat einen Ort

Gerald Lamprecht:
„Alle Geschichte hat einen Ort". Digitale Erinnerungslandschaft
Österreich (DERLA) – Verfolgung und Widerstand
im Nationalsozialismus | dokumentieren und vermitteln 179

Albert Lichtblau:
Erfassen, Ausstellen, Besuchen, Abbilden, Nach-Denken: „Auschwitz" 193

Christian Angerer:
Die Geschichte des Bildungsortes KZ-Gedenkstätte Mauthausen 209

Peter Larndorfer:
„... politisch immer noch ein heißes Eisen" – Die Darstellung
des Nationalsozialismus im Haus der Geschichte Österreich 221

Gregor Kremser:
Erinnern und Gedenken im Kontext
zeitgenössischer Kunst in Niederösterreich   227

Robert Obermair:
Über den Tauern nach Israel –
Lokales Erinnern als Chance für die Vermittlungsarbeit   239

Nadja Danglmaier:
Erinnerungsarbeit als Bildungsarbeit an Orten
des NS-Terrors in Kärnten – Herausforderungen und Chancen   247

Johannes Spies:
Zur Darstellung der NS-Geschichte in
Vorarlberger Jungbürgerbüchern nach 1945   255

Horst Schreiber:
„Nationalsozialismus in den österreichischen Bundesländern":
Die Jugendsachbuchreihe von _erinnern.at_   263

Herbert Brettl:
Das Netz ist sehr dicht geworden.
20 Jahre dezentrales Netzwerk am Beispiel Burgenland   271

Auseinandersetzung mit Antisemitismus

Werner Dreier:
„Die Tirolerin, die ich bin, und die Antizionistin,
die ich wurde …" – Antisemitismus, Schule und Öffentlichkeit   279

Maria Ecker-Angerer, Werner Dreier:
Vom Lernheft zu „Stories that Move":
Die Stimmen der Jugendlichen im Zentrum   297

Axel Schacht:
„Fluchtpunkte": Der Konflikt im Nahen Osten und wir   305

Autorinnen und Autoren   311

Martina Maschke und Manfred Wirtitsch

20 Jahre _erinnern.at_ – Das Bildungsministerium als Auftraggeber

Seit Mitte der 1970er-Jahre hat sich die für Politische Bildung zuständige Abteilung des jeweiligen für Unterrichtsangelegenheiten zuständigen Bundesministeriums intensiv für eine Vermittlung der österreichischen NS-Vergangenheit eingesetzt. Unter anderem wurden seit 1976 regelmäßig Überlebende des Holocaust aus den unterschiedlichsten Opfergruppen als Zeitzeuginnen und Zeitzeugen in den Schulunterricht eingeladen, anfangs sogar von Historikerinnen und Historikern österreichischer Universitäten begleitet.

1978 wurde erstmals ein Zeitzeugenseminar durchgeführt, bei dem Lehrkräfte gemeinsam mit Wissenschaftlerinnen und Wissenschaftlern sowie Zeitzeuginnen und Zeitzeugen intensiv Inhalte für den Zeitgeschichteunterricht erarbeiteten, Kontakte für Zeitzeugenbesuche in Schulen knüpfen konnten und damit zu einer guten Verankerung von Zeitzeugenbesuchen im Schulunterricht beitrugen. Diese Seminarreihe wurde seither kontinuierlich weitergeführt, sämtliche Kosten wurden vom Unterrichtsministerium getragen. Dennoch muss eingestanden werden, dass damit noch keine systematische und flächendeckende Auseinandersetzung – wie ab den 2000er-Jahren – erfolgte.

Eine neue Dynamik erhielt die Auseinandersetzung um die österreichische Vergangenheit durch die seit Mitte der 1980er-Jahre geführten nationalen und internationalen Debatten. Die sogenannte Waldheim-Affäre löste einen breiten gesellschaftlichen Diskurs in Österreich aus, der Grundlage für ein langsam sich formierendes Umdenken wurde: hin zu einer Aufgabe des Opfernarrativs – dieser durch die Politik beförderten Entlastungshaltung, die auf einer verkürzten Bezugnahme zur Moskauer Deklaration beruht, die besagt, „dass Österreich das erste freie Land, das der typischen Angriffspolitik Hitlers zum Opfer fallen sollte, von deutscher Herrschaft befreit werden soll". In diesem Narrativ wurde der zweite Satz mit nicht minder folgenschwerer Bedeutung von Beginn an ausgeblendet: „Österreich wird aber auch daran erinnert, dass es für die Teilnahme am Kriege an der Seite Hitler-Deutschlands eine Verantwortung trägt, der es nicht entrinnen kann, und dass anlässlich der endgültigen Abrechnung Bedachtnahme darauf, wieviel es selbst zu seiner Befreiung beigetragen haben wird, unvermeidlich sein wird." Die internationale Gemeinschaft mahnte daher Österreich vehement, seinen verhaltenen Umgang mit der Vergangenheit zu einer aufrichtigen, (selbst-)reflexiven und den internationalen historiografischen Standards entsprechenden Auseinandersetzung hinzuführen. Die berühmte Rede von Bundeskanzler Franz Vranitzky 1993 in der Knesset schließlich stellte das erste internationale offizielle Eingeständnis Österreichs seiner Mitverantwortung für die Schrecknisse des Zweiten Weltkrieges und der Shoah dar. Dieser Paradigmenwechsel ebnete den Weg zur Stabilisierung der israelisch-österreichischen Beziehungen.

Im Bildungsministerium führte dies in der Folge zu einer erheblichen Zunahme diplomatischer Vorsprachen von Delegationen aus Israel und den USA, die sich nach dem Stand der bildungspolitischen Maßnahmen im Bereich der Holocaust Education erkundigten. Damit verbunden war auch die Einladung, mit der nationalen israelischen Holocaust Gedenk- und Forschungsstätte Yad Vashem in Kontakt zu treten.

1996 wurde das erste bilaterale Memorandum zwischen Israel und Österreich in den Bereichen Bildung, Wissenschaft und Kultur unterzeichnet. Damit konnte erstmals eine bilaterale Zusammenarbeit im Bereich Holocaust Education verankert werden. Das vom damaligen österreichischen Unterrichtsministerium ins Leben gerufene Projektteam „Nationalsozialismus und Holocaust – Gedächtnis und Gegenwart" (später wurde der Name in _erinnern.at_ umgewandelt) entwickelte gemeinsam mit Yad Vashem für österreichische Lehrkräfte ein eigenes Fortbildungsseminar in Israel, das im Jahr der EU-Sanktionen gegen Österreich (2000) seine erstmalige Umsetzung fand. Diese Seminare bildeten den Beginn von _erinnern.at_.

In Zusammenarbeit der Abteilungen „Bilaterale Internationale Angelegenheiten" und „Politische Bildung" wurden Überlegungen und neue Zugänge zu Nationalsozialismus und Holocaust, Erinnern und Gedenken aufgegriffen. Das Vermittlungsprogramm für Zeitzeuginnen und Zeitzeugen an Schulen haben viele Lehrkräfte dabei gut als Grundlage bzw. Ausgangspunkt genutzt, um eine ehrliche, offene, den demokratischen Prinzipien entsprechende politisch-historische Bildung bei jungen Menschen in den Schulen anzubahnen und zu festigen. Die vielfach vorliegenden Ergebnisse aus Wissenschaft und Forschung – auch zahlreicher nationaler Forschungsvorhaben – zu Verstrickung von Österreicherinnen und Österreichern in die NS-Strukturen, zu Gewaltstrukturen und Gewaltausübung des NS-Regimes, zu Widerstand sowie zu Verfolgung und Ermordung von tausenden Menschen auf ehemals österreichischem Staatsgebiet entsprachen dem internationalen Stand der Forschung und es lag nahe, dass diese auch Eingang in den Schulunterricht finden sollten. Selbst wenn Lehrpläne und Schulbücher diese Thematik nicht ausließen, erschienen Aussagen von Schülerinnen und Schülern durchaus glaubhaft, dass diese Themen im Unterricht nicht vorkämen oder bloß oberflächlich behandelt werden würden.

Relativ früh wurde dabei für beide Abteilungen im Ministerium offensichtlich, dass es zur Weiterentwicklung der schulischen Erinnerungskultur einer Projektstruktur bedurfte, die flexibler und rascher auf Anforderungen aus der Lehrerschaft und den Bildungseinrichtungen reagieren konnte, als es die etablierten Institutionen zu diesem herausfordernden Thema vermochten. Insbesondere die beginnende, formal durch das Memorandum of Understanding gestützte Zusammenarbeit zwischen Israel und Österreich und daraus resultierende Fortbildungsseminare für Lehrpersonen in der Gedenk- und Lehrstätte Yad Vashem erforderten neue Strukturen in Österreich, um Lehrkräfte vor und nach dem Besuch von Yad Vashem-Seminaren zu begleiten, sie im Unterricht zu unterstützen, begleitende

Fortbildungen zu organisieren, Projekt- und Unterrichtsberatung anzubieten und dadurch Holocaust Education mit vielfältigen und innovativen Ansätzen sukzessive im österreichischen Schulwesen zu etablieren.

Die neuen Strukturen sollten mit guten, konkreten Angeboten für die Unterrichtenden zusammenwirken. Mit der Etablierung eines Projektbüros in Bregenz konnte ein gut funktionierender Nukleus etabliert werden, um kontinuierlich am weiteren Aufbau eines „dezentralen Netzwerks" in den Bundesländern, einer Website als wichtiger Ressource für Lehrkräfte sowie an der Entwicklung eines seither jährlich stattfindenden „Zentralen Seminars" zu arbeiten. Zudem hatte das Projektbüro, das nunmehr die „Zentrale" von _erinnern.at_ bildete, die Aufgabe, die Vor- und Nachbereitungsseminare für Teilnehmerinnen und Teilnehmer an den Yad Vashem-Seminaren inhaltlich und organisatorisch zu planen und durchzuführen. Dadurch gelang es, _erinnern.at_ als Marke und „das Holocaust-Education-Institut" des Bildungsministeriums zu etablieren und bekannt zu machen.

Die Kooperation mit anderen wichtigen nationalen Akteuren wie dem Nationalfonds des österreichischen Parlaments für Opfer des Nationalsozialismus, der als wichtiger Partner für die zentralen Seminare gewonnen werden konnte, dem Dokumentationsarchiv des österreichischen Widerstandes und dem Wiener Simon-Wiesenthal-Institut förderte einen engen inhaltlichen, wissenschaftlichen und zunehmend internationalen Austausch und eröffnete neue Perspektiven. Internationale Kooperationsanfragen, Projektangebote, Mitarbeit und Zusammenarbeit in und mit internationalen Organisationen wie dem Europarat, der UNESCO, der OSZE, im Rahmen der IHRA (International Holocaust Remembrance Alliance), mit Partnern in Deutschland, den USA, Frankreich und Holland usw. lenkten auch eine neue internationale Aufmerksamkeit auf Österreichs Umgang mit seiner Vergangenheit – und zogen durchwegs große Anerkennung nach sich.

Alle Ministerinnen und Minister seither – Elisabeth Gehrer, Claudia Schmied, Gabriele Heinisch-Hosek, Sonja Hammerschmid, Heinz Faßmann, Iris Rauskala und aktuell wieder Heinz Faßmann – konnten sich davon überzeugen, mit welcher Qualität _erinnern.at_ arbeitet und wie erfolgreich diese Arbeit national wie auch international wahrgenommen wurde und wird. Ihnen allen gebührt großer Dank dafür, dass sie sich – trotz ihres sehr fordernden politischen Amtes – dennoch immer die Zeit genommen haben, die Arbeit von _erinnern.at_ wertzuschätzen und es als große Bereicherung für den Bildungsbereich mitzutragen.

In einer 20 Jahre-Bilanz dürfen aber auch Themen wie anfängliche Vorbehalte, immer wiederkehrende Budget-Restriktionen, Personalfluktuation oder schwierige Projektsituationen nicht unausgesprochen bleiben. Wie bei jedem neuen Projekt waren auch bei _erinnern.at_ zu Beginn Euphorie und Skepsis häufige Partner. Das zwang zu gut überlegten Schritten, kostete mitunter aber auch Energie und führte zeitweilig zu Enttäuschungen, weil manches nicht so gelang, wie man es vermeinte. Projektfortschritte oder -abschlüsse führten zu Abschieden, personelle Wechsel zu anderen Herausforderungen, aber auch zur Hereinnahme von neuen Personen mit vielen neuen Ideen, neuen Energien, neuen Ansprüchen und dem Willen, dieses Projekt erfolgreich weiterzuführen.

Einen organisatorischen Meilenstein stellte die 2007 erfolgte Gründung des Vereines _erinnern.at_ dar. Damit konnte das bisherige Projekt als juristische Person auftreten; die Geschäftsführung war endlich von individueller Haftung befreit, gleichzeitig konnten Projektanträge gestellt werden, die zuvor nicht möglich gewesen waren. Hier ist zu erwähnen, dass aufgrund einer schon längeren Zusammenarbeit mit dem Bundesministerium für Inneres zur Neugestaltung der pädagogischen Arbeit an der KZ-Gedenkstätte Mauthausen auch die Gedenkstätte im Vereinsvorstand vertreten ist und damit die enge Kooperation im Rahmen von _erinnern.at_ auch formal ihren Niederschlag gefunden hat.

Mit der Vereinsgründung war _erinnern.at_ zu einer echten Institution geworden – nicht mehr bloß ein „Projekt". Auch international konnte _erinnern.at_ dadurch mehr und mehr als Institution, als Marke, als das „Holocaust-Education-Institut" des Bildungsministeriums verortet und zu jenem Stellenwert hingeführt werden, den _erinnern.at_ national wie international einnimmt.

An dieser Stelle gilt es einer Person Dank auszusprechen, die federführend an der Gründung des Vereins _erinnern.at_ beteiligt war und die schulische Erinnerungskultur in Österreich seit Anbeginn entscheidend geprägt hat: Werner Dreier, der Geschäftsführer des Projekts und späteren Vereins, hat diesen Prozess über die letzten zwei Jahrzehnte mit großer Umsicht und mit Fachwissen, mit politischem Gespür und höchstem Engagement vorangetrieben, weiterentwickelt und begleitet. Er war und ist für das Bildungsministerium ein Ideengeber, unverzichtbarer Partner und genießt sowohl national als auch international als Experte größte Anerkennung. Als spiritus rector von _erinnern.at_ hat Werner Dreier mit seinem ausgezeichneten Kernteam in Bregenz im österreichischen Bildungswesen neue Maßstäbe für einen adäquaten Umgang mit Nationalsozialismus und Holocaust sowie mit dem Themenfeld Antisemitismus gesetzt.

Neben Werner Dreier möchten wir – exemplarisch für alle Mitwirkenden – drei besonders unterstützende Personengruppen erwähnen, die entscheidend zum Erfolg von _erinnern.at_ beitragen:

Die Netzwerkoordinatorinnen und -koordinatoren in den Bundesländern leisten hervorragende, intensive „Feldarbeit", betreiben regionale Forschung, unterstützen und initiieren an Schulen Erinnerungs- und Gedenkprojekte. Sie sorgen für deren Verankerung in der Gedächtnislandschaft, ermöglichen Seminare und Fortbildungen an Pädagogischen Hochschulen sowie Schulen und stellen schlicht die „Community" von _erinnern.at_ her. Ohne ihr Zutun und Engagement wäre _erinnern.at_ kaum diese Verankerung im Schulwesen gelungen.

Das Israel-Begleitteam übernimmt jährlich die anspruchsvolle Aufgabe, jene Lehrkräfte, die zur Fortbildung nach Israel reisen, zu unterstützen. Unsere Begleiterinnen und Begleiter entwickeln zusammen mit der internationalen Schule von Yad Vashem konsequent die jährlichen Programme weiter und betreuen die Seminarteilnehmerinnen und -teilnehmer mit hoher Sensibilität. Für viele Lehrpersonen ist die Auseinandersetzung mit dem israelischen/jüdischen Narrativ der Shoah oftmals eine große Herausforderung, die nicht unterschätzt werden darf.

Der wissenschaftliche Beirat hat _erinnern.at_ von Beginn an begleitet, die wissenschaftliche Reflexion gewährleistet und vielfach Mentorenschaft übernommen. Dabei ist es gelungen, wissenschaftliche Zugänge und Perspektiven mit unterschiedlichen inhaltlichen und institutionellen Hintergründen zu eröffnen, zusammenzuführen und damit die wissenschaftsgeleitete Basis für alle Aktivitäten von _erinnern.at_ herzustellen. Zahlreiche wissenschaftliche Projekte auf nationaler wie internationaler Ebene basieren auf der Zusammenarbeit mit dem wissenschaftlichen Beirat, den über all die Jahre Falk Pingel vom Georg-Eckert-Institut in Braunschweig (Deutschland) umsichtig und stets auf Fortschritt und Erfolg von _erinnern.at_ bedacht geleitet hat.

Seit etlichen Jahren schon hat der Vorstand Überlegungen angestellt, wie _erinnern.at_ nachhaltiger und über einen mittelfristigen – besser noch: längerfristigen – Zeitraum gut abgesichert werden könnte, um die erfolgreiche Arbeit auch für die Zukunft garantiert zu wissen. Aufgrund der Initiative von Bundesminister Heinz Faßmann zeichnet sich nun mit einer Integration von _erinnern.at_ in die OeAD-GmbH, die österreichische Agentur für Bildung und Internationalisierung, eine Lösung ab, die der bisherigen Arbeit von _erinnern.at_ gerecht wird und diese auch für die Zukunft sichert.

In diesem Sinne: ad multos annos.

Werner Dreier

„Wissen und Erinnerung sind dasselbe …".
Eine Rede anlässlich des Gedenktags 5. Mai[1]

Im März 1938, als Österreich Teil des nationalsozialistischen Deutschen Reichs geworden war, schreibt in Wien Thomas Chaimowicz, ein 14 Jahre alter Gymnasiast, in sein Tagebuch: „Am 11. März, als die Würfel endgültig gefallen waren und wir … vor dem Radioapparat saßen, hörten wir Schuschniggs Abschiedsworte: ‚Gott schütze Österreich'. Als dann, zum letzten Mal, die ehrwürdige Melodie der Haydnhymne ertönte … erhob sich mein Vater und wir alle mit ihm, mit Tränen in den Augen. Was meinen Vater damals wohl am meisten erschütterte, war meine Feststellung: ‚Nun sind wir die Armenier des Dritten Reiches.'"

Der Schüler bezog sich auf den Völkermord an den Armeniern, der damals vor gut zwanzig Jahren stattgefunden hatte.

Am 24. April jeden Jahres gedenken wir des Völkermordes an den Armeniern, dem zwischen etwa 800.000 und 1.5 Mio. Armenier sowie assyrische bzw. aramäische Christen und Griechen zum Opfer gefallen waren.

Dieser Völkermord an den Armeniern war in den 1930er-Jahren in Deutschland und Österreich bekannt – auch, aber nicht nur durch den 1933 erschienenen historischen Roman „Die vierzig Tage des Musa Dagh" von Franz Werfel. Werfel war auf einer Orientreise 1929 in Damaskus auf verelendete armenische Kinder aufmerksam geworden, auf Waisen, deren Eltern ermordet worden waren. 1934 wurde der Roman in Deutschland wegen „Gefährdung öffentlicher Sicherheit und Ordnung" verboten.

Der Roman wurde von vielen Juden während der nationalsozialistischen Verfolgungen gelesen. Als 1943 im Ghetto von Bialystok (Polen) dort Eingeschlossene diskutierten, ob bzw. wie sie sich wehren könnten, bezogen sie sich auf den Roman von Franz Werfel. Nur dass es im Gegensatz zum Roman in Bialystok keinen 40. Tag gab, an dem französische Kriegsschiffe die Rettung gebracht hätten.

Es gab auch personelle Verbindungen vom Völkermord an den Armeniern zum Nationalsozialismus.

Ein Beispiel dafür ist der damalige deutsche Konsul von Erzurum (Türkei), Max Erwin von Scheubner-Richter, der während des Ersten Weltkrieges über den Völkermord an das Auswärtige Amt berichtet hatte, nach 1920 der NSDAP beitrat und erster „politischer Generalstabschef" von Adolf Hitler wurde. Er wurde beim „Marsch auf die Feldherrnhalle" am 10. November 1923 von der Polizei erschossen. Scheubner-Richter war einer derjenigen, denen Hitler sein Buch „Mein Kampf" widmete.

Wir können wohl davon ausgehen, dass Hitler genau wusste, wovon er sprach, als er vor dem Überfall auf Polen die Vernichtung der polnischen Eliten anwies und zynisch die rhetorische Frage stellte: „Wer redet heute noch von der Vernichtung der Armenier?"

Doch es gibt auch andere Verbindungen vom Völkermord an den Armeniern in die Zeit des Nationalsozialismus:

Zum Beispiel Carl Lutz

Von den Gräueltaten hatte Carl Lutz als Schweizer Konsul im britischen Palästina durch einen Schweizer Missionar erfahren. 1944 dann amtete Lutz als Konsul in Budapest und rettete dort Zehntausende verfolgte Juden, indem er sogenannte „Schutzpässe" für eine Auswanderung nach Palästina ausstellte und sogenannte „Schweizer Schutzhäuser" einrichtete. In der Schweiz wurde er für sein eigenmächtiges Vorgehen kritisiert und erst nach seinem Tode gewürdigt.

Der Völkermord an den Armeniern reicht bis in unsere Gegenwart: In diesen Tagen machen die Mördertruppen des sogenannten Islamischen Staates Jagd auf aramäische Christen in den Dörfern im Nordosten Syriens. Sie foltern, töten, vertreiben die Menschen. Die 35 assyrischen Dörfer am Fluss Chabur waren durch aramäische Christen gegründet worden, die den Völkermord an den Armeniern und Christen vor hundert Jahren überlebt hatten. Und in unseren Tagen sehen wir alle zu, wie eine weitere Verfolgungswelle wahrscheinlich die Reste des christlichen Lebens dieser Region auf grausamste Art und Weise zerstört.

Die Erinnerung an den Völkermord an den Armeniern war in den 1930er-Jahren durchaus lebendig. Sie hat die bald darauf einsetzende Massengewalt und auch den Holocaust nicht verhindert.

Wir erinnern uns heuer an den Völkermord an den Armeniern – doch was bedeutet das konkret? Was leiten wir aus diesem Gedenken an vergangenen Schrecken ab?

Es ist ungemein schwierig, aus dem Gedenken an schlimmes vergangenes Geschehen Anleitungen für richtiges gegenwärtiges Handeln abzuleiten.

Der Althistoriker Christian Meier aus München schrieb ein schmales Büchlein über Erinnern und Vergessen. Es trägt den Titel: „Das Gebot zu vergessen und die Unabweisbarkeit des Erinnerns. Vom öffentlichen Umgang mit schlimmer Vergangenheit."

An den Anfang des Buchs setzt er zwei Beispiele zum Umgang mit „schlimmer Vergangenheit". Einmal zitiert er die Worte des ehemaligen deutschen Bundespräsidenten Herzog, der 1996 sagte: „Wer sich der Unmenschlichkeit nicht erinnern will, der wird wieder anfällig für neue Ansteckungsgefahren."

Diesem Gebot des Erinnerns setzt Meier einen Friedensvertrag von 851 gegenüber, in dem drei zerstrittene Karolinger Verständigung suchten. In diesem Vertrag wird eine völlige „Tilgung" alles vergangenen Unrechts und aller Übel aus den Herzen der Beteiligten gefordert, nichts davon sollte im Gedächtnis erhalten bleiben, damit es nicht zur Vergeltung käme. Dies sollte dem Rachebedürfnis begegnen und eine Gewaltspirale verhindern, in der Gewalt und Gegengewalt sich bald nicht mehr unterscheiden – es diente der Sicherung des sozialen Friedens.

Meier führt eine ganze Reihe von Beschlüssen aus der Antike an, die alle das Vergessen von schlimmen Taten forderten. Allenfalls die Hauptschuldigen sollen bestraft werden, für den Rest galt „Amnestia", was wörtlich „Nicht-Erinnerung" bedeutet. Die Friedensverträge enthielten Bestimmungen, die versuchen, einen Schlusspunkt gegen die Zyklen von Gewalt zu setzen. Sie enthielten Bestimmungen zum Vergessen und Vergeben, damit die ehemals verfeindeten Gruppen einen neuen Anfang machen können, friedfertig miteinander zu leben.

Doch auch für Christian Meier sind die NS-Zeit und vor allem der Völkermord an den Juden ein einschneidendes Ereignis, das nicht vergessen werden kann.

Für die nationalsozialistischen Massenmorde gilt ganz besonders, dass dieses zur Herstellung des sozialen Friedens angeordnete Vergessen mit den „unabweisbaren" Erinnerungen an die Verbrechen konfligiert: Die Erinnerungen an die erlittene Gewalt sind insbesondere für die Opfer „unabweisbar".

Opfern wie auch Tätern ist zumeist gerade in den ersten Jahrzehnten nach den Gewaltereignissen gemeinsam, dass diese Erinnerungen zur Seite geschoben werden. Die zu Opfern gewordenen Menschen müssen ihr Leben neu aufbauen, sie wollen Familien gründen und haben zumeist gar keine Gelegenheit, sich diesen Erinnerungen hinzugeben. Und doch haben diese Erinnerungen eine ganz eigene Dynamik. Saul Friedländer, der große Historiker des Holocaust, war von seinen Eltern in einem katholischen Internat in Sicherheit gebracht worden. Die Eltern wurden deportiert und später ermordet und der junge Pavel, wie er damals hieß, konvertierte zum Katholizismus. Nach dem Krieg besann er sich wieder seiner jüdischen Identität. 1979 schrieb er über seine Geschichte und die Geschichte seiner Familie und gab dem Buch den Titel „Wenn die Erinnerung kommt". Dem Buch stellt er ein Zitat voran: „Allmählich, wenn das Wissen kommt, kommt auch die Erinnerung. Wissen und Erinnerung sind dasselbe …"

Es lohnt, diese notwendige Verbindung von Wissen und Erinnerung festzuhalten und daran anknüpfend die Frage zu stellen, was denn ein Gedenken wert ist, wenn es nicht gleichzeitig ein Ringen um Wissen, um Erkenntnis ist?

Um wieder auf die unabweisbaren Erinnerungen zurückzukommen: Die ehemaligen Nationalsozialisten und insbesondere die Täter hatten jeden Grund, ihre Integration in die Nachkriegsgesellschaft nicht durch diese Erinnerungen zu gefährden bzw. sie nur mit Gleichgesinnten zu teilen.

Es dauerte recht lange, bis die Erinnerungen der zu Opfern gemachten Menschen öffentlich vernehmbar wurden und bis die Taten ins öffentliche Bewusstsein gelangten.

Die Erfahrungen und Erzählungen der Verfolgten sind deshalb besonders wichtig, weil sie einer abwehrenden Gesellschaft erzählen, was Menschen widerfuhr, wie sich die große Politik und wie sich diese massenhafte Gewalt ganz konkret im Leben von Menschen auswirkten, und was es heißt, mit den Ausgrenzungs- und Verfolgungserfahrungen weiterzuleben.

Es ist wichtig, diesen Erfahrungen Raum zu geben und den Menschen zuzuhören, die bereit sind, darüber zu sprechen, weil damit das Leid anerkannt wird. Durch den Akt des Zuhörens und der Anteilnahme wird den vormals Ausgeschlossenen ein besonderer Platz in der Gesellschaft eingeräumt.

Doch gibt es schon lange Zweifel daran, ob diese Zeitzeugenberichte einen Beitrag dazu leisten können, dass sich Auschwitz nicht wiederholt.

Raul Hilberg, der große Chronist des Holocaust, dessen Werk lange überhaupt ignoriert und noch viel länger nicht ins Deutsche übersetzt worden war, formulierte das einmal so: Man müsse zunächst die Verfolger analysieren, „… weil nur der Täter, nicht das Opfer wusste, was am nächsten Tag geschehen würde. Die Täter waren ausschlaggebend. Man kann nicht mit der Reaktion anfangen."

In dieser Einschätzung trifft er sich mit dem deutschen Philosophen Theodor W. Adorno, der schon 1966 betonte, wir könnten von den Erfahrungen der Opfer gar nichts lernen, wenn es uns darum gehe, zu verhindern, dass sich „Auschwitz" wiederholt.

Vielmehr müssten wir uns mit den Tätern und dem gesellschaftspolitischen System beschäftigen, das diese Taten hervorbrachte.

In anderen Worten, es bedarf der geschichtswissenschaftlichen, soziologischen, psychologischen und anderer Forschung, die zu erklären versucht, was jenen Menschen widerfuhr, die zu Opfern gemacht wurden.

Wer war am Völkermord der Nationalsozialisten beteiligt?

Das beginnt bei den Schreibkräften, die Listen der zu Deportierenden schrieben, und reicht hinauf bis zu Hitler, Himmler und dem nationalsozialistischen Führungspersonal. Vom Lokführer der Deportationszüge bis zu Polizeieinheiten an den Erschießungsgräben. Die Leute, die sich um Hausrat balgten, Wohnungen nahmen, Posten besetzten. Die Gendarmen, Volkssturmleute und Hitlerjungen, welche die Todesmärsche hier in Gleisdorf begleiteten und so viele Menschen dabei ermordeten.

Völkermord ist eben ein gesellschaftlicher Vorgang, der die Involvierung von vielen bedingt. Und: Es gibt beim Völkermord keine „Zuschauer". Denn die Menschen, die zusahen und nichts dagegen taten, rechtfertigten und unterstützten die Täter. Es machte einen entscheidenden Unterschied, ob jemand hungernden Menschen ein Stück Brot zuzustecken versucht, oder ob jemand das verhindert, indem er den schlägt, der zu helfen versucht.

Nach 1945 – um nochmals bei Christian Meier anzuschließen – wurde zunächst versucht, gesellschaftlichen Frieden zu stiften, indem die Nazis integriert wurden und die Verbrechen bzw. die Beteiligung so vieler an diesen Verbrechen nicht zur Kenntnis genommen wurde. Das geschah auf Kosten der zu Opfern gemachten Menschen, die zumeist nicht jene anteilnehmende Zuwendung erfuhren, derer sie so dringend bedurft hätten.

Mit großem zeitlichem Abstand begann die intensivere Auseinandersetzung mit der Zeit der nationalsozialistischen Massengewalt – in der Geschichtsschreibung, in den Medien, aber auch in der juristischen Aufarbeitung. Der vermeintliche Gegensatz zwischen einem angeordneten Vergessen zur Sicherung des sozialen Friedens und der unabweislichen Erinnerung an den Holocaust kann vielleicht durch einen gesellschaftlichen Bearbeitungsprozess aufgehoben werden, in welchem sowohl die emotionale Dimension der Trauer über die Verluste und die Gewalt wie auch die kognitive Bearbeitung der historischen Kausalitäten Raum haben.

Lassen Sie mich nochmals den Bogen zeigen, den ich zu schlagen versuchte.

Die Erinnerung an den Genozid an den Armeniern hat den Holocaust nicht verhindert. Das Gedenken an den Holocaust hat den Völkermord in Ruanda 1994 sowie die Massengewalt in Indonesien (1965–1968) und in Kambodscha (1975–1979) genauso wenig verhindert wie den Massenmord an muslimischen Männern in Srebrenica (Bosnien und Herzegowina, 1995). Die in Srebrenica versagenden holländischen Soldaten hatten in ihrer Erziehung ganz sicher über die Nazi-Gräuel gelernt. Aber dieses Gelernte half ihnen nichts, als sie sich entschieden, die bosnisch-muslimischen Männer den serbischen Truppen auszuliefern.

Die Entscheidungsträger in Europa, die ihre Truppen aus Ruanda abzogen, um die der kanadische General Dallaire händeringend bat, weil er wusste, mit relativ wenig mehr militärischer Macht könnte er den Mördertrupps in Ruanda Einhalt gebieten – diese Entscheidungsträger wussten wahrscheinlich über „Auschwitz" Bescheid und manch einer mag auch schon in Gedenkreden „niemals wieder" gesagt haben. Als es drauf ankam, versagten sie.

Die zentrale Frage ist eine recht einfache Frage: Was hat das mit mir zu tun?

Diese einfache Frage ist aber ungemein schwer zu beantworten. Manche halten es nicht aus, dass die Antwort jeweils so schwer zu finden ist. Sie entladen die so entstehenden Spannungen, indem sie fordern, militärisch zuzuschlagen, ohne zu bedenken, wie es danach weitergehen soll.

Andere weichen dieser Frage aus, indem sie sich gar nicht damit beschäftigen oder sie investieren ihre Emotionen und Energien in Gedenken, ohne dass aus diesem Gedenken ein Gedanke für die Gegenwart erwächst.

Doch es gibt sinnvolle Antworten auf die Frage, was diese Geschichten und diese Geschichte mit uns zu tun hat.

Eine dieser möglichen Antworten ließ der aus einer jüdischen Familie stammende Jurist Fritz Bauer in den 1950er-Jahren am Eingang des damaligen Neubaus der Staatsanwaltschaft Braunschweig groß anschreiben:

„Die Würde des Menschen ist unantastbar. Sie zu schützen ist Verpflichtung aller staatlichen Gewalt."

Wie Sie vielleicht wissen, ist das etwas verkürzt der erste Absatz des ersten Artikels der deutschen Verfassung, des Grundgesetzes.

Fritz Bauer war als Sozialdemokrat 1933 von den Nazis inhaftiert worden, bevor er fliehen konnte. Nach der Befreiung kam er ans Landesgericht Braunschweig. Bekannt wurde Bauer als hessischer Generalstaatsanwalt in Frankfurt, wo er den Auschwitz-Prozess (1963–1965) gegen 24 Männer vorbereitete, die beschuldigt wurden, im Konzentrationslager Auschwitz Menschen getötet zu haben.

Die Wahrung der Menschenwürde ist ganz sicher eine wichtige Lehre aus den erinnerten schlimmen Zeiten. Gilt sie noch heute? Haben wir noch andere Antworten auf die Frage: „Was hat das mit mir zu tun?"

Literaturverzeichnis

Friedländer, Saul: Wenn die Erinnerung kommt (München 1979).
Ihrig, Stefan: Justifying Genocide. Germany and the Armenians from Bismarck to Hitler (Cambridge, Mass. 2016).
Kieser, Hans Lukas / Dominik Schaller (Hrsg.): Der Völkermord an den Armeniern und die Shoah (Zürich 2002).
LaCapra, Dominique: Writing History, Writing Trauma (Baltimore, London 2001).
Meier, Christian: Das Gebot zu vergessen und die Unabweisbarkeit des Erinnerns. Vom öffentlichen Umgang mit schlimmer Vergangenheit (München 2010).
Werfel, Franz: Die vierzig Tage des Musa Dagh (Berlin 1933).
Good Man in Hell: General Romeo Dallaire and the Rwanda Genocide (Video-Interview United States Holocaust Memorial Museum 2003).
„Ich fälle kein Urteil". Interview mit Raul Hilberg, in: taz, 7.12.2002.

Anmerkung

1   Gedenkrede in Gleisdorf (Steiermark) anlässlich des Gedenktages gegen Gewalt und Rassismus im Gedenken an die Opfer des Nationalsozialismus, 5. Mai 2015. Die Rede wurde für die Publikation leicht überarbeitet.

Peter Gautschi

Holocaust und Historische Bildung – Wieso und wie der nationalsozialistische Völkermord im Geschichtsunterricht thematisiert werden soll

Dass die Thematisierung des Holocaust in der Schule zum Pflichtprogramm gehört, ist mittlerweile unbestritten. Dies ist im deutschsprachigen Raum auch ein Verdienst von _erinnern.at_. Praxistaugliche Unterrichtsvorschläge, theoretische Erwägungen sowie ein Engagement in Lehrplanung und Schulpolitik haben dazu geführt, dass viele Schülerinnen und Schüler in der obligatorischen Schule in der einen oder anderen Weise dem nationalsozialistischen Völkermord begegnen und dabei neues Wissen erwerben, Können aufbauen und Einstellungen entwickeln. Während also ein großer Konsens besteht, dass das Lehren und Lernen über den Holocaust zum schulischen Alltag auf den Sekundarstufen gehört, ist weniger klar, mit welchen Zielen und wie der Holocaust im Geschichtsunterricht thematisiert werden soll. Ein Blick in die Unterrichtspraxis, in die Literatur und auch auf die Website von _erinnern.at_ zeigt eine große Vielfalt.

Im vorliegenden Beitrag wird dafür plädiert, den Jugendlichen mit dem Lehren und Lernen über den Holocaust historische Bildung anzubieten. Was damit genau gemeint ist, wird im ersten Kapitel gezeigt. Im zweiten Kapitel werden die postulierten Ansprüche anhand der Web-App „Fliehen vor dem Holocaust", die von _erinnern.at_ mitentwickelt wurde, überprüft. Im dritten Kapitel schließlich werden einige Empfehlungen formuliert, welchen Inszenierungsmöglichkeiten in Zukunft größere Aufmerksamkeit als bisher geschenkt werden könnte.[1]

Historische Bildung als orientierender Kompass im schulischen Umgang mit dem Thema Holocaust

„Weshalb soll über den Holocaust unterrichtet werden?" (IHRA, 2019, S. 12). Auf diese Frage gibt es eine Vielzahl von Antworten (vgl. z. B. Brüning, 2018; Eckmann, 2017; Fracapane, 2014). Die IHRA (International Holocaust Remembrance Alliance) formuliert dazu in ihren Empfehlungen für das Lehren und Lernen über den Holocaust, dass der schulische Umgang mit dem Holocaust eine wichtige Möglichkeit bietet, „kritisches Denken, gesellschaftliches Bewusstsein und die Entwicklung der Persönlichkeit zu fördern" (IHRA, 2019, S. 13). Geschichtsvermittlung scheint in diesem Zusammenhang in erster Linie für die Wissensvermittlung zuständig: „Lehrende in Institutionen (wie z. B. in Schulen) und informellen Umfeldern (wie

z. B. in Museen und vergleichbaren Einrichtungen) können Lernende durch interdisziplinäre Zugänge, die auf gesichertem historischen Wissen basieren, motivieren." (IHRA, 2019, S. 13).

Zweifellos sind aus theoretischer Sicht interdisziplinäre Zugänge zum Thema Holocaust und fächerverbindende Vorgehensweisen angemessen, aber für die schulpraktische Vermittlung ergibt sich dadurch ein gravierendes Problem: Weil Schule heute nach wie vor und aus gutem Grunde nach Fächern gegliedert und mit dem Stundenplan rhythmisiert ist (Künzli, 2012; Schneuwly, 2018), haben es interdisziplinäre Vermittlungsanliegen schwer, ihren Platz im Schulalltag zu finden. Entweder fallen sie weg, oder sie finden einen Ort in einem disziplinär orientierten Lehrplan, was beim Thema Holocaust mit dem Fach Geschichte der Fall ist.

So entstanden in den letzten Jahren viele Vorschläge zum Lehren und Lernen über den Holocaust im Fach Geschichte. Dort, wo die Ziele für diese Vermittlung explizit ausgewiesen wurden, gingen sie weit über Wissensvermittlung hinaus und legten dar, welchen Beitrag die schulische Thematisierung des Holocaust zur Kompetenzentwicklung leistet. Da sich die Kompetenzmodelle von Land zu Land unterscheiden, unterscheiden sich auch die Argumentationen für dieselben Unterrichtsvorschläge von Land zu Land (Gautschi, 2017; Gautschi, 2015; Barricelli, 2012).[2] Kompetenzen sind, laut der oft zitierten Definition von Franz E. Weinert, „die bei Individuen verfügbaren oder durch sie erlernbaren kognitiven Fähigkeiten und Fertigkeiten, um bestimmte Probleme zu lösen, sowie die damit verbundenen motivationalen, volitionalen und sozialen Bereitschaften und Fähigkeiten, um die Problemlösungen in variablen Situationen erfolgreich und verantwortungsvoll nutzen zu können" (Weinert, 2002).

Wer nun aber als Lehrerin oder Lehrer im Geschichtsunterricht Überlebende des Holocaust in die Schulklasse einlädt, mit den Schülerinnen und Schülern in eine KZ-Gedenkstätte fährt, videografierte Zeitzeuginnen oder Zeitzeugen zu Wort kommen lässt oder Quellen und Darstellungen zu den Verbrechen analysiert, will den Lernenden weder in erster Linie Wissen vermitteln, noch will er sie prioritär befähigen, ein Problem zu lösen. Hier stehen oft andere Anliegen im Zentrum, z. B. „die Verknüpfung unseres Ichs mit der Welt", wie das Wilhelm von Humboldt schon 1793 formulierte, als er „Bildung" beschrieb (Humboldt, 1903, S. 283). Im Geschichtsunterricht im Allgemeinen und bei der Thematisierung des Holocaust im Besonderen geht es nicht um bloße Anpassung des Einzelnen an eine ihm vorgegebene Welt und deshalb nicht ausschließlich um das Lösen von bestimmten Problemen in dieser Welt. Vielmehr geht es um eine vielfältige Auseinandersetzung, „bei der der Einzelne seine je eigene Form des Menschseins in dieser Welt entwickeln kann – sich also selbst bildet" (Sander, 2014, S. 11; Sander, 2018). Bildung – so lässt sich kurz und populär zusammenfassen – spiegelt einen reflektierten Umgang mit sich selber, mit anderen und mit der Welt (Wikipedia, 2020).

Jetzt hat sich die Geschichtsdidaktik in den letzten Jahren kaum mehr explizit mit historischer Bildung im Humboldt'schen Sinne beschäftigt. Die einschlägigen Werke sind an einer Hand abzuzählen (Henke-Bockschatz, 2005; Mayer, 2005;

Dressler, 2012; Mütter, 1995; Buschkühle, 2009), und nicht einmal im Wörterbuch Geschichtsdidaktik kommt „historische Bildung" vor. Bildung bezeichnet sowohl eine Entwicklung (Bildungsprozess) als auch einen Zustand (gebildet sein) (Sander, 2018). Historisch gebildet sind Menschen mit ausdifferenzierten personalen und sozialen Identitäten, die offen und neugierig dem Universum des Historischen begegnen, die über gut entwickelte Kompetenzen im Umgang mit Vergangenheit, Geschichte und Erinnerung verfügen und die darauf aufbauend die eigenen Handlungsspielräume in Gegenwart und Zukunft sehen und nutzen sowie die Chancen historischer Bildung erkennen und sich weiterhin bilden wollen (Gautschi, 2019b).

Wenn im Folgenden diese Definition entlang der drei Dimensionen *Umgang mit Geschichte*, *Umgang mit sich selber* und *Umgang mit Gesellschaft* ausdifferenziert wird, dann zielt dies auf eine Konkretisierung und Sichtbarmachung fachspezifischer Prinzipien und Konzepte. Es versteht sich von selber, dass historische Bildung – wie Bildung generell – ein lebenslanger Prozess ist und also nicht mit einer Inszenierung erreicht werden kann. Beschrieben wird ein Ideal und nicht etwa Lernziele für eine Unterrichtssequenz oder gar für eine konkrete Schulgeschichtsstunde. Es ist darüber hinaus klar, dass Bildung in den genannten drei Dimensionen auch von anderen Disziplinen angeboten wird. Aber historisches Denken, das als mentale Bewegung verstanden werden kann, die aus der Gegenwart ins Universum des Historischen und wieder zurück in die Gegenwart führt und auf diese Weise Sinn bildet, die das Handeln in Gegenwart und Zukunft beeinflussen kann, hat in allen drei Dimensionen besonderes Potential, das es zu erkennen und zu nutzen gilt. Um dies deutlich zu machen, sind in der folgenden Aufzählung exemplarische, themenspezifische Fragen aufgeführt.

Historisch gebildete Menschen können gut mit Geschichte umgehen. Sie …

(1.) … haben sich gesellschaftlich relevante Basisnarrative angeeignet (Gautschi 2012, S. 332–334) und kennen einschlägige Begriffe und Konzepte. Wenn sie die Phrase „Arbeit macht frei" lesen, kommt ihnen das Eingangstor von Konzentrationslagern, z. B. zum KZ Auschwitz in den Sinn, und sie erkennen in diesem Ausspruch die zynische Verschleierung der menschenverachtenden Behandlung in den Konzentrationslagern während des Holocaust.
(2.) … erzählen und analysieren Geschichten (Narrativität/Konstruktivität) (Pandel, 2013, S. 86–105). Dabei verknüpfen sie sich erzählend mit der Welt (Humboldt, 1903) und zeigen, wie sie selber „in Geschichten verstrickt" (Schapp, 2012) sind. Sie fragen beispielsweise: Was geht mich der Holocaust an? (Yad Vashem, 2012)
(3.) … nehmen das Vorher und Nachher (Temporalität), Kontinuität und Wandel (Historizität) (Pandel, 2005, S. 10–15) sowie Ursachen und Folgen von Prozessen, in diesem Fall des nationalsozialistischen Völkermords, in den Blick: Woran haben die Mitlebenden erkennen können, dass die Nationalsozialistische Partei die Jüdinnen und Juden systematisch vernichten wollte? Was geschah mit den Täterinnen und Tätern nach dem Zweiten Weltkrieg?

(4.) … unterscheiden Faktizität und Fiktionalität: Was genau ist von den Geschehnissen in einem ausgewählten Spielfilm zum Holocaust faktisch überliefert, was erfunden? (Moller, 2018; Fink, 2018)

(5.) … setzen Multiperspektivität und Kontroversität um (Lücke, 2017): Wie argumentierten jene Schweizerinnen und Schweizer, welche die Aufnahme von Flüchtlingen im Zweiten Weltkrieg ablehnten, und wie jene, welche sie befürworteten?

(6.) … streben nach Objektivität (Rüsen, 1997; Pandel, 2017) und sind sich bewusst, dass sie nie das Ganze sehen, aber reflektieren, inwiefern sich im Konkreten das Allgemeine zeigt (Exemplarität).

Historisch gebildete Menschen können gut mit sich selbst umgehen. Sie …

(7.) … haben eine ausdifferenzierte Identität und sind offen für Alterität (Identitätsbewusstsein) (Rüsen, 2020; Rüsen, 2013, S. 267–271; Bergmann, 1997): Was hätten wir Schweizerinnen und Schweizer im Zweiten Weltkrieg anders machen können oder müssen? Sie kennen darüber hinaus handelnde und leidende Menschen aus der Vergangenheit und können deren Handlungsspielräume einschätzen (Personalisierung/Personifizierung) (Schneider, 2017): Welche Schweizerinnen und Schweizer wurden als „Gerechte unter den Völkern" ausgezeichnet, und was war die Motivation für ihr Handeln? (Wisard, 2007)

(8.) … können in die Geschichte eintauchen (Immersion) und auch eine reflektierende Distanz einnehmen (Reflexionsfähigkeit) (Knoch, 2020): Wie gelingt es mir nachzuvollziehen, was die Menschen damals auf der Flucht erlebten? Welche Quellen helfen mir dabei?

(9.) … können mit Menschen mitfühlen (Emotion) und Prozesse analysieren (Kognition) (Brauer, 2013): Kann ich gleichzeitig mit den Opfern mitfühlen und ihr Schicksal reflektiert analysieren?

(10.) … denken kritisch, nehmen also Sachen nicht einfach so hin, wie sie scheinen, sondern fragen sich, ob die Sachen wirklich so sind, wie sie scheinen (Fink, 2017): War es wirklich so, dass die Schweiz während des Zweiten Weltkriegs nicht mehr Flüchtlinge hätte aufnehmen können, als sie es tat? (Bonhage, 2006, S. 106–115)

(11.) … orientieren ihr Sein und Handeln an Werten (Moralisches Bewusstsein) (Pandel, 2005, S. 20): Welche Möglichkeiten gibt es, dass sich Auschwitz nicht wiederholt?

Historisch gebildete Menschen können gut mit Gesellschaft umgehen. Sie …

(12.) … sind in der Lage, ihr Sein und Handeln an der Gegenwart und der Lebenswelt zu orientieren und sich gleichzeitig auch davon zu lösen (Buck, 2012; Gatzka, 2019): Drohen auch heute in unserer Welt Völkermorde, und was kann ich dazu beitragen, sie, wenn immer möglich, zu verhindern?

(13.) … kennen und thematisieren ausgewählte Episoden aus der Vergangenheit, um daran Schlüsselprobleme der gegenwärtigen Gesellschaft zu zeigen (Klafki, 1985): Gibt es einen gerechten Krieg?

(14.) … haben die gesellschaftlichen Grundbedürfnisse (Ernährung, Wasser/Luft, Kleidung, Wohnen, Zusammenleben, Bildung, Arbeit/Erholung, Kommunikation u. a. m.) im Blick und stellen sich die Frage, welche Faktoren in dieser und jener Zeit die Befriedigung der Bedürfnisse erleichtert und welche sie erschwert haben (Gautschi, 2019a, S. 50): Welche Auswirkungen hatten die Nürnberger Rassengesetze auf das Alltagsleben von Jüdinnen und Juden in Deutschland ab dem Jahr 1935?

(15.) … thematisieren Inklusion und Exklusion (Völkel, 2017): Was waren die ersten Anzeichen für die Exklusion von Jüdinnen und Juden, und welche Möglichkeiten hätte es gegeben, dies zu verhindern?

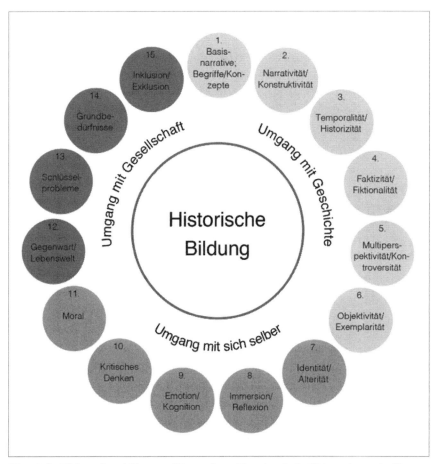

Historische Bildung, Entwicklung und Zustand von Menschen in drei Dimensionen: im Umgang mit Geschichte, mit Gesellschaft und mit sich selbst.[3]

Lehren und Lernen über den Holocaust dient also der Verpflichtung, Jugendlichen historische Bildung anzubieten und sie zu befähigen, gut mit Geschichte, mit Gesellschaft und mit sich selber umzugehen. Bei der Thematisierung von Holocaust scheinen auf exemplarische Art und Weise viele Grundfragen des menschlichen Handelns auf, die mit Grundfragen historischer Bildung zusammenhängen.

Natürlich ist es weder möglich noch erstrebenswert, mit jeder schulischen Thematisierung des Holocaust alle Aspekte historischer Bildung zu vermitteln oder alle Grundfragen menschlichen Handelns zu stellen. Die oben genannten Aspekte und Fragen dienen jedoch als orientierender Kompass für die Entwicklung von Inszenierungen, wie im Folgenden am Beispiel der App „Fliehen vor dem Holocaust" aufgezeigt werden soll (vgl. dazu Gautschi, 2018).

App „Fliehen vor dem Holocaust"

Die Web-App „Fliehen vor dem Holocaust" wurde gemeinsam vom Verein _erinnern.at_ in Bregenz (VEA), der Fachhochschule Vorarlberg in Dornbirn (FHV) und dem Institut für Geschichtsdidaktik und Erinnerungskulturen der Pädagogischen Hochschule Luzern (PHLU) für den Unterricht, aber auch zur freien Nutzung, konzipiert und entwickelt.[4]

Nach dem Download der App aus dem Internet startet ein Trailer, der mit der Aussage „In manchen Räumen begegnet man Erinnerungen" beginnt. Eine Jugendliche tritt in ein zuerst leeres Zimmer und entdeckt dann fünf Schwarz-Weiß-Fotografien junger Menschen. Sie nimmt eine dieser Fotografien von der Wand, worauf die darauf abgebildete Frau zu sprechen beginnt und von der Annexion Österreichs durch Nazi-Deutschland erzählt, wie sie dabei von ihren Eltern getrennt wurde und sie nie mehr sah. Es zeigt sich gegen Schluss des Trailers, dass die Geschichte der Frau, Sophie Haber, eine von fünf Geschichten ist, die in der App erzählt werden.

Auf dem Bildschirm werden danach die fünf Menschen kurz vorgestellt. Die Nutzerinnen und Nutzer, meist Schülerinnen und Schüler, erfahren durch Anklicken der Porträtaufnahmen den Namen der Person sowie eine Kürzestzusammenfassung der Geschichte, zum Beispiel: „Eva Koralnik, geb. 1936, flieht als Achtjährige aus Budapest in die Schweiz". Nachdem man sich für einen Menschen und eine Geschichte entschieden hat, startet ein rund 20-minütiges Video. Es handelt sich um ein geschnittenes Zeitzeugeninterview, das in diesem Fall Eva Koralnik in Porträtaufnahme zeigt, während sie ihre Lebensgeschichte erzählt. Am Schluss des Videos werden den Schülerinnen und Schülern vier Aspekte präsentiert, von denen sie zwei für die Weiterarbeit auswählen können, z. B. „Leben in Budapest" und „Lebensretter Harald Feller".

Jetzt folgen zu den gewählten Aspekten eine Reihe von Aufgaben, welche die Jugendlichen kognitiv aktivieren und sie zu einer intensiven Begegnung mit den Zeitzeuginnen und Zeitzeugen sowie dem Thema anregen. Sie müssen Kurzantworten schreiben, Zitate auswählen, Eindrücke festhalten, in Multiple-Choice-Fragen korrekte Antworten ankreuzen, Satzanfänge ergänzen, aus Textbausteinen

Standbild aus dem Trailer zur App „Fliehen vor dem Holocaust. Meine Begegnung mit Geflüchteten". Der Trailer findet sich auf https://vimeo.com/251810470 (aufgerufen am 31.10.2020). Mit der App werden die Geschichten von fünf Menschen erzählt, die vor den Nazis flüchten mussten. Die Nutzerinnen und Nutzer können die Geschichte auswählen, die sie am meisten interessiert oder betrifft.

einen Text zusammenfügen und selbst kurze Texte schreiben. Durch einen Epochenwechsel beschäftigen sich die Schülerinnen und Schüler gegen Schluss des rund 45-minütigen Studiums des Themas „Fliehen vor dem Holocaust" schließlich auch mit dem Phänomen „Flucht" in unserer heutigen Zeit.

Diejenigen Materialien aus der App, mit welchen sich die Schülerinnen und Schüler beschäftigen, sowie ihre formulierten Überlegungen, werden in einem individuellen Album im PDF-Format mit dem Titel „Mein Zeitzeugnis" gesammelt. Die Jugendlichen mailen dieses „Zeitzeugnis" an Personen ihrer Wahl, in schulischen Zusammenhängen auch an die Lehrperson, und sie selbst erhalten ihre Arbeit ebenfalls zugeschickt, um damit weiter zu studieren oder sie allenfalls ins Portfolio abzulegen. Weil die Schülerinnen und Schüler selbst ein Dokument herstellen und eine Geschichte – ihr eigenes Zeitzeugnis – erzählen, wird wirkungsvolles historisches Lernen ermöglicht.

Vier Kernideen leiteten die Entwicklungsarbeit:

1. Im Zentrum der App stehen videografierte Zeitzeugeninterviews mit Menschen, die über ihre Erlebnisse berichten. Schülerinnen und Schüler sollen diesen Fliehenden begegnen, ihre Namen kennen, ihre Gesichter sehen, ihre Geschichten hören und verstehen.
2. Die App ist ein variables Lehrangebot für die schulische Vermittlung. Für den Einsatz der App bieten sich drei Unterrichtsmöglichkeiten an: Einzel- oder Kleingruppenarbeiten im Klassenzimmer am je eigenen Gerät; Präsentation

via Beamer oder interaktivem Whiteboard durch die Lehrperson; oder die Lernenden nutzen die App zu Hause und die von ihnen erstellten Alben werden danach im Klassenzimmer verglichen und diskutiert.
3. Die Lernenden werden durch einen vollständigen Prozess historischen Lernens – von der Wahrnehmung über die Erschließung und Interpretation zur Orientierung (Gautschi, 2015, S. 51) – zum Erzählen gebracht: Während der Arbeit mit der App erstellen die Schülerinnen und Schüler ein Album, in dem sie Materialien sammeln, ordnen und kommentieren. Diese Dokumentation wird in einem PDF-File zusammengestellt und gespeichert.
4. Schließlich sollen die Jugendlichen zu den ausgewählten Menschen einen direkten Bezug herstellen können, sei es, weil die Geschichten in ihrer Lebenswelt spielen, sei es, weil große Fragen der Jugendlichen wie Liebe, Vertrauen, Schule, Familie oder Freizeit thematisiert werden.

Die App fordert und fördert also die Jugendlichen in drei Dimensionen: im Umgang mit Geschichte, mit Gesellschaft und mit sich selbst.

Die Schülerinnen und Schüler begegnen der Lebensgeschichte eines Menschen und erzählen diese Geschichte weiter (Narrativität). Sie bearbeiten einen Zeitstrahl (Temporalität) und achten auf Kontinuität und Veränderungen (Historizität). Die Zuverlässigkeit von Zeitzeugen-Erzählungen wird thematisiert (Faktizität/Fiktionalität), und die Jugendlichen beschäftigen sich mit den Erinnerungen der Zeitzeuginnen und Zeitzeugen sowie mit referierter Geschichte, z. B. zu den Geschehnissen in Budapest. Dank der unterschiedlichen Geschichten der fünf porträtierten Menschen entsteht Multiperspektivität, in Teilen auch Kontroversität.

Die in der App erzählten Geschichten spiegeln Schlüsselprobleme der gegenwärtigen Gesellschaft, z. B. Flucht und Krieg; es geht um gesellschaftliche Grundbedürfnisse sowie um Inklusion und Exklusion. Schließlich berühren die Geschichten die Identitäten der Schülerinnen und Schüler und erlauben auch die Begegnung mit anderen. Durch die Filme und die Aufgaben ergeben sich Angebote für die Immersion und die Reflexion, für Emotion und Kognition. Moralische Fragen spielen in der App eine zentrale Rolle, auch weil Fragen der je eigenen Lebenswelt gestellt werden.

Empfehlungen für künftige Inszenierungen für das Lehren und Lernen über den Holocaust

Historische Bildung kann auch in Zukunft als orientierender Kompass im schulischen Umgang mit dem Thema Holocaust dienen. Wie oben erläutert bedeutet dies, dass bei Inszenierungen drei Zieldimensionen spezifisch in den Blick genommen werden: die Förderung von Jugendlichen im Umgang (a) mit Geschichte, (b) mit Gesellschaft und (c) mit sich selber.

Hinsichtlich des Umgangs mit Geschichte muss für die Thematisierung des Holocausts alters- und kulturspezifisch festgelegt werden, welches die gesellschaftlich relevanten Basisnarrative und welches die einschlägigen Begriffe und Konzepte sind, die es zu vermitteln gilt. Nach wie vor ist sowohl in der Geschichtswissenschaft als auch in der Geschichtsdidaktik eine Scheu vorhanden, erforderliches deklaratives Wissen festzulegen, was sich insbesondere in den neuen kompetenzorientierten Lehrplänen zeigt. Interessierte Laien und die Politik zeigen hier weniger Zurückhaltung und formulieren Gewissheiten, kulturelle Bestätigungen und geschichtliche Verläufe, die es zu wissen gilt. Allfälliges Nicht-Wissen wird sowohl durch Medien, aber auch durch die Wissenschaften sofort sanktioniert. So sorgte eine Werbung für die Begrenzungsinitiative[5] der Zürcher SVP[6] im Juli 2020 für große Empörung. Die Partei behauptete in ihrem Inserat, dass bei einem Nein zur Begrenzungsinitiative die Schweiz weiter zubetoniert werde, und sie veranschaulichte das Zubetonieren mit einem Bild, welches Stelen des Holocaust-Mahnmals in Berlin zeigte (NZZ, 24.7.2020). Offenbar hatte bei der Abfassung der Werbung niemand das Holocaust-Mahnmal erkannt, und so blamierte und disqualifizierte sich die Partei mit diesem Nicht-Wissen vor der breiten Öffentlichkeit. Die Begrenzungsinitiative wurde abgelehnt.

Dass sich Geschichtsdidaktik schwertut mit der Festlegung der Basisnarrative, hat natürlich mit schlechten Erfahrungen zu tun. Üblicherweise wird nämlich viel zu viel verlangt, weshalb die Forderung von Bodo von Borries aus dem Jahre 2004 immer noch gilt: „vorsichtiger, aber wirklichkeitsgerechter", „weniger, aber gründlicher", „einfacher, aber anregender" und „bescheidener, aber bewusster" (Borries, 2004, S. 423). Jugendliche im Alter von 15 Jahren sollten im deutschsprachigen Raum mindestens auf folgende fünf Fragen Antworten geben können (vgl. dazu auch IHRA 2019, S. 16–23):

- Warum und wie kam es zum Holocaust?
- Welches waren die entscheidenden Schritte beim Verlauf des Holocaust?
- Wie reagierten die Menschen auf die Verfolgungen und Massenmorde?
- Welches waren die Folgen des Holocaust? Wie wurden die Täter bestraft?
- Welche Bedeutung hat der Holocaust hier und heute?

Die Antworten auf diese Fragen dürfen durchaus kurz sein. Darüber hinaus müssen die Jugendlichen allerdings auch ikonische Bilder und narrative Abbreviaturen (Rüsen, 1991, S. 231) kennen – also einzelne Bilder oder Begriffe, die für eine ganze Geschichte stehen – wie das Holocaust-Mahnmal in Berlin oder „Auschwitz".

Bei der Vermittlung der gewählten Narrative, Begriffe und Konzepte ist zentral, die oben erwähnten und in Abbildung 1 dargestellten Prinzipien umzusetzen. Narrativität/Konstruktivität bedeutet u. a., dass die Lernenden selbst zum Erzählen kommen. Temporalität/Historizität erfordert das Fragen nach dem Vorher und Nachher, nach Ursachen und Wirkungen. Ein Zeitstrahl ist nach wie vor eine hilfreiche Veranschaulichung für Geschichte. Faktizität/Fiktionalität führt immer wieder zur Frage, was genau wie überliefert ist. Multiperspektivität/Kontroversität erinnert an die Verpflichtung, verschiedene Quellen und Darstellungen für die Vermittlung heranzuziehen. Und Objektivität/Exemplarität weist auf die Notwendigkeit hin, plausible Aussagen zu machen (und festzuhalten), die unabhängig von wertenden Einstellungen der Subjekte gelten und empirisch triftig sind, also methodisch bewusst nachvollzogen werden können (Rüsen, 1997; Pandel, 2017).

Hinsichtlich des Umgangs mit Gesellschaft soll bei der schulischen Thematisierung des Holocaust in der Regel darauf geachtet werden, dass die gewählten Aspekte Schlüsselprobleme unserer heutigen Welt spiegeln, Grundbedürfnisse von Menschen berücksichtigen und Inklusion/Exklusion betrachten, damit historische Bildung möglich wird. Dies alles sind keine neuen Forderungen, sondern akzentuieren das, was in den Empfehlungen für das Lehren und Lernen über den Holocaust der International Holocaust Remembrance Alliance (IHRA, 2019) ausführlich dargestellt und z. B. im Abschnitt „Konzeptuelles Verständnis" (ebd., S. 21–23) oder in „Gegenwartsbezüge: Der Holocaust, Völkermorde und Menschenrechtsverletzungen" (ebd., S. 45–47) ausgeführt ist.

Wenn Inszenierungen fürs Lehren und Lernen über den Holocaust künftig noch besser historische Bildung ermöglichen sollen als heute, dann müssen die neuen Vermittlungsangebote vor allem intensiver zur Persönlichkeitsbildung der Jugendlichen beitragen. Hier sind neue Akzentuierungen erforderlich: Wie können Emotion und Kognition, Immersion und Reflexion, Identität und Alterität, aber auch Skeptizismus und kritisches Denken sowie moralische Fragen intensiver angesprochen werden? – Aus Studien zur Wirkung von Spielfilmen auf das Geschichtsbewusstsein wissen wir, dass bei audiovisuell vermittelten Geschichten die Darstellung einzelner Menschen eine zentrale Rolle spielt. Sabine Moller z. B. zeigt auf, wie Filme von ihren Zuschauerinnen und Zuschauern konkret angeeignet werden. Die Betrachtung der Filme und damit der Geschichte erfolgt durch das „subjektive Sehen durch einen Körper" (Moller, 2018, S. 197), was bedeutet, dass die Betrachterinnen und Betrachter durch die Augen einer Filmfigur „mitblicken". Hieraus resultieren gemäß Moller spezifische „Sehepunkte". Diese „Sehepunkte" erklären, wieso beispielsweise Spielfilme mit handelnden und leidenden Menschen das größere Lernpotential zu haben scheinen als eine dokumentarische Kamerafahrt durch das rekonstruierte Vernichtungslager Auschwitz oder eine Virtual Reality-Inszenierung des Geländes.

Solche „Sehepunkte" bieten auch Videogames an, die darüber hinaus dank digitaler Technologie die Möglichkeit bieten, mit den und durch die Protagonistinnen und Protagonisten zu handeln. Als Gamer erlebe ich also eine Flucht nicht nur aus der Perspektive der Flüchtenden, sondern ich agiere selbst im digitalen Raum, wie z. B. im Videospiel „When We Disappear".[7] In diesem Spiel werden die Schülerinnen und Schüler im ersten Kapitel ins Amsterdam des Jahres 1943 versetzt. Dort nehmen sie die Perspektive eines verfolgten Mädchens ein, das versucht, der drohenden Deportation zu entkommen. Die Flucht führt quer durch Europa – über Belgien, Frankreich, die Schweiz, Spanien und Portugal. Dabei muss das Mädchen und müssen die Videospielerinnen oder -spieler unzählige gefährliche Situationen bewältigen: Sie müssen aus einem besetzten Haus fliehen, an Häschern vorbei über eine Straße schleichen, an Abflussrohren entlang auf ein Dach klettern und von dort wieder hinunter auf die Straße kommen, über bewachte Brücken sprinten und Dilemmasituationen bewältigen: Sollen sie sich in Amsterdam verstecken oder aus Amsterdam fliehen?

Amsterdam im Jahr 1943, Schauplatz im Videospiel „When We Disappear". Das Mädchen links im Bild versucht der drohenden Deportation zu entkommen. Es muss den richtigen Moment erwischen, um unerkannt die Straße zu überqueren. (© Inlusio Interactive)

Die dargestellte Geschichte basiert auf erzählten und erforschten Gegebenheiten von Kindern und Jugendlichen, die während des Zweiten Weltkriegs quer durch Europa flohen, um sich vor der Verfolgung und Ermordung durch die Nationalsozialisten zu retten. Einige von ihnen wurden durch Fluchthilfe-Organisationen versteckt oder auf Fluchtrouten in Sicherheit gebracht, andere durch Widerstandskämpferinnen und -kämpfer unterstützt, aber viele verschwanden, wurden verraten, entdeckt, gefangen genommen, deportiert, ermordet. Um erfolgreich zu fliehen, benötigen die Gamer Unterstützung und Informationen. Diese bekommen sie u. a. dadurch, dass ebenfalls im Videospiel die Schwester des Mädchens herauszufinden versucht, was genau auf der Flucht geschieht. Mit ihren Erinnerungen, die ins Game eingeblendet werden, hilft sie den Videospielerinnen und -spielern, den Verfolgerinnen und Verfolgern zu entkommen.

„When We Disappear" nutzt erstens die Möglichkeiten der Digitalisierung, um neue Vermittlungsangebote zu schaffen. Auf diese Weise wird vor allem in schulischen Vermittlungszusammenhängen eine Kultur der Digitalität aufgebaut (Stalder, 2016), verstanden als Verschränkung von digitalen und analogen Wirklichkeiten, die so die Lebenswelten beeinflussen und Bildung ermöglichen. „When We Disappear" nutzt zweitens die Chancen von Gamification (Gautschi, 2018). Hier wird die Fluchtgeschichte eines Mädchens zur „Als-ob-Handlung". Die Gamer werden aktiviert, in die Geschichte verwickelt, und sie bekommen „Handlungsmacht" (Agency) (Hewson, 2010). McCall hat dies als „participatory public history" bezeichnet (McCall, 2019, S. 38), wo Probehandeln möglich wird. „When We Disappear" ist ein Labor für Fliehen. Es simuliert die Situation im Jahr 1943 von jungen Menschen in Amsterdam und konfrontiert die Videospielerinnen und -spieler ständig mit den Konsequenzen ihres Handelns. Damit werden sie in die

Situation hineingezogen, müssen abwägen, und sie werden emotional berührt. Im Akt des Spieles tauchen Nutzerinnen und Nutzer ein ins Universum des Historischen und konstruieren Geschichte (vgl. Giere, 2019, S. 51).

Ob „When We Disappear" und andere vergleichbare Angebote und neue Vermittlungsinszenierungen tatsächlich einen Beitrag zur historischen Bildung im Allgemeinen und zur Persönlichkeitsbildung im Besonderen leisten, muss sich allerdings erst noch zeigen. Entscheidend ist, dass Emotion mit Kognition kontextualisiert, Immersion mit Reflexion ergänzt, Identität mit Alterität bereichert, kritisches Denken angeregt und moralische Fragen verhandelt werden. Dies alles in der Vermittlungsinszenierung selbst anzulegen, wäre – sofern überhaupt möglich – hohe didaktische Kunst. Etwas einfacher ist, wenn dies in schulischen Zusammenhängen die Lehrerinnen und Lehrer gewährleisten. Ihre Rolle für gelingende historische Bildung und erfolgreiches Lehren und Lernen über den Holocaust wird auch in Zukunft zentral sein.

Literaturverzeichnis

Barricelli, Michele / Peter Gautschi / Andreas Körber: Historische Kompetenzen und Kompetenzmodelle, in: Barricelli, Michele / Martin Lücke (Hrsg.): Handbuch Praxis des Geschichtsunterrichts (Schwalbach/Ts. 2012) S. 207–235.

Bergmann, Klaus: Identität, in: Bergmann, Klaus u. a. (Hrsg.): Handbuch der Geschichtsdidaktik (Seelze-Velber 1997[5]) S. 23–28.

Bonhage, Barbara / Peter Gautschi / Jan Hodel u. a.: Hinschauen und Nachfragen. Die Schweiz und die Zeit des Nationalsozialismus im Licht aktueller Fragen (Zürich 2006).

Borries, Bodo von: Lebendiges Geschichtslernen. Bausteine zu Theorie und Pragmatik, Empirie und Normfrage (Schwalbach/Ts. 2004).

Brauer, Juliane / Martin Lücke (Hrsg.): Emotionen, Geschichte und historisches Lernen. Geschichtsdidaktische und geschichtskulturelle Perspektiven (Göttingen 2013).

Brüning, Christina Isabel: Holocaust Education in der heterogenen Gesellschaft. Eine Studie zum Einsatz videographierter Zeugnisse von Überlebenden der nationalsozialistischen Genozide im Unterricht (Berlin 2018).

Buck, Thomas Martin: Lebenswelt- und Gegenwartsbezug, in: Barricelli, Michele / Martin Lücke (Hrsg.): Handbuch Praxis des Geschichtsunterrichts (Schwalbach/Ts. 2012) S. 289–301.

Buschkühle, Carl-Peter / Ludwig Duncker / Vadim Oswalt (Hrsg.): Bildung zwischen Standardisierung und Heterogenität – ein interdisziplinärer Diskurs (Wiesbaden 2009).

Dressler, Jens: Vom Sinn des Lernens an der Geschichte. Historische Bildung in schultheoretischer Sicht (Stuttgart 2012).

Eckmann, Monique / Stevick Doyle / Jolanta Ambrosewicz-Jacobs: Research in Teaching and Learning about the Holocaust. A Dialogue Beyond Borders, Hrsg. International Holocaust Remembrance Alliance (Berlin 2017).

Fink, Nadine: Geschichte vermitteln um kritisches Denken auszubilden?, in: Public History Weekly 5, 27 (2017), https://public-history-weekly.degruyter.com/5-2017-27/teaching-history-in-order-to-develop-critical-thinking/ (3.11.2020).

Fink, Nadine: The Force of Fiction, in: Public History Weekly 6, 5 (2018), https://public-history-weekly.degruyter.com/6-2018-5/the-force-of-fiction/ (3.11.2020).

Fracapane, Karel / Matthias Haß in collaboration with Topography of Terror Foundation (Hrsg.): Holocaust Education in a Global Context (Paris 2014).

Gatzka, Claudia: Nationalsozialismus: Was wir heute lernen können, in: Public History Weekly 7, 14 (2019), https://public-history-weekly.degruyter.com/7-2019-14/nazi-past-present/ (3.11.2020).

Gautschi, Peter: Gamification als Zaubermittel für Geschichtsvermittlung?, in: Public History Weekly 6, 37 (2018), https://public-history-weekly.degruyter.com/6-2017-37/gamification-cure-public-history/ (3.11.2020).

Gautschi, Peter: Guter Geschichtsunterricht. Grundlagen, Erkenntnisse, Hinweise (Schwalbach/Ts. 2015[3]).

Gautschi, Peter: Lehrer/-innenbildung für das Integrationsfach „Gesellschaftswissenschaften" – Impulse, Kernideen, Perspektiven, in: Zeitschrift für Didaktik der Gesellschaftswissenschaften 10, 2 (2019a) S. 43–74.

Gautschi, Peter: What Influences Public History the Most, in: Public History Weekly 7, 19 (2019b), https://public-history-weekly.degruyter.com/7-2019-19/historical-beliefs/ (20.10.2020).

Gautschi, Peter / Karin Fuchs / Hans Utz: Geschichte kompetenzorientiert unterrichten, in: Fuchs, Karin / Peter Gautschi / Hans Utz (Hrsg.): Zeitreise 2. Begleitband (Baar 2017) S. 14–32.

Gautschi, Peter / Markus Bernhardt / Ulrich Mayer: Guter Geschichtsunterricht – Prinzipien, in: Barricelli, Michele / Martin Lücke (Hrsg.): Handbuch Praxis des Geschichtsunterrichts (Schwalbach/Ts. 2012) S. 326–348.

Gautschi, Peter / Martin Lücke: Historisches Lernen im digitalen Klassenzimmer. Das Projekt „Shoah im schulischen Alltag", in: Sandkühler, Thomas / Charlotte Bühl-Gramer / Anke John u. a. (Hrsg.): Geschichtsunterricht im 21. Jahrhundert. Eine geschichtsdidaktische Standortbestimmung (Göttingen 2018) S. 465–485.

Giere, Daniel: Computerspiele – Medienbildung – historisches Lernen. Zu Repräsentation und Rezeption von Geschichte in digitalen Spielen (Frankfurt/M. 2019).

Henke-Bockschatz, Gerhard / Ulrich Mayer / Vadim Oswalt: Historische Bildung als Dimension eines Kerncurriculums moderner Allgemeinbildung, in: Geschichte in Wissenschaft und Unterricht 56, 12 (2005) S. 703–710.

Hewson, Martin: Agency, in: Mills, Albert / Gabrielle Durepos / Elden Wiebe (Hrsg.): Encyclopedia of Case Study Research (Thousand Oaks, 2010) S. 13–17.

Humboldt, Wilhelm von: Gesammelte Schriften/1785–1795 (Berlin 1903).

IHRA (International Holocaust Remembrance Alliance): Empfehlungen für das Lehren und Lernen über den Holocaust (o. O. 2019), https://www.holocaustremembrance.com/de/resources/educational-materials/empfehlungen-zum-lehren-und-lernen-ueber-den-holocaust (14.11.2020).

Klafki, Wolfgang: Neue Studien zur Bildungstheorie und Didaktik. Beiträge zur kritisch-konstruktiven Didaktik (Weinheim 1985).

Knoch, Habbo: Grenzen der Immersion. Die Erinnerung an den Holocaust und das Zeitalter der Digitalität, in: Fröhlich, Claudia / Harald Schmid (Hrsg.): Jahrbuch für Politik und Geschichte. Band 7. 2016–2019. Virtuelle Erinnerungskulturen (Stuttgart 2020) S. 15–44.

Künzli, Rudolf: Das Lerngerüst der Schule, in: Zeitschrift für Didaktik der Gesellschaftswissenschaften 3, 2 (2012) S. 94–113.

Lücke, Martin: Multiperspektivität, Kontroversität, Pluralität, in: Barricelli, Michele / Martin Lücke (Hrsg.): Handbuch Praxis des Geschichtsunterrichts (Schwalbach/Ts. 2017²) S. 281–288.

Mayer, Ulrich: Qualitätsmerkmale historischer Bildung. Geschichtsdidaktische Kategorien als Kriterien zur Bestimmung und Sicherung der fachdidaktischen Qualität des historischen Lernens, in: Hansmann, Wilfried / Timo Hoyer (Hrsg.): Zeitgeschichte und historische Bildung. Festschrift für Dietfrid Krause-Vilmar (Kassel 2005) S. 223–243.

McCall, Jeremiah: Playing with the Past: History and Video Games (and why it might matter), in: Journal of Geek Studies 1 (2019) S. 29–48.

Moller, Sabine: Zeitgeschichte sehen. Die Aneignung von Vergangenheit durch Filme und ihre Zuschauer (Berlin 2018).

Mütter, Bernd: Historische Zunft und historische Bildung. Beiträge zur geisteswissenschaftlichen Geschichtsdidaktik (Weinheim 1995).

Neue Zürcher Zeitung NZZ: Die Zürcher SVP wirbt mit Holocaust-Mahnmal für die Begrenzungsinitiative – Der Parteisekretär sagt: „Es ist uns ein Fehler passiert, für den wir uns entschuldigen" (24.7.2020), https://www.nzz.ch/zuerich/svp-zuerich-wirbt-mit-holocaust-mahnmal-fuer-begrenzungsinitiative-ld.1567937 (3.11.2020).

Pandel, Hans-Jürgen: Geschichtsdidaktik. Eine Theorie für die Praxis (Schwalbach/Ts. 2013).

Pandel, Hans-Jürgen: Geschichtstheorie. Eine Historik für Schülerinnen und Schüler – aber auch für ihre Lehrer (Schwalbach/Ts. 2017).

Pandel, Hans-Jürgen: Geschichtsunterricht nach PISA. Kompetenzen, Bildungsstandards und Kerncurricula (Schwalbach/Ts. 2005).

Rüsen, Jörn: Geschichtskultur, Bildung und Identität. Über Grundlagen der Geschichtsdidaktik (Bern 2020).

Rüsen, Jörn: Historik. Theorie der Geschichtswissenschaft (Köln 2013).

Rüsen, Jörn: Objektivität, in: Bergmann, Klaus / Klaus Fröhlich / Annette Kuhn u. a. (Hrsg.): Handbuch der Geschichtsdidaktik (Seelze 1997⁵) S. 160–163.

Rüsen, Jörn u. a.: Untersuchungen zum Geschichtsbewusstsein von Abiturienten im Ruhrgebiet, in: Borries, Bodo von / Jörn Rüsen / Hans-Jürgen Pandel (Hrsg.): Geschichtsbewusstsein empirisch (Pfaffenweiler 1991) S. 221–344.

Sander, Wolfgang: Bildung – ein kulturelles Erbe für die Weltgesellschaft (Frankfurt/M. 2018).

Sander, Wolfgang: Bildung – zur Einführung in das Schwerpunktthema, in: Zeitschrift für Didaktik der Gesellschaftswissenschaften 5, 2 (2014) S. 7–15.

Schapp, Wilhelm: In Geschichten verstrickt. Zum Sein von Mensch und Ding (Frankfurt/M. 2012⁵).

Schneider, Gerhard: Personalisierung/Personifizierung, in: Barricelli, Michele / Martin Lücke (Hrsg.): Handbuch Praxis des Geschichtsunterrichts (Schwalbach/Ts. 2017) S. 302–315.

Schneuwly, Bernard: Schulfächer: Vermittlungsinstanzen von Bildung, in: Zeitschrift für Erziehungswissenschaft 21, 2 (2018) S. 279–298.

Stalder, Felix: Kultur der Digitalität (Berlin 2016).

Völkel, Bärbel: Inklusive Geschichtsdidaktik. Vom inneren Zeitbewusstsein zur dialogischen Geschichte (Schwalbach/Ts. 2017).

Weinert, Franz E.: Vergleichende Leistungsmessung in Schulen – eine umstrittene Selbstverständlichkeit, in: Weinert, Franz E. (Hrsg.): Leistungsmessungen in Schulen (Weinheim 2002) S. 17–31.

When We Disappear (2020), www.whenwedisappear.com (3.11.2020).

Wikipedia: Bildung (2020), https://de.wikipedia.org/wiki/Bildung (3.11.2020).

Wisard, François: Les Justes Suisses. Des actes de courage méconnus au temps de la Shoah (Genf 2007).

Yad Vashem The International School for Holocaust Studies: „Was geht mich die Geschichte an?" Den Holocaust im 21. Jahrhundert unterrichten (Jerusalem 2012).

Anmerkungen

1 Ich danke insbesondere Jasmine Steger für die anregenden und weiterführenden Diskussionen zum Thema, die zu einer hoffentlich für alle Leserinnen und Leser erkennbaren Präzisierung der Argumentation geführt haben.

2 Dies zeigt sich z. B. bei der App «Fliehen vor dem Holocaust», die im folgenden Kapitel vorgestellt wird: Sie wurde gemeinsam für Deutschland, Österreich und die Schweiz entwickelt, und je nach Lehrplan wird anders argumentiert, wieso die App in diesem oder jenem Land eingesetzt werden soll.

3 Herzlichen Dank an Janina Tiemann für die große Unterstützung bei der Entwicklung dieser Grafik.

4 Die App kann über die einschlägigen Plattformen (App Store und Google Play Store) sowie auf der Website http://www.erinnern.at/app-fliehen (aufgerufen am 31.10.2020) für Windows-Anwendungen gratis bezogen werden.

5 Mit der sogenannten Begrenzungsinitiative wollten die Initianten die Personenfreizügigkeit der Schweiz mit der EU beenden und also die Zuwanderung einschränken. Laut dem Komitee habe es seit der Einführung der vollen Personenfreizügigkeit mit der EU eine Massenzuwanderung gegeben, welche die Umwelt, den Arbeitsmarkt, die Sozialwerke und die Infrastruktur extrem belastet hätten. Die Initianten wollten deshalb, dass die Schweiz die Zuwanderung ohne Freizügigkeit selbst kontrolliert. Die Initiative wurde am 27. September 2020 mit über 60 Prozent abgelehnt.

6 SVP steht für Schweizerische Volkspartei. Sie ist eine nationalkonservative, rechtspopulistische und wirtschaftsliberale politische Partei. Seit den eidgenössischen Wahlen 2003 ist die SVP die landesweit gesehen stärkste Partei und stellt zwei von sieben Bundesräten.

7 www.whenwedisappear.com/edu (aufgerufen 3.11.2020).

Victoria Kumar

Die Vermittlung von Nationalsozialismus und Holocaust in der Bildung heute

Wissenschafterinnen und Wissenschafter, Pädagoginnen und Pädagogen sowie Vermittlerinnen und Vermittler in der schulischen und außerschulischen Bildungsarbeit stellen sich schon seit Langem die Frage, welche Formen pädagogischer und erinnerungskultureller Praxis sich eignen, um sich einer Geschichte zu nähern, zu der wir einen zeitlich immer größeren Abstand gewinnen, der aber als nicht abgeschlossener Geschichte die ordnende Kraft des Rückblicks fehlt. Zeitgeschichte bzw. Gegenwartsgeschichte ist als „nahe Geschichte" untrennbar mit ihren Interpretinnen und Interpreten sowie deren Erfahrungen und Perspektiven verbunden (Sabrow, 2020). Es geht also einerseits um die Vermittlung von historischem Wissen, andererseits um die Berücksichtigung des Selbstverständnisses und der zeitgeschichtlichen Erfahrungen sowohl der Lehrenden als auch der Lernenden – ob und wie die Aneignung der Inhalte gelungen ist (historisches Bewusstsein).

Erinnerungsarbeit und Geschichtsvermittlung sahen und sehen sich speziell in den Nachfolgestaaten des NS-Staates mit Abwehrmustern konfrontiert, geht es hier doch in besonderer Weise um die Auseinandersetzung mit Täter- und Mittäterschaft, womöglich in der eigenen Familiengeschichte. Abwehrmuster, problematische Empathien und Umdeutungen können sich dabei sowohl auf die Aufarbeitung und Erinnerung als auch auf den historischen Gegenstand selbst beziehen: „In den Praktiken, das zum Verschwinden zu bringen, was nach 1945 am meisten beunruhigt und verstört, zeigen sich Abwehrmuster gegenüber einer negativen Geschichte, die nicht zu Ende ist, die aber nicht in das Selbstbild aufgeklärter Fortschrittlichkeit passt" (Messerschmidt, 2010). Vor allem bei Jugendlichen und jungen Erwachsenen kann das Lehren über den Nationalsozialismus (immer noch) als moralisierende Belehrung innerhalb eines „Schulddiskurses" empfunden werden, das Lernen darüber als etwas, das mit einem selbst wenig zu tun hat. Gleichzeitig spiegeln sich im Mikrokosmos Schule gesamtgesellschaftliche Kontinuitäten wider und zeigen sich auch hier bagatellisierende oder glorifizierende Bezugnahmen auf die NS-Zeit und treten Antisemitismus und Rassismus in unterschiedlichen Erscheinungsformen zutage (Bernstein, 2020).

Mit welchen gesellschaftlichen und pädagogischen Herausforderungen eine gelungene Vermittlung von Nationalsozialismus und Holocaust gegenwärtig konfrontiert ist, wird im Folgenden anhand zweier wesentlicher Entwicklungen der letzten Jahre erörtert: digitales Lernen und „globalisiertes Klassenzimmer".

Lehren und Lernen über Nationalsozialismus und Holocaust im digitalen Zeitalter

Die in den letzten Jahrzehnten massiv vorangeschrittene digitale Transformation hat insgesamt zu großen Veränderungen bei Bildungsangeboten, Nutzungsverhalten und Partizipationsmöglichkeiten geführt. Digitale bzw. virtuelle Angebote wie Apps und Online-Spiele entsprechen dem Lebensumfeld von Schülerinnen und Schülern, welche quasi rund um die Uhr online sind und weitgehend ein eigenes Smartphone und/oder ein anderes Endgerät besitzen. Die Technik an sich stellt für sie als *digital natives* zumeist keine relevante Herausforderung dar. Lehrpersonen aber agieren bei der Nutzung virtueller Räume für das historische Lernen immer noch zurückhaltend. Digitale Medien sind erst in jüngster Vergangenheit durch die krisenbedingte Umstellung auf Fernlehre vermehrt erprobt worden. Relevant für die Vermittlung sind sie zweifelsohne insofern, als dass der Transfer von Wissen mittels gewohnter Kommunikationsmittel erfolgt. Geschichten von Verfolgten des Nationalsozialismus, die immer seltener „aus erster Hand" gehört werden können, sind mittels digitaler Technologien in moderner, kreativer und ansprechender Form zu erzählen, zu verbreiten und im Prinzip jederzeit zu nutzen. Die Social Media Serie „eva.stories"[1] hat beispielsweise gezeigt, wie über den Kanal Instagram eine Geschichte des Holocaust erzählt und sehr schnell eine hohe Anzahl an Menschen erreicht werden kann.

Geschätzte 15.000-mal ist die von _erinnern.at_, der Pädagogischen Hochschule Luzern und der Fachhochschule Dornbirn entwickelte App „Fliehen vor dem Holocaust. Meine Begegnung mit Geflüchteten"[2] zwischen 2018 und 2020 heruntergeladen worden. Die Lern-App ist aus dem Projekt SISAT (Shoah im schulischen Alltag) hervorgegangen, das darauf abzielte, durch videografierte-Interviews mit Zeitzeuginnen und -zeugen angeregtes historisches Lernen im regulären Geschichtsunterricht in Österreich, Deutschland und der Schweiz zu erforschen – auch im Hinblick auf ein besseres Verständnis dafür, wie solche Lernangebote gestaltet sein müssen, damit Lernende den größtmöglichen Nutzen daraus ziehen (Bibermann, 2018). Die mehrfach ausgezeichnete App erschließt Jugendlichen ab 14 Jahren über das Medium Film einen Zugang zu den historischen wie gegenwärtigen Phänomenen Flucht und Vertreibung. Schülerinnen und Schüler lernen Erinnerungen mit historischen Dokumenten zusammenzubringen sowie beide quellenkritisch zu betrachten. Die App kann individuell oder in einer Klasse bzw. Gruppe verwendet werden, im Präsenzunterricht, im Plenum oder in Einzel- bzw. Partnerarbeit, ferner im „Flipped Classroom", einer Mischung aus Präsenz- und Fernunterricht.

Mit Blick auf die Erfahrungen in der Corona-Krise lässt sich bereits bilanzieren, dass digitale Medien und Lernangebote für viele – vor allem junge – Menschen ein niedrigschwelliger Einstieg in die Beschäftigung mit der Geschichte des Nationalsozialismus und des Holocaust sein können. Der schnellen Verbreitung und Zugänglichkeit steht allerdings gegenüber, dass vor allem der interaktive Social Media Bereich sich weitgehend einer institutionellen, wissenschaftlichen oder didaktischen Regulierung, eines Kontrollmechanismus bzw. einer Art Autorisierung entzieht. Bei allen Angeboten ist es unabdingbar, didaktisch-kritische Zusatzangebote (historischen Kontext, Aufgabenstellungen etc.) zur Verfügung zu stellen, um die Lernenden im multimedialen und fordernden, möglicherweise überfordernden Umfeld gut anzuleiten und zu begleiten. Was den Einsatz von digitalen Medien im (Geschichts-)Unterricht betrifft, muss die Medien- und Informationskompetenz von Jugendlichen gestärkt werden, um diese gegen Stereotypen, Verschwörungstheorien und Manipulationsversuche zu wappnen. Lehrende können Lernende durch multimediale Tools und interdisziplinäre Zugänge, die auf gesichertem historischen Wissen basieren, motivieren.

Lehren und Lernen in direkten und ohne direkte Begegnungen mit Zeitzeuginnen und -zeugen

Der generationsbedingte Übergang vom individuellen Erfahrungsgedächtnis zum kulturellen Gedächtnis, das ohne lebende Zeitzeuginnen und -zeugen auskommen muss, macht neue Formen der Auseinandersetzung mit dem Nationalsozialismus notwendig. _erinnern.at_ organisiert nach wie vor direkte Begegnungen zwischen Zeitzeuginnen und -zeugen, Schülerinnen und Schülern sowie Lehrenden an Schulen und in Form eines jährlichen Zeitzeugen-Seminars.[3] Durch Personalisierung, Emotionalität und Nähe wächst bei den meisten Jugendlichen die Motivation, sich auf die Geschichten der Verfolgten einzulassen.

Online-Plattformen, die Interviews mit Zeitzeuginnen und -zeugen bereitstellen, sind in den letzten Jahren besonders im europäischen und US-amerikanischen Raum vermehrt entstanden. Bei der Entwicklung von digitalen Lernmaterialien basierend auf Video-Interviews mit Verfolgten für den Schulunterricht hat _erinnern.at_ Pionierarbeit geleistet. Nach der ersten DVD mit Video-Interviews mit Holocaust-Überlebenden („Das Vermächtnis", 2008[4]) folgten verschiedene Lern-Websites (z. B. „Neue Heimat Israel", 2011[5] und „über_leben", 2018[6]). 2018 wurde die Lern-App „Fliehen vor dem Holocaust" und 2019 die Website „weiter_erzählen"[7] präsentiert. „weiter_erzählen" macht der Öffentlichkeit – besonders Schulen – derzeit fast 200 Video-Interviews mit Verfolgten des Nationalsozialismus, die einen Bezug zu Österreich haben, verschlagwortet und sequenziert zugänglich.

Als Antwort auf die Frage, was sein wird, wenn die Überlebenden nicht mehr ihre Geschichte erzählen können, liefern digitale und virtuelle Bildungsangebote zumindest teilweise Antworten. Verschiedene Angebote entwickelte etwa die USC Shoah Foundation z. B. in Form der ZeitzeugInnen-Lernplattform *IWitness*[8], bei der Lernende interaktiv mit Interviews und anderen Quellen arbeiten, oder im Zuge des Projekts „Dimensions in Testimony"[9]. Als weltweit erstes Projekt ermöglicht „Dimensions in Testimony" eine Interaktion (bzw. eine Art „Kommunikation") mit den Erzählungen von Holocaust-Überlebenden. Schülerinnen und Schüler können in eine Frage-Antwort-Interaktion mit vorab mittels moderner 3D-Technologie aufgezeichneten Interviews eintreten und so aktiv an ihrem eigenen Lernprozess mitwirken.

Trotz neuer technischer (und teils vielversprechender) Vermittlungs- und Erzählformen kann für eine direkte Begegnung mit Zeitzeuginnen und -zeugen kein gleichwertiger Ersatz gefunden werden. Neue und zusätzliche Wege lotet _erinnern.at_ derzeit in einer 2019 ins Leben gerufenen Arbeitsgruppe aus, in der die Möglichkeiten von Schulgesprächen mit „ZeitzeugInnen der zweiten Generation" erörtert und pädagogische Empfehlungen erarbeitet werden. Schon jetzt vermitteln auch Nachkommen von Verfolgten des Nationalsozialismus die Überlebensgeschichten ihrer Eltern oder Großeltern in unterschiedlichen Formaten an Schülerinnen und Schüler.

Lehren und Lernen in heterogenen Klassenzimmern

Der faktische Zustand der „Migrationsgesellschaft" ist in der Integrations- und Bildungspolitik vielerorts die längste Zeit verdrängt und vernachlässigt worden. Erst in den letzten Jahren sind im deutschsprachigen pädagogischen Diskurs über die Thematisierung und Vermittlung von Nationalsozialismus und Holocaust die Begriffe „Migrationsgesellschaft" und „globalisiertes Klassenzimmer" zentral geworden. Für beide ist längst eine Hybridität charakteristisch, die imaginierte Bilder einer homogenen Gemeinschaft korrigiert. Nationale Gedächtnisdiskurse und eine bislang mehrheitlich hegemoniale Geschichtsschreibung werden durch unterschiedliche Akteurinnen und Akteure der Migrationsgesellschaft herausgefordert, ergänzt und infrage gestellt.

Aushandlungsprozesse über Geschichtsbilder und über gegenwärtige und künftige gesellschaftspolitische Entwicklungen finden insbesondere auch im Klassenzimmer statt. Jugendliche unterschiedlicher Herkunft, mit eigener Flucht- und Migrationserfahrung oder mit Flucht und Migration als Teil der Familiengeschichte, lernen gemeinsam über die NS-Zeit, besuchen Gedenkstätten, treffen Zeitzeuginnen und -zeugen. Lerngruppenzusammensetzungen sind folglich von einer hohen (sozio-)kulturellen Diversität und von diversifizierenden Präkonzepten aller Teilnehmenden geprägt. Während sich für Jugendliche die Frage nach individueller und kollektiver Identität und ihrer Position zur österreichischen bzw. deutschen Vergangenheit und „Verantwortungsgemeinschaft" stellt, stehen Lehrerinnen und Lehrer sowie außerschulische Pädagoginnen und Pädagogen vor der Herausforderung, nationalstaatliche Narrative und homogenisierte Erinnerungsperspektiven auszuweiten und jene von zugewanderten Lernenden miteinzubeziehen. Der schulbuchbasierte Unterricht ist im deutschsprachigen Raum immer noch ein weitgehend national orientierter; über die NS-Verbrechen in Südosteuropa und die Schauplätze des Zweiten Weltkrieges in den kolonialisierten Ländern erfahren Schülerinnen und Schüler erstaunlich wenig. „In den Bezugsangeboten bleiben sie daher oft in der Trias TäterInnen-Opfer-ZuseherInnen angerufen, die offensichtlich wenig Raum für andere Perspektiven lässt (wie etwa für Widerstandsdiskurse der PartisanInnen oder für postkoloniale Bezüge, aber auch für widersprüchliche Erinnerungskontexte, wie etwa in Algerien, dem Iran, Palästina etc.)." (Sternfeld, 2016)

Die Geschichte des Nationalsozialismus und des Holocaust ist als globale Geschichte mit globalen Auswirkungen zu vermitteln; die Erinnerung daran kann sich demzufolge ebenfalls nicht an nationalstaatliche Grenzen halten. Angesichts der globalen Dimensionen von Weltkrieg und Holocaust ist es zudem nicht unwahrscheinlich, dass migrierte Jugendliche einen familiären Bezug zu den verhandelten Themen haben. Wesentlich ist, Erinnerungen nicht als miteinander in Konkurrenz stehend zu begreifen oder zu hierarchisieren.

Pädagogisch-didaktisch reflektierte schulische oder außerschulische Vermittlung von Nationalsozialismus und Holocaust sollte interkulturelle Perspektiven insofern berücksichtigen, dass der Fokus auf der „Migrationsgesellschaft als Kontext statt auf Migrant[Inn]en als Zielgruppe" liegt (Kühner, 2008). Als soziale Kondition betrifft „Migrationsgesellschaft" schließlich sämtliche Teilhabende, unabhängig von ihrer Herkunft. Astrid Messerschmid formuliert die Anforderung so: „Die Wissensvermittlung über den Holocaust – sein Ausmaß, die Art der Durchführung und seine ideologische Begründung – kann keiner Selbstbestätigung dienen über das eigene moralisch gefestigte Geschichtsbewusstsein oder über einen nationalkollektiven Konsens der Aufarbeitung" (Messerschmidt, 2010).

Nicht hegemoniale Wissensproduktion, sondern Heterogenität in der Vermittlerpraxis sowie eine stärkere Subjektorientierung sollten als zentrale Ziele der Geschichtsvermittlung in post-migrantischen Gesellschaften formuliert werden.

Multiperspektivische Lehr- und Lernmaterialien mit Gegenwartsbezug

Effektive Bildungsangebote, die im Schulunterricht und an außerschulischen Lernorten eingesetzt werden, sollten in erster Linie niederschwellig zugänglich sein sowie an die Lebens- und Alltagswelten der Jugendlichen, ihre Erfahrungen, Interessen und Betroffenheiten anknüpfen. _erinnern.at_ entwickelt seit zwei Jahrzehnten mit interdisziplinären Teams aus Expertinnen und Experten Lehr- und Lernmaterialien, die unterschiedliche soziokulturelle Hintergründe und heterogene Erfahrungen der Zielgruppen nicht nur als Tatsache anerkennen, sondern diese inhaltlich auch verhandeln und adressieren. So basiert das Lernheft „Ein Mensch ist Mensch – Rassismus, Antisemitismus und sonst noch was ..."[10] beispielsweise auf den persönlichen Erlebnissen und Aussagen von österreichischen Jugendlichen, die zum Teil eigene oder familiäre Migrationserfahrung haben.

Multiperspektivische, widersprüchliche und konfligierende Narrative und Erinnerungen sind auch dem Unterrichtsmaterial „Fluchtpunkte. Bewegte Familiengeschichten zwischen Europa und Nahost"[11] immanent, das von _erinnern. at_ gemeinsam mit internationalen Kooperationspartnerinnen und -partnern konzipiert worden ist. Flucht, Migration, Antisemitismus und Rassismus werden im Kontext der Geschichte des Nationalsozialismus und unter Berücksichtigung der Folgen historischer europäischer (Nahost-)Politik diskutiert. „Fluchtpunkte" stellt Lebensgeschichten mit Flucht- und Migrationserfahrungen vor, die Verflechtungen der deutschen und österreichischen Geschichte mit der Geschichte des arabisch-jüdischen Nahen Ostens zeigen. Didaktisch erschlossen durch sechs Lernmodule ermöglichen die Biografien strukturgeschichtliche und politische Prozesse, Identitätsbilder und unterschiedliche Narrative zu diskutieren, wodurch „Wir – die anderen"-Dichotomien aufgebrochen werden können. Europa und der Nahe Osten werden nicht als separate, abgeschlossene Räume gedacht; nationale Selbstbilder werden durch transkulturelle Perspektiven infrage gestellt. Historische und aktuelle Ereignisse und unterschiedliche Opfergeschichten können verglichen werden, ohne sie gleichzusetzen oder zu hierarchisieren.

Zukunftsweisende Projekte

Was künftige Entwicklungen und Perspektiven in der Vermittlungsarbeit von Nationalsozialismus und Holocaust betrifft, sei auf ein innovatives Bildungsangebot in Kanada verwiesen, wo spezielle Workshops für Neuimmigrantinnen und -immigranten konzipiert wurden, die den Spracherwerb und das Lernen über den Holocaust verknüpfen. In Kombination mit spezifischen Sprachlernmethoden helfen die von der bereits erwähnten *IWitness*-Plattform der USC Shoah Foundation stammenden Videointerviews die neue Sprache zu erlernen, den Wortschatz aufzubauen, sowie gleichzeitig die Geschichte des Holocaust zu vermitteln. Lernenden werden konkrete Beispiele von Personen gezeigt, die flüchten mussten, in ein neues Land eingewandert sind und die notwendigen Fähigkeiten erworben haben, um sich erfolgreich in die Aufnahmegesellschaft zu integrieren. Auch wenn sich ihre eigene Flucht bzw. Migration nach Kanada erheblich von jener der Holocaust-Überlebenden unterscheidet, bilden die eingesetzten Interviews mit Zeitzeuginnen und -zeugen sowie die gemeinsamen Erfahrungen der Einwanderung beim Aufbau eines neuen Lebens und damit verbundenen Schwierigkeiten und Herausforderungen ein pädagogisch sinnvolles Lernumfeld, so die Überlegung (Phillips, 2018).

Unabdingbar ist beim historischen Lernen, Vergangenheitsdeutungen, Gegenwartswahrnehmungen und Zukunftserwartungen miteinander zu verknüpfen. Eine gelungene Geschichtspädagogik schafft ein motivierendes Unterrichtsklima und stimuliert einen Reflexionsprozess, „durch den sich die Lernenden mit der Vergangenheit in Beziehung setzen und einen Dialog mit der eigenen Vorgeschichte beginnen." Zugänge und Bezüge zur Vergangenheit herzustellen, gelingt – wie am Lern- und „Resonanzort" Yad Vashem gezeigt – durch „komplexe, aus mehreren Identitätsschichten zusammengesetzte Persönlichkeiten, kulturelle Resonanzen und Bezüge zu heutigen Lebenswelten, transnationalen und transkulturellen Bewegungen, Parallelen in der Altersstruktur sowie Individualität und Handlungsmacht" (Hartmann, 2020).

Trotz innovativer und effektiver Bildungstools, die bereits zur Anwendung kommen, muss das Angebot an zielgruppenorientierten, multiperspektivischen, mehrsprachigen und auch in einfacher Sprache zugänglichen Unterrichtsmaterialien und -konzepten kontinuierlich erweitert werden.

Fazit

Die Vermittlung von Nationalsozialismus und Holocaust steht gegenwärtig vor mehreren Herausforderungen. Der Schule kommt dabei als zentraler Sozialisationsinstanz besondere Bedeutung zu. Die von Lehrenden beschriebenen Schwierigkeiten, Wissen über Nationalsozialismus und Holocaust zu vermitteln, beruhen auf einem Zusammenspiel verschiedener Ursachen und Entwicklungen. Digitalität und Migration haben sich als charakteristische Aspekte des aktuellen pädagogisch-didaktischen Diskurses herauskristallisiert. Die Dynamik der Entwicklungen in heterogenen und digitalisierten Klassenzimmern mündet in Fragestellungen, die die grundsätzlichen Fragen der Holocaust Education „Warum über den Holocaust unterrichten?", „Was über den Holocaust unterrichten" und „Wie über den Holocaust unterrichten?" ergänzen: Wie geht es Schülerinnen und Schülern, die nicht den historischen und kulturellen Erfahrungshintergrund der Mehrheitsgesellschaft haben? Wie kann der Distanz und Abwehr, die Jugendliche den Inhalten (artikuliert oder unartikuliert) entgegenbringen, begegnet werden? Wie lassen sich die Geschichten von Überlebenden in den Unterricht integrieren, vor allem, wenn diese bald nicht mehr selbst an Schulen gehen? Und schließlich: Wie können digitale Bildungsangebote im Präsenz- und im Fernunterricht sinnvoll eingesetzt werden?

Bei der Beantwortung dieser Fragen unterstützt _erinnern.at_ seit mehr als 20 Jahren Lehrpersonen, bietet Fortbildungen und Seminare an und entwickelt mit nationalen und internationalen Projektpartnerinnen und Projektpartnern Unterrichtsmaterialien. Mehrere dieser Materialien wurden als best practise ausgezeichnet, Potential und Praxiseinsatz der Lehr- und Lernmittel werden u. a. in der Ausbildung von Lehrerinnen und Lehrern erprobt. Beteiligt war _erinnern.at_ auch an der Entwicklung der 2019 von der „International Holocaust Remembrance Alliance" (IHRA) herausgegebenen „Empfehlungen für das Lehren und Lehren über den Holocaust", auf die an dieser Stelle abschließend verwiesen werden soll. Die von Expertinnen und Experten aus 30 Mitgliedsstaaten erstellten Empfehlungen der IHRA unterstützen politische Entscheidungsträgerinnen und -träger sowie Lehrende bei folgenden Tätigkeiten:

„1. Fachwissen über den Holocaust zu fördern, für akkurates Wissen und Verständnis zu sorgen und Bewusstsein für die möglichen Auswirkungen von Antisemitismus zu schaffen; 2. ein motivierendes Unterrichtsklima beim Lernen über den Holocaust zu gestalten; 3. kritisches und reflektiertes Denken über den Holocaust zu fördern, einschließlich der Fähigkeit, Holocaustleugnung oder Verharmlosung entgegenzutreten; 4. zur Menschenrechtsbildung und zum Unterricht über Genozidprävention beizutragen."[12]

Das Ziel, Lehrende und Lernende zu ermutigen und zu befähigen, durch den Holocaust aufgeworfene moralische, politische und soziale Fragen und deren heutige Relevanz zu reflektieren, verfolgt auch _erinnern.at_ seit nun zwei Jahrzehnten und bewegt sich weiterhin Schritt für Schritt darauf zu.

Literaturverzeichnis

Bernstein, Julia / Florian Diddens: Umgang mit Antisemitismus in der Schule, in: Aus Politik und Zeitgeschichte 26–27(2020).

Bibermann, Irmgard: The International Research Project Shoah in daily school life. How do Pupils Use Videotaped Eyewitness Interviews with Survivors in a Tablet Application?, in: Dreier, Werner / Angelika Laumer / Moritz Wein (Hrsg.): Interactions. Explorations of Good Practice in Educational Work with Video Testimonies of Victims of National Socialism (= Education with Testimonies, Vol.4) (Berlin 2018) S. 154–167.

Brüning, Christina Isabel: Holocaust Education in der heterogenen Gesellschaft. Eine Studie zum Einsatz videographierter Zeugnisse von Überlebenden der nationalsozialistischen Genozide im Unterricht (Frankfurt/M. 2018).

Hartmann, Deborah / Tobias Ebbrecht-Hartmann: Der Opfer gedenken – über Täter/innen lernen. Die israelische Gedenkstätte Yad Vashem als Resonanzort, in: Radonic, Liljana / Heidemarie Uhl (Hrsg.): Das umkämpfte Museum. Zeitgeschichte ausstellen zwischen Dekonstruktion und Sinnstiftung (Bielefeld 2020) S. 129–146.

Kühner, Angela: NS-Erinnerung und Migrationsgesellschaft: Befürchtungen, Erfahrungen und Zuschreibungen, in: Bayerische Landeszentrale für politische Bildungsarbeit, Einsichten und Perspektiven. Themenheft 01 (2008) Holocaust Education, S. 52–65.

Messerschmidt, Astrid: Gegenwartsbeziehungen. Erinnerungsbildung auf der Suche nach zeitgemäßen Perspektiven, in: Fritz Bauer Institut (Hrsg.): Einsicht 04, Bulletin des Fritz Bauer Instituts (Frankfurt 2010) S. 16–21.

Messerschmidt, Astrid: Repräsentationsverhältnisse in der postnationalsozialistischen Gesellschaft, in: Broden, Anne / Paul Mecheril (Hrsg.): Re-Präsentationen. Dynamiken der Migrationsgesellschaft (Düsseldorf 2007) S. 47–68.

Sabrow, Martin: Zeitgeschichte als Ich-Erzählung, in: Radonic, Liljana / Heidemarie Uhl (Hrsg.): Das umkämpfte Museum. Zeitgeschichte ausstellen zwischen Dekonstruktion und Sinnstiftung (Bielefeld 2020) S. 27–38.

Sternfeld, Nora: Errungene Erinnerungen. Gedenkstätten als Kontaktzonen, in: Allmeier, Daniela u. a. (Hrsg.): Erinnerungsorte in Bewegung. Zur Neugestaltung des Gedenkens an Orten nationalsozialistischer Verbrechen (Bielefeld 2016) S. 77–96.

Sternfeld, Nora: Kontaktzonen der Geschichtsvermittlung. Transnationales Lernen über den Holocaust in der postnazistischen Migrationsgesellschaft (Wien 2013).

Anmerkungen

1. „eva.stories" basiert auf der Geschichte der 13-Jährigen Eva Heymann aus Ungarn, die im Jahr 1944 bis zu ihrer Ermordung in Auschwitz Tagebuch führte. Das kontrovers diskutierte Projekt stellt die Frage, was gewesen wäre, wenn ein Mädchen im Holocaust Instagram gehabt hätte, https://www.instagram.com/eva.stories/?hl=de (7.4.2021).
2. Weitere Infos und kostenlose Downloadmöglichkeit (Google PlayStore, Apple AppStore): https://www.erinnern.at/app-fliehen/ (7.4.2021).
3. 2019 hat _erinnern.at_ fast 200 Schulbesuche mit Zeitzeuginnen und Zeitzeugen vermittelt und durch ausgebildete Begleitpersonen unterstützt.
4. https://www.erinnern.at/zeitzeuginnen/lernen-mit-video-interviews/das-vermaechtnis/die-zeitzeuginnen (7.4.2021).
5. https://www.neue-heimat-israel.at/home (7.4.2021).
6. https://www.ueber-leben.at/home (7.4.2021).
7. https://www.weitererzaehlen.at/ (7.4.2021).
8. https://iwitness.usc.edu/SFI/ (7.4.2021).
9. https://sfi.usc.edu/dit (7.4.2021).
10. http://www.erinnern.at/bundeslaender/oesterreich/lernmaterial-unterricht/antisemitismus (7.4.2021).
11. https://www.fluchtpunkte.net/ (7.4.2021); 2020 wurde das Lernmaterial „Fluchtpunkte" als digitales Bildungsmedium mit hohem pädagogischem Wert mit der „Comenius-EduMedia-Medaille" prämiert.
12. IHRA-Handbuch „Empfehlungen für das Lehren und Lernen über den Holocaust" (2019). Download unter: https://www.erinnern.at/themen/e_bibliothek/artikel/empfehlungen-fuer-das-lehren-und-lernen-ueber-den-holocaust-ein-ihra-handbuch (7.4.2021).

Adelheid Schreilechner

Nationalsozialismus und Holocaust als persönliche und schulische Herausforderung. Erfahrungen von Lehrerinnen und Lehrern in Österreich und Israel

Seit dem Jahr 2000 ermöglicht _erinnern.at_ im Auftrag des Bildungsministeriums Gruppen von Lehrenden die Teilnahme an Weiterbildungsseminaren zu den Themen Holocaust und Holocaust Education in Israel. In den ersten Jahren fanden diese Seminare ausschließlich in der International School für Holocaust Education in der staatlichen Holocaustgedenkstätte Yad Vashem in Jerusalem statt. Auf der Suche nach ergänzenden Perspektiven wurde das Programm auf das Center for Humanistic Education (CHE) im Beit Lochamej haGeta'ot, dem Haus der Ghettokämpfer und des ältesten israelischen Holocaust-Museum, ausgedehnt. Lochamej haGeta'ot ist ein Kibbuz in Nordisrael und wurde 1949 von Überlebenden des Aufstands im Warschauer Ghetto gegründet. Das CHE gibt es seit 1995, und es verfolgt in der Beschäftigung mit dem Holocaust einen universalistischen Ansatz. Jüdische und arabische Lehrende arbeiten dort mit jüdischen, arabischen und drusischen israelischen Jugendlichen.

Im Laufe der Jahre wurden die zwei jährlich stattfindenden Seminare in Israel in Lehrgänge eingebettet. Einer davon findet an der Pädagogischen Hochschule Oberösterreich statt, der zweite an der Pädagogischen Hochschule Salzburg, jeweils in enger Kooperation mit _erinnern.at_. Die Durchführung im Rahmen von Hochschullehrgängen erhöht die Verbindlichkeit in der vor- und nachbereitenden inhaltlichen Auseinandersetzung mit der Thematik, vor allem im Sinne des Transfers in die Schule. Darüber hinaus erhalten die Teilnehmerinnen und -nehmer ECTS-Punkte für diese hochwertige Weiterbildung, die sie sich in unterschiedlichen Aus- und Weiterbildungskontexten anrechnen lassen können.

Im Jahr 2007 nahm ich selbst als Lehrerin an einem „Israel-Seminar" teil. Es war meine erste Reise in dieses Land und zugleich mein erster Kontakt mit _erinnern.at_. Ich war von der Seminarreise ungemein beeindruckt. Das Thema und auch _erinnern.at_ ließen mich nicht mehr los. Seit damals bin ich Teil des Netzwerkes – als Mitarbeiterin in verschiedenen Projekten und als Begleiterin der Seminargruppen nach Israel. Darüber hinaus leite ich den oben erwähnten Lehrgang „Holocaust. Erinnerungskultur. Geschichtsdidaktik", der an der Pädagogischen Hochschule Salzburg durchgeführt wird und in dessen Rahmen die Seminarreise nach Israel stattfindet.

In meinem Beitrag werde ich ausgehend von meiner persönlichen Erfahrung die Frage nach der Bedeutung von Erinnerung und Gedenken stellen. Ich werde

Herausforderungen und Widersprüche skizzieren, mit denen sich Lehrpersonen im Unterricht über Nationalsozialismus und Holocaust gegenwärtig konfrontiert sehen. Daraus leite ich pädagogisch-didaktische Fragen ab, mit denen Lehrerinnen und Lehrer in die Fort- und Weiterbildungen von _erinnern.at_ kommen und mit denen sie an den Seminarreisen nach Israel teilnehmen. Daran anschließend führe ich Erfahrungen und Eindrücke aus, die die Teilnehmenden an den Gedenkstätten und Seminarorten in Israel sammeln und komme zu einem abschließenden Resümee in Bezug auf die pädagogisch-didaktische Bedeutung von Unterricht über Nationalsozialismus und Holocaust.

Drei persönliche Szenen zu Beginn

Mitte November, unmittelbar vor dem November-Lockdown im Corona-Jahr 2020, gehe ich durch die Linzergasse in Salzburg. Es ist Nachmittag, ein wenig dämmrig wird es schon. Ich bin gedankenverloren, ist doch noch einiges zu erledigen, wer weiß, wie lange die Geschäfte noch offen haben. Mich irritiert diese Zeit, in der viele Menschen mit Mund-Nasen-Schutz, manche auch ohne, eiligen Schrittes unterwegs sind, geradeaus schauen, einander ausweichen. Plötzlich fällt mein Blick auf ein Grablicht, daneben liegen Blumen. Und erst auf den zweiten Blick der Stolperstein. Ach ja, Gedenken an das Novemberpogrom! Da sind also Menschen in dieser seltsamen Zeit durch die Gasse gegangen, mit Blumen und Kerzen, haben sich hinuntergebeugt zu einem Stolperstein nach dem anderen. Diese Erinnerung an Menschen, die in der Shoah verschleppt und ermordet wurden, berührt mich in dieser Zeit ganz besonders. Sie reißt mich heraus aus der bedrückenden Gegenwart und lenkt meine Gedanken in eine noch viel bedrückendere Vergangenheit. Und ich frage mich, was ist das nun, das mir so nahe geht? Dass es Menschen gibt, die sogar in diesen Zeiten auf die Ermordeten der Vergangenheit hinweisen wollen? Dass ich wieder einmal daran denke, wie viele Menschen im Holocaust ihres Lebens beraubt wurden? So viele nicht zu Ende gelebte Leben! Oder ist es diese verstörende Zeit, in der ich momentan lebe, in der sich so seltsame, beängstigende Phänomene verbreiten – antisemitische Verschwörungstheorien, demokratiegefährdende Gedankenwelten, Wissenschaftskritik auf niedrigstem Niveau, krude Vergleiche von sogenannten „Querdenkerinnen und Querdenkern" mit der NS-Zeit. Dazu eine Wirtschaftskrise, die noch keiner abschätzen kann. Und der pandemische Druck, der Menschen in die Isolation, in den Rückzug und in die Vereinzelung zwingt. Es ist mein emotionales Fenster, das für die Erinnerung an die Opfer der NS-Zeit gerade besonders weit geöffnet ist.

Szenenwechsel. Juli 2016, ich sitze im Seminarraum in Yad Vashem. Noa Mkayton, Leiterin des European Departments, erzählt über Rachel Auerbach, die 1946 davon sprach, dass es nationale Pflicht der Juden sei, die Wahrheit zu kennen und dass es außerdem deren Aufgabe sei, die Wahrheit auch den Nicht-Juden zu vermitteln. Sie hatte gemeinsam mit dem jüdischen Historiker Emanuel Ringelblum im Warschauer Ghetto ein Geheimarchiv zu jüdischem Leben angelegt und konnte es für die Nachwelt erhalten. Dieser historische Auftrag, das Wissen über jüdisches Leben und über das, was in der NS-Zeit geschehen ist, zu überliefern, trifft mich. Gibt es diesen gesellschaftlichen Auftrag, wirklich zu wissen, was in der NS-Zeit passiert ist, hierzulande auch? Das würde ja auch zwingend bedeuten, dass schonungslos offenzulegen ist, wer was getan hat. Täterforschung wäre das. Wer wovon wissen musste. Wer wovon profitiert hat. Auch wenn spätestens durch die sogenannte Waldheim-Affäre „die seit 1945 mühsam aufgebaute Lebenslüge" von der Opferthese Österreichs „zerbrach", wie Embacher und Reiter 1998 schreiben (Embacher, 1998, S. 256), so sind in der Mehrheitsbevölkerung der „Opfermythos" und auch die Leistungen der erfolgreichen Aufbaugeneration nach 1945 immer noch ungleich stärker präsent als das Bewusstsein darüber, dass wir die Nachkommen der Täterinnen und Täter sind und in einer Tätergesellschaft leben. So schreibt denn auch Margit Reiter in ihrem Buch „Die Generation danach. Der Nationalsozialismus im Familiengedächtnis", dass das familiäre Tradierungsmuster der Opferschaft immer noch das am stärksten verbreitete sei (Reiter, 2006, S. 48).[1] Es gibt einen breiten politischen und gesellschaftlichen Konsens, dass man der Opfer gedenken muss, historisches Wissen aber wird vernachlässigt. Das zeigten nicht zuletzt die unrühmlichen Diskussionen um und die beschränkten Ressourcen im Haus der Geschichte oder auch die Vernachlässigung der Täterforschung.

Noch ein Szenenwechsel. Wieder Juli 2016, im Center for Humanistic Education (CHE) in Lochamej haGeta'ot. David, Israeli, Sohn jüdischer, aus Österreich vertriebener Eltern, und Channan, Palästinenserin mit israelischem Pass, erzählen ihre Geschichten. Beide arbeiten am CHE mit jungen Jüdinnen und Juden, israelischen Palästinenserinnen und Palästinensern sowie mit Drusinnen und Drusen. Sie sitzen kollegial und wertschätzend nebeneinander und erzählen nacheinander ihre unterschiedlichen Familienerinnerungen an den Kibbuz – für David ist es ein mühsam aufgebautes neues Zuhause der Eltern nach der Flucht vor dem Holocaust, der von der syrischen Armee im Unabhängigkeitskrieg zerstört und von den Kibbuzim erneut aufgebaut wurde, Channan verbindet den Kibbuz in ihrer Nachbarschaft mit gewaltsamer Aneignung von Grund und Boden, mit der Vertreibung von arabischer Bevölkerung aus dem Nachbardorf, mit dem Trauma der „Nakba" („Katastrophe"). Diese Existenz zweier unterschiedlicher Narrative, die hier so augenscheinlich nebeneinander existieren und an diesem besonderen Ort gleichberechtigt erzählt werden, beeindruckt mich sehr. Ähnlich ergeht es mir zwei Tage später, als die Jugendlichen, die hier Seminarreihen besuchen, aus ihrem Leben erzählen und davon, dass sie an diesem geschützten Ort erstmals die jeweils andere Perspektive hörten und erzählten.

Warum beschreibe ich diese drei Episoden? Was haben sie miteinander zu tun? Eine Antwort werde ich am Ende dieses Beitrags versuchen. Schauen wir aber zuerst in die schulische Realität.

Herausforderungen in der Schule

Unterricht über Nationalsozialismus und Holocaust wird vielfach mit einem Gedenkstättenbesuch in Verbindung gebracht; dabei stehen die zentralen Verbrechensorte im Fokus. Sie sind die wichtigsten Erinnerungsorte an die NS-Zeit in der öffentlichen Wahrnehmung. In Österreich ist das vor allem die Gedenkstätte Mauthausen. Die meisten Lehrenden, die an den Fort- und Weiterbildungsveranstaltungen von _erinnern.at_ teilnehmen, haben mit ihren Schülerinnen und Schülern bereits die Gedenkstätte besucht und nehmen dazu oft weite Anreisezeiten in Kauf, womit relativ hohe Fahrtkosten für die Jugendlichen verbunden sind. Die Motive für die Exkursion nach Mauthausen sind vielfältig: So wird das ehemalige Konzentrationslager als „authentischer Ort" gesehen, als Tatort des Holocaust. Dementsprechend aufgeladen ist die Begegnung mit dem Ort für viele: Auf dem Appellplatz standen die Opfer, in den Baracken mussten sie auf engstem Raum zusammengepfercht schlafen, in der Kommandantur waltete die SS ihres Amtes und ging außerhalb der Lagermauern ihren Vergnügungen nach. Die Stiege führte zum Steinbruch hinunter, die Häftlinge wurden für den Arbeitseinsatz hinunter- und hinaufgetrieben, gedemütigt und gequält. Und dann der Blick in die Gaskammer und das Krematorium. Hier wurden Menschen vergast und verbrannt. So also muss es damals gewesen sein. Und doch ist heute nichts mehr so, wie es damals war.

Immer noch sagen viele Lehrkräfte, sie würden mit ihren Schülerinnen und Schülern in das „KZ" fahren, manche reagieren irritiert auf den Hinweis, dass es kein KZ mehr ist, sondern längst eine Gedenkstätte. Und Jugendliche wundern sich oft, dass sie an Ort und Stelle nicht nachempfinden können, was die eingesperrten Menschen damals erlebt und erlitten haben, einige haben deswegen sogar ein schlechtes Gewissen – zumal, wenn das Wetter schön ist und die sanften Hügel des Mühlviertels sich im Licht der Jahreszeiten von ihrer besten Seite zeigen. Aus diesem Grund ziehen es manche Lehrpersonen vor, mit ihren Schulklassen in der kalten Jahreszeit nach Mauthausen zu fahren, damit die Schülerinnen und Schüler wenigstens die Kälte spüren, den eiskalten Wind, der ihnen in die Knochen fährt.

Dahinter liegt ein zentrales und ehrenwertes Anliegen vieler Lehrpersonen: Jüngere Generationen müssen aufgeklärt und daran erinnert werden, was hier passiert ist. Und dieses Erinnern muss an das Empfinden der verfolgten und vielfach vernichteten Menschen anknüpfen. Das Geschehene können wir nicht mehr rückgängig machen, aber über das Unrecht sprechen, es ins Bewusstsein der nächsten Generation(en) weitertragen, Empathie für die gequälten Menschen wecken, das können und müssen wir. Denn wenn es die Jungen nicht mehr erfahren, vergisst das ganze Land.

Bei manchen Jugendlichen kommt genau diese Lernerfahrung an. Sie reagieren sehr sensibel, rufen an diesem historischen Ort Bilder und individuelle Schicksale aus Filmen oder Büchern ab, die sie über den Holocaust gelesen oder gesehen haben und sind zutiefst berührt, in ihrer Emotion oftmals überfordert. Andere aber – und es werden immer mehr – können diese Verbindung nicht (mehr) herstellen. Zu weit weg ist die Geschichte von ihrem Leben, mittlerweile ist es bereits die vierte Generation, die im Unterricht diese Geschichte lernt. Darüber hinaus stammen viele Schülerinnen und Schüler aus Elternhäusern oder Ländern, die gar keinen Bezug zum Thema oder aber einen völlig anderen Blick auf den Zweiten Weltkrieg, auf den Nationalsozialismus sowie auf Jüdinnen und Juden haben. In den Familien der Jugendlichen in der Schule spielen oft andere Verfolgungsgeschichten eine Rolle – offen oder verdrängt. So schreibt Omar Khir Alanam, der als Geflüchteter nach Österreich kam:

> *„[…] das Geschichtsbild der Syrer ist ohnehin ein anderes, als man es sich hier vorstellen kann: Denn in den Schulbüchern, die Diktator Assad freigibt, wird behauptet, Hitler habe im Ersten Weltkrieg die Gräueltaten der Juden miterlebt und darum habe er sein Volk später vor ihnen schützen wollen. Dass er in Wahrheit sechs Millionen Juden grausam ermorden ließ, habe ich – ob Sie es glauben oder nicht – tatsächlich erst in Österreich erfahren."* (Alanam, 2020, S. 10)

Viele Jugendliche fragen sich, warum sie Mitgefühl für Menschen empfinden sollen, die schon so lang tot sind, mittlerweile wären ohnehin schon fast alle auch eines natürlichen Todes gestorben. Sie können ja nicht mit allen Verfolgten und Ermordeten der Geschichte empathisch sein. Die Verfolgten, die Kriegsopfer, die Leidenden der Gegenwart empfinden sie als näher oder diejenigen aus ihrer Heimat oder der Heimatregion ihrer Eltern. Dazu Bernadette Edtmaier, die eine Studie zum Antisemitismus unter österreichischen Jugendlichen verfasst hat:

> *„Manche MuslimInnen, die aufgrund ihrer Religionszugehörigkeit diskriminiert werden, solidarisieren oder identifizieren sich auf Basis ihrer gemeinsamen Religion mit der Seite der PalästinenserInnen, die als muslimische Opfer schlechthin gelten. ‚Die' Israelis auf der anderen Seite werden zum Feindbild. Um den Feind zu diskreditieren, wird die Situation der PalästinenserInnen immer wieder mit dem Holocaust verglichen und teilweise sogar gleichgesetzt."* (Edtmaier, 2019, S. 159)

Bettina Alavi spricht von einer möglichen „Erinnerungskonkurrenz", die Jugendliche mit Migrationshintergrund im Zusammenhang mit dem Unterricht über Nationalsozialismus und Holocaust erleben können. Warum beispielsweise nicht über die „Nakba" sprechen, wenn über das Leiden der Juden so viel geredet wird? (Alavi, 2013, S. 80f.)

Lehrende, die mit ihren zunehmend heterogenen Schulklassen über Nationalsozialismus und Holocaust sprechen oder Gedenkstätten besuchen, befinden sich in einem Spannungsfeld zwischen persönlicher Betroffenheit von der Thematik, ihrem pädagogischen Auftrag, den völlig unterschiedlichen Reaktionsmustern ihrer Schülerinnen und Schüler sowie der gesellschaftlichen Erwartung, die einem Gedenkstättenbesuch zugeschrieben wird. Wenn etwa Staatssekretärin Karoline Edtstadler sagt, sie habe

> *„[…] das Ziel ausgegeben, dass jeder Schüler einmal in seiner Schulzeit, aber auch alle Migranten und Asylwerber, die neu in Österreich sind, die KZ-Gedenkstätte Mauthausen besuchen sollen. Das kann z. B. im Rahmen der Wertekurse erfolgen. Nur so kann eine Aufklärung über die schrecklichen Ereignisse erreicht werden".* (Kleine Zeitung, 2. Mai 2019)

Auf diese Weise schreibt sie dem Besuch der Gedenkstätte Mauthausen eine überbordende Bedeutung zu, steht die Forderung doch im Zusammenhang mit den Ergebnissen einer Studie,² die weitgehendes Unwissen von Jugendlichen über Nationalsozialismus und Holocaust zutage förderte. Der Besuch der Gedenkstätte, so könnte man den Schluss ziehen, würde die Wissenslücken schließen. Wer „einmal in seiner Schulzeit" oder im Rahmen des „Wertekurses für Asylwerberinnen und -werber sowie Migrantinnen und Migranten" nach Mauthausen kommt, der oder die müsste also verstehen. Wie Schuppen würde es ihm oder ihr von den Augen fallen.

Lehrende aber wissen, dass dem nicht so ist. Die verbliebenen Baracken sind leergeräumt und renoviert, der Appellplatz ist asphaltiert, alles dort ist ruhig und friedlich. Ein Ort also, der nur etwas bedeutet, wenn man die Geschichte bereits kennt, wenn man weiß, wofür er steht. Und es stellt sich die Frage, ob die Bedeutung über die Emotion kommen soll. Ich frage mich darüber hinaus: Welche „Werte" wollen wir als Tätergesellschaft an junge Migrantinnen und Migranten vermitteln, wenn wir sie in die Gedenkstätte Mauthausen bringen? Unsere? Indem wir ihnen dort vermitteln, was unsere Vorfahren getan haben? Dann müsste die Herangehensweise ja die sein, zu sagen: Schaut her, das haben unsere Vorfahren Jüdinnen und Juden, der Zivilbevölkerung und Kriegsgefangenen aus anderen Ländern, politischen Gegnerinnen und Gegnern, Roma und Sinti, Homosexuellen und Menschen angetan, die als „asozial" oder als „Verbrecherinnen und Verbrecher" eingestuft wurden. Wir haben daraus gelernt und bitten euch, unsere Lektion gleich mitzulernen. Ob das von der Staatssekretärin so gemeint war?

Wenn Lehrpersonen an Erinnerungsorte gehen, tun sie das gleich wie alle anderen Besucherinnen und Besucher stets als Individuen mit ihrer eigenen Geschichte, Sozialisation, Vorerfahrung, Einstellung, oft auch mit ihrer Betroffenheit. Doch gleichzeitig stehen sie dort als Pädagoginnen und Pädagogen: Sie haben Lehrpläne im Kopf, Kompetenzen, die sie entwickeln sollen, sie haben eigene inhaltliche Anliegen und wissen auch um ihren gesellschaftlichen Auftrag. Sätze wie den vielfach zitierten *„Ihr seid nicht verantwortlich für das, was geschah. Aber dass es nicht wieder geschieht, dafür schon."*, der vom Holocaust-Überlebenden Max Mannheimer stammt, empfinden viele Lehrpersonen als Appell, und wenn sie den Jugendlichen im Klassenzimmer gegenüberstehen, auch als Überforderung – ebenso wie Adornos *„allererste Forderung an Erziehung"* aus dem Jahr 1966, *„dass Auschwitz nicht noch einmal sei".* (Adorno, 1970, S. 92) Die Unterrichtsrealität behindert oder erschwert dieses Anliegen in verschiedenster Weise. Melisa Erkurt, selbst als bosnisches Flüchtlingskind nach Österreich gekommen, reflektiert in ihrem Buch „Generation Haram" über ihre Unterrichtserfahrungen:

> *„Jugendliche haben oft ziemlich steile Ansichten, die man als Erwachsene so gar nicht teilt. Argumente, für die man andere schnell einmal verurteilen würde – aber Schülerinnen und Schüler sollte man in einer Diskussion, vor allem als Pädagogin, nicht vor den Kopf stoßen. Selbst wenn sie Aussagen tätigen, die man zu hundert Prozent ablehnt und sogar als gefährlich einstufen könnte, wie zum Beispiel, dass der Islamische Staat gerecht ist, Nazis nur*

besorgte Bürger waren […]. Als Lehrperson darf man seinen Schülerinnen und Schülern die eigene Meinung nicht aufzwingen, aber man soll demokratie- und menschenfeindliche Thesen auf keinen Fall einfach stehen lassen. Man darf die Kinder und Jugendlichen aber auch nicht dafür verurteilen, sondern muss sich alles anhören und ruhige, nicht vorwurfsvolle Fragen stellen, bei deren Beantwortung der Schüler oder die Schülerin im besten Fall selbst bemerkt, dass das keinen Sinn ergibt, was er oder sie da sagt." (Erkurt, 2020, S. 152)

Erkurt, so meine ich, schreibt hier vielen Lehrenden aus der Seele, indem sie zentrale innere und äußere Konflikte auf den Punkt bringt: Viele Äußerungen von Jugendlichen lösen unweigerlich einen Abwehrreflex aus, weil sie äußerst problematische politische Positionen offenlegen, die man den jungen Menschen auf der Stelle austreiben möchte. Lehrpersonen reagieren häufig mit Argumenten, berufen sich auf Verbotsgesetz und Menschenrechte. Schülerinnen und Schüler ihrerseits reagieren, wenn sie sich trauen, provokant: Menschenrechte? Gesetze? Wer sagt, dass die alle für immer gelten müssen? Haben auch nur Menschen gemacht. Und überall gibt es andere Gesetze. Wegargumentieren geht also kaum. Verbieten kann man – wenn überhaupt – nur die Äußerung der Gedanken, aber nicht die Gedanken selbst. Erkurt geht in ihrer Beobachtung offenbar davon aus, dass Jugendliche derartige Äußerungen tätigen, ohne ideologisch gefestigt zu sein. Dass sie Sätze nachplaudern, die sie in verschiedenen Foren hören oder lesen, vielleicht provozieren wollen und dass man sie durch geschicktes Hinterfragen ihrer Positionen zum Nach- und letztlich Umdenken bringen kann. Damit hat sie wahrscheinlich in vielen Fällen recht. Und anknüpfend an die Schilderung aus Lochamej haGeta'ot wäre zu fragen: Magst du erzählen, woher du diese Gedanken hast? Wer erzählt dir das? Was möchtest du damit sagen? Worum geht es dir, wenn du solche Aussagen machst? Diese Art der Auseinandersetzung braucht Zeit, Lehrpersonen bewegen sich aber in einem Rahmen von getakteten Unterrichtsstunden und vielen Anforderungen, die das Unterrichtsgeschehen und die handelnden Personen vor sich hertreiben. Ein weiteres Problem, das viele Lehrpersonen beschreiben, ist die Gleichgültigkeit dem Thema gegenüber, eine Übersättigung, die viele Jugendliche artikulieren. In einem Interview von ZEIT ONLINE mit zwei deutschen Lehrern beschreiben diese eine *„Holocaust-Müdigkeit"* ihrer Schülerinnen und Schüler: Der erste Lehrer sagt, *„Aber den Holocaust und Nationalsozialismus wollen die Schüler im Unterricht nicht gerne behandeln."* Und der zweite: *„Stimmt. Wenn ich im Pädagogikunterricht sage, wir schauen uns jetzt die Erziehung im Nationalsozialismus an, dann heißt es: Schon wieder Holocaust? Das machen wir schon in Geschichte und in Deutsch. Zu den Schülern sage ich dann: Glaubt ihr denn, ihr wisst schon alles? Und dann stellt sich raus, dass sie noch sehr unsicher sind."* Als der Journalist die beiden fragt, ob nur die Schüler unsicher seien, antwortet einer: *„Nein, auch die Lehrer trauen sich oft nicht, offensiv mit dem Thema umzugehen. Sie haben Angst, dass sie auf bestimmte Argumentationsmuster nicht reagieren können."* (Zeit ONLINE, 2018, 3/4) Über ähnliche Erfahrungen berichten auch österreichische Lehrerinnen und Lehrer in den Vorbereitungsseminaren für die Israelreisen. Jugendliche, die „nicht schon wieder" über Antisemitismus, Holocaust, „die Juden" reden wollen, verunsichern die Lehrpersonen in ihrem Unterricht über das Thema. Demgegenüber stehen Beobachtungen von Lehrenden und auch Studien, die belegen, dass Schülerinnen und Schüler durchaus interessiert am Zweiten Weltkrieg, am Nationalsozialismus und am Holocaust sind, wenn der Unterricht interessant für sie ist.[3]

Zusammenfassend lassen sich drei zentrale Herausforderungen beschreiben, mit denen viele Lehrerkräfte in die Fortbildungsveranstaltungen zu Nationalsozialismus und Holocaust kommen:

– Das Gefühl von Überforderung aus inhaltlichen Gründen, aber auch aufgrund des großen Verantwortungsgefühls für das Thema.
– Die Enttäuschung darüber, dass sie ihre Schülerinnen und Schüler mit ihrem Unterricht nicht erreichen können, dass diese dem Thema Nationalsozialismus und Holocaust generell, aber insbesondere auch den Gedenkstätten mit großer Distanz gegenüberstehen und sich kaum darauf einlassen, weil sie sich übersättigt fühlen, weil sie eine große zeitliche Distanz spüren oder weil sie die industrielle Vernichtung der Juden in Europa nicht als ihre Geschichte sehen.
– Die Konfrontation mit Jugendlichen, die mit „problematischen" Äußerungen zu Nationalsozialismus und Holocaust verunsichern und irritieren.

Die Lehrpersonen, die an Fortbildungsveranstaltungen von _erinnern.at_ teilnehmen, ob an den Pädagogischen Hochschulen in den Bundesländern, am Zentralen Seminar oder aber auch an den Lehrgängen, die sie an Erinnerungsorte nach Israel führen, eint die Überzeugung von der Wichtigkeit des Themas. Entsprechend ihrer oben beschriebenen Erfahrungen formulieren Lehrerinnen und Lehrer ihre Anliegen und Erwartungen. Die meisten sind auf der Suche nach geeigneten Zugängen zum Thema, sie wünschen sich Anregungen, wie sie in ihren zunehmend heterogenen Klassen das Thema behandeln, wie sie die Distanz zum Thema überwinden können, wie sie auf provozierende oder aber auch ideologisch motivierte Äußerungen ihrer Schülerinnen und Schüler angemessen und wirkungsvoll reagieren, wie sie die Jugendlichen auf Gedenkstättenbesuche vorbereiten und diese mit ihnen gut nachbereiten können. Auf den Seminarreisen nach Israel geht es vielen auch darum, „die andere", also die Opferperspektive kennenzulernen und so die eigene Perspektive zu erweitern.

Lernerfahrungen in Israel

Die Erinnerungsorte in Israel beeindrucken die Lehrenden auf unterschiedlichste Weise. In Yad Vashem sind es Dimension, Ästhetik und natürlich auch der konsequente Blick auf die verfolgten und ermordeten Menschen, auf die Zerstörung der jüdischen Kultur in Europa. Anders als bei uns werden die Verbrechen nicht relativiert, es gibt keine Rechtfertigungen wie die wirtschaftliche Not der Menschen oder das Nichtwissen-Können. Im Kinderdenkmal werden in einer Endlosschleife die Namen der ermordeten Kinder und ihr Alter genannt, während man vielen von ihnen auf Fotos in die kindlichen Augen schaut. Die emotionale Wirkung ist enorm. Der Besuch im Tal der Gemeinden zeigt die Wucht der Zerstörung auf einer ganz anderen Ebene. So viele Orte in Europa hatten eine mehr oder weniger große jüdische Gemeinde, viele Lehrerinnen und Lehrer entdecken dort in Jerusalemer Stein gehauen ihre Heimatorte und wissen: Nichts oder kaum etwas ist davon ist geblieben. Die Anzahl der österreichischen Gerechten unter den Völkern macht sich im europäischen Vergleich bescheiden aus. Und der Gang durch das Museum, das die Geschichte des Holocaust in Form einer unausweichlichen Einbahn erzählt, nimmt die Teilnehmerinnen und Teilnehmer mit – im doppelten Sinne. Der Gang durch die Ausstellungsbereiche als eine Art Selbsterfahrung. Alles fängt an mit dem auf Videos festgehaltenen Treiben jüdischen Lebens in Osteuropa, führt zu den verächtlichen Auswüchsen antisemitischer Propaganda, es zeigt das assimilierte jüdische Leben und zeichnet die verschiedenen Phasen des Genozids nach. Am Ende die Halle der Namen und zuletzt der Blick auf die Hügel Jerusalems. Dieses Ende der Ausstellung ist natürlich auch ein politisches Statement.

Es ist die Perspektive der Verfolgten, die hier erzählt wird. Aber die Vertriebenen und die Ermordeten begegnen den Besucherinnen und Besuchern nicht als Opfer, zu denen sie von den Nationalsozialistinnen und -sozialisten gemacht wurden, sondern als Menschen mit ihrer Geschichte, mit einem Namen, mit einem Gesicht. Durch fundierte Vorträge wird das historische Wissen über den zutiefst verwurzelten Antisemitismus, über Ideologie und Strategien des Nationalsozialismus, über die schrittweise Entwicklung von Diskriminierung hin zum industriellen Massenmord substanziell erweitert. Das Vorgehen von SS und Wehrmacht im Osten, der Umgang mit den Opfern nach Ende des Krieges und die weitgehende Schonung der Täterinnen und Täter – all das wird den Lehrpersonen zugemutet. Und viele reagieren sehr bewegt. Vieles, das mehr oder weniger bekannt war, fühlt sich aus dieser Perspektive ganz anders an. In Österreich lernt man die Zahlen der Vernichteten, weiß um die Vertriebenen, hat mit einzelnen Zeitzeuginnen und -zeugen gesprochen, Filme gesehen, Einzelschicksale kennengelernt. Aber diese unausweichliche gemeinsame Erfahrung, die die europäischen Jüdinnen und Juden machten, die systematische Zerstörung einer zur Rasse gemachten, überaus heterogenen und zahlenmäßig unfassbar großen Anzahl von Menschen und das daraus resultierende kulturelle Gedächtnis von Jüdinnen und Juden, das wird vielen Lehrpersonen erst beim Besuch dieser Erinnerungsorte bewusst. Es wird die Geschichte des gesellschaftlich tief verankerten Antisemitismus, der Zustimmung, der Begeisterung erzählt, die Vernichtung wird offengelegt, indem vor allem auch diejenigen Menschen ein Gesicht und eine Geschichte bekommen, die *nicht* überlebt haben. Und es sind unzählige. Die Erklärungsansätze, die aus der durchaus vorhandenen wirtschaftlichen Not und den politischen Konflikten der Zwischenkriegszeit unser Geschichtsbild prägen, gibt es dort nicht.

In Lochamej haGeta'ot machen die Teilnehmenden andere zentrale Lernerfahrungen. Sie gehen durch das Ghetto Fighters Museum. Und auch dort hören und sehen sie gesammelte Geschichten von Ermordeten und Überlebenden, sie halten Ego-Dokumente aus dem Archiv in den Händen und lesen aus diesen Originalen, in denen die Gedanken und Gefühle in den Momenten der Angst und des Schreckens, des Verlustes, des Abschieds, der Sehnsucht und der Sorge zur Sprache kommen, von Menschen aus den unterschiedlichsten österreichischen Orten. Die Archivarin hat sie extra für die Gruppe herausgesucht. Beim Lesen wird es still im Raum.

Dass man in Israel schon mit sehr jungen Kindern über den Holocaust spricht, haben die Teilnehmerinnen und Teilnehmer bereits in Yad Vashem erfahren. Hier in Lohamej lernen sie eine Ausstellung kennen, die diesen Kindern den Holocaust erzählt. Die Ausstellung des Kindermuseums Yad LaYeled spaltet häufig: Manche sind zutiefst beeindruckt, finden die anschauliche und naturalistische Darstellung als Lernerfahrung überzeugend. Andere sind aber auch irritiert, dass man Kindern eine derartig schonungslose Darstellung zumutet. Israelis leben mit dieser Geschichte, israelische Kinder wachsen mit ihr auf. Immer wieder erzählt Noa Mkayton, wie stark die Wirkung des jährlich wiederkehrenden Holocaust-Gedenktags in Israel ist, an dem plötzlich alles stillsteht, die Sirenen aufheulen und ganz Israel erstarrt. Man müsse den Kindern möglichst früh erklären, worum es hier geht, und zwar mit einem wohldurchdachten pädagogischen Konzept und möglichst professionell. Die Kinder sich selbst zu überlassen und damit Gefahr zu laufen, dass sie die omnipräsenten Geschichten ungeschützt und unbegleitet aufschnappen, sei fahrlässig.

Und dann die Begegnung mit den Überlebenden! Mit Zeitzeuginnen und -zeugen, auch mit „Alt-Österreicherinnen und Alt-Österreichern", wie sie genannt werden: Menschen, die im hohen Alter jenseits der 90 in ihrer Muttersprache Deutsch ihre österreichische Vertreibungs- und israelische Überlebensgeschichte erzählen.

Die Seminartage in Yad Vashem fordern die Teilnehmerinnen und Teilnehmer sehr, wirken emotional auf sie ein, indem ihnen die Geschichte von Vernichtung und Massenmord auf verschiedenen Ebenen vermittelt wird. Die musealen Darstellungen, die historischen Verträge, die Workshops und die Begegnung mit den Überlebenden sind geradezu überwältigend.

Das Center for Humanistic Education in Lochamej haGeta'ot arbeitet mit einem anderen, einem universalistischen Ansatz, den die Lehrenden dort kennenlernen. Man bezieht die Lernenden persönlich ein, lädt sie ein und ermutigt sie, ihre eigenen Geschichten zu erzählen:

> „Ein jüdisches Mädchen erzählte hier von ihrer Großmutter, die als einzige Überlebende 1946 nach Palästina einwanderte und in einen Kibbuz eintrat. Dieser Kibbuz wurde während des Unabhängigkeitskrieges von Arabern angegriffen. Einige Freunde der Großmutter hätten bei diesem Angriff ihr Leben verloren. Direkt im Anschluss erzählt ein arabischer Junge vom Dorf seiner Großeltern, welches während der Nakba von der israelischen Armee zerstört worden sei. Einen alten rostigen Schlüssel hätte er von seinem Großvater als Andenken erhalten, um das Haus, das sie damals bewohnt hätten, niemals zu vergessen." (Kashi, 2008, S. 80f.)

Raya Kalisman, Gründerin des Center for Humanistic Education, sagt, dass

> „die Beschäftigung mit dem Holocaust deutlich machen [kann], wie wichtig die Bewahrung und der Schutz pluralistischer und demokratischer Werte

sind. Infolgedessen müsse sinnvolle Holocaust-Education jedoch auch bedeuten, die Augen für das gegenwärtige Leid der Menschen zu öffnen und sich mit diesem auseinanderzusetzen.[...] Im Gegensatz zum üblichen israelischen Vermittlungsansatz, der auf die Stärkung israelischer und jüdischer Identität ausgelegt sei, könne ein universalistischer Blick auf die Geschichte somit sogar der Ausgangspunkt eines gemeinsamen Dialogs zwischen Juden und Arabern sein und helfen, eine Brücke zwischen jüdischen und palästinensischen Israelis zu bauen." (Kashi, 2008, S. 77).

Hier sehen viele österreichische Lehrpersonen einen pädagogisch-didaktischen Schatz für ihre Arbeit. So können sie auf ihre heterogenen Klassen schauen, so können sie das Thema angehen: Empathisch und analytisch zugleich, aus einer historischen Perspektive, gleichzeitig mit einem spannenden Gegenwartsbezug.

Dass die Arbeit des Center for Humanistic Education im gegenwärtigen Israel eine Außenseiterposition darstellt, ist für die Teilnehmenden irritierend, erleben sie diese doch als zukunftsweisend in einem von Kriegs- und Terrorerfahrungen geprägten Land. Diese Irritation sowie das große Staunen über die Bruchlinien im Land Israel, die gefühlte und von vielen als solche formulierte Auswegslosigkeit im seit Jahrzehnten andauernden Nah-Ost-Konflikt – all das nehmen die Lehrerinnen und Lehrer auf der Seminarreise nur am Rande, aber doch wahr, und sie nehmen diese Eindrücke mit nach Hause. Die Interventionen des Begleitteams vor Ort und einzelne Vorträge vor, während und nach der Seminarreise bieten Hilfestellungen an, vieles allerdings bleibt als großes Fragezeichen hängen.

Resümee

Die österreichischen Lehrpersonen lernen im Rahmen der Seminare in Israel mehrere israelisch-jüdische Narrative kennen. Das bereichert, motiviert, befremdet, verunsichert und es muss zwangsläufig auch überfordern. So vieles muss neu gedacht, anders gewichtet und auch verändert erzählt, manches auch kritisch beäugt werden. Auf einige ihrer Fragen erhalten die Lehrpersonen in Israel Antworten, sie erhalten inhaltliche und didaktische Anregungen, die viele in ihren Unterricht integrieren. Davon zeugen die Unterrichtsbeispiele und Projektideen, die die Teilnehmerinnen und Teilnehmer entwickeln. Ob und wieweit es ihnen aber nachhaltig gelingt, ihre Erkenntnisse und Erfahrungen in ihren Unterricht zu integrieren und die Begegnung mit dem Thema Nationalsozialismus und Holocaust perspektivisch anders anzulegen, das bleibt oftmals verborgen. Das Aufbrechen von gewohnten Erzähl- und Denkmustern zeigt aber gewiss nachhaltige Wirkung.

Ich bin davon überzeugt, dass in einer wirksamen Auseinandersetzung mit der NS-Vergangenheit alle drei eingangs geschilderten persönlichen Erfahrungen miteinander verbunden werden müssen. Wenn bei Gedenkfeiern, oft in Anwesenheit der letzten Überlebenden, bei Gedenkstättenbesuchen oder Gesprächen mit Zeitzeuginnen und -zeugen Emotionen geweckt werden, hat das sehr viel mit uns selbst zu tun, mit der Bereitschaft, sich einzulassen, mit der gegenwärtigen politischen Situation und der aktuellen gesellschaftlichen Verfasstheit, natürlich auch mit der Betroffenheit, die wir selbst im Zusammenhang mit dem Thema haben oder spüren. Empathie, Betroffenheit oder Emotion kann man nicht didaktisch verordnen – und man soll es auch nicht anstreben. Wenn Schülerinnen und Schüler Einzelschicksale kennenlernen, sind sie ohnehin in den meisten Fällen berührt. Wichtig ist ein inhaltlich orientierter, analytischer Zugang zu historischem Wissen, der systematische Blick auf Phänomene, die Gesellschaften an allen Orten und zu allen Zeiten bedrohen. So kann, wie Raya Kalisman sagt, *„die Beschäftigung mit dem Holocaust [...] zu einem Baustein der Peace Education [werden], anstatt als Projektionsfläche und Argumentationsmuster für Feindlichkeiten zwischen jüdischen und arabischen Israelis zu fungieren"* (Kashi, 2008, S. 77). Übertragen auf unsere Gesellschaft gilt es, Argumentationsmuster und Feindlichkeiten offenzulegen, die hierzulande nicht nur, aber auch mit dem Thema Holocaust bedient werden. Nur mit einem universalistischen Ansatz wird es gelingen, dem Unterricht über Nationalsozialismus und Holocaust einen Gegenwartsbezug und eine Zukunftsbedeutung zu geben.

Bei jeder Auseinandersetzung mit Geschichte ist immer wieder neu zu fragen: Mit welchem Ziel erzählen wir das, wozu soll die Beschäftigung damit dienen? Wenn in diesen Tagen in Israel und international über die umstrittene Neubesetzung der Leitungsfunktion in Yad Vashem mit einem Vertreter der äußersten Rechten diskutiert wird, so wird diese Frage ungemein brisant. Das Thema und die Inhalte sind in der Geschichtsvermittlung nur eine Seite der Medaille, die andere ist die Motivation, die dahintersteckt. Das gilt für die international bedeutendste Holocaust-Gedenkstätte genauso wie für jeden Geschichtsunterricht.

Literaturverzeichnis

Adorno, Theodor W.: Erziehung nach Auschwitz, in: Ders.: Erziehung zur Mündigkeit, Vorträge und Gespräche mit Hellmuth Becker 1959–1969. Hrsg. von Gerd Kadelbach (Frankfurt/M. 1970) S. 92–109.

Alanam, Omar Khir: Sisi, Sex und Semmelknödel. Ein Araber ergründet die österreichische Seele (Wien 2020).

Alavi, Bettina: Herausforderung an eine „Erziehung nach Auschwitz" in der multikulturellen Gesellschaft, in: Rathenow, Hanns-Fred / Birgit Wenzel u. a. (Hrsg.): Handbuch Nationalsozialismus und Holocaust. Historisch-politisches Lernen in Schule, außerschulischer Bildung und Lehrerbildung (Schwalbach/Ts. 2013) S. 79–94.

Embacher, Helga / Margit Reiter: Gratwanderungen. Die Beziehungen zwischen Österreich und Israel im Schatten der Vergangenheit (Wien 1998).

Edtmaier, Bernadette: Welche Bedeutung hat der Holocaust für Jugendliche mit Migrationsgeschichte?, in: Embacher, Helga / Manfred Oberlechner u. a. (Hrsg.): Eine Spurensuche. KZ-Außenlager in Salzburg und Oberösterreich als Lernorte (Frankfurt/M. 2019) S. 157–175.

Erkurt, Melisa: Generation Haram. Warum Schule lernen muss, allen eine Stimme zu geben (Wien 2020).

Kashi, Uriel: Demokratiebildung in Israel. Geschichte und aktuelle Ansätze. Stiftung „Erinnerung, Verantwortung und Zukunft" (Berlin 2008), https://bit.ly/2Q52MHZ (23.11.2020).

Reiter, Margit: Die Generation danach. Der Nationalsozialismus im Familiengedächtnis (Innsbruck 2006).

Zeitungsartikel

Wiener Schüler unterschätzen Zahlen der Holocaust-Opfer massiv, in: Der Standard (Online-Ausgabe) vom 9. Mai 2020, https://www.derstandard.at/story/2000117388175/wiener-schueler-unterschaetzen-zahlen-der-holocaust-opfer-massiv (24.11.2020).

Grobe Wissenslücken zum Holocaust. Edtstadler: Alle Schüler sollen Mauthausen besuchen, in: Kleine Zeitung (Online-Ausgabe) vom 2. Mai 2020, https://www.kleinezeitung.at/politik/innenpolitik/5621225/Grobe-Wissensluecken-zum-Holocaust_Edtstadler_Alle-Schueler (30.10.2019).

Antisemitismus in Schulen. „Schon wieder Holocaust?" Rechtsradikale Schüler mobben jüdische Kinder, arabischstämmige loben Hitler. Was können Schulen gegen Antisemitismus tun? Zwei Lehrer berichten von ihren Erfahrungen. Interview von Elisabeth Kagermeier, in: ZEIT (Online-Ausgabe) vom 12. September 2018, https://www.zeit.de/gesellschaft/schule/2018-09/diskriminierung-antisemitismus-rechtsextremismus-juden-schulen-mobbing (23.11.2020).

Anmerkungen

1 Die Autorin bezieht sich auf sozialpsychologische Studien, die fünf verschiedene Muster des familiären Sprechens über Nationalsozialismus und Holocaust ergaben. Neben dem Tradierungstyp der Opferschaft gibt es den der Rechtfertigung, der Distanzierung, der Faszination und der Überwältigung.
2 Die „Holocaust Knowledge and Awareness Study" wurde von der Claims Conference beauftragt. Befragt wurden 1.000 Österreicherinnen und Österreicher via Telefon- oder Online-Interview. Die Daten wurden von Schoen Consulting analysiert – www.claimscon.org/austria-study (7.4.2021).
3 So ergab beispielsweise eine Studie des Zentrums für Politische Bildung an der PH Wien aus dem Jahr 2020, durchgeführt im Auftrag der Arbeiterkammer, dass nur jeweils drei Prozent der Schülerinnen und Schüler an der AHS- und BHS bzw. sieben Prozent an der BMS sowie fünf Prozent an der PTS der Ansicht sind, dass im Unterricht zu viel über das Thema gesprochen werde. Eine Mehrheit der Jugendlichen an der BMHS und an der PTS wünscht sich sogar mehr zum Thema. Vgl.: Der Standard (Online-Ausgabe) vom 9. Mai 2020.

Peter Larndorfer

„Die Bedeutung der historischen Dimension" – Historisch-Politische Bildung in der Berufsschule

Als ich im April 2012 nach meinem Diplomstudium Geschichte und einigen Jahren als Gedenkstätten-Vermittler begann, an einer Berufsschule zu unterrichten, hatte ich hehre Vorstellungen davon, wie ich mein historisches Verständnis und die damit verbundenen politischen Debatten dort vermitteln würde, wo scheinbar kaum über Geschichte, Gedenken und Erinnerung gesprochen wird. Viel vager und unkonkreter war mein Bild von der Zielgruppe meiner bevorstehenden Vermittlungsarbeit: Als Guide an der Gedenkstätte Mauthausen hatte ich recht selten mit Lehrlingen zu tun gehabt, die meisten Jugendlichen besuchten die Gedenkstätte in der 8. Schulstufe oder in einer der letzten Klassen einer höheren Schule. Lehrlingsgruppen waren eher eine Ausnahme, wenn auch eine sehr willkommene. Denn Lehrlinge waren älter als die oft noch etwas unreifen 14-jährigen Mittelschülerinnen und -schüler und weniger auf Außenwirkung, Erwartungen und Repräsentanz bedacht als die Jugendlichen aus Gymnasien. Die seltenen Diskussionen mit Lehrlingen an der Gedenkstätte waren meist angetrieben von impulsiven, wenig überlegten, manchmal auch scheinbar unpassenden Fragen, die zu viel spannenderen Auseinandersetzungen führten als die erwartbaren Fragen, die wohlmeinend im Geschichteunterricht vorbereitet worden waren. In meinen ersten Unterrichtstagen und Wochen wurde mir bewusst, warum diese Erfahrungen mit Lehrlingen in der Gedenkstätte die einzigen waren, auf die ich zurückgreifen konnte: Ich hatte seit meinem 15. Lebensjahr kaum noch Kontakt zu Personen, die eine Lehre begonnen hatten und in die Berufsschule gewechselt waren – und das, obwohl meine Eltern beide eine Lehre absolviert hatten. Ich wusste eigentlich kaum etwas über die soziale Gruppe, die mir im Klassenzimmer gegenübersaß.

Im folgenden Text möchte ich die Gruppe der Lehrlinge als Zielgruppe für historisch-politische Bildung darstellen und Debatten in diesem Zusammenhang nachzeichnen. Im Mittelteil werde ich ausgehend von Workshops, die ich zusammen mit Kolleginnen und Kollegen aus dem Netzwerk von _erinnern.at_ für Lehrende aus verschiedenen Berufsschulen halten durfte, auf Bedingungen, Herausforderungen und Themenstellungen des historisch-politischen Lernens mit Lehrlingen eingehen. Abschließend werde ich ein konkretes Unterrichtsmaterial vorstellen und allgemeine Überlegungen zum konkreten Unterrichten zeitgeschichtlicher Themen an der Berufsschule anstellen. Dabei werde ich immer wieder meine persönlichen Erfahrungen als Lehrer an einer Wiener Berufsschule einfließen lassen.

Die „vergessene Mehrheit"

Der ehemalige Wiener Landesschulinspektor Hubert Prigl hat Lehrlinge in einem Interview mit dem „Standard" einmal als eine vergessene Mehrheit bezeichnet (Kapeller, 2010). Im Feld der historisch-politischen Bildung ist das ganz sicher zutreffend. Lehrlinge kommen in diesem Zusammenhang höchstens als Problem vor, als zu wenig historisch gebildet und deswegen anfällig für Autoritarismus, Antisemitismus und menschenfeindliche Ideologien. Als Lösung wird dann oft nach dem verpflichteten Besuch von NS-Gedenkstätten gerufen – eine Forderung, die auch durch ihre vielfache Wiederholung nicht klüger wird und die durch die Verknüpfung mit der Herkunft der Jugendlichen einen rassistischen Beigeschmack bekommt. Selten wird in diesem Kontext gefragt, wer diese jungen Menschen eigentlich sind, diese Mehrheit, die schon mit 15 Jahren beginnt, einer Lohnarbeit nachzugehen. Was unterscheidet sie von jenen, die eine höhere Schule besuchen? Welche Strukturen begründen oder verfestigen diese Unterschiede? Unter welchen Rahmenbedingungen findet historisch-politische Bildung an der Berufsschule statt und was bedeutet das für Fragen der Vermittlung?

In erster Linie unterscheiden sich Lehrlinge von jenen Jugendlichen, die eine höhere Schule besuchen, darin, dass sie viel weniger Zeit für Bildung zur Verfügung haben als ihre Altersgenossinnen und -genossen. Die Unterschiede liegen also vor allem anderen in ihrer gesellschaftlichen Position und ihrem Zugang zu Bildung. Diese wird in Österreich überdurchschnittlich stark vererbt – ein großer Teil der Lehrlinge hat Eltern, die selbst eine Lehre absolviert haben. Dennoch sind die jungen Erwachsenen, die uns in Berufsschulen begegnen, in vielerlei Hinsicht heterogen – auch bezüglich des eigenen Bildungshintergrunds (zu den folgenden statistischen Daten siehe Dornmayr, 2020). Nur ein knappes Drittel der Lehrlinge in Österreich steigt so in eine Lehre ein, wie es das Schulsystem vorsieht, also nach erfolgreicher Absolvierung der 9. Schulstufe an einer Polytechnischen Schule. Etwa genauso viele beginnen eine Lehre, nachdem sie eine höhere Schule abgebrochen haben. Es gibt auch einige Lehrlinge, die davor eine höhere Schule oder sogar ein Studium abgeschlossen haben. Viele Lehrlinge haben die Schulpflicht schon nach der 4. Klasse der Mittelschule (MS) erfüllt, weil sie im Laufe ihrer Schullaufbahn eine Klasse wiederholen mussten. Manche haben keinen Schulabschluss, weil sie noch nicht lange in Österreich sind oder ihr Abschluss in Österreich nicht anerkannt wird. Insgesamt haben Lehrlinge öfter negative Erfahrungen mit Schule und dem Bildungssystem gemacht als Gleichaltrige in höheren Schulen. Auch in Bezug auf ihren familiären Hintergrund sind Lehrlinge eine von Diversität geprägte Gruppe – der Anteil von Jugendlichen mit Migrationshintergrund oder nicht-deutscher Umgangssprache ist bundesweit unter den Lehrlingen jedoch deutlich geringer als unter den Schülerinnen und Schülern an kaufmännischen mittleren und höheren Schulen. Hier gibt es analog zum Anteil der Migrantinnen und Migranten an der Gesamtbevölkerung große Unterschiede zwischen Wien und den Bundesländern. Die oft konstatierte Heterogenität in Berufsschulklassen zeigt sich also deutlicher im Bildungshintergrund als in einem in seiner Definition etwas schwammigen „Migrationshintergrund".

Die Vielfalt der Lernenden und ihrer Hintergründe stellt in allen Schultypen zugleich ein Potential und eine Herausforderung für historisch-politischen Unterricht dar. Sie ermöglicht lebendigen Austausch, Multiperspektivität und Lernen aus den Erfahrungen anderer. Sie macht es gleichzeitig schwierig, den Stand der Vorkenntnisse richtig einzuschätzen und den Unterricht so vorzubereiten, dass niemand unter- oder überfordert wird. Während etwa Berufsschülerinnen und -schüler, die ihre Lehre nach Abschluss einer höheren Schule beginnen, oft sehr viel historisches Wissen (vor allem zu zeitgeschichtlichen Themen) mitbringen, haben Jugendliche ohne positiven Hauptschulabschluss häufig Schwierigkeiten mit einer groben zeitlichen Einordnung des Nationalsozialismus und stützen ihr Geschichtsbild auf problematisches Halbwissen. Dazu kommen sprachliche Probleme, sei es, weil Schülerinnen und Schüler noch nicht lange Deutsch sprechen oder weil es an Lesekompetenz mangelt. Zusätzlich nehmen viele Lehrlinge sich selbst nicht als Adressatinnen oder Adressaten historisch-politischer Bildung oder als geschichtspolitische Akteurinnen und Akteure wahr und werden auch selten als solche adressiert. Lehrlinge stehen schon als Jugendliche im Berufsleben und sehen sich mit Arbeitsdruck konfrontiert und mit der Frage, inwiefern Inhalte, die sie in der Berufsschule lernen, in ihrem Beruf verwertbar sind (Schmid-Heher, 2019, S. 97f.).

Der ökonomische Verwertungsdruck, dem die Bildung von Lehrlingen ausgesetzt ist, zeigt sich auch an den zeitlichen Ressourcen, die für historisch-politische Bildung vorgesehen sind. Im seit 2016 gültigen Rahmenlehrplan ist Zeitgeschichte kein eigenes Themengebiet für den Unterricht, doch sind „zeitgeschichtliche Entwicklungen (…) unter Beachtung der Bedeutung der historischen Dimension der zu behandelnden Themenbereiche, insbesondere der Demokratie und Menschenrechte, in den Unterricht zu integrieren." Im Vergleich zu höheren Schulen bleibt trotz dieser Vorgabe meist nicht besonders viel Raum für Auseinandersetzung mit Zeitgeschichte und der Zeit des Nationalsozialismus. Lehrlinge verbringen etwa ein Viertel der Stundenanzahl gleichaltriger Gymnasiastinnen und Gymnasiasten in der Schule, über drei bis vier Jahre entweder einen Tag in der Woche oder zehn Wochen als Blockunterricht im Jahr. Etwa die Hälfte davon ist für Berufspraxis und Berufstheorie vorgesehen. Oft bleibt für die Auseinandersetzung mit Zeitgeschichte im Rahmen einer dreijährigen Lehrzeit gerade einmal eine Doppelstunde im Rahmen des Faches Politische Bildung.

Herausforderung Geschichtsunterricht an Berufsschulen

Meine eingangs geschilderte Motivation, als neuer Berufsschullehrer die Auseinandersetzung mit historisch-politischer Bildung forcieren zu können, wurde rasch gebremst: Ich unterrichtete nur zwei meiner anfänglichen 16 Wochenstunden das Fach Politische Bildung und musste stattdessen mit Rechnungswesen, Wirtschaftskunde und Englisch Fächer unterrichten, für die ich keinerlei Ausbildung hatte. Ich bekam dabei zwar verlässliche Unterstützung von der Direktion sowie von Kolleginnen und Kollegen, hatte jedoch kaum Gelegenheit, Feedback zu meiner Unterrichtspraxis zu bekommen oder diese zu reflektieren. In den wenigen Stunden, die ich das Fach Politische Bildung unterrichten durfte, waren zahlreiche für Lehrlinge wichtige Themen aus den Bereichen Arbeitsrecht, Interessensvertretungen und Strukturen der parlamentarischen Demokratie zu behandeln. Für Zeitgeschichte, Nationalsozialismus und Erinnerungskultur blieb da meist nicht viel Zeit. Hilfsmittel und zusätzliche Unterrichtsmaterialien, die ich heranziehen wollte, waren oft für mehrere Unterrichtseinheiten ausgelegt und erschienen mir entweder zu sehr an Daten und Fakten orientiert oder zu komplex. So setzte ich mich immer mehr mit der didaktischen Herausforderung auseinander, über Nationalsozialismus und Holocaust in kurzer Zeit so zu unterrichten, dass bei den Jugendlichen ein grundlegendes Interesse an (Zeit-)Geschichte geweckt würde. In dieser Auseinandersetzung stieß ich auf _erinnern.at_ und wurde eingeladen, meine Fragen und Erkenntnisse in das Netzwerk des Vereins einzubringen.

Seit 2018 veranstaltet _erinnern.at_ an Pädagogischen Hochschulen in verschiedenen Bundesländern Workshops für Berufsschullehrerinnen und -lehrer unter dem Titel „Haltung zeigen!?". Im Rahmen dieser Workshopreihe beschäftigen sich Lehrende mit Nationalsozialismus, Antisemitismus und Rassismus als Themen im Unterrichtsfach Politische Bildung. Die Ausgangsfragen dieser Workshops sind etwa, warum man in der Berufsschule unter diesen schwierigen Voraussetzungen überhaupt über den Nationalsozialismus und seine Verbrechen sprechen sollte, welches Vorwissen und welche Vorstellungen die Jugendliche mitbringen und welche konkreten Modelle es gibt, die das Unterrichten dieser Themen erleichtern. Ein wichtiger Aspekt der Workshopreihe „Haltung zeigen!?" sind auch die Unsicherheiten, mit denen sich Lehrkräfte beim Unterrichten über Nationalsozialismus und Holocaust konfrontiert sehen. Diese Fragen, die etwa den Umgang mit Störungen oder problematischen, weil menschenrechtsfeindlichen Haltungen der Lernenden betreffen, fließen in die ständige Weiterentwicklung des Workshops ein. Im Folgenden möchte ich anhand einiger der Erfahrungen und Zwischenergebnisse aus diesen Workshops umreißen, welche Fragen und Herausforderungen sich beim historisch-politischen Lernen an Berufsschulen stellen.

A. „Warum sollte man über Nationalsozialismus und Holocaust überhaupt unterrichten?"

Die Frage ist durchaus berechtigt: geringe Zeitressourcen, unklare Verwertbarkeit historisch-politischen Wissens, keine eindeutige Verortung im Lehrplan und die generelle Unsicherheit mit dem Thema machen eine Auseinandersetzung mit dem Nationalsozialismus in der Berufsschule nicht einfach. Zudem wird oft angenommen, die Schülerinnen und Schüler hätten von dem Thema ohnehin genug. Tatsächlich ist man als Lehrperson oft mit einem unwilligen kollektiven Seufzen konfrontiert, wenn man eine Unterrichtseinheit zum Nationalsozialismus ankündigt: „Schon wieder? Das kennen wir schon!"

In einer Studie unter der Leitung von Philipp Mittnik vom Zentrum für Politische Bildung an der PH Wien wird dem klar widersprochen (vgl. Mittnik, 2021): So können unter 20 Prozent der 15-Jährigen an Berufsbildenden mittleren Schulen eine Kurzdefinition von Antisemitismus angeben. Nur 20 Prozent der Schülerinnen und Schüler an Allgemein Bildenden Höheren Schulen (AHS) und nur 4,7 Prozent an Berufsbildenden Mittleren Schulen (BMS) können erklären, was unter dem Begriff „Novemberpogrom" zu verstehen ist. Grundsätzlich attestieren die Studienautorinnen und -autoren dem unter 15-jährigen Jugendlichen vorherrschenden Geschichtsbild eine ausgeprägte Form der Personalisierung: Die Verantwortung für die Verbrechen des Nationalsozialismus wird vor allem bei Hitler als „personifiziertem Bösen" gesucht. Es ist also nicht das Wissen über den Nationalsozialismus, wovon die Jugendlichen genug haben. Vielmehr könnte es eine hohe moralische Erwartungshaltung der Lehrerinnen und Lehrer sein, die Jugendlichen die Auseinandersetzung erschwert. Viele wohlmeinende Kolleginnen und Kollegen vermitteln das Thema Nationalsozialismus im Unterricht in enger Verbindung mit den eigenen Wertvorstellungen, selbst gezogenen Lehren aus der Geschichte und normativen Vorstellungen einer angemessenen Haltung zu diesem Thema, die allesamt von den Jugendlichen übernommen werden sollten. Dieses Unterfangen verspricht kaum Erfolg im Sinne eines Erwerbs von historischen Kompetenzen und eines Gewinns an politischer Mündigkeit und führt meist zu Frustrationen bei Lernenden und Lehrenden.

Laut einer Handreichung der International Holocaust Remembrance Alliance (IHRA) für Lehrende liegt die Notwendigkeit, über den Holocaust zu unterrichten, zuerst in seiner Beispiellosigkeit als Versuch, unter aktiver Mitwirkung weiter Teile der Gesellschaft eine Gruppe völlig auszulöschen. Die Beschäftigung mit dem Nationalsozialismus solle die Folgen des Verfalls demokratischer Werte verdeutlichen und zu einem Verständnis von Prozessen führen, die einem Völkermord vorausgehen. Die Schülerinnen und Schüler sollen dazu befähigt werden, über ihre eigene Rolle und Verantwortung beim Schutz von Demokratie, Rechtsstaatlichkeit und Menschenrechten nachzudenken (IRAH, 2020, S. 14). Diese Ziele sind hoch gesteckt – der Weg dorthin sollte mehr von der Lebensrealität und den Fragen der Lernenden als von den Ansprüchen der Lehrperson geleitet sein: „Nicht vorgegebene Ziele, Inhalte und Kompetenzen, sondern das Wissen und die Einstellungen der Schüler[-innen] muss Ausgangspunkt des Lernens sein. Nicht Erziehung, sondern die Selbstbestimmung der Schüler[-innen] muss im Zentrum des Lernprozesses stehen" (Rosa, 2010, S. 157). Ausgangspunkte in der Lebensrealität der Lernenden können in ihrer regionalen Herkunft, in der Familiengeschichte, der beruflichen Beschäftigung oder in örtlichen Bezügen gefunden werden. Vor allem aber in den historischen Vorstellungen der Lernenden und ihren Fragen zu Geschichte, Geschichtspolitik und Erinnerungskulturen.

B. „Da weiß ich selbst zu wenig"

„Warum über Nationalsozialismus und Holocaust unterrichten?" lautete die Ausgangsfrage bei den zuvor erwähnten Fortbildungs-Workshops für Lehrende an Berufsschulen. Meist folgte darauf auf unterschiedliche Weise ein Eingeständnis, dass das Unterrichten eines so komplexen, vielleicht als heikel empfundenen

Themas verunsichern kann. Die Unsicherheit bezog sich dabei auf das eigene historische Wissen, aber auch auf den Umgang mit den Fragen, Überlegungen und Zugängen der Jugendlichen. In diesem Kontext gilt es zu bedenken, dass der Geschichteunterricht der Lehrenden zu einer Zeit stattfand, als von Kompetenzorientierung und Schülerzentrierung in der Geschichtsdidaktik noch keine Rede war. Das trifft im besonderen Maß auf Lehrende in Berufsschulen zu, die meist nach langjähriger Berufserfahrung quer in die Lehrtätigkeit einsteigen.

Der Geschichtsunterricht, den die meisten von ihnen in den 1980er- oder 1990er-Jahren erfuhren, bestand aus historischen Daten und Fakten und diente der nationalen Identitätsstärkung und Selbstvergewisserung. Wenn der Nationalsozialismus im Geschichtsunterricht dieser Zeit ein Thema war, dann in Verbindung mit dem Appell des „Nie wieder", der Mahnung, sich zu erinnern und der Pflicht, die richtigen Lehren aus den Schrecken der NS-Herrschaft zu ziehen. Diese Art des mahnenden Erinnerns war getragen von den Erfahrungen der Opfer des Nationalsozialismus, der Überlebenden der Konzentrationslager und jener, die Widerstand geleistet hatten. Die Adressatinnen und Adressaten dieses Unterrichts waren Jugendliche, deren Großeltern (und vielleicht sogar Eltern) die NS-Zeit erlebt hatten. Der Geschichtsunterricht trat dabei in Wechselwirkung mit Erzählungen aus der eigenen Familiengeschichte, war vielleicht ein Korrektiv und auf jeden Fall ein institutioneller Beitrag zu einer sehr präsenten gesellschaftlichen Debatte. Die Appelle, Mahnungen und zu ziehenden Lehren repräsentierten in dieser Debatte jene, die die Verfolgung durch den Nationalsozialismus erlebt und überlebt hatten. Die Erfahrungen der meisten gegenwärtigen (Berufsschul-)Lehrerinnen und -lehrer mit der Vermittlung des Nationalsozialismus stammen aus jener Zeit. Dreißig bis vierzig Jahre später ist die Erinnerung an den Nationalsozialismus weitgehend erkaltet und hat fixierte Formen angenommen. Aus einer kritischen Auseinandersetzung, die in der eigenen Familie begann und sich auf die gesamte Gesellschaft erstreckte, wurde ritualisiertes, staatstragendes Gedenken. Für viele Jugendliche heute ist der Nationalsozialismus so weit weg wie das Habsburgerreich, Napoleon oder der 30-jährige Krieg – vor allem bei jenen, die nur wenig Gelegenheit hatten, sich mit Geschichte zu beschäftigen und entsprechende Kompetenzen zu entwickeln. Die Appelle und moralischen Forderungen der Lehrenden bleiben – ohne das entsprechende Vorwissen und einen Bezug zum eigenen Leben – leere Hüllen und stoßen als solche oft auf Ablehnung. Die gesellschaftliche Auseinandersetzung zu Nationalsozialismus und Erinnerungskultur werde – vor allem aus der Perspektive jener, die sich aus gesellschaftlichen und politischen Diskussionsprozessen als ausgeschlossen wahrnehmen – ohnehin von Expertinnen und Experten geführt. Wird ein „richtiges" Verständnis vom Nationalsozialismus dann noch als „Schlüssel" zur Zugehörigkeit zur Mehrheitsgesellschaft vermittelt, ist es wenig verwunderlich, dass Jugendliche diese Auseinandersetzung unter den Voraussetzungen dieser starken Aufladung verweigern (Georgi, 2009).

Dazu kommt, dass der den Jugendlichen unterstellte Unwillen, sich mit Zeitgeschichte auseinanderzusetzen, oft bei den Lehrenden zu finden ist: Die Abwehr von Auseinandersetzung mit historischer Schuld und Verantwortung des eigenen Wir-Kollektivs ist unter Lehrenden genauso verbreitet wie im gesellschaftlichen

Durchschnitt. Hier ist verstärkt die Ausbildung und Fortbildung von Lehrerinnen und Lehrern gefragt. Die Ausbildung von Lehrenden an Berufsschulen unterscheidet sich in einigen wichtigen Punkten von anderen Lehramtsstudien. Stefan Schmid-Heher etwa problematisiert, dass Studierende des Lehramts für Berufsschule am Beginn der Ausbildung bereits eine mindestens einjährige, nicht professionell begleitete Unterrichtserfahrung mitbringen und dass auch nach absolvierter Ausbildung das Unterrichten in Fächern, für welche die Lehrperson eigentlich keine Ausbildung hat, weit verbreitet sei. Dies begünstige ein „handwerklich-praktisches" Theorie-Praxis-Verständnis und erschwere die Selbstreflexion der Lehrerinnen und Lehrer (Schmid-Heher, 2019, S. 107). Im Bereich der Fortbildung äußert sich dieser Umstand bedauerlicherweise immer wieder darin, dass Seminare zur historisch-politischen Bildung, wenn sie speziell für Lehrende aus dem Berufsschulbereich angeboten werden, nicht zustande kommen. Um genügend Lehrkräfte zur Teilnahme an einem solchen Seminar zu motivieren, braucht es klaren Rückhalt aus dem auf Landesebene organisierten Berufsschulsystem, etwa Direktorinnen und Direktoren, die den Lehrenden an ihren Schulen die Teilnahme an einem bestimmten Seminar nahelegen.

C. „Hitler. Die Juden. Der Junge im gestreiften Pyjama"

Nicht nur die Voraussetzungen des Unterrichtens über den Nationalsozialismus für die Lehrenden haben sich geändert, auch die Erwartungen und Vorkenntnisse der Lernenden. Dies lässt sich anhand jener drei Schlagwörter erklären, die mir von Berufsschülerinnen und -schülern meist als erstes entgegengeworfen werden, wenn ich zum Einstieg in das Thema dazu auffordere, mir Assoziationen zu benennen: „Hitler. Die Juden. Der Junge im gestreiften Pyjama."

Zuerst kommt – wie auch in der zuvor erwähnten Studie von Philipp Mittnik, Georg Lauss und Sabine Hofmann-Reiter festgestellt – tatsächlich fast immer die Fixierung auf die Person Adolf Hitler und der Versuch, die Verbrechen des Nationalsozialismus durch Halbwissen und Gerüchte aus dessen Biografie zu verstehen. Hitler wird zum geschickten Verführer der Massen und zum Dreh- und Angelpunkt des Nationalsozialismus erklärt. Meist werden die Ausführenden der NS-Verbrechen noch im gleichen Atemzug entschuldigt – sie hätten keine Wahl gehabt, sonst wären sie selbst ermordet worden. An dieser Sicht auf Zeitgeschichte ist bemerkenswert, dass sie sich weitgehend mit einer in der postnazistischen Mehrheitsgesellschaft weitverbreiteten Erzählung über den Nationalsozialismus deckt. Das zweite Schlagwort kommt meist als Antagonismus dazu – die Jüdinnen und Juden, die als wehrlose Opfer meist mit der Person Anne Frank identifiziert werden. Dieses Bild vermischt sich mit Vorurteilen und antisemitischen Gerüchten. Nicht selten wird hier der „Hass Hitlers auf die Juden" mit deren vermeintlichen Eigenschaften oder Taten begründet und nachgefragt, ob es denn stimme, dass die Juden in Österreich bis heute keine Steuern zahlen. Zuweilen wird dann noch mit den einleitenden Worten „Es ist schlimm, was den Juden damals passiert ist, aber …" der Konflikt zwischen Israel und den Palästinenserinnen und Palästinensern ins Spiel gebracht. Die Assoziation „Der Junge im gestreiften Pyjama" wirkt dann schon oft wie eine willkommene Unterbrechung dieser Dynamik. Fast alle Jugendlichen, mit denen ich in der Berufsschule über den Nationalsozialismus rede, haben diesen kitschigen, völlig absurden und gleichzeitig in seiner Ästhetik einen hohen Realitätsgehalt vorspielenden Film in einer der davor besuchten Schulen gesehen. Die in diesem Film vermittelten Vorstellungen, dass ein neunjähriger KZ-Häftling in einem Vernichtungslager herumstreift und einen Spielkameraden sucht, während die Ehefrau des Kommandanten nicht so recht weiß, was ihr Mann dort den ganzen Tag macht, sind tief in der Vorstellung der meisten meiner Schülerinnen und Schüler verankert.

Nun ist diese kurze Schilderung anhand dreier Schlagworte natürlich eine Zuspitzung. Es gibt auch immer wieder Lehrlinge, die sehr viel Wissen über den Nationalsozialismus mitbringen, weil sie familiäre Erzählungen zu dieser Zeit haben, weil sie gute Geschichtslehrerinnen und -lehrer hatten oder weil sie sich aus eigenem Interesse mit Geschichte beschäftigen und ihre Quellen kritisch auswählen. Die im vorgehenden Absatz beschriebenen Bilder und Vorstellungen kommen dennoch in fast jeder Klasse auf die eine oder andere Art zur Sprache. Dies soll keineswegs der Fehlannahme Vorschub leisten, Lehrlinge seien dumm, geschichtsvergessen oder überwiegend antisemitisch. Vielmehr ist es ein Ausdruck des historischen Bewusstseins, das viele 15-Jährige – vor allem jene, denen höhere Schulen verschlossen bleiben – heute mitbringen. Es bleibt zu erforschen, woher diese Vorstellungen und Bilder kommen. Alle drei hier beispielhaft genannten Topoi – Hitler als das absolute Böse, die Jüdinnen und Juden als Opfer und Objekt antisemitischer Vorstellungen und der Holocaust als „KZ-Kitsch" (Ruth Klüger) – erscheinen mir jedenfalls nicht nur unter Jugendlichen weit verbreitet.

Die vieldiskutierte Herkunft der Lernenden spielt dabei eine untergeordnete Rolle. Sowohl bei den gut informierten, historisch interessierten Jugendlichen als auch bei den Unwissenden finden sich Schülerinnen und Schüler mit klassisch österreichischen Nachnamen als auch solche, deren Namen auf „Migrationshintergrund" schließen lassen. Insgesamt lässt sich aber feststellen, dass auch angesichts der Diversität der familiären Hintergründe der Lernenden die alten, nationalen Erzählungen über Geschichte nicht mehr greifen (Borries, 2009). Die Mythen der Nachkriegszeit – der „Geist der Lagerstraße", die „treue Pflichterfüllung der Soldaten" oder auch die Idee von Österreich als „erstem Opfer des Nationalsozialismus" – sind bei Jugendlichen unabhängig von deren Hintergrund nicht mehr wirkmächtig.

Ein Aspekt, in dessen Zusammenhang der familiäre oder religiöse Hintergrund der Jugendlichen immer wieder in den Fokus gerät, ist die Frage nach Antisemitismus. In einer Studie zum Umgang mit Antisemitismus und anderen Formen gruppenbezogener Menschenfeindlichkeit in der Berufsschule untersuchen Georg Lauss und Stefan Schmid-Heher auch die Verbreitung antisemitischer Vorbehalte (Lauss, 2020). Der Aussage, dass Juden zu viel Einfluss in Österreich hätten, stimmen demnach 19 Prozent der Jugendlichen zu, die zuhause Deutsch sprechen und 55 Prozent jener Jugendlichen, die zuhause Türkisch, Arabisch, Farsi oder eine andere Sprache sprechen, die auf einen muslimischen Hintergrund schließen lassen. Auch andere Studien, die sich nicht ausschließlich mit Lehrlingen beschäftigen, kommen auf ähnliche Ergebnisse. Antisemitismus tritt bei Jugendlichen mit muslimischem Hintergrund meist in Zusammenhang mit dem Konflikt zwischen Israel und den Palästinenserinnen und Palästinensern auf. Beide Zahlen – sowohl die Akzeptanz antisemitischer Vorurteile bei mehrheitsösterreichischen Jugendlichen also auch bei Jugendlichen mit muslimischem Hintergrund – sind besorgniserregend und ein Auftrag an Akteurinnen und Akteure der Politischen Bildung, sich verstärkt mit Ansätzen antisemitismuskritischer Bildungsarbeit auseinanderzusetzen (Peham, 2016, S. 104f.). Die Externalisierung des Problems unter dem Schlagwort „importierter Antisemitismus" produziert hier jedoch ein mangelhaftes „Anderes", demgegenüber man sich selbst besonders fortschrittlich fühlen kann. Vielmehr gilt es im Umgang mit Antisemitismus, der von migrantischen Jugendlichen artikuliert wird, auch deren eigene Erfahrungen mit Marginalisierung und Diskriminierung in den Blick zu nehmen. „Für den pädagogischen Umgang mit Antisemitismus bedarf es einer Aufmerksamkeit dafür, dass mit antisemitischen Äußerungen Zugehörigkeiten und Erfahrungen der Nichtzugehörigkeit verhandelt werden, allerdings oft nicht explizit, sondern vermittelt über die Abwehr bestimmter Geschichtsdiskurse" (Messerschmidt, 2009, S. 170).

Eine offene Form der Auseinandersetzung mit Geschichte, die ohne fertige Erzählungen und Lehren auskommt, sondern Gelegenheit zu Fragen, Interaktion und das Verhandeln gesellschaftlicher Werte beinhaltet, ist herausfordernd. Ein solcher Prozess erfordert kommunikative und emotionale Intelligenz, Flexibilität und Fingerspitzengefühl. Dabei ist zentral, dass Jugendliche ihre Meinungen und Ansichten einbringen dürfen und so auch problematische Aussagen besprochen werden können. Dennoch sollte eine Unterrichtseinheit zum Thema Nationalsozialismus und Holocaust nicht zur Stunde über den Nahostkonflikt werden. Obwohl es wichtig ist, Zusammenhänge zwischen beiden Themen zu erkennen, ist es für das Gelingen einer jeden Unterrichtseinheit entscheidend, als Lehrperson einen klaren thematischen Rahmen vorzugeben. Das Thema Nationalsozialismus und Holocaust mit all seiner politischen und normativen Aufladung eignet sich aus Sicht eines Jugendlichen mit Abgrenzungsbedürfnissen sehr gut für Provokation und Profilierung in der Peergroup. Dem sollten Lehrende gelassen, deutlich, mit Respekt vor der Person, aber nicht vor der Aussage, entgegentreten. Wir müssen auch damit leben können, wenn eine Unterrichtseinheit zum Holocaust jahrelang eingeübte und lang tradierte Einstellungsmuster nicht von einem auf den anderen Tag ändert. Eine gelungene Doppelstunde in Politischer Bildung zum Thema Nationalsozialismus und Holocaust kann jedoch sicher helfen, Nachdenkprozesse in Gang zu setzen.

D. „Was darf ich (nicht)?"

Lehrerinnen und Lehrer begeben sich vor allem in der Berufsschule in vielerlei Hinsicht auf unsicheres Terrain, wenn sie Nationalsozialismus und Holocaust unterrichten – in Bezug auf den Lehrplan, das Interesse der Jugendlichen, deren Vorwissen, Vorbehalte und Vorurteile und in Bezug auf das eigene Wissen über Zeitgeschichte. Vor allem wenn die Lehrperson weniger daten- und faktenorientierten Unterrichtszielen folgt und die Fragen, Interessen und Vergleiche der Lernenden ins Zentrum stellt, wird es oft auch mit viel historischem Wissen und Interesse für Erinnerungskulturen kompliziert und heikel. Wie sollte etwa mit dem Halbwissen und den popkulturell beeinflussten Vorstellungen der Jugendlichen umgegangen werden? Wie mit ihren Vergleichen und Gegenwartsbezügen? Wie mit ihren Provokationen und ihrer Ablehnung dem Thema gegenüber?

Zuerst ist es wichtig, einen verbindlichen Rahmen für eine Unterrichtseinheit zur Zeitgeschichte herzustellen. Im Idealfall sollte das Thema den Lernenden schon einige Zeit vor der Einheit angekündigt werden, damit Erwartungen, Befürchtungen und ablehnende Haltungen schon im Vorfeld Platz bekommen. Zu einem guten Rahmen gehört auch die Sicherheit, dass eigene Gedanken, Vorwissen, Fragen und Überlegungen willkommen sind und nicht sanktioniert werden. Gleichzeitig sollte im Fach Politische Bildung wie grundsätzlich in jeder Unterrichtssituation klar sein, dass eine inhaltliche Auseinandersetzung auf Basis von Wissenschaftlichkeit, Respekt und den Menschenrechten stattfinden muss.

Ist eine grundsätzliche Bereitschaft zur ernsthaften Auseinandersetzung im Vorfeld gemeinsam festgestellt worden, dann sind von Seiten der Lehrenden keine mahnenden Appelle notwendig und von Seiten der Schülerinnen und Schüler weniger abwehrende Provokationen und „unpassende" Kommentare zu erwarten. Bei der Leitung einer Unterrichtseinheit zum Thema Nationalsozialismus und Holocaust soll der Beutelsbacher Konsens zur Anwendung kommen: das Verbot der Überwältigung, das Gebot der Kontroversität und das Gebot der Interessenorientierung. Die Geschichte des Holocaust ist an sich überwältigend. Es braucht hier kein Heranziehen der Bedeutung des Themas zur Disziplinierung einer Klasse, keine Überwältigung durch grauenhafte Bilder, keinen Zwang zur Trauer und letzten Endes auch keinen Zwang zur Auseinandersetzung. Wenn die Jugendlichen einer Schulklasse z. B. sagen, dass sie keine Exkursion nach Mauthausen machen wollen, dann ist das zu akzeptieren und den Schülerinnen und Schülern kein generelles Desinteresse zu unterstellen. Kontroversität bedeutet, dass kontrovers dargestellt werden soll, was in der Gesellschaft kontrovers ist. Nicht kontrovers diskutieren muss man über historische Fakten oder etwa darüber, ob es nicht auch „gute Seiten" am Nationalsozialismus gab. Ein solcher Mythos soll zwar besprochen werden, ohne die Person zu beschämen, die ihn vorgebracht hat, doch ist die Lehrperson hier aufgefordert, den Mythos fragend zu dekonstruieren: Für wen hatte das NS-System „gute Seiten"? Wer und was muss ignoriert werden, um diese vermeintlich „guten Seiten" betonen zu können? Ein solcher historischer Mythos muss diskutierbar sein, sollte aber nicht als „alternative Meinung" zu diesem Thema gleichberechtigt stehen bleiben. Das Gebot der Interessenorientierung bedeutet in diesem Kontext das Anknüpfen an konkrete Biografien, an Orte, die für die Lernenden Bedeutung haben, an altersspezifische oder berufliche Erfahrungen – und damit auch eine Abkehr von der Vermittlung von Zeitgeschichte ausgehend von Zahlen, Daten und Fakten.

Diese Hinwendung zu den Fragen der Jugendlichen birgt wohl für jede Lehrperson Unsicherheiten – doch es zahlt sich aus, sich diesen gemeinsam mit den Lernenden zu stellen. Hilfreich ist dabei passendes Unterrichtsmaterial für die besonderen Herausforderungen der Berufsschule.

„Wer ist schuld am Tod von Edith Winkler?" – Ein Beispiel aus der Praxis

Viele Unterrichtsmaterialien von _erinnern.at_ bemühen sich ausgehend von Biografien, eine offene Auseinandersetzung mit dem Nationalsozialismus und seinen Verbrechen zu ermöglichen. Die Unterrichtseinheit „Wer ist schuld am Tod von Edith Winkler" liegt darüber hinaus auch in einfacher Sprache vor. Die Schülerinnen und Schüler beschäftigen sich im ersten Schritt mit der Geschichte der Familie Winkler, einer aufgeklärt-jüdischen Familie aus Wien mit zwei Kindern. Eines dieser Kinder, Jessy, kann ins britische Mandatsgebiet Palästina flüchten, alle anderen werden von den Nazis ermordet. Die Geschichte der Familie Winkler führt zu vielen Fragen über grundlegendes Wissen zum Nationalsozialismus. Lernende können hier nachfragen oder ihr Vorwissen einbringen, Begriffe klären und erzählen, woher sie bisher über den Nationalsozialismus gehört haben. In einem zweiten Schritt bekommen die Jugendlichen allein oder zu zweit kurze Biografien von Menschen, die Verfolgten geholfen haben; von anderen, die von der nationalsozialistischen Herrschaft profitiert haben; von Menschen, die sich an den Verbrechen führend beteiligt haben oder die einfach mitgemacht haben. Die Schülerinnen und Schüler setzen sich damit auseinander, wie sich eine konkrete Person zu den Verbrechen des Nationalsozialismus, für die der Tod von Edith Winkler steht, verhalten haben. Fast automatisch werden weitere Fragen aufgeworfen: Welche Handlungsmöglichkeiten hatte die Person? Welche Motivationen könnte sie gehabt haben? Hat sie durch ihr Handeln eine Mitschuld am Tod Edith Winklers? Der Prozess der Auseinandersetzung wird hier stets von den Fragen, Meinungen und Überlegungen der Jugendlichen geleitet. Die Lehrperson, die im ersten Teil eine gemeinsame Wissensbasis hergestellt hat, moderiert hier vor allem und fragt nach. So führt diese zwei oder drei Schulstunden umfassende Unterrichtseinheit am Ende meist zu einer Debatte über die persönliche Verantwortung für gesellschaftliche Entwicklungen, Handlungsspielräume und das Verhalten konkreter Personen. Viele Fragen zu Voraussetzungen des Völkermordes, historischen Entwicklungen und geschichtspolitischen Debatten bleiben in der kurzen Zeit natürlich offen, aber im besten Fall wurde Interesse für weitere Auseinandersetzung geweckt.

Fazit

Zusammenfassend möchte ich festhalten, dass sich historisch-politischer Unterricht mit Lehrlingen vor allem dadurch von Geschichtsunterricht am Gymnasium unterscheidet, dass die Rahmenbedingungen andere sind. Die Haltungen der Lernenden, ihr Interesse und ihre Fragen sind bei Lehrlingen, Gymnasiastinnen und Gymnasiasten ebenso ähnlich wie die Herausforderungen für ihre Lehrende. Ich selbst konnte in den letzten zehn Jahren langsam und unter Beachtung der besonderen Voraussetzungen wieder zu meiner ursprünglichen Motivation zurückfinden, mit Lehrlingen über Nationalsozialismus und Holocaust, über Geschichtsbilder, Geschichtspolitik, Erinnerungskultur, aber auch über aktuellen

Antisemitismus, Rassismus, Homophobie zu sprechen. Und das nicht nur im Fach Politische Bildung – das in Österreich verankerte Unterrichtsprinzip politische Bildung ist eine Aufforderung an uns Lehrende, auf diese Themen auch in anderen Fächern einzugehen, wenn sie aufkommen. Und das geschieht regelmäßig durch die Schülerinnen und Schüler, wenn man als Lehrperson eine gewisse Sensibilität und die Bereitschaft, sich offen mit Welt- und Menschenbildern zu beschäftigen, in den Unterricht mitbringt.

Die unterschiedlichen Rahmenbedingungen für historisch-politische Bildung führen wohl oft dazu, dass Lernenden an Gymnasien eher zugetraut wird, sich mit dem Thema Nationalsozialismus und Holocaust sinnvoll auseinandersetzen zu können, und dass Lehrlinge meist nur als Problem, als „Objekte mit vermuteten und zu behebenden Wissens-, Einstellungs- und Verhaltensdefiziten" (Scheurich, 2010, S. 38) wahrgenommen werden. Doch haben Gymnasiastinnen und Gymnasiasten vielleicht nur besser gelernt, welche Fragen bei diesem Thema richtig und welches Verhalten angemessen ist. Lehrlinge interessieren sich genau wie andere Jugendliche für Geschichte, wenn es um eigene Haltungen, eigene Weltsichten und die eigenen Fragen an Geschichte geht und sie als Subjekte im Prozess der Deutung von Geschichte ernstgenommen werden.

Literaturverzeichnis

International Holocaust Remembrance Alliance (IHRA): Empfehlungen für das Lehren und Lernen über den Holocaust (o. O. 2019), https://www.holocaustremembrance.com/de/resources/educational-materials/empfehlungen-zum-lehren-und-lernen-ueber-den-holocaust (29.11.2020).

Borries, Bodo von: Fallstricke interkulturellen Geschichtslernens. Opas Schulbuchunterricht ist tot, in: Georgi, Viola B. / Rainer Ohlinger (Hrsg.): Crossover Geschichte. Historisches Bewusstsein Jugendlicher in der Einwanderungsgesellschaft (Bonn 2009) S. 25–45.

Dornmayr, Helmut / Sabine Nowak: Lehrlingsausbildung im Überblick 2020. Strukturdaten, Trends und Perspektiven (Wien 2020).

Georgi, Viola B.: „Ich kann mich für Dinge interessieren, für die sich Jugendliche Deutsche auch interessieren." Zur Bedeutung der NS-Geschichte und des Holocaust für Jugendliche aus Einwandererfamilien, in: Georgi, Viola B. / Rainer Ohlinger(Hrsg.): Crossover Geschichte. Historisches Bewusstsein Jugendlicher in der Einwanderungsgesellschaft (Bonn 2009) S. 90–108.

Kapeller, Lukas: „Berufsschüler sind eine vergessene Mehrheit", in: Der Standard, 24.11.2010, https://www.derstandard.at/story/1289608020535/berufsschueler-sind-eine-vergessene-mehrheit (29.11.2020).

Lauss, Georg; Stefan Schmid-Heher: Zum Umgang mit Antisemitismus und anderen Formen Gruppenbezogener Menschenfeindlichkeit in der Berufsschule, in: Hagen, Nikolaus; Tobias Neuburger (Hrsg.): Antisemitismus in der Migrationsgesellschaft. Theoretische Überlegungen, Empirische Fallbeispiele, Pädagogische Praxis (Innsbruck 2020) S. 161–183.

Mittnik, Philipp u. a.: Generation des Vergessens? Deklaratives Wissen von Schüler*innen über Nationalsozialismus, Holocaust und den Zweiten Weltkrieg (Frankfurt 2021).

Peham, Andreas / Elke Rajal: Rechtsextremismusprävention in der Schule: Ein ambitioniertes Programm, in: FIPU (Hrsg.): Rechtsextremismus. Band 2: Prävention und politische Bildung (Wien 2016) S. 85–136.

Rosa, Lisa: „Was hat das mit mir zu tun?" Persönlicher Sinn und historisch-politisches Lernen, in: Giest, Hartmut / Georg Rückriem (Hrsg.): Tätigkeitstheorie und (Wissens-)Gesellschaft. Fragen und Antworten tätigkeitstheoretischer Forschung und Praxis (Berlin 2010) S. 149–174.

Schmid-Heher, Stefan: Populismus als Herausforderung für die Politische Bildung an Berufsschulen. Demokratie- und Politikvorstellungen von BerufsschullehrerInnen im Brennpunkt, in: Buchberger, Wolfgang / Philipp Mittnik (Hrsg.): Herausforderung Populismus. Multidisziplinäre Zugänge für die Politische Bildung (Frankfurt/M. 2019) S. 93–120.

Scheurich, Imke: NS-Gedenkstätten als Orte kritischer historisch-politischer Bildung, in: Thimm, Barbara / Gottfried Kößler / Susanne Ulrich (Hrsg.): Verunsichernde Orte. Selbstverständnis und Weiterbildung in der Gedenkstättenpädagogik (Frankfurt/M. 2010) S. 38–45.

Falk Pingel

Im Spiegel des Schulbuchs: Die Darstellung des Nationalsozialismus im deutschen Schulgeschichtsbuch und Ergebnisse der deutsch-israelischen Schulbuchgespräche

Schulbuchanalysen haben fast ein Jahrhundert lang als ein probates Mittel gegolten, Einblick in Unterrichtsinhalte und -methoden zu erhalten, ohne aufwändige Unterrichtsbeobachtungen vorzunehmen. Dahinter stand die Annahme, dass das Schulbuch die ministeriellen Unterrichtsvorgaben abbilden und für den Unterricht eine Leitfunktion einnehmen würde. Obwohl sich Unterrichtsvorgaben und Unterrichtspraxis nie genau entsprochen haben, ist die Beziehung zwischen Schulbuch und Lehrpraxis heute offener als in den Nachkriegsjahrzehnten, jedenfalls in Österreich und Deutschland. Hier hat in den letzten Jahrzehnten die Freiheit der Lehrpersonen sowie auch der Schülerinnen und Schüler zugenommen, sich Unterrichtsinhalte auszuwählen, neue Methoden und vor allem Medien jenseits des traditionellen Leitmediums „Schulbuch" heranzuziehen. Auch hat die Unterrichtsforschung bedeutende Fortschritte gemacht und kann dank videografierter Unterrichtsbeobachtung genauere Ergebnisse erzielen (Gautschi, 2009; allgemein: Rauin, 2016). Wenn wir aber versuchen, einen Überblick über eine größere Zeitspanne zu gewinnen, die – wie in diesem Beitrag – ca. 70 Jahre umfasst und einem speziellen Thema des Geschichtsunterrichts gewidmet ist, so würden uns die vorliegenden empirischen Daten zur Unterrichtspraxis nicht genügend Informationen liefern und daher bleiben wir auf das Mittel der Schulbuchanalyse angewiesen. Zudem gilt nach wie vor, dass ein Sample häufig von den Schulen georderter Schulgeschichtsbücher einen repräsentativen Einblick in die *Möglichkeiten* eines curricular eingefassten Unterrichts bietet. Sicherlich gehen Lehrende in vielen Fällen über das im *jeweiligen* Buch angebotene Material und die dort vorgesehenen Methoden hinaus, doch blicken wir auf das gesamte Sample, so wird dies weitgehend auch die jeweilige Unterrichtspraxis abdecken. Es dürfte dann sogar gelten, dass die Schulbücher des Sample mehr Inhaltsbereiche und methodische Zugänge anbieten, als im jeweiligen Unterricht konkret eingesetzt werden. Allenfalls Projektunterricht dürfte in Tiefe und Detail über das Schulbuchsample hinausgehen. Unter diesen Kautelen ist die folgende diachrone Analyse zu lesen.[1]

Schulbuchanalyse war zwar in der unmittelbaren Nachkriegszeit noch kein etablierter Forschungszweig, doch gab es Historiker und Geschichtsdidaktiker bzw. -lehrer, die mit ihren Inhalten und Methoden bereits aus Auseinandersetzungen um die Inhalte von Geschichtsbüchern aus der Weimarer Republik (Kawerau, 1927) und aus dem Feld der internationalen Schulbuchrevision vertraut waren

(Pingel, 2010). Diese Tradition erhielt angesichts des drängenden Revisionsbedarfes nach der nationalsozialistischen Diktatur in Deutschland neue Aktualität und führte hier zu Gründung eines ersten, noch kleinen „Internationalen Schulbuchinstituts" an der damaligen Pädagogischen Hochschule in Braunschweig, das sich im Laufe der Jahrzehnte zu einer einzigartigen Forschungsinstitution entwickelt hat, dem „Georg-Eckert-Institut – Leibniz Institut für internationale Schulbuchforschung" (gei.de). In vielen der vom Institut organisierten internationalen Schulbuchkonferenzen und -kommissionen spielte die Analyse der Darstellung des Nationalsozialismus (im Folgenden NS) in deutschen Schulgeschichtsbüchern seit den 1950er-Jahren eine wichtige Rolle. Eigenständige Schulbuchanalysen zur Darstellung des NS erschienen aber erst ab den 1960er-Jahren, beginnend mit einer Kritik von linker, um nicht zu sagen marxistischer Seite (Andresen, 1960). Vielleicht wirkte diese Kritik wie eine Provokation, die in den folgenden Jahren weitere Analysen nach sich zog.

Jahre der Stabilisierung: Neutralisierende Anerkennung von Verbrechen und Minimierung der (Mit-)Täterschaft

Zwei Erzählstränge haben die Schulbuchdarstellung des Nationalsozialismus in den 1950er- und 1960er-Jahren im Wesentlichen geprägt:

- die Herrschaftsentfaltung und -sicherung nach innen in den Jahren von der „Machtergreifung" bis zum Kriegsbeginn
- der Krieg als Versuch, die Herrschaft gewaltsam nach außen auszuweiten („Lebensraum"-Konzept).

Die 1950er-Jahre gelten gemeinhin als die Phase der Verharmlosung von NS-Verbrechen oder ihrer Verdrängung aus dem zeithistorischen Bewusstsein der bundesdeutschen Gesellschaft (Frei, 2012). Diesen Trend spiegelten die Geschichtsbücher wider. Die Träger von und die Schuldigen für Terror und Verfolgung, die sich fernab vom Volk vollziehen würden, wurden vor allem in der fanatischen NS-Führungsschicht gesehen. So bezeichnet einer der erfolgreichsten Geschichtsbuchautoren dieser Zeit die „Ausrottung der östlichen millionenköpfigen Judenschaft" als „beispiellos in der Menschheitsgeschichte" – wiewohl er den Eindruck hervorruft, dass hiervon die Juden im „Reich" und in den westlichen besetzten Ländern nicht betroffen waren –, doch fügt er einschränkend und entschuldigend und entgegen der Kenntnisse, die dazu seit den Nürnberger Prozessen vorlagen, hinzu: „Hitler wusste, daß er der deutschen Armee und seinem Offizierskorps derartige Menschenvernichtungsbefehle nicht zumuten durfte. Deshalb ließ er Sondertruppen aufstellen ..." (Geschichtliches Unterrichtswerk, 1957, S. 153). Gerade bei der Schilderung von Massenverbrechen bedienten sich die Autorinnen und Autoren der Sprache der Täter, Opfer kommen zu dieser Zeit kaum zu Wort. Der Ermordung der Juden wird in der Regel weder ein eigenes Kapitel noch ein eigener Abschnitt gewidmet. Sie wird als Teil des Zweiten Weltkrieges abgehandelt.

Aber schon damit gingen die Schulbücher oft über das hinaus, was tatsächlich im Unterricht besprochen wurde. Ohne hierzu über quantitative Daten zu verfügen, lässt sich aufgrund von Erfahrungswissen sagen, dass in vielen Klassen, zumal in der Volks- und Mittelschule, die mit der neunten oder zehnten Klasse endeten, der Geschichtsunterricht kaum über den Ersten Weltkrieg hinausreichte.

Die skizzierte Art der Schulbuchdarstellung des NS war weder selbstverständlich noch alternativlos, sondern bedeutete eine bewusste Abkehr von Neuansätzen, die sich während der Besatzungszeit geboten hatten. Dafür steht das bis zur Mitte der 1950er-Jahre häufig benutzte Schulbuch „Wege der Völker", das auf Massenverbrechen und Judenmord ohne entschuldigenden Unterton deutlich eingegangen war. Es hatte bereits die Frage nach der Mitverantwortung der vielen Mitläufer gestellt und moralisch-politisch eine eindeutige Position bezogen, indem die Autorinnen und Autoren den Mord an den Juden „das grausigste und beschämendste Kapitel in der Geschichte des Dritten Reiches" nannten (Wege der Völker, 1948–49).

Seit Mitte der 1960er-Jahre änderte sich die Kriegserzählung. Die bisher vorherrschende militärgeschichtliche Perspektive trat zurück und die Opfer der NS-Herrschaft sowohl im Reich als auch in den besetzten Gebieten rückten in den Blickpunkt. Man darf letzteren Ausdruck durchaus wörtlich nehmen, denn bisher hatte die Erzählung aus relativ nüchternem, beschreibendem und Fakten-orientiertem Text bestanden; nun illustrierten die Erzählung Bilder, zumeist Fotografien, die das Leiden von Verfolgten zeigten und damit auch Emotionen ansprachen. Diese Zunahme der „Opferperspektive" hat sich bis ins vergangene Jahrzehnt fortgesetzt.

Der Wandel in der Geschichtsbuchdarstellung ab Mitte der 1960er-Jahre spielte sich auf dem Hintergrund eines zunehmenden Bewusstseins vom Ausmaß der Verbrechen ab, u. a. ausgelöst durch deren verstärkte juristische Verfolgung mit den Höhepunkten des Auschwitz-Prozesses im Jahre 1967 und der Gesellschaftskritik der 1968er-Studentenbewegung. Aufsehen erregten – zumindest in der pädagogischen Fachwelt – erste empirische Untersuchungen, die feststellten, dass die Geschichtsdeutung Jugendlicher von stark personalisierten Ordnungsvorstellungen geprägt war, die Hitler als mehr oder weniger Alleinverantwortlichen ansahen; die Schulbücher waren eher geeignet, eine solche Geschichtssicht zu unterstützen als aufzulösen. Soweit die Massenverbrechen – insbesondere bei den Gymnasiastinnen und Gymnasiasten – bekannt waren, wurden sie damit entschuldigt, dass die Bevölkerung davon nichts gewusst habe (Jaide, 1963; Friedeburg, 1964). Die Kultusminister nahmen diese Ergebnisse mit Besorgnis wahr und erinnerten durch schärfere Richtlinien daran, dass der Unterricht über den NS Teil des Pflichtcurriculums sei und hierfür in der Unterrichtspraxis mehr Zeit eingeräumt werden müsse. Insbesondere der Mord an den Juden wurde nun ausführlicher und mit mehr Empathie für die Opfer dargestellt. Im Zentrum stand der von den Nazis propagierte Antisemitismus. Dennoch spiegelten die vermehrt eingesetzten Quellen überwiegend noch die Sprache der Täter wider. Immerhin erschienen in den 1970er- und 1980er-Jahren neu erschienene Werke mit zum Teil deutlich emphatischer und nicht mehr distanzierender Sprache. „Ihr Leben war die Hölle. Ursachen und Ausmaß der Judenvernichtung" betitelte eines dieser neuen Werke das entsprechende Kapitel, in dem erstmals, wenn auch nur kurz, theoretische Ansätze wie die Sündenbocktheorie zur Erklärung des Antisemitismus herangezogen wurden (Zeitaufnahme, 1981). Seit den 1980er-Jahren werden Abschnitte zum „Holocaust"[2] aus dem unmittelbar textlichen Zusammenhang des Zweiten Weltkrieges herausgelöst und in einem eigenständigen Kapitel behandelt. Mit der nunmehr herausgehobenen Behandlung der Vernichtung rückten auch deren Vorstadien von Diskriminierung, Isolierung und Verfolgung der Juden in der Vorkriegszeit mehr in die Aufmerksamkeit der Autorinnen und Autoren. Insbesondere der alle zwei Jahre ausgeschriebene „Schülerwettbewerb Geschichte um den Preis des Bundespräsidenten" der Hamburger Körber-Stiftung initiierte eigene Schülerforschungen in lokalen Archiven zum alltäglichen Leben im NS und dessen Nähe zu NS-Ideologie und Verfolgungsmaßnahmen (Galinski, 1982; Galinski, 1985; Hopf, 1985; Remembering, 1995) und wirkte auf die Schulbücher zurück, die Alltagsthemen stärker aufnahmen, zum Teil das „Wegschauen" der Bevölkerung gegenüber der Judendiskriminierung und -verfolgung sowie persönliche Bereicherung durch die Arisierungen thematisierten (Schinkel, 2018, S. 200ff.). Auch die Massentötungen in den besetzten Ostgebieten kamen nun zur Sprache, zum Teil veranschaulicht durch Quellen und Bilder.

Damit haben wir die Zeit erreicht, in der erstmals eine deutsch-israelische Schulbuchkommission zusammentrat und im Jahre 1985 die in gemeinsamer Arbeit erstellten Empfehlungen vorlegte (Deutsch-israelische Schulbuchempfehlungen, 1985). Die mit dem NS zusammenhängenden Empfehlungen für die deutschen Schulbücher zeigten sowohl Erreichtes als auch weiter bestehende Defizite auf.

Zwar würden die Verfolgungsmaßnahmen in ihrer Abfolge sowie auch der Antisemitismus vor dem NS dargestellt, doch fehlten Vergleichs- und Anknüpfungspunkte zur Judenfeindschaft vor der Moderne – eine Kritik, die für aktuelle Geschichtsbücher in der Regel nicht mehr zutrifft.

Exkurs 1:
Die deutsch-israelischen Schulbuchempfehlungen von 1985

Die deutsch-jüdische Geschichte war schon in den 1960er-Jahren ins Blickfeld der Schulbuchkritik geraten, wie eine von der Bundeszentrale für politische Bildung dokumentierte Untersuchung des israelischen Historikers Chaim Schatzker (1981, S. 15ff.) zeigte. Zudem bestand von 1977 bis 1991 an der Universität/ Gesamthochschule Duisburg ein Institut für Schulbuchforschung, das sich vor allem mit methodischen Fragen und der Stellung des Schulbuchs als Unterrichtsmedium beschäftigte (Stein, 1977 und 1979; Schallenberger, 1978) und besonderes Interesse an der Darstellung des Judentums bewies (Stein, 1976; Schatzker, 1981, S. 20ff.). Das Interesse am Thema war nicht zuletzt auf die Aufnahme von diplomatischen Beziehungen zwischen der Bundesrepublik und Israel zurückzuführen. Unter anderem Anregungen des Duisburger Schulbuchinstituts und der Lehrergewerkschaften beider Länder folgend, die gemeinsame Seminare zu Schulbuchfragen veranstalteten, beauftragte die Kultusministerkonferenz 1979 das Georg-

Eckert-Institut mit der Durchführung deutsch-israelischer Schulbuchgespräche, für die auf israelischer Seite das Erziehungsministeriums verantwortlich war. Wissenschaftliche Forschung und politische Initiativen hatten hier also Hand in Hand gearbeitet.

Da die Empfehlungen die deutsch-jüdische Geschichte vom Mittelalter bis in die Zeitgeschichte behandeln, soll hier kurz auch auf die Zeit vor und nach dem NS eingegangen werden.

Jüdische Geschichte wurde – und wird zum Teil weiterhin – nur ausschnitthaft dargestellt, sodass kaum ein Eindruck des Wechsels von Kontinuität und Diskontinuität, von mehr oder weniger gewaltfreien Beziehungen und Perioden der Verfolgung und Vertreibung entstehen kann. In unterschiedlicher Ausführlichkeit behandeln die Schulbücher die Sonderrolle jüdischer Gemeinden in den Städten des Mittelalters. Fixpunkte der Darstellung sind aber eher Verfolgungssituationen wie die Kreuzzüge und Pestepidemien.[3] Dann verschwinden die Juden weitgehend oder ganz aus der Geschichtsdarstellung, bis sie im 19. Jahrhundert mit den Themen Emanzipation und Antisemitismus wieder auftauchen – nicht unähnlich dem vorherrschenden Schema in den österreichischen Geschichtsbüchern. Aber auch für diese Epoche stellten die „Befunde" der Kommission fest: „Die Geschichte vollzieht sich an den Juden, aber nicht zugleich durch die Juden." (Deutsch-israelische Schulbuchempfehlungen, 1985, S. 21; Marienfeld, 1985) Vorurteilsbildung als sozialpsychologisch zu deutender Prozess wird so in den Lehrbüchern nicht angesprochen.

Die Darstellung jüdischen Lebens nach dem Holocaust bezieht sich nur auf Israel. Die Wiedergründung jüdischer Gemeinden in Deutschland nach 1945 bleibt unerwähnt.

Wie sich zeigen wird, blieb dieses Schema der Darstellung weitgehend erhalten, auch wenn die chronologischen Versatzstücke in manchen Werken, insbesondere der Oberstufe, verknüpft werden sowie die Darstellung jüdischen Gemeindelebens und die Wiedergabe jüdischer Innensicht zugenommen haben.

Die Gründung des Staates Israel, so monieren die Empfehlungen, werde fast ausschließlich als Reflex auf den europäischen Antisemitismus gesehen; sie sollte aber zumindest auch in dem Kontext der Bildung von Nationalstaaten gesehen werden. Was die Perspektive auf Israel als Staat und Gesellschaft betrifft, so formulieren die Empfehlungen eine Konstante, um nicht zu sagen ein Stereotyp der Schulbuchkritik in Deutschland wie in Österreich: Die Wahrnehmung Israels werde überdeckt durch den Nah-Ost-Konflikt. Das hat sich bis heute nicht geändert, sondern angesichts der neuen Standardthemen „Terrorismus"/„Islamismus" sogar noch verschärft. Die Besonderheiten der damaligen israelischen Gesellschaft, die sie aus dem Blickwinkel der Jugend in den 1970er- und 1980er-Jahre interessant gemacht hatten (Kibbuz, sozialistische Elemente) und in den deutschen Büchern dieser Epoche immerhin noch angesprochen wurden, haben nicht nur für die israelische Gesellschaft an Bedeutung verloren, sondern sind auch aus der Darstellung der deutschen Geschichtsbücher weitgehend verschwunden.

Zur Bekanntmachung und Umsetzung der Empfehlungen fanden auf Anregung des Georg-Eckert-Instituts bis in die Mitte der 1990er-Jahre in Deutschland und Israel gemeinsame Seminare für Schulbuchautorinnen und -autoren sowie Lehrerinnen und Lehrer statt. Während die Schulbuchgespräche im Wesentlichen von Fachwissenschaftlerinnen und -wissenschaftlern geführt worden waren, trafen hier Vertreterinnen und Vertreter aus der Praxis mit ihren Erfahrungen aufeinander und brachten spezifische Kontroversen zu Tage, die in Konferenzen der Kommission nicht thematisiert worden waren. Israelische Teilnehmerinnen und Teilnehmer versuchten die deutschen Kolleginnen und Kollegen für die besondere Lage Israels und vielleicht auch die besondere Befindlichkeit seiner Bewohnerinnen und Bewohner sensibel zu machen, da die israelische Gesellschaft einerseits in ihrer Normalität und nicht immer wie im Ausnahmezustand gesehen werden wolle, sie aber doch zugleich unter einer existenziellen Gefährdung durch ihre Gegner stehe. Immerhin ließ sich im Rückblick auf die Seminare feststellen, dass die nach den Empfehlungen veröffentlichten deutschen Bücher überwiegend dem historischen Zwiespalt der assimilierten Juden in Deutschland Rechnung trugen, einerseits deren „Verlangen nach gesellschaftlicher Normalität" widerzuspiegeln, andererseits immer wieder unter „Anfeindungen zu stehen und dadurch gezwungen zu sein, die eigene Lage immer wieder in Zweifel zu ziehen" (Die deutsch-israelischen Schulbuchgespräche, 2000, S. 195f.). Die unterschiedlichen Perspektiven der Schulbuchdarstellung in beiden Ländern, aber auch konträre Haltungen von Seminarteilnehmenden zum Nah-Ost-Konflikt drückte ein israelischer Lehrer folgendermaßen aus: „Das eine ist die Haltung des heutigen Deutschlands gegenüber der PLO, die von der großen Mehrheit dieses Landes als eine blutrünstige Terroristenorganisation angesehen wird, während ihr Land sie als normale politische Bewegung ansieht." (ebd.) Dieser Gegensatz, auch mit der entsprechenden persönlichen Betroffenheit vorgetragen, sollte in den österreichisch-israelischen Schulbuchgesprächen wieder auftreten.

Grundsätzliche Unterschiede brachen auch in der Einstellung zum Unterricht über Holocaust/Shoah auf, als israelische Lehrende die rationale, weitgehend nüchterne Darstellungsweise in den deutschen Schulbüchern, aber auch in den deutschen Vorträgen kritisierten und meinten, dass ohne emotionale Beteiligung das Thema nicht unterrichtet werden könne. Deutsche Kolleginnen und Kollegen wiesen auf das Gebot der Neutralität, Kontroversität und Multiperspektivität hin, was keineswegs bedeute, sich grundsätzlich Wertungen zu enthalten, aber es müsse ein Unterschied gemacht werden zwischen der Darstellung der Sache und ihrer Bewertung, was für die Schulbuchautorinnen und -autoren in der Regel bedeutet, dass sie die Bewertung in den Quellenteil verschieben – zu damaliger Zeit für die israelischen Lehrenden ein (noch) fremdes und befremdliches Verfahren.

Die Seminare sowie eine Nachfolgeuntersuchung der deutschen Geschichtsbücher durch Prof. Chaim Schatzker (Schatzker, 1992), der an den Schulbuchgesprächen teilgenommen hatte, erlaubte in den 1990er-Jahren eine Bilanz zur Wirkung der Empfehlungen zu ziehen. Insgesamt hat der Anteil jüdischer Geschichte zugenommen; die jüdische wurde besser mit der allgemeinen Geschichte verklammert, die Verfolgungsgeschichte zum Teil so weit durch jüdische Innensicht erweitert, dass Juden nicht mehr nur als Objekte des Handelns anderer erscheinen.[4] Die Empfehlungen, die darauf abzielten, die religionsgeschichtliche Bedeutung des

Judentums und dessen Beziehung zum Christentum ausführlicher zu behandeln, wurden nicht umgesetzt. Insgesamt stellt Schatzker fest, „daß Schulbuchautoren und wohl auch Lehrer dazu neigen, solche Hinweise und Empfehlungen ... aufzunehmen, die kein zusätzliches Vorwissen und Studium erfordern". Er folgert: „Diese Erkenntnis dürfte wegweisend für die künftige Einführung der Empfehlungen in Lehrerkreise sein, und insbesondere in den neuen Bundesländern, bei denen das Wissen über jüdische Geschichte noch weniger vorausgesetzt werden kann." (Schatzker, 1992, S. 52)

Damit nähern wir uns einem weiteren historischen Datum, dessen Einfluss auf die Schulbuchgestaltung es zu prüfen gilt: die deutsche Wiedervereinigung.

Exkurs 2:
Ein Blick in die Geschichtsschulbücher der DDR

Chaim Schatzker hatte sich auch gefragt, wie die deutsch-israelischen Empfehlungen wohl in den Schulen der ostdeutschen Länder aufgenommen werden würden, deren Geschichtsunterricht bisher auf anderen geschichtsdidaktischen Voraussetzungen und inhaltlichen Interpretationsansätzen beruht hatte. Das Konzept „Antisemitismus" würde in der politischen Bildung so gut wie keine Rolle spielen, weil dieser offiziell in der DDR nicht mehr vorkam und Juden als distinkte Gruppe nicht auftraten. Unterschwellig jedoch blieb er virulent in der Interpretation Israels als eines imperialistischen Staates, so dass mit der offiziellen „anti-zionistischen", „anti-imperialistischen" und gleichzeitig pro-arabischen Einstellung antisemitische Vorurteile weitertransportiert würden.[5] Dieser Diskriminierung Israels in der offiziellen politischen Sprache stand eine weitgehende Unkenntnis von Israel bei den Jugendlichen und dessen Nicht-Behandlung als Staat und Gesellschaft in den Geschichtsbüchern gegenüber (Schatzker, 1994).

Die Darstellung des NS in den Geschichtsschulbüchern der DDR stand unter der Prämisse der „Diktatur des Kapitals", die sich gegen die Arbeiterklasse allgemein und die Kommunisten als den Hauptfeind sowohl im Inneren wie im Äußeren (in Gestalt der Sowjetunion) gerichtet hatte. Dieser Prämisse folgte schon das erste Geschichtsbuch von 1952. Dadurch rückte die Verfolgungsgeschichte der Juden und anderer nichtkommunistischer Gruppen in den Hintergrund und erhielt keinen eigenen Schwerpunkt. Im Vordergrund stand erstaunlicherweise – und das parallel zu den westdeutschen Büchern – die Politik- und nicht die Sozialgeschichte, so dass auch jüdisches Gemeindeleben schon systematisch keinen Platz finden konnte. Die Kriegsdarstellung fokussierte auf den antifaschistischen Kampf der Sowjetunion.

Dieses Schema der Beschreibung änderte sich in den folgenden beiden Jahrzehnten nicht wesentlich; allerdings wurden einzelne Abschnitte des NS ausführlicher dargestellt; hierbei wurden auch bis zu einem gewissen Grad bisher vernachlässigte Bereiche berücksichtigt.

Schon die ersten DDR-Geschichtsbücher erwähnen in wenigen, faktologischen Sätzen den „faschistischen Terror gegen das jüdische Volk" und die „Rassenhetze", unter die der NS-Antisemitismus subsumiert wurde (Rossow, 1994). Subjekt der Verbrechen sind „die Faschisten", wodurch auch hier die „deutsche Nation", an der die DDR-Doktrin in der Frühzeit noch festhielt, zumindest implizit exkulpiert wurde. Der aktive Widerstand gegen den Faschismus und dessen Opfer stand im Vordergrund, nicht das Mitmachen oder Mitdulden breiter Schichten der Bevölkerung (Wolf 1994). Begriffe wie „Holocaust", „Shoah" oder „Völkermord" wurden in den Schulbüchern nicht benutzt. Die Judenverfolgung bildete keinen eigenständigen Strang in der Darstellung der NS-Politik, sondern war nur eine Variante der Ausbeutungs- und Unterdrückungspolitik des faschistischen Systems (Küchler, 2000).

Erst in den 1980er-Jahren setzte sich eine stärkere Differenzierung insbesondere der Verfolgungssituationen durch, die mit einer Zurückdrängung dogmatischer Positionen und einer didaktischen Modernisierung verbunden war. Auch in die DDR-Geschichtsbücher fanden nun mehr Abbildungen, Schaubilder und Karten Eingang. Sozialen und alltagsgeschichtlichen Faktoren wurde mehr Raum gegeben und sie erhielten Erklärungskraft für die Deutung der geschichtlichen Entwicklung. Es finden sich mehr Erklärungen unterhalb der allumfassenden Theorie des Historischen Materialismus. Der Antisemitismus wurde als eine treibende Kraft für die Gewaltentwicklung des NS-Systems anerkannt. Die letzten Ausgaben des DDR-Geschichtsbuches beschrieben in größerer Ausführlichkeit als vorher die Judenpogrome des Mittelalters; sie stellten Antisemitismus und Judenverfolgung bzw. -ermordung nicht nur als Teil des NS-Terrorsystems dar, sondern ließen zumindest die Schwere des Verfolgungsschicksals für jüdisches Leben in Europa erahnen. Doch das Judentum als Religion und jüdisches Selbstverständnis sind auch dann nicht thematisiert worden (Wolf, 1994). Auch in der letzten Ausgabe des DDR-Geschichtsbuches (Geschichte, 1989, mit Redaktionsschluss vom 1.2.1988) kommt in den Kapitelüberschriften zum NS die Judenverfolgung nicht vor, sondern wird subsumiert unter das Kapitel „Die Ausbeutungs- und Ausrottungspolitik der faschistischen Besatzer und der Widerstandskampf der Völker".

Zu berücksichtigen ist, dass in der DDR die Erinnerung an die faschistische Herrschaft hohen Stellenwert in der allgemeinen Bildung und in der zeremoniellen, offiziellen Erinnerung hatte und keineswegs auf den Geschichtsunterricht beschränkt war, sondern beispielsweise auch im Literaturunterricht berücksichtigt und in der regionalen Geschichtstradierung verankert wurde. So unterhielten die Schulen regionalgeschichtliche „Kabinette", die insbesondere den antifaschistischen Kampf darstellten. Der Besuch der KZ-Gedenkstätte Buchenwald gehörte zum Pflichtprogramm.

Nach der Wiedervereinigung musste sich die Bildungslandschaft in den neuen Bundesländern, die sich auf dem ehemaligen Territorium der DDR gebildet hatten, derjenigen der alten Bundesrepublik angleichen – trotz einiger eigenständiger Reformversuche in den Jahren 1990/1991 (Pingel, 2006). Auch Versuche, das Konzept des „antifaschistischen Erbes", das in den Reformansätzen für den Geschichtsunterricht in der DDR der 1980er-Jahre eine Rolle gespielt hatte, wiederzubeleben bzw. für die Geschichtsdarstellung der DDR in den deutschen Schulbüchern nach der Wiedervereinigung fruchtbar zu machen, blieben vergeblich. Westdeutsche

Verlage übernahmen den Schulbuchmarkt in den neuen Bundesländern. Zwar stellten sich durch die Wiedervereinigung neue Fragen, doch nachhaltig veränderte das Jahrhundertereignis die Struktur der deutschen Schulgeschichtsbücher zum 20. Jahrhundert nicht (Pingel, 2019). Eine Wiederbelebung des Totalitarismus-Ansatzes erschien im Rückblick auf das gescheiterte sozialistische System nicht unwahrscheinlich, gewann Relevanz für den Geschichtsunterricht aber nur in einigen osteuropäischen Ländern.

Quantitative Ausweitung und qualitative Intensivierung der Darstellung des Nationalsozialismus seit Mitte der 1990er-Jahre

Erst seit Mitte der 1990er-Jahre sind in den Autorenteams für neue Geschichtsbücher auch Historikerinnen und Historiker vertreten, die noch in der DDR ausgebildet oder professionell tätig gewesen sind. Zu den bemerkenswerten Neuentwicklungen in dieser Hinsicht gehört die Serie „Expedition Geschichte" (2000), die in Thüringen wegen ihrer vorbildlichen Darstellung des NS ausgezeichnet wurde. Das Buch beginnt das Kapitel „Zweiter Weltkrieg und Völkermord" mit Bildern und Texten, die zeigen, wie die Jugend für den Krieg trainiert wurde und in ihm mitgekämpft und gelitten hat. Es sensibilisiert und spricht Emotionen an.

Es zeigt auf einer Seite – wiederum mit Bild und Text –, wie die Rassenideologie konkret implementiert wurde und Menschen diskriminiert und bestraft wurden, die ihr nicht folgten. Es bringt den Schrecken der Konzentrations- und Vernichtungslager durch Fotos vielleicht sogar zu nahe, aber es lässt auch die Verfolgten sprechen, etwa durch einen längeren Auszug aus dem Tagebuch von Anne Frank. Es bildet Alltagssituationen ab, die von großer allgemeiner Bedeutung sind und mit großer Wahrscheinlichkeit einen prägenden Eindruck auf die Betrachtenden ausüben.

Doch Verfolgung und Ermordung der Juden werden auch in anderen Abschnitten des Buches angesprochen, sodass der Völkermord nicht, wie in vielen anderen Serien, wie ein aus der allgemeinen Geschichte herausgelöster erratischer Block unglaublichen Schreckens steht, dessen Herkunft wesentlich unerklärt bleibt. Die quellenbasierte Nähe zum Ereignis, die weitgehende Verlegung der Erzählung in Bilder und Quellentexte in „Expedition Geschichte" ging manchen Lehrkräften vielleicht zu weit. Obwohl der Band, der den NS behandelt, in mehreren Auflagen von 2001 bis 2010 erschien, deckte er mit seinem spezifischen Zugang eher eine Marktnische ab. Jedenfalls brachte der Band wohl am konsequentesten die wichtigsten Tendenzen der Schulbuchdarstellung des NS zu Beginn des 21. Jahrhundert in Deutschland zum Ausdruck: Reiche Illustrierung, v. a. durch Fotos, eine für die Schule ausführlich zu nennende Beschreibung der Herrschaftsentwicklung, der Propaganda und Ideologie sowie insbesondere der Verfolgungs- und Terrormaßnahmen. Der Autorentext wird ergänzt durch Stimmen der Verfolgten, die das emotionale Moment tragen. Viele Bücher thematisieren die Mitverantwortung der vielen administrativen Helferinnen und Helfer sowie der sog. „bystander", die alles geschehen ließen und oft noch ihren eigenen Vorteil daraus zu ziehen suchten. Hier übernehmen Autorinnen und Autoren neuere Forschungsergebnisse zur Breite der Tätergruppen, so wenn es in „entdecken und verstehen" (2015, S. 113) zu Verbrechen der Wehrmacht heißt: „Bei den Tätern ... handelte es sich nicht nur um überzeugte Nationalsozialisten, sondern auch um ‚ganz normale' junge Soldaten und Polizisten", womit sie indirekt auf die Forschungen von Browning (1993) und anderen Bezug nehmen. Die öffentliche Debatte um die Wehrmachtsausstellungen des Hamburger Instituts für Sozialforschung hat zumindest in mehreren Oberstufen-Geschichtsbüchern ihre Spuren hinterlassen, denn seit etwa 2000 erschienene Darstellungen stellen die Verantwortung der Wehrmacht für Kriegsverbrechen deutlicher und ausführlicher fest als vorher (Schinkel, 2018, S. 315ff.).

Diese Trends sind in ähnlicher Weise auch in den Geschichtsbuchdarstellungen des NS in anderen west- und südeuropäischen Ländern aufzuspüren. Die quantitative und qualitative Aufwertung der Verfolgungs- und Opfernarration hat die bis in die 1970/80er-Jahre vorherrschende militärische Perspektive auf den Zweiten Weltkrieg abgelöst; das trifft auch auf die österreichischen Geschichtsbücher zu (Mittnik, 2018).

In der kritischen Rückschau auf den NS werden nun zunehmend auch die unterschiedlichen Erinnerungsweisen zu verschiedenen Zeitperioden und in verschiedenen Ländern thematisiert, um zu zeigen, dass Erinnerung ein lebendiger generations- und kulturabhängiger Vorgang ist und dass wir die Geschichte mit einem vorgängigen Eigeninteresse betrachten, das selbst der Thematisierung bedarf. Wohl nicht zufällig hat das deutsch-französische – das erste curriculare binationale – Geschichtsbuch diese Ansätze am sinnfälligsten gemacht. Zu Beginn des Bandes zur Nachkriegsgeschichte thematisiert es den Zweiten Weltkrieg in der offiziellen Erinnerung und stellt in einem „Dossier" „Erinnerungsorte der Shoah in der Welt" bildlich und textlich mit der Frage vor, warum an das Gleiche an unterschiedlichen Orten in unterschiedlichen Formen erinnert wird (Histoire/Geschichte, 2006).

Obwohl Schulbuchautoren durchaus Trends der wissenschaftlichen Geschichtsschreibung adaptieren, ist die Darstellung von NS und Holocaust doch von der Universalisierungsdebatte (Levy, 2007; Eckel, 2008; Assmann, 2010) weitgehend unberührt geblieben (Meseth, 2019; Carrier, 2015; Fracapane, 2014) – jedenfalls in Deutschland und Österreich. In beiden Ländern bildet der NS einen Fixpunkt der nationalen Zeitgeschichte, die ohne ihn gar nicht verstanden werden kann. Auch ist das Ereignis als Teil der *eigenen* Geschichte so viel bedrängender, als wenn es als Teil der Weltgeschichte in die eigene hereingeholt wird oder in diese als eine Siegergeschichte integriert ist. Wohl benutzen deutsche und österreichische Autorinnen und Autoren inzwischen neben den Begriffen „Judenvernichtung", „Judenmord", „Holocaust" oder „Shoah" auch den Terminus „Völkermord", ohne jedoch dessen anderes Konzept zu entwickeln, denn Völkermord ist im strengen Sinne ein juristischer Terminus und bezieht sich gerade nicht nur auf die Ermordung der Juden unter dem Nationalsozialismus. Die deutschen Schulbücher weisen zwar auch auf andere Völkermorde hin und benutzen den Begriff z. B. für den deutschen Kolonialkrieg gegen die Herero, aber sie tun dies in der Regel gerade nicht im Kapitel zum Nationalsozialismus. Hier unterbleibt eine Verknüpfung. Der Begriff

„Holocaust" verweist in der Regel nicht auf „Völkermord" und umgekehrt. Das historisch, politisch und juristisch zu fassende Konzept des Völkermords wird nicht erklärt.

Auch die Debatte um pädagogische Konsequenzen, die aus der Tatsache zu ziehen wären, dass die Schülerpopulation immer stärker multinational, -kulturell und -religiös zusammengesetzt ist, hat an der Anlage der NS-Kapitel in deutschen Schulbüchern bisher kaum etwas geändert. Die Frage ist auch nicht einfach zu beantworten, was geändert werden sollte, um Rücksicht auf andere historische Traditionen zu nehmen, die Völkermord oder andere Massaker einschließen oder aber von ihnen frei sind. Es wäre zu viel verlangt, diese aufzunehmen angesichts der kulturgeografischen Breite, die die Einwanderung inzwischen aufweist. Es hat sich auch erwiesen, dass Schülerinnen und Schüler mit Migrationshintergrund dem Thema NS nicht weniger interessiert als bzw. mit der gleichen Bandbreite des Interesses begegnen, wie es Schülerinnen und Schüler ohne Migrationshintergrund zeigen oder vermissen lassen. Sie nehmen sogar häufiger als jene auf familiäre Erfahrungen und Erzählungen – etwa von Verfolgungsschicksalen – Bezug, und zeigen dadurch eine größere Nähe zum Thema (Ohlige, 2006; Kühner, 2008). Allerdings sollte der Behandlung des Themas mehr Vorbereitung auf Seiten der Lehrkräfte vorausgehen, damit sie Fragen von Schülerinnen und Schülern mit Migrationshintergrund nach Vergleichen zu ihrer Geschichte nicht hilflos gegenüberstehen (Alavi, 1999), sondern zumindest ein Basiswissen über Völkermord und Massenverbrechen in anderen Ländern in den Unterricht mitbringen.

Auch tun sich Schulbuchautorinnen und -autoren schwer damit, Täterinnen und Täter zu individualisieren, obwohl die Forschung in dieser Hinsicht reiches Material und Erklärungsansätze bietet (Bajohr, 2013; Böhmer, 2008; Kaiser, 2002). Während Opfer durchaus personalisiert werden, stellt dies bei den Täterinnen und Tätern die Ausnahme dar. Selten werden Täterprofile und Lebensläufe von Täterinnen und Tätern entworfen (Teaching about Perpetrators, o. J.; Kaiser, 2012; Jelitzki, 2010). Selbstzeugnisse, quellenbasierte Lebensberichte sollen den Lernenden vor allem individuelle Schicksale näherbringen, um Empathie zu erzeugen. Als dieser didaktische Ansatz in den 1970er-Jahren in die Schulbücher aufgenommen wurde, bezog er sich verständlicherweise auf die Opfer, die der Anonymität entrissen und vom Diktum willenloser Passivität befreit werden sollten. Der Ansatz fand auch Anwendung auf die Darstellung des Widerstandes, um die schwierigen Entscheidungswege, die zu einer oppositionellen Haltung führten, deutlich zu machen. Offenbar fürchten Schulbuchautorinnen und -autoren durch die Personalisierung die Täterinnen und Täter als Personen aufzuwerten statt Erklärungshinweise dafür zu bieten, warum sie zu Tätern wurden. Einige Oberstufenbücher weisen zwar auf die Goldhagen-Browning-Kontroverse hin (z. B. Kursbuch Geschichte, 2010, S. 472; weitere Beispiele bei Schinkel, 2018, S. 300ff; zur Kontroverse siehe Browning, 1993; Goldhagen, 1996; Böhmer, 2008), ohne jedoch Täterschaft zum Thema zu machen. Offenbar scheint ein verhaltens-soziologischer oder gar ein vergleichender (zu anderen Völkermorden und Tätergruppen) Ansatz zu schwierig und Individualisierung durch Biographie zu sehr an das Empathie-Konzept für die Opfer gebunden zu sein (Gerson, 2013).

Stärker berücksichtigt wird die Forderung der Geschichtsdidaktik, bei der Behandlung des NS auf die Gegenwartsbedeutung solcher Themen wie Rassismus, Nationalismus und Rechtsextremismus hinzuweisen, wie dies etwa das deutsch-französische Geschichtsbuch tut, in dem auf die beschriebene Darstellung der Holocaust-Erinnerungsstätten eine kritische Auseinandersetzung mit dem Vichy-Regime im Nachkriegs-Frankreich sowie mit neonazistischen Bewegungen und Einstellungen in der bundesdeutschen Bevölkerung folgt.

Die deutsch-israelischen Schulbuchempfehlungen von 2015

An etwa diesem Entwicklungsstande nahm die zweite deutsch-israelische Schulbuchkommission im Jahre 2010 ihre Arbeit auf, die sie mit der Vorlage von Befunden und Empfehlungen 2015 zu einem vorläufigen Abschluss brachte (Deutsch-israelische Schulbuchempfehlungen, 2015). Sie bestätigte die erwähnte quantitative und qualitative Intensivierung des Themas, für das sich ein Darstellungsschema von „Entrechtung, Verfolgung, Vernichtung" (Strangmann, 2014) herausgebildet hat, das sich allerdings bereits aus den Geschichtsbüchern vorheriger Epochen herauslesen ließ. Sie macht auch darauf aufmerksam, dass „vielfach ... die zeitliche Brücke [vom NS zur Gegenwart] durch die Darstellung neonazistischer Aktivitäten geschlagen" wird (Deutsch-israelische Schulbuchempfehlungen, 2015, S. 42f.). Die zusätzliche, ausführliche Analyse deutscher Geschichtsbücher von Liepach/Sadowski (2014) betont die stärkere sozialgeschichtliche Einbindung jüdischen Lebens in der Darstellung von Mittelalter und der Zeit der Aufklärung, aber sie bemängelt, dass die religiöse Dimension in vielen Werken in den Hintergrund rückt, die für die Schulbuchautorinnen und -autoren vor 1990 noch größere Bedeutung hatte. Im Gegensatz zu früheren Schulbuchepochen würde die Mehrheit der Bücher nun „die Beteiligung der Wehrmacht an Vernichtungsaktionen" thematisieren – sicherlich eine Folge der „Wehrmachtsausstellung"; doch nur wenige Bücher würden „die Heterogenität des Täterkreises" deutlich machen (Strangmann, 2014, S. 130). Ähnlich wie die Gutachten zu den österreichischen Geschichtsbüchern aus der österreichisch-israelischen Kommission kritisieren die Befunde der deutsch-israelischen Kommission „problematische sprachliche Konstruktionen, Ausdrücke oder Formulierungen". Immer noch würden gerade bei der Schilderung von Massenverbrechen Passivkonstruktionen benutzt, so dass „der Eindruck einer automatisierten Tötungsmaschinerie" entstünde, „in der Menschen kleine Rädchen im großen Ganzen waren, ohne Eigenverantwortlichkeit und Handlungsspielraum". Auch führe eine „starke Fokussierung auf Hitler und prominente Täter ... zu einer Auffassung von Tätern als relativ isolierte, pathologische Ausnahmefiguren ..." (ebd., S. 43). Die verständliche und größtenteils auch unvermeidliche Betonung der Verfolgungsgeschichte dürfe nicht dazu führen, die Juden nur als Opfer zu sehen. Daher solle auch auf jüdischen Widerstand hingewiesen werden.

Die Darstellung Israels in deutschen Schulbüchern hat sich noch mehr als in den 1980er-Jahren auf dessen Rolle im Nah-Ost-Konflikt fixiert. Dagegen empfiehlt die Kommission, „die Geschichte des Landes [Israel] und seiner demokratischen und pluralistischen Traditionen auch in anderen thematischen Zusammenhängen aufzugreifen und dabei gesellschafts-, politik-, migrations- und kulturgeschichtliche Aspekte zu beleuchten" (ebd., S. 37). In einem Nachfolgeprojekt hat die Kommission zur Unterstützung dieser Empfehlung eigene Lehrmaterialien erarbeitet (siehe https://www.migration.cet.ac.il/de/). Außerdem mahnt die Kommission an, die Vorgeschichte des Staates Israels stärker zu berücksichtigen. Bei der Darstellung des Nah-Ost-Konfliktes kritisiert sie unausgewogene, emotionalisierende und partei-ergreifende Formulierungen, die das Urteil der Schülerinnen und Schüler ungebührlich beeinflussen könnten und dem Gebot der Multiperspektivität widersprächen. In diesem Punkte ähneln sich die Kritiken in den deutsch-israelischen und österreichisch-israelischen Empfehlungen. Leider führen weder Befunde noch Empfehlungen Beispiele an, so dass ein konkreter Vergleich zu den österreichischen Geschichtsbüchern nicht möglich ist. Ein solcher Vergleich könnte besser deutlich machen, wo die Schulbuchautorinnen und -autoren in Schwierigkeiten kommen, eine angemessene Sprache bei der schwierigen Darstellung von Massenmord und offenem Konflikt zu finden.

Didaktische Theoreme und Ansprüche im Praxistest

Das von den Schulbuchautorinnen und -autoren in der Regel angebotene Inventar eines offen konzipierten, Schülerinteressen und -fragen berücksichtigenden, multiperspektivischen Vorgehens, das einerseits beschreibend, faktenorientiert bleibt, aber emotionale Ansprache nicht vermeidet, trifft die Unterrichtswirklichkeit angesichts einer breiten Streuung intellektueller, vor allem sprachlicher Fertigkeiten bei den Lernenden und der zeitlichen Einschränkungen eines Faches, das in der Regel nur mit zwei Wochenstunden unterrichtet wird, oft nicht oder nur unzureichend und unbefriedigend, wie Unterrichtsbeobachtungen ernüchternd zeigen. Die Unterrichtsanalysen zum Nationalsozialismus von Hollstein u. a. (2002) sehen in divergierenden unterrichtlichen Rollenzuschreibungen von Lernenden und Lehrenden Gründe, die zu prinzipiellen kommunikativen Schieflagen und Missverständnissen im Geschichtsunterricht führen. Während die Unterrichtenden noch dem Konzept eines zielorientierten, sich aus den Aufgabenstellungen ergebenden Gesprächsverlauf ausgehen – und damit eben nicht offen sind für widerständige Schüleräußerungen –, folgen die Wortmeldungen und spontanen Äußerungen der Schülerinnen und Schüler weitgehend der Gegenwart entsprungenen Einstellungen und gefühlsmäßigen Reaktionen, die dann die Lehrerinnen und Lehrer als der Behandlung eines so ernsten historischen Themas unangemessen und nicht zielführend ansehen. Den angestrebten Bezug von der Vergangenheit auf die Gegenwart drehen die Schülerinnen und Schüler um: Die gegenwärtigen Beurteilungsweisen der Jugendlichen werden der Vergangenheit übergestülpt und schließen sie gerade nicht auf, und/oder die Vergangenheit ist so erdrückend, dass eine Transmission auf die anders gelagerte Gegenwart nicht gelingt. Eine befriedigende Unterrichtssituation trat in den von Meseth u. a. analysierten Stunden dann ein, wenn Lernende und Lehrende „zeitweise aus ihren Rollen" traten (Meseth, 2004, S. 137). Es erscheint daher fraglich, ob die Unterrichtspraxis erreicht hat, was die modernen Schulbücher eigentlich voraussetzen, dass sie nämlich den didaktisch begründeten Forderungen nach „balancierter historischer Urteilsbildung", „produktivem und kritischem Umgang mit Geschichte und Geschichtskultur" sowie nach „Kompetenz zum historischen Denken und Urteilen" dient. Nach dem auf empirischen Forschungen basierenden Urteil von Borries ist dies weitgehend nicht der Fall angesichts der Dominanz „eines illusionären neopositivistischen Geschichtsbegriffes und eines recht platten europazentrischen und fortschrittsgläubigen Geschichtsbildes" (Borries, 2004, S. 294), das zudem weiterhin – und nicht zuletzt beim Thema NS – auch von Personen-orientierten Geschichtsbildern ausgeht. Ein offener Unterricht scheint selbst bei Schülerinnen und Schülern mit den NS ablehnenden Voreinstellungen erschwert zu sein, weil die vorgängige Verurteilung von Unterstützerinnen und Unterstützern des NS einem Verstehen der vielen „bystander" entgegenstehe (Zülsdorf-Kersting, 2006).

Bisher liegen keine empirischen Studien vor, die die Annahme nahelegen würden, diese Befunde hätten sich bis heute grundlegend geändert.[6] Insofern kann ich auf die einleitenden Bemerkungen zum Verhältnis von Schulbuch und Praxis zurückkommen: Schulgeschichtsbücher in der Vielfalt, die der deutsche Schulbuchmarkt anbietet, haben gegenüber der gängigen Unterrichtspraxis eher einen Überschuss und bieten mehr, als die Praxis in der Regel einlösen kann.

Etwa an diesem Stand der Entwicklung setzten die Vorbereitungen zu den österreichisch-israelischen Schulbuchgesprächen ein. Die Veröffentlichung ihrer Ergebnisse ist noch im Jahr 2021 zu erwarten. Sie wird es ermöglichen, Vergleiche zwischen zwei benachbarten, schulisch eingegrenzten Erinnerungskulturen gleicher Sprache zu ziehen und nationale Spezifika der Narration über den NS ebenso wie beiden gemeinsame Leistungen und Schwierigkeiten offenzulegen.

Literaturverzeichnis

Alavi, Bettina, in: Internationale Schulbuchforschung 21, 3 (1999) S. 235–248.
Alavi, Bettina: Geschichtsunterricht in der multiethnischen Gesellschaft: eine fachdidaktische Studie zur Modifikation des Geschichtsunterrichts aufgrund migrationsbedingter Veränderungen (Frankfurt/M. 1998).
Andresen, Hans: Der Nationalsozialismus in Schulbüchern, in: Blätter für deutsche und internationale Politik 5 (1960) S. 280–288.
Assmann, Aleida / Sebastian Conrad (Hrsg.): Memory in a Global Age. Discourses, Practices and Trajectories (Basingstoke 2010).
Bajohr, Frank: Neuere Täterforschung, Version: 1.0, in: Docupedia-Zeitgeschichte (18.6.2013), http://docupedia.de/zg/bajohr_neuere_taeterforschung_v1_de_ 2013, DOI:http://dx.doi.org/10.14765/zzf.dok.2.243.v1.
Böhmer, Jochen: „Hitlers willige Vollstrecker" und die Goldhagen-Debatte in Deutschland (2008), https://www.zukunft-braucht-erinnerung.de/hitlers-willige-vollstrecker-und-die-goldhagen-debatte-in-deutschland/ (8.4.2021).

Borries, Bodo von: Moralische Aneignung und emotionale Identifikation im Geschichtsunterricht. Empirische Befunde und theoretische Erwägungen, in: Meseth, Wolfgang / Matthias Proske / Frank-Olaf Radtke (Hrsg.): Schule und Nationalsozialismus. Anspruch und Grenzen des Geschichtsunterrichts (Frankfurt/M. 2004) S. 268–297.

Browning, Christopher : Ganz normale Männer. Das Reserve-Polizeibataillon 101 und die „Endlösung" in Polen (Hamburg 1993).

Carrier, Peter: The International Status of Education about the Holocaust. A Global Mapping of Textbooks and Curricula (Paris 2015).

Deutsch-israelische Schulbuchempfehlungen. Zur Darstellung der jüdischen Geschichte sowie der Geschichte und Geographie Israels in Schulbüchern der Bundesrepublik Deutschland. Zur Darstellung der deutschen Geschichte und der Geographie der Bundesrepublik Deutschland in israelischen Schulbüchern (Braunschweig 1985).

Deutsch-israelische Schulbuchempfehlungen. Hrsg. Deutsch-israelische Schulbuchkommission (Göttingen 2015).

Die deutsch-israelischen Schulbuchgespräche. Eine neue Perspektive für die Darstellung der jüdischen Geschichte, in: Becher, Ursula A. J. / Rainer Riemenschneider (Hrsg.): Internationale Verständigung. 25 Jahre Georg-Eckert-Institut für internationale Schulbuchforschung in Braunschweig (Hannover 2000) S. 194–196.

Eckel, Jan / Claudia Moisel (Hrsg.): Universalisierung des Holocaust? Erinnerungskultur und Geschichtspolitik in internationaler Perspektive (Göttingen 2008).

Entdecken und verstehen. Differenzierende Ausgabe, Bd. 3. Von der Weimarer Republik bis zur Gegenwart. Hrsg. Berger von der Heide, Thomas (Berlin 2015).

Fracapane, Karel / Matthias Haß in collaboration with the Topography of Terror Foundation (Hrsg.): Holocaust Education in a Global Context (Paris 2014).

Frei, Norbert: Vergangenheitspolitik. Die Anfänge der Bundesrepublik und die NS-Vergangenheit (München, Neuausgabe 2012).

Friedeburg, Ludwig / Peter Hübner: Das Geschichtsbild der Jugend (Weinheim 1964).

Galinski, Dieter / Ulrich Herbert / Ulla Lachauer (Hrsg.): Nazis und Nachbarn. Schüler erforschen den Alltag im Nationalsozialismus (Reinbeck 1982).

Galinski, Dieter / Wolf Schmidt (Hrsg.): Die Kriegsjahre in Deutschland. 1939 bis 1945. Ergebnisse und Anregungen aus dem Schülerwettbewerb Deutsche Geschichte um den Preis des Bundespräsidenten 1982/83 (Hamburg 1985).

Gautschi, Peter: Guter Geschichtsunterricht. Grundlagen, Erkenntnisse, Hinweise (Schwalbach/Ts. 2009).

Gerson, Daniel: Von der Leichtigkeit des Einfühlens in die Opfer und der Schwierigkeit des Verstehens der Täter. Zur Problematik der fehlenden Täterperspektive beim Gedenken an den Holocaust, in: Gautschi, Peter / Meik Zülsdorf-Kersting / Beatrice Ziegler (Hrsg.) Shoa und Schule. Lehren und Lernen im 21. Jahrhundert (Zürich 2013) S. 137–152.

Geschichtsbuch. Die Menschen und ihre Geschichte in Darstellungen und Dokumenten, Bd. 3, Hrsg. Günther-Arndt, Hilke u. a. (Berlin 1986).

Geschichte. Lehrbuch für die neunte Klasse der Oberschule, Leiter d. Autorenkollektivs: Bleyer, Wolfgang u. a. (Berlin 1989).

Geschichtliches Unterrichtswerk für höhere. Mittelstufe, Bd. IV, Hrsg. Tenbrock, Robert H. u. a. (Hannover 1957).

Goldhagen, Daniel J.: Hitlers willige Vollstrecker. Ganz gewöhnliche Deutsche und der Holocaust (Berlin 1996).

Heinemann, Karl-Heinz / Wilfried Schubarth (Hrsg.): Der antifaschistische Staat entlässt seine Kinder. Jugend und Rechtsextremismus in Ostdeutschland (Köln 1992).

Histoire / Geschichte. L'Europe et le monde depuis 1945/Europa und die Welt seit 1945, Hrsg. le Quintrec, Guillaume / Peter Geiss (Paris, Stuttgart 2006) S. 36–37.

Hollstein, Oliver / Wolfgang Meseth / Christine Müller Mahnkopp u. a.: Nationalsozialismus im Geschichtsunterricht. Beobachtungen unterrichtlicher Kommunikation. Bericht einer Pilotstudie (Frankfurt/M. 2002).

Hopf, Christel u. a.: Wie kamen die Nationalsozialisten an die Macht: eine empirische Analyse von Deutungen im Unterricht (Frankfurt/M. 1985).

Jaide, Walter: Das Verhältnis der Jugend zur Politik. Empirische Untersuchungen zur politischen Anteilnahme und Meinungsbildung junger Menschen der Geburtsjahrgänge 1940–1946 (Neuwied 1963).

Jeder achte Deutsche ein Antisemit. Spiegel-Umfrage über die Einstellung der Bundesbürger und der Juden zueinander (II), in: Der Spiegel 4 (1992) S. 47.

Jelitzki, Jana / Mirko Wetzel: Über Täter und Täterinnen sprechen. Nationalsozialistische Täterschaft in der pädagogischen Arbeit von KZ-Gedenkstätten (Berlin 2010).

Kaiser, Wolf: Historisch-Politische Bildungsarbeit an Täterorten und in Gedenkstätten, in: Gedenkstättenrundbrief 165 (2012) S. 13–24.

Kaiser, Wolf (Hrsg.): Täter im Vernichtungskrieg. Der Überfall auf die Sowjetunion und der Völkermord an den Juden (Berlin 2002).

Kawerau, Siegfried: Denkschrift über die deutschen Geschichts- und Lesebücher vor allem seit 1923 (Berlin 1927).

Küchler, Stefan: DDR-Geschichtsbilder. Zur Interpretation des Nationalsozialismus, der jüdischen Geschichte und des Holocaust im Geschichtsunterricht der DDR, in: Internationale Schulbuchforschung/International Textbook Research 22 (2000) S. 31–48.

Kuchler, Christian: Lernort Auschwitz. Geschichte und Rezeption schulischer Gedenkstättenfahrten 1980–2019 (Göttingen 2021).

Kühner, Angela / Phil C. Langer / Robert Sigel: Ausgewählte Studienergebnisse im Überblick, in: Bayerische Landeszentrale für politische Bildungsarbeit (Hrsg.): Holocaust Education [Themenheft]. Einsichten und Perspektiven, Bayerische Zeitschrift für Politik und Geschichte 1 (2008) S. 76–83, https://www.blz.bayern.de/publikation/einsichten-und-perspektiven-themenheft-12008.html (8.4.2021).

Kursbuch Geschichte. Von der Antike bis zur Gegenwart. Hrsg. Laschewski-Müller, Karin / Robert Rauch, Neue Ausgabe Hessen (Berlin 2010).

Levy, Daniel / Natan Sznaider: Erinnerung im globalen Zeitalter. Der Holocaust (Frankfurt/M. 2007).
Liepach, Martin / Dirk Sadowski (Hrsg.): Jüdische Geschichte im Schulbuch. Eine Bestandsaufnahme anhand aktueller Lehrwerke (Göttingen 2014).
Lietzke, Joachim: Alltag im Nationalsozialismus: die Kriegsjahre in Deutschland. Schülerwettbewerb um den Preis des Bundespräsidenten (Hamburg 1985).
Marienfeld, Wolfgang: Die deutsch-jüdische Beziehungsgeschichte von der Aufklärung bis zum Zweiten Weltkrieg in der Darstellung gegenwärtiger Schulgeschichtsbücher der Bundesrepublik Deutschland, in: Internationale Schulbuchforschung 7 (1985) S. 327–339.
Meseth, Wolfgang: Nachholende Universalisierung. Der pädagogische Umgang mit der NS-Geschichte zwischen transnationaler „Holocaust-Education" und nationaler „Erziehung nach Auschwitz", in: Andresen, Sabine / Dieter Nittel / Christiane Thompson (Hrsg.): Erziehung nach Auschwitz bis heute. Aufklärungsanspruch und Gesellschaftsanalyse (Frankfurt 2019) S. 465–483.
Meseth, Wolfgang / Matthias Proske / Frank-Olaf Radtke: Nationalsozialismus und Holocaust im Geschichtsunterricht. Erste empirische Befunde und theoretische Schlussfolgerungen, in: dies. (Hrsg.): Schule und Nationalsozialismus. Anspruch und Grenzen des Geschichtsunterrichts (Frankfurt/M. 2004) S. 95–146.
Mittnik Philipp: Schulbuchdarstellung zum Themenbereich Nationalsozialismus in deutschen, österreichischen und englischen Lehrwerken der Sekundarstufe I, in: Journal of Educational Media, Memory and Society 10, 2 (2018) S. 84–108.
Pingel, Falk: Nationalsozialismus im Geschichtsunterricht – Neue Perspektiven seit „Holocaust"?, in: Geschichtsdidaktik 4 (1979) S. 306–318.
Pingel, Falk: From Evasion to a Crucial Tool of Moral and Political Education: Teaching National Socialism and the Holocaust in Germany, in: Foster, Stuart J. / Keith A. Crawford (Hrsg.) What Shall We Tell the Children? International Perspectives on School History Textbooks (Greenwich/CT 2006) S. 131–153.
Pingel, Falk: Reform or Conform: German reunification and its consequences for history schoolbooks and curricula, in: Nicholls, Jason (Hrsg.) School History Textbooks across Cultures: international debates and perspectives (Oxford 2006) S. 61–82.
Pingel, Falk: UNESCO Guidebook on Textbook Research and Textbook Revision (Paris, Braunschweig revised and updated ed. 2010^2), http://unesdoc.unesco.org/images/0011/001171/117188e.pdf (franz. Ausg.: Guide UNESCO pour l'analyse et la révision des manuels scolaires, Paris: UNESCO, 2013, http://unesdoc.unesco.org/images/0022/002209/220958f.pdf; hebräische Ausg.: Tel Aviv: Mofet Institute, 2015).
Pingel, Falk: Federal Republic of Germany, in: Cajani, Luigi / Simone Lässig / Maria Repoussi (Hrsg.): The Palgrave Handbook of Conflict and History Education in the Post-Cold War Era (Cham 2019) S. 259–268.
Rauin, Udo / Matthias Herrle / Tim Engartner (Hrsg.): Videoanalysen in der Unterrichtsforschung. Methodische Vorgehensweisen und Anwendungsbeispiele (Weinheim 2016).

Remembering the Holocaust: Some experiences of the German President's history competition for young people (Hamburg 1995).

Rossow, Änne / Ulrich Wiegmann: Die Instrumentalisierung identitätsloser Opfer. Zum Platz jüdischer Geschichte und des Genozids an den deutschen und europäischen Juden in den Geschichtslehrplänen und -büchern der SBZ und DDR 1946–1990, in: Lange, Thomas (Hrsg.): Judentum und jüdische Geschichte im Schulunterricht nach 1945 (Wien 1994) S. 113–124.

Schallenberger, Ernst Horst: Das Schulbuch, Analyse, Kritik, Konstruktion, ausgew. Analysen u. Beurteilungen von Geschichtsbüchern (Kastellaun 1978).

Schatzker, Chaim: Was hat sich verändert, was ist geblieben? Analyse von seit 1985 erschienenen Geschichtsschulbüchern für die Sekundarstufe I und II bezüglich der Darstellung jüdischer Geschichte, in: Deutsch-israelische Schulbuchempfehlungen (Frankfurt/M. 1992^2) S. 4–72.

Schatzker, Chaim: Die Juden in den deutschen Geschichtsbüchern. Schulbuchanalyse zur Darstellung der Juden, des Judentums und des Staates Israel (Bonn 1981).

Stein, Gerd: Schulbuchanalyse und Schulbuchkritik: im Brennpunkt: Juden, Judentum und Staat Israel; Studien zu Methode und Verfahren wissenschaftlicher Schulbucharbeit sowie Beiträge und Materialien zu einem Forschungsprojekt an der Gesamthochschule Duisburg („Darstellung der Juden, des Judentums und des Staates Israel in Schulbüchern der Bundesrepublik Deutschland") (Duisburg 1976).

Stein, Gerd: Schulbuchwissen, Politik und Pädagogik. Untersuchung zu einer praxisbezogenen und theoriegeleiteten Schulbuchforschung (Kastellaun 1977).

Stein, Gerd (Hrsg.): Schulbuch-Schelte als Politikum und Herausforderung wissenschaftlicher Schulbucharbeit. Analysen und Ansichten zur Auseinandersetzung mit Schulbüchern in Wissenschaft, pädagogischer Praxis und politischem Alltag (Stuttgart 1979).

Strangmann, Sinja: Entrechtung, Verfolgung und Vernichtung (1933–1945), in: Liepach, 2014, S. 115–138.

Teaching about Perpetrators. A Case Study about a Deportation of German Jews from Düsseldorf to Riga (o. J.), https://www.yadvashem.org/education/educational-materials/lesson-plans/salitter.html (8.4.2021).

Wege der Völker. Geschichtsbuch für deutsche Schulen, Hrsg. Arbeitsgemeinschaft Berliner Geschichtslehrer, Bde. IV und VIII (Berlin 1948–49).

Wolf, Siegfried: Antisemitismus and Schoah als Unterrichtsgegenstand in Ostdeutschland – ein Fragment, in: Lange, Thomas (Hrsg.): Judentum und jüdische Geschichte im Schulunterricht nach 1945 (Wien 1994) S. 125–139.

Zeitaufnahme. Geschichte für die Sekundarstufe I, Hrsg. Graßmann, Siegfried, Bd. 3 (Braunschweig 1981).

Zülsdorf-Kersting, Meik: Jugendliche und das Thema „Holocaust" – Empirische Befunde und Konsequenzen für die Schulbuchkonstruktion, in: Handro, Saskia / Bernd Schönemann (Hrsg.): Geschichtsdidaktische Schulbuchforschung (Hamburg 2006) S. 105–119.

Anmerkungen

1 Diese Analyse beruht nicht auf einer gesonderten Forschung, sondern fasst die Ergebnisse eigener und fremder Forschungen aus mehreren Jahrzehnten zusammen, siehe insbesondere Pingel (2006), Liepach/Sadowski (2014), hier vor allem Sinja Strangmann: Entrechtung, Verfolgung und Vernichtung (1933–1945), S. 115–138.
2 Dieser Ausdruck fand im Laufe der 1980er-Jahre nach der Sendung der gleichnamigen Fernsehserie Eingang in die Geschichtsbücher (Pingel, 1979).
3 Einige Bücher begannen darüber hinauszugehen, wie z. B. die „Zeitaufnahme", die unter der Überschrift „Juden – Sündenböcke Europas. Werden die Juden gleichberechtigt?" über mehrere Seiten zu den Unterthemen Judenvertreibungen, Schutzjuden, Berufe, Hofjuden, Jüdische Lebensweise, Judenemanzipation, Durchsetzung der Gleichberechtigung, Angleichung, Politische Tätigkeit informiert und somit einen kurzen Einblick in die gesellschaftliche Position der Juden in Mittelalter und Neuzeit gibt (Zeitaufnahme, 1981, Bd. 2, S. 166ff.).
4 Dies ist offenbar eine Langzeitwirkung, die Schatzker in seiner Untersuchung von 1992 noch nicht feststellen konnte; er betont, dass „Perioden relativ konfliktlosen Mit- und Nebeneinanders" noch nicht aufgenommen seien (Schatzker, 1992, S. 48). Das neu konzipierte „Geschichtsbuch" wies einen eigenen Arbeitsteil „Juden in der deutschen Gesellschaft des 19. Jahrhunderts" mit Alltagsquellen zum Antisemitismus auf (Geschichtsbuch, 1986, S. 155–158).
5 Daher lieferten Umfragen nach der Wiedervereinigung zum Antisemitismus in den neuen Bundesländern anfangs ambivalente Ergebnisse (Heinemann, 1992; Jeder achte Deutsche ein Antisemit, 1992).
6 Eine neue Veröffentlichung zu Schülerbesuchen in der Gedenkstätte Auschwitz bestätigt die hier erwartbare Opferzentrierung und weitgehend fehlende Auseinandersetzung mit Täterverhalten (Kuchler, 2021).

Werner Dreier

Im Spiegel des Schulbuchs:
Die Darstellung von Judentum und Israel und die österreichisch-israelischen Schulbuchgespräche

Einleitende Bemerkung: Komplizierte Verhältnisse

Vor mehr als 20 Jahren kamen Israel und Österreich überein, nach deutschem Vorbild in einer gemeinsamen österreich-israelischen Schulbuchkommission die Darstellung der beiden Länder sowie für Österreich auch die Darstellung der jüdischen Geschichte in den relevanten Schulbüchern zu untersuchen. Als 1999 in einer ersten Schulbuchtagung in Strobl sich die österreichische Seite auf einen Austausch vorbereitete, war nicht abzusehen, dass dieser Prozess letztlich mehr als 20 Jahre dauern sollte. Das Ziel blieb über die Jahre dasselbe, nämlich Empfehlungen für die Weiterentwicklung der Schulbücher zu formulieren: für österreichische Bücher im Hinblick auf die Darstellung von jüdischer Geschichte, Shoah und Israel, für israelische Bücher im Hinblick auf die Darstellung der österreichischen Geschichte. Der eingehende Dialogprozess sollte das Verständnis für die jeweils andere Seite erhöhen und damit auch einen Beitrag zur Verständigung leisten. Der erste Teil eines Textes hierzu entstand im Jahr 2000 als Einleitung zur Publikation der Ergebnisse der ersten Schulbuchgespräche und wurde 20 Jahre später leicht adaptiert (Bundesministerium, 2000).

Im Spiegel des Schulbuchs:
Die Darstellung von Judentum und Israel (1999)

Zum ersten Mal in der Geschichte der österreichischen Schulbuchbegutachtung kamen in Strobl am Wolfgangsee vom 6. bis 9. Dezember 1999 Vertreterinnen und Vertreter aus den Gruppen der Schulbuchautoren, Schulbuchgutachter des staatlichen Approbationsverfahrens, Verlagsvertreter und Fachwissenschaften zusammen, um sich intensiv mit einem wichtigen, doch in den österreichischen Schulbüchern insgesamt wenig Raum in Anspruch nehmenden Thema auseinanderzusetzen: der Darstellung der jüdischen Geschichte sowie der Geschichte des Staates Israel in österreichischen Schulbüchern.
 Die Tagung verfolgte zwei Ziele: In erster Linie sollte sie einen wichtigen Arbeitsschritt zur Erfüllung eines österreichisch-israelischen Kultur- und Bildungsabkommens leisten, in welchem Schulbuchanalyse und Schulbuchvergleich

zur Sicherstellung der objektiven Darstellung der Geschichte der beiden Länder vereinbart wurden. Während dieses Abkommen den Anlass für die Tagung bildete, schuf das Zusammentreffen so verschiedener Welten wie der Fachwissenschaft auf der einen und der Schulbuchproduktion auf der anderen Seite – dazwischen noch die Schulbuchgutachterinnen und -gutachter – die Voraussetzung für eine fachlich interdisziplinäre und engagierte Auseinandersetzung, die einen wesentlichen Beitrag zur Qualitätssicherung bei Schulbüchern versprach.[1]

Die Tagungsstruktur wurde im Hinblick auf das recht beträchtliche Energie- und Konfliktpotential entwickelt, das dieses Aufeinandertreffen von insgesamt ca. 30 Personen in sich barg, die sich u. a. gemeinsam der Analyse von Büchern zum Teil anwesender Autorenteams (sowie Gutachterinnen und Gutachtern) zuwenden sollten. Diese gemeinsam mit dem Moderator Peter Niedermair erarbeitete Struktur sah eine Abfolge von (Kurz-)Referaten, Arbeitsgruppenphasen und Plenardiskussionen vor. Die Resultate der gemeinsamen Arbeit sollten zu einem Abschlussbericht führen, der einerseits im weiteren Prozess des zwischenstaatlichen Austauschs mit Israel verwendet werden kann und andererseits für Autorinnen und Autoren, Verlage sowie Schulbuchgutachterinnen und -gutachter eine Handreichung zur weiteren Arbeit an Österreichs Schulbüchern bot (Bundesministerium, 2000). Die Diskussion um Stärken und Schwächen der mehr als 30 untersuchten Bücher wurde engagiert und teilweise sehr konkret geführt, sodass daraus auch Anregungen für Veränderungen an bestehenden Schulbüchern resultierten.

Diese Form des strukturierten Diskurses über Schulbücher erwies sich durchaus als ein dritter Weg zur Qualitätssicherung, vielleicht eine wichtige Ergänzung zu staatlicher Approbation und akademischer Schulbuchforschung.

Staatliche Approbation – Qualitätssicherung bei Schulbüchern?

Eine besondere Bedeutung wird gewöhnlich der staatlichen Schulbuchbegutachtung zugemessen, welche als überkommenes Instrument eine entsprechende inhaltliche und formale Qualität der an Österreichs Schulen verwendeten Bücher gewährleisten soll (Pingel, 2000). Für die Fachwissenschaft repräsentierte das österreichische Geschichtebuch bisher im Wesentlichen die große, verbindliche, staatlich gewünschte „Geschichtserzählung", und Schulbuchbegutachtung fungierte in diesem Verständnis als Instrument, das die Einhaltung der gewünschten Bandbreite der Geschichtserzählung gewährleisten sollte. Als 1990 Christoph Reinprecht und Hilde Weiss, zwei in Wien Soziologie Lehrende, sich in einem Aufsatz mit der Frage beschäftigten, inwieweit das Problemfeld des Antisemitismus in österreichischen Schulbüchern thematisiert würde, hatten sie eine recht dezidierte Vorstellung von der Funktion der Geschichtsbücher: „Das Geschichtsbuch steht in Einklang mit der offiziellen politischen Selbstdarstellung, und so wie diese leugnet und tabuisiert es reale Bezüge der Österreicher zu Antisemitismus und Faschismus." Das Schulbuch stehe im Kräftefeld der gespaltenen Wahrnehmung und Deutung vor allem der Geschichte der Zeit der nationalsozialistischen Herrschaft: Tätergeschichte und Opfergeschichte, Stammtischerzählung und offizielles Geschichtsbild fänden sich in Österreich ineinander verklammert und verkrampft: „In dieses System eingebunden stand das Schulbuch, das die offizielle Selbstdarstellung ‚nach außen' dem Schüler präsentiert, isoliert und hilflos der gesellschaftlichen Wirklichkeit gegenüber." (Reinprecht, 1990) Während hier das Schulbuch als ideale Verkörperung des Staatswillens verstanden wird, das losgelöst von der gesellschaftlichen Wirklichkeit und damit auch von den gesellschaftlichen sowie ideologischen Positionierungen bzw. Bindungen der Autorinnen und Autoren die „offizielle" Erzählung zu tradieren habe, ändert sich dieses Bild recht schnell, wenn die Fachwissenschaft sich in die Niederungen der konkreten Schulbuchkritik begibt. Walter Kissling und Ruth Wodak wählten für ihren gleichfalls 1990 publizierten Aufsatz einen Titel, der ihre Kritik zuspitzt: „Die meisten KZler zeigten sich für jede Hilfeleistung sehr dankbar." (Kissling, 1990) Dieses Zitat aus einem österreichischen Geschichtebuch sei signifikant für die sprachlich sowie inhaltlich unzureichende Darstellung der Zeit des Nationalsozialismus in österreichischen Schulbüchern. Die Auswirkungen der Schulbuchapprobation fassen sie bereits am Beginn ihrer kritischen Betrachtung so zusammen: „Die obrigkeitliche Genehmigung sistiert also gleichsam eine kritische Prüfung der Unterrichtsmaterialien durch die Lehrer."

Josef Thonhauser stellt in einem 1992 publizierten Aufsatz die Kommissionen selbst in Frage: „Angesichts der zunehmend stärker werdenden Autonomie-Debatte ist jedoch radikaler zu fragen, ob die gegenwärtigen Approbationskommissionen nicht ein anachronistisches Relikt aus obrigkeitsstaatlichen Zeiten sind; ob sie ihre Funktion nicht prinzipiell auf eine kommentierende und ggf. empfehlende zurücknehmen müssten und damit Lehrerinnen und Lehrern bedeuten, dass ihnen die professionelle Kompetenz zugetraut und zugemutet wird, selbst, ggf. gemeinsam mit Eltern, Schülerinnen und Schülern sowie selbstgewählten Experten, beurteilen zu können, mit welchen Medien sie Unterricht, für den sie verantwortlich und rechenschaftspflichtig sind, gestalten." (Thonhauser, 1992, S. 75) Wenn Thonhauser im Anschluss an diese Bemerkung die unübersehbaren Defizite der österreichischen Schulbuchforschung beklagt, so weist er damit zugleich auf ein Problem hin, das die Abschaffung der staatlichen Approbation unweigerlich nach sich ziehen würde: Wie soll die Qualitätssicherung bei Schulbüchern organisiert werden?

Thonhauser beruft sich auf die Kompetenz von Lehrenden, die sich in Übereinkunft mit Eltern und Lernenden sowie nicht näher bestimmten „Experten" auf einem freien Markt mit allem eindecken könnten, was sie für zielführend hielten. Die Qualitätssicherung fände demnach über den Unterricht statt, für dessen Qualität Lehrkräfte rechenschaftspflichtig wären. Nur: wer evaluiert die Qualität des Geschichtsunterrichts, bzw. – um bei unserem Thema zu bleiben – die Qualität jener Unterrichtssequenzen, welche die jüdische Geschichte Österreichs zum Inhalt haben? Und wer sind die Kunden des Unternehmens „Schule": Lernende und Eltern als Individuen oder nicht vielmehr ein größeres Ganzes, die Gesellschaft als solche, die durchaus von Individualinteressen der Eltern und Jugendlichen divergierende Forderungen an das System Schule stellen muss? Wird jedoch die Gesellschaft als Auftraggeberin der Schule und des Unterrichtens gesehen, welche – wie bisher – diese Aufsichtspflicht an den Staat delegieren oder aber neu – z. B. in Selbstverwaltungsformen wie in der Schweiz – organisieren kann, so stellt sich die Frage, wie sie inhaltliche Verantwortung wahrnimmt. Das Schulbuch bzw. Materialien für Unterrichtseinheiten etc. sind durchaus ein – wenn auch in Grenzen – wirkungsvolles Instrument, um auf Unterrichtsarbeit Einfluss zu nehmen. Gute und gesellschaftlich gewünschte Schulbücher gewährleisten zwar keinen guten und gesellschaftlich akzeptierten Unterricht und schon gar nicht die Übermittlung gesellschaftlich gewünschter kognitiver bzw. affektiver Inhalte, Werthaltungen etc. an die nächste Generation, doch können sie einen Beitrag dazu leisten – wenn auch, wie gerade Untersuchungen zum Geschichtsunterricht und zu Geschichtsbüchern zeigen, die Rezeption von Texten sich durchaus von der auktorialen Intention lösen kann (Knigge, 1987).

Die Sozialisation der Individuen der nächsten Generation in die Sinnwelt der vorhergehenden gelingt aus verschiedenen Gründen nicht vollständig (Berger, 1980, S. 114) und immer wieder bilden sich unter den Bedingungen geringer gesellschaftlicher Repression alternative Sinnwelten, die zueinander in Konkurrenz treten. Bleiben diese Sinnwelten nebeneinander bestehen, ist das Ausdruck einer pluralistischen Gesellschaft. Es ist nun durchaus von Interesse zu sehen, welche „Teilerzählungen", welche Blickwinkel auf Geschichte Eingang in Geschichtsbücher finden und damit Bestandteil jener großen, gesamtgesellschaftlichen „Erzählung" werden, die in unserem Fall „österreichische Geschichte" genannt werden kann. Wenn eine Gesellschaft sich selbst als fragmentiert anerkennt und sich nicht notwendigerweise die Positionen und Geschichtserzählungen eines Teils der Gesellschaft auf Kosten der Positionen und Geschichtserzählungen der anderen Teile durchsetzen (müssen), dann bedeutet dies das Ende einer verbindlichen Konstruktion von Geschichte und den Beginn von dem, was „Multiperspektivität" genannt wird.[2] Nur: wo ist der Ort, an dem verschiedene Perspektiven, Erwartungshaltungen, Teilerzählungen aufeinandertreffen, diskutiert und abgewogen werden können? Wo ist der Ort, an dem über die inhaltliche und – damit untrennbar verbunden – die formale Gestalt von Schulbüchern die Auseinandersetzung geführt werden kann?

Die virtuelle Welt des wissenschaftlichen Publikationswesens stellt einen nur begrenzt öffentlichen und wirkungsmächtigen Ort zur Verfügung. Als Beispiel dafür können die deutsch-israelischen Schulbuchempfehlungen dienen. Chaim Schatzker untersuchte 1992 u. a. die Frage, ob die 1985 veröffentlichten deutsch-israelischen Schulbuchempfehlungen in den seither erschienenen Schulbüchern Berücksichtigung gefunden haben. Er vermag dabei keine definitive Antwort zu geben: „Die Zahl der nicht befolgten Empfehlungen ist groß, andererseits sind deutliche Änderungen ... erkennbar." (Schatzker, 1992, S. 52) Es wäre in diesem Zusammenhang interessant zu wissen, inwieweit die zwischenstaatlichen Schulbuchrevisionen, an denen Österreich beteiligt war, Auswirkungen auf die Schulbücher hatten. Falk Pingel hingegen kann trotz verzögerter Umsetzung der deutsch-israelischen Schulbuchempfehlungen dennoch Fortschritte verzeichnen.

Die Empfehlungen hätten zu einer sorgfältigeren Behandlung strittiger Themen geführt, jüdischer Geschichte werde auch mehr Raum gewidmet, was vor allem auf die Wiedergabe auch längerer Quellen zurückzuführen sei (Pingel, 2000, S. 17ff.). Auch Wolfgang Lassmanns Bilanz ist bei aller Skepsis, die nachhaltige Wirkung möglicher Fortschritte betreffend, nicht völlig düster: der Holocaust finde in neueren Schulbüchern mehr Platz als früher, der österreichische Antisemitismus werde treffender dargestellt und mehr guter Wille sei spürbar, Juden ihren Platz in Geschichtsbüchern zukommen zu lassen (Lassmann, 2000, S. 84).

Schulbuchwissen: gesichertes Terrain oder offener Prozess?

Die in Österreich publizierten Schulbücher spiegeln in den wenigsten Fällen den aktuellen Stand wissenschaftlicher Erkenntnis bzw. wissenschaftlicher Debatten wider. Das ist hier nicht als Vorwurf formuliert, würde doch eine derartige unbeschränkte Wiedergabe des wissenschaftlichen Erkenntnisprozesses Schülerinnen und Schüler überfordern – zugleich lässt allein schon der Faktor Zeit das Schulbuch Jahre hinter den aktuellen wissenschaftlichen Diskurs zurückfallen. Schulbuchautorinnen und -autoren sind zudem selten in der Fachwissenschaft tätig, sondern zumeist Lehrerinnen und Lehrer. Auch ist die den Schulbuchtexten zugrunde liegende Literatur zu einem großen Teil populärwissenschaftlicher Art. Besonders dem Typus der „Bildchronik" als einem kommerziell sehr erfolgreichen und in vielen Familien vorhandenen populärwissenschaftlichen Buch nähern sich immer mehr Schulbücher selbst in ihrer Textgestalt und in ihrem Layout an (Elemente der grafischen Hervorhebung, der kurzen, in sich geschlossenen Textblöcke, der Zusammenfassungen, der Chronologie). In nächster Zukunft wird es angesichts der zunehmenden Relevanz des Internets interessant sein zu beobachten, inwieweit Kriterien des WebDesign die Gestalt von Schulbüchern beeinflussen werden (grafische Elemente, die an Hyperlinks erinnern etc.). Insgesamt lässt ein Vergleich von älteren und aktuellen Schulbüchern unschwer die Tendenz zur Abkehr vom Typus des „Handbuchs" und die Zuwendung zu farbigen Bildern, kleineren Textblöcken und aufwendiger grafischer Gestaltung erkennen, die den auf dem Markt höchst erfolgreichen populärwissenschaftlichen Büchern entlehnt ist. Gemeinsam ist den meisten dieser Bücher ein Verzicht auf Quellennachweise und auf die Darstellung des wissenschaftlichen Diskurses sowie ein Ausblenden der vorhandenen Unsicherheiten und Forschungslücken. Dies resultiert in Büchern, die notgedrungen Komplexität reduzieren und ihre Inhalte als außer Streit gestellte Tatsachen präsentieren – was sehr viel Spannung aus den Themen nimmt und den Geschichtsunterricht um die Chance bringt, anhand widersprüchlicher Positionen und nicht von vornherein geklärten Situationen bei Schülerinnen und Schülern ein neues „Geschichtsbegehren" zu evozieren.[3]

Die in den Geschichtsbüchern vertretenen Inhalte sind zum einen das Ergebnis eines vorgängigen Konsenses über den als tradierenswert erachteten Wissenskorpus; zum anderen reflektieren sie vermutete Erwartungen und Interessen, kurz ein vermutetes Geschichtsbegehren von Schülerinnen und Schülern. Diese

Vermutungen bewirken eine Fortschreibung vergangener Erwartungen einer geschichtsinteressierten Öffentlichkeit in die Gegenwart der Schülerinnen und Schüler, an die sich das Schulbuch richtet. Themen von gestern bestimmen damit das Schulbuch von heute. Populärkulturelle, massenwirksame Medienprodukte wie etwa „Asterix und Obelix" oder – für unseren Zusammenhang bedeutend relevanter – Spielfilme wie „Holocaust" oder „Schindlers Liste" prägen die Erwartungshaltung an Schulunterricht ebenso wie massenmedial geführte Debatten etwa zum Thema der Entschädigung von Zwangsarbeiterinnen und -arbeitern.

Das Schulbuch kopiert demnach massenmedial nachgewiesenes Geschichtsbegehren von gestern (nämlich aus der Gegenwart seines Produktionsprozesses) und spekuliert mit dessen ungebrochenem Weiterbestehen in der Gegenwart seiner Leserinnen und Leser (also bei den Schülerinnen und Schülern von morgen). Es vermeint sich so der Motivation der Lernenden zu versichern. Dahinter steht wohl eine vermutete Ignoranz, ein vermutetes Desinteresse bis hin zur Leugnung erweisbarer Sachverhalte auf Seiten der nachwachsenden Generation. Dieser bei Schülerinnen und Schülern vermutete Widerstand erklärt einerseits die pädagogisch-didaktischen Anstrengungen in diesem Bereich – gerade beim Thema der österreichisch-jüdischen Geschichte bzw. der Geschichte der nationalsozialistischen Gewaltherrschaft wird das deutlich, andererseits macht diese vermutete Verweigerung der Übernahme von als wesentlich eingeschätztem Traditionsgut den Wunsch von Schulbuchautorinnen und -autoren verständlich, sich auf gesichertem Terrain zu bewegen und in der Wissenschaft umstrittene Positionen sowie Unsicherheiten auszublenden.

Im Bewusstsein dieser nicht selbstverständlich funktionierenden Übermittlung eines aktuellen historischen Konsenses an Schülerinnen und Schüler ist zu fragen, ob es nicht hilfreich wäre, weniger die Sicherheit des v. a. massenmedial präformierten Interesses zu suchen oder sich vom Misstrauen gegenüber Schülerinnen und Schülern leiten zu lassen, als ihnen vielmehr Werkzeuge und Methoden zur Verfügung zu stellen sowie Materialien (Quellentexte, Hinweise auf Realien etc.) und Verweise auf im jeweiligen lokalen Umfeld zu entdeckendes weiteres historisches „Material", um damit regional gebundenem historischen Interesse zu entsprechen? Durch Heranführen an erfahrbare Quellen kann anschaulich der Nachweis geführt werden bzw. kann thematisiert werden, wie unterschiedlich und konfliktreich sich Menschen historische Einsichten und historisches Wissen aneignen. Die Beschäftigung mit regional verortbarer Geschichte bringt geschichtliche Erkenntnis stärker als identitätsstiftendes Element zur Wirkung, da regionale Geschichtszeugnisse konkret sinnlich erfahrbar sind, ihnen damit eine höhere Wahrheitswirkung zukommt. Werden etwa Vertreibungsschicksale aus der Zeit des Nationalsozialismus an lokalen Dokumenten nachweisbar gemacht, statt sich im Geschichtsbuch nur auf einen vermeintlich gesicherten Konsens zu berufen, so kommt diesem konkreten Nachweiswissen bedeutend höhere Glaubwürdigkeit zu; sinnliche Erfahrbarkeit erhöht die Wahrscheinlichkeit einer stärkeren emotionalen Besetzung des Themas.

Erkenntnisse, die anhand von lokal, zeitlich und sozial verortbarem Material gewonnen werden, sind kontextgebundener und vermutlich im Prozess der Aneignung historischer Erkenntnis weniger beliebig modifizierbar. Sie treten dem subjektiven Geschichtsbegehren präziser und schärfer konturiert entgegen.

Das gesellschaftlich-politische Feld jedoch, in dem Geschichtsunterricht geschieht, wird durch ökonomische, kulturelle, politische Institutionen sowie Akteurinnen und Akteure bestimmt, die ein Interesse daran haben, das von ihnen entworfene Geschichtsbild und ihre eigene Rolle darin nicht in Frage stellen zu lassen. Wenn Schülerinnen und Schüler nunmehr zum regionalen Anteil von Antisemitismus und nationalsozialistischer Verfolgung, zum Aufblühen und zur Zerstörung von jüdischen Gemeinden durch selbstständige Arbeit im Geschichtsunterricht Erkenntnisse gewinnen, werden sie auch rasch bemerken, dass sie sich damit in einem aktuellen Konfliktfeld bewegen – vom offiziell gepflegten regionalen Geschichtsbild bis hinein in den Alltagsdiskurs der Familien. Geschichtsunterricht als offener Prozess gestaltet steht allerdings im Gegensatz zu einer von lokalen Erfahrungen weitgehend abgeschotteten „Hochgeschichte", wie sie uns in der Regel die populärwissenschaftlichen Bildchroniken bieten, an denen sich manche Schulbücher nur allzu offensichtlich orientieren.

Es waren wohl vor allem zwei Fragestellungen, die sich im Verlauf dieser Tagung 1999 als wesentlich herausstellten und daher auch im Tagungsband ihren Niederschlag fanden:

- Woraus besteht der in Schulbüchern zu tradierende Kern österreichisch-jüdischer Geschichte?
- Wie lässt sich diese österreichisch-jüdische Geschichte mittels Schulbüchern tradieren? Wie kann sie dort Eingang finden? Welche methodisch-didaktischen Wege müssen beschritten werden, damit die Weitergabe an die nächste Generation gelingt?

Die Strobler Schulbuchgespräche 2006 und 2008

Nachdem sich die zwischen Österreich und Israel vereinbarten Schulbuchgespräche nach dem Vorbild der deutsch-israelischen Schulbuchgespräche wegen Schwierigkeiten auf der israelischen Seite nicht realisieren ließen, veranstaltete _erinnern.at_ im Auftrag des Bildungsministeriums 2006 und 2008 zwei weitere Schulbuchgespräche in Strobl. Wie schon 1999 ging es in erster Linie darum, dass Vertreterinnen und Vertreter der Begutachtungskommissionen, der Fachwissenschaften und der Schulbuchverlage gemeinsam mit den Autorinnen und Autoren ausgewählte Geschichts-Schulbücher diskutierten.

Die von Noa Mkayton (Yad Vashem) 2006 geleitete Arbeitsgruppe formulierte folgenden Befund: „Insgesamt fiel auf, dass die inhaltliche Kontextualisierung der Juden vor allem in zwei Schienen verläuft – auf der der Religion (Darstellung des Judentums im Vergleich mit anderen Weltreligionen) und der Opfergruppe während der Shoah. Jüdisches Leben in Europa in seinen facettenreichen Ausprägungen sowie die Beiträge jüdischer Intellektueller und Künstler vor der Shoah kommen nicht zur Sprache." Werden Jüdinnen und Juden auch nach 1945 überwiegend entpersönlicht und vorwiegend als Opfer betrachtet, so zeigt sich doch eine Ausnahme: „Die einzige zuverlässig auftretende Kontextualisierung der Juden erfolgt in der Nachkriegszeit in ihrer Eigenschaft als Israelis, genauer gesagt in ihrer Rolle im sogenannten Nahostkonflikt." Zwar seien die untersuchten Bücher mittlerweile „weitgehend von NS-Diktion und Relikten der Tätersprache frei", allerdings werden die Texte manipulativ und spiegelten die politische Haltung der Autoren, wenn es um die Darstellung des Nahost-Konflikts geht: „Während die ‚Israelis' hier meist als das handelnde Subjekt bzw. offen als der Aggressor dargestellt werden, bleiben andere handelnde Parteien unerwähnt oder gehen in ‚neutralen' Formulierungen verloren." (Mkayton, 2006)

Zudem vermisste die Arbeitsgruppe Anregungen zur kritischen Auseinandersetzung mit Quellentexten und Fotografien, womit die Schulbücher eine wesentliche Chance für historisches Lernen vergeben: „Perspektive und Zweck, die Autoren oder Fotografen in der Auswahl ihres Gegenstandes sowie in der Art dessen Präsentation geleitet haben, werden kaum in Frage gestellt." (Mkayton, 2006) Eine weitere vom Grazer Historiker Heinz Wassermann geleitete Arbeitsgruppe hielt fest, dass die von ihr untersuchten Bücher zwar im Wesentlichen die Shoah angemessen darstellen, die Probleme allerdings anderswo liegen. So übernehmen die Autorinnen und Autoren „den Rassebegriff völlig unreflektiert" und stellten Jüdinnen und Juden ausschließlich als erfolg- und einflussreich dar, „was den Antisemitismus förderte", oder anders formuliert: Die Jüdinnen und Juden waren am Antisemitismus schuld. Auch wird die Beteiligung der Österreicherinnen und Österreicher an der Machtübernahme der Nationalsozialisten 1938 unterschlagen. Österreich war vor allem Opfer der Hitler'schen Politik, es „verschwinden in diesem Zusammenhang der ‚Anschluss von innen' fast zur Gänze und der ‚Anschluss von unten' völlig".[4] Einem zweiten untersuchten Buch konzediert die Arbeitsgruppe, es stelle im Gegensatz dazu den „Nationalsozialismus als Phänomen ‚aus der Mitte der Gesellschaft' und nicht als etwas von ‚außen' über die Deutschen (und Österreicher) Kommendes" dar. Dieses Buch verwende 48 Seiten auf die Thematik Nationalsozialismus und Shoah und präsentiere „eine enorme Gedanken-, Text- und Bilderfülle, die zum einen gelegentlich den roten Faden vermissen lässt, zum anderen auf ein hohes Maß an Vorwissen setzt". (Wassermann, 2006)

Als ein weiteres Ergebnis dieser Tagung formulierten Reinhard Krammer und Werner Dreier eine „Handreichung zur Begutachtung von Geschichtsbüchern für den Schulunterricht in Österreich". (Dreier, 2006) Diese Handreichung wurde an die zuständige Abteilung im Unterrichtsministerium zur Verwendung durch die Gutachterkommissionen übermittelt.

Die dritten Strobler Schulbuchgespräche fanden in einer Kooperation mit der Pädagogischen Hochschule Luzern und dem Georg-Eckert-Institut für internationale Schulbuchforschung statt. Es nahmen neben den bereits erwähnten Vertreterinnen und Vertretern diesmal auch einige Schülerinnen und Schüler teil. Die Gespräche konzentrierten sich auf die in den Schulbüchern verwendeten Abbildungen und führten zur Publikation „Schlüsselbilder des Nationalsozialismus. Fotohistorische und didaktische Überlegungen" (Dreier, 2008).

Welche Auswirkungen diese Schulbuchgespräche tatsächlich auf die Weiterentwicklung der Schulbücher hatten, wurde bislang nicht untersucht. Dass sich die Bücher jedoch weiterentwickelten, ist unbestritten. Die Autorenteams wie auch die Mitglieder der Gutachterkommissionen wechselten, die letzten noch von der Kriegsgeneration begründeten Schulbuchreihen verschwanden vom Markt und neue Schulbuchkonzepte reagierten auf den fortschreitenden Diskurs – womöglich auch auf die Strobler Schulbuchgespräche.

Das österreichisch-israelische Schulbuchkomitee seit 2017

2017, fast 20 Jahre nach dem ersten Anlauf, konnte in der Folge einer erneuerten österreichisch-israelischen Übereinkunft ein gemeinsames österreichisch-israelisches Schulbuchkomitee zur Analyse von Schulbüchern für Geschichte und Politische Bildung sowie Geografie etabliert werden. Entlang einer gemeinsam formulierten Vorgangsweise und eines einheitlichen Analyserasters untersuchen jeweils ein Team in Israel und in Österreich die Darstellung Österreichs in den israelischen Schulbüchern bzw. die Darstellung von jüdischer Geschichte und Israel in den österreichischen Schulbüchern. Jede Seite analysiert die eigenen Bücher und beide diskutieren gemeinsam die Analyseergebnisse. Es ist – nach etlichen Verzögerungen – für 2021 eine gemeinsame Publikation auf Hebräisch und Deutsch geplant, welche Empfehlungen zur Fortentwicklung der Schulbücher enthalten und welche in Israel und Österreich insbesondere Schulbuchautorinnen und -autoren, den Lektorinnen und Lektoren der Schulbuchverlage sowie den Mitgliedern der Schulbuch-Begutachtungskommissionen in jeweils einer Konferenz vorgestellt werden soll. Die Untersuchung umfasst den Zeitraum vom Ende des 18. Jahrhunderts bis in die Gegenwart, wobei auf israelischer Seite die letzten 30 Jahre internationaler Geschichte in den Schulbüchern nicht behandelt werden. Beide Schulwesen sind vielfältig, doch unterschiedlich gegliedert. In Österreich fiel die Vielfalt Berufsbildender Höherer und mittlerer Schulen in der Sekundarstufe 2 auf, in Israel die Gliederung in einen staatlichen und religiös-privaten Sektor, wobei nur die Bücher des staatlichen Sektors Gegenstand der Untersuchung sind. Der staatliche Sektor zerfällt wiederum in ein jeweils voneinander getrenntes jüdisch-säkulares, arabisches und jüdisch religiöses Schulwesen – mit je eigenständigen Lerninhalten und Schulbüchern.

Vielfältige Schwierigkeiten ließen jede Terminplanung obsolet werden, zuletzt erschwerte die Covid-19-Pandemie die Arbeit. Substantieller jedoch hemmt die unzureichende Finanzierung der Schulbuchgespräche auf israelischer Seite den Arbeitsfortschritt.

Ein erster Ausblick auf die Einschätzung der österreichischen Bücher zeigt, dass Jüdinnen und Juden im Wesentlichen immer noch im Zusammenhang mit Konflikten und Katastrophen auftauchen und einem gelingenden Zusammenleben kaum Beachtung geschenkt wird. Die Bücher verstärken den Eindruck „der Juden" als „den Anderen", von Anbeginn bis in die Gegenwart. In der Gegenwart wird jüdisches Leben vor allem mit dem Staat Israel und dort wiederum mit den Konflikten in Südwestasien in Zusammenhang gebracht, die meist als „Nahostkonflikt" subsummiert werden.

In den israelischen Schulbüchern wird Österreich insbesondere im 19. Jahrhundert im Zusammenhang mit dem Toleranzpatent (in den Büchern für den staatlich-jüdischen Sektor) bzw. den Balkankriegen (in den Büchern für den staatlich-arabischen Sektor) erwähnt. Bemerkenswert ist auch, dass der österreichische Raum in der Zeit des Nationalsozialismus praktisch keine Erwähnung erfährt – die Verfolgung der Jüdinnen und Juden wird zumeist als deutsche Geschichte abgehandelt (Dreier, 2019).

Abschließende Bemerkung – sie bewegt sich doch

Wenn auch die jeweiligen Untersuchungen von Schulbüchern in ihrer jeweiligen Zeit den Eindruck vermitteln mögen, die Schulbücher entwickelten sich gar nicht wie gewünscht bzw. in einem Tempo, das als unzureichend langsam empfunden wird, so zeigt doch gerade der Blick auf mehr als 20 Jahre Schulbuchanalyse durch _erinnern.at_ durchaus eine beachtliche Weiterentwicklung. Die Perspektive der Täterinnen und Täter und die von ihnen hinterlassenen Quellentexte und Abbildungen dominieren die Schulbücher nicht mehr. Sie wurden ergänzt durch Erzählungen über Verfolgte und durch die Perspektive von verfolgten Menschen. Jüdinnen und Juden wie auch ansatzweise weitere Minderheiten finden zunehmend einen Platz in den Schulbüchern – allerdings zumeist als Opfer und weniger als selbstbestimmte Subjekte. Antisemitismus wird als destruktiver Teil der österreichischen Geschichte dargestellt – wenn auch oft auf eine Art und Weise, die als nicht besonders hilfreich eingeschätzt wird. Mit den Schulbüchern hat sich auch der Geschichtsdiskurs weiter entwickelt – und die Schulbücher hinken ihm wie eh und je nach. Das ist allerdings, wie gezeigt werden konnte, keineswegs die Ausnahme, sondern die Regel.

Literaturverzeichnis

Berger, Peter L. / Thomas Luckmann: Die gesellschaftliche Konstruktion der Wirklichkeit. Eine Theorie der Wissenssoziologie (Frankfurt/M. 1980).
Bundesministerium für Bildung, Wissenschaft und Kultur (Hrsg.): Zur Darstellung der jüdischen Geschichte sowie der Geschichte des Staates Israel in österreichischen Schulbüchern (Wien 2000).
Dreier, Werner / Reinhard Krammer: Handreichung zur Begutachtung von Geschichtsbüchern für den Schulunterricht in Österreich (2006), https://www.erinnern.at/themen/e_bibliothek/strobler-schulbuchgesprache/2-strobler-schulbuchgesprach (28.8.2020).
Dreier, Werner / Eduard Fuchs / Verena Radkau u. a. (Hrsg.): Schlüsselbilder des Nationalsozialismus. Fotohistorische und didaktische Überlegungen (Innsbruck 2008).

Dreier, Werner: Östereichisch-israelisches Schulbuchkomitee – ein Bericht, in: Public History Weekly (2019), https://bit.ly/3cZmE8h (28.8.2020).

Grabherr, Eva: Israel in österreichischen Geschichtsbüchern, in: Bundesministerium (2000) S. 69–78.

Hasenhüttl, Erika: Von fürsorglichen Müttern und fernen Vätern – ein Resümee von 30 Jahren Schulbuchkritik. In: Erziehung und Unterricht 147, 10 (1997) S. 1087–1097.

Kissling, Walter / Ruth Wodak: „Die meisten KZler zeigten sich für jede Hilfeleistung sehr dankbar". Schulbuch und Schulbuchdiskussion als Paradigma politischer Kommunikation in Österreich. In: Austriaca Bd. 31 (1990) S. 87–104.

Knigge, Volkhard: Zur Kritik kritischer Geschichtsdidaktik: Normative Ent-Stellung des Subjekts und Verkennung trivialen Geschichtsbewußtseins, in: Geschichtsdidaktik 12, 3 (1987) S. 253–266.

Lassmann, Wolfgang: Vernachlässigbar, wenn geglückt. Jüdisches Leben und Judentum in österreichischen Geschichtsschulbüchern unter den Vorzeichen christlicher Heilsgeschichte, Verfolgung, Assimilation und Vernichtung, in: Bundesministerium (2000) S. 79–88.

Mkayton, Noa: Kurze Zusammenfassung der Analyse-Ergebnisse in den Workshops (2006), https://www.erinnern.at/themen/e_bibliothek/strobler-schulbuchsprache/2-strobler-schulbuchgesprach (28.8.2020).

Offe, Sabine: Erzählweisen und Lesarten. Überlegungen zur Interaktion zwischen (Schulbuch-)Texten und LeserInnen, in: Bundesministerium (2000), S. 51–57.

Pingel, Falk: Schulbuchbegutachtung und internationale Schulbuchempfehlungen, in: Bundesministerium (2000) S. 17–32.

Reinprecht, Christoph / Hilde Weiss: Antisemitismus – ein Thema in österreichischen Schulbüchern?, in: Internationale Schulbuchforschung 12, 3 (1990) S. 285–305.

Schatzker, Chaim: Was hat sich verändert, was ist geblieben? Analyse von seit 1985 in der Bundesrepublik Deutschland erschienen Geschichtslehrbüchern für die Sekundarstufe I und II bezüglich ihrer Darstellung jüdischer Geschichte, in: Deutsch-israelische Schulbuchempfehlungen (Studien zur internationalen Schulbuchforschung, Bd. 44), (Frankfurt/M. 1992²) S. 42–71.

Thonhauser, Josef: Was Schulbücher (nicht) lehren. Schulbuchforschung unter erziehungswissenschaftlichem Aspekt (Am Beispiel Österreichs), in: Fritzsche, K. Peter (Hrsg.): Schulbücher auf dem Prüfstand. Perspektiven der Schulbuchforschung und Schulbuchbeurteilung in Europa (Frankfurt/M. 1992) S. 55–78.

Wassermann, Heinz P. L.: Ergebnisse der Feinanalyse von zwei Schulbüchern (2006), https://www.erinnern.at/themen/e_bibliothek/strobler-schulbuchgespräche/2-strobler-schulbuchgesprach (28.8.2020).

Anmerkungen

1 Auf wissenschaftlicher Seite waren Judaistinnen und Judaisten mit unterschiedlichem Wirkungsort und völlig verschiedenem Zugang zur Welt der Schule beteiligt: Eva Grabherr war Aufbaudirektorin des Jüdischen Museums Hohenems und war als Judaistin damals v. a. in der Forschung und publizistisch tätig, Felicitas Heimann-Jelinek ist Judaistin und war damals Chefkuratorin am Jüdischen Museum Wien; Sabine Offe lehrte als Kulturwissenschafterin an der Universität Bremen. Wolfgang Lassmann schließlich war Judaist und Psychoanalytiker, der an der Zwi Perez Chajes Schule in Wien unterrichtete – und damit in sich die beiden Welten der Judaistik und der Schule verband; Reinhard Krammer war Lehrer und später Didaktiker am Institut für Geschichte der Universität Salzburg; Falk Pingel war damals stellvertretender Direktor des Georg-Eckert-Instituts für Internationale Schulbuchforschung. Wichtig für das Gelingen der Tagung war das angenehme Ambiente des Tagungsortes; ganz wesentlich trug dazu auch die Unterstützung durch MRin Elisabeth Morawek (Abteilung Politische Bildung) sowie MR Walter Denscher (Schulbuchabteilung) bei.

2 Eva Grabherr zeigt am Beispiel von Israel die Auswirkungen einer fragmentierten Gesellschaft auf das Bildungswesen, v. a. auf die Curricula (Grabherr, 2000).

3 Dieser Begriff wird hier in einer etwas weiteren Bedeutung verwendet als bei Knigge (1987); siehe auch Offe (2000).

4 Anschluss von innen und von unten: Die Machtübernahme durch österreichische Nationalsozialisten in der Bundesregierung sowie in Landesregierungen und Behörden sowie durch die nationalsozialistische Bewegung auf der Straße.

Robert Sigel

Über den Genozid an den Roma und Sinti lernen. Die Materialien „Das Schicksal der europäischen Roma und Sinti während des Holocaust" – www.romasintigenocide.eu

Die Ausgangssituation

„Sehr geehrte Frau Dr. Däubler-Gmelin!
[…] Zu dem von Ihnen mitgeteilten Vorgang betreffend den Abtransport der Zigeunerkinder nach Auschwitz erwarte ich nach den bisher in ähnlichen Fällen gemachten Erfahrungen nicht, daß eine Strafverfolgung der ‚in der Heimat' an Deportationen beteiligten Personen noch möglich ist. Es müßte ihnen nachgewiesen werden, daß sie im Zeitpunkt der Deportation wußten oder damit rechneten, daß die Kinder in Auschwitz getötet würden. Der Nachweis des Vorliegens einer solchen Kenntnis wurde beispielsweise in dem Verfahren gegen die Leiter der Gestapodienststellen im Fall der Deportation der Juden nach Auschwitz in der Regel verneint.
Hinsichtlich der Zigeuner dürfte ein entsprechender Nachweis noch schwerer zu führen sein, da man seinerzeit noch eher über das Schicksal der Juden als über das der Zigeuner Vermutungen anstellen konnte."[1]

Dieser Auszug aus einem Schreiben Adalbert Rückerls, des Leiters der Zentralen Stelle der Landesjustizverwaltungen zur Aufklärung nationalsozialistischer Verbrechen, an die deutsche Bundestagsabgeordnete und spätere Bundesjustizministerin Herta Däubler-Gmelin eröffnet einen mehrfachen Blick: Er verweist zum einen auf die grundsätzlichen Defizite der rechtlichen Ahndung von NS-Gewaltverbrechen vor deutschen Gerichten. Er deutet zum zweiten auf die spezifische Situation bei der Verfolgung der Verbrechen an Sinti und Roma hin, und darüber hinaus macht die Datierung des Briefwechsels den besonderen Umgang mit den Verbrechen an Sinti und Roma in der deutschen Gesellschaft nach 1945 sichtbar: Das weitgehende Ausbleiben ihrer justiziellen Ahndung spiegelt die Fortdauer von Entrechtung, Diskriminierung und Ausgrenzung nach dem Ende der NS-Herrschaft wider. Diese Fortdauer fand ihren Niederschlag auch in der Geschichtswissenschaft, die sich lange nicht mit dem Thema befasste, und ebenso in der ausbleibenden Thematisierung des Genozids in den schulischen Curricula – nicht nur in Deutschland, sondern europaweit. Die Verwendung des Begriffs „Zigeuner" im Schreiben macht zudem die gesellschaftliche Missachtung der Sinti und Roma auch sprachlich evident. Erst die Selbstorganisation mit ihrem einhergehenden

„Self-Empowerment" – gipfelnd in dem europaweit wahrgenommenen Hungerstreik im ehemaligen Konzentrationslager Dachau 1980 – führten zu einem Wandel in der staatlichen Haltung: 1982 anerkannte die deutsche Bundesregierung die nationalsozialistischen Verbrechen an Roma und Sinti als Völkermord. In Österreich existierte ein Volksgruppengesetz bereits seit 1976, in Deutschland wurden die Rechte von Sinti und Roma in Staatsverträgen bzw. durch die Aufnahme in Landesverfassungen festgeschrieben; transnational wurden im Europarat, in der Menschenrechtsorganisation der Organisation für Sicherheit und Zusammenarbeit in Europa (OSZE/ODIHR) sowie in der Europäischen Union Beschlüsse gefasst und Projekte initiiert, deren Zielsetzung die Beendigung von rassistischer Diskriminierung und die gleichberechtigte gesellschaftliche Teilhabe von Roma und Sinti war.

Dem Wandel in der staatlichen und überstaatlichen Wahrnehmung und Akzeptanz fehlte und fehlt nach wie vor eine komplementäre gesellschaftliche Wahrnehmung und Akzeptanz, fehlt das Wissen um die nationalsozialistische Verfolgung von Sinti und Roma – den Völkermord.

Im Geschichtsunterricht findet das Thema bislang keine wirkliche Berücksichtigung, weder die Ausbildung von Lehrerinnen und Lehrern noch ihre Weiterbildung, weder Schulbücher noch Curricula bieten mehr als günstigenfalls Anhaltspunkte für schulisches Lehren und Lernen. In einer qualitativen Studie beschreibt einer der befragten deutschen Lehrer, Herr J., die Situation für den gymnasialen Unterricht wie folgt:

„Eigentlich muss man ganz ehrlich sagen [...], es ist auch weitgehend aus dem Lehrplan der elften Klasse mehr oder weniger rausgestrichen, [...] da wird zwar erwähnt, dass eben neben der Shoah und neben der Verfolgung Homosexueller und auch Andersdenkender, Kommunisten etc., dass es auch Sinti und Roma – aber dann, das war's dann sozusagen schon, also geschweige denn von einem differenzierten Blick auf die Geschichte, mit den verschiedenen Phasen, das wird eigentlich im Geschichtsunterricht praktisch gar nicht behandelt und es wird auch, wenn man ehrlich is', weder im Deutsch-, noch im Sozialkundeunterricht oder ähnlichem behandelt und drum finde ich, ist es eben sehr wichtig, dass man da jetzt auch sehr gutes Material hat." (Rothmund, 2019, S. 46)

Das hier benannte Defizit, das kein deutsches, sondern ein europäisches ist, bewegte die International Holocaust Remembrance Alliance (IHRA) dazu, ein „Permanent Committee on the Roma Genocide" einzurichten. Mit dem „sehr gute[n] Material" meint Herr J. die aus der Arbeit dieses Komitees entstandenen Online-Materialien „Das Schicksal der europäischen Roma und Sinti während des Holocaust".[2]

Das Ziel dieses Lehrangebotes ist es, über den Genozid an den Roma und Sinti lehren und lernen zu können, nicht nur in Österreich, nicht nur in Deutschland, sondern in allen europäischen Ländern und darüber hinaus. Das bedeutete zum einen, dass die Materialien in möglichst zahlreichen Sprachen verfügbar sein sollten – derzeit sind es zwölf Sprachen – und es bedeutete vor allem, die Materialien entsprechend auszuwählen und aufzubereiten.

Klaus-Michael Bogdals umfassendes Werk „Europa erfindet die Zigeuner" macht bereits in seinem Titel deutlich, dass eine Jahrhunderte währende Geschichte von Faszination und Verachtung ein Bild der „Zigeuner" genannten Menschen zeichnete, es erweiterte, ausmalte, verbreitete und verfestigte. Dieses „Bild des Zigeuners" enthält all jene Zuschreibungen physischer, psychischer, gesellschaftlicher Devianz, die ihm noch immer eine ungeheure Wirkmächtigkeit verleihen. Unterricht über den Genozid an Roma und Sinti kann deshalb nicht mit dem Jahr 1933 beginnen, er muss von der Existenz dieses Bildes ausgehen. Dass es sich dabei um ein Bild handelt, das „nur" im Kopf existiert, macht es nicht weniger real – auch für solche Bilder gilt, dass sie Wirklichkeit erzeugen. Um Lehr- und Lernmaterialien zu schaffen, die den Konstruktionscharakter dieses Bildes im Kopf erkennen lassen, die das über Jahrhunderte tradierte Bild aufbrechen und dekonstruieren, war es nach Überzeugung der Autorinnen und Autoren notwendig, insbesondere andere Bilder dagegenzusetzen: Die Arbeitsmaterialien bestehen deshalb vor allem aus Bildern.

Die Repräsentation eines historischen Geschehens vor allem und im Wesentlichen in Bildern, sei es in einer Ausstellung oder in dieser einer Ausstellung ähnlichen Materialsammlung, erfordert eine Auswahl und Zusammenstellung, die das Geschehen, in diesem Fall einen Völkermord und den Weg dorthin, angemessen darstellt – ohne eine kontinuierliche Geschichtserzählung. Angemessen heißt hier, nicht zu überwältigen, den Betrachtenden eigene Reflexionen zu ermöglichen und dabei doch gleichzeitig ein Narrativ zu entwickeln, das die Geschichte des Völkermordes erläutert, indem es zeigt, was geschah, wie es geschah und warum es geschah – und indem es sichtbar macht, dass die Opfer nicht nur Objekte eines Täterhandelns waren, sondern Menschen, die Widerstand leisteten, sich behaupteten, ihre Würde wahrten und, so sie überlebten, ins Leben zurückzufinden versuchten.

Dieser spezifische, bildhafte Weg macht die Materialien in ihrer Anschaulichkeit für Lehrende und Lernende besonders attraktiv. An Bildern zu lernen ist in schulischen – und außerschulischen – Bildungsprozessen nicht mehr neu, es erfordert eigene methodische und didaktische Herangehensweisen und die Entwicklung besonderer Kompetenzen: insbesondere die des genauen erfassenden Hinsehens sowie der Einordnung des Gesehenen und Erkannten.

Bilder: Betrachten – Beschreiben – Verstehen

http://www.romasinti
genocide.eu/de/home/
c-d/c2d

Drei Männer und eine Frau füllen mehr als die Hälfte des fast quadratischen Formats aus. Die Gruppe agiert vor einer in zartem Blaugrün gehaltenen Birkenlandschaft, im Hintergrund unbelaubte Bäume, kahle Äste, die von der rechten bis zur linken Bildkante der Aufnahme reichen.

Der Blickpunkt befindet sich auf Augenhöhe des vom Betrachter aus rechts stehenden Mannes, dem auch das Gesicht der Frau zugewendet ist; man betrachtet das in der Fotografie festgehaltene Geschehen aus unmittelbarer Nähe – gleichsam als fünfte Person im Kreis der Beteiligten. Die linke Bildhälfte wird von zwei Männern und einer Frau, die rechte von einem dritten Mann dominiert. Im unteren linken Bildvordergrund erkennt man von oben das verlorene rechte Profil eines eher jüngeren Mannes, der mit grauem Filzhut und einer Art Lederjacke bekleidet ist. Von ihm ist nur ein Ausschnitt bis unterhalb seiner Halspartie zu erkennen. Er dreht seinen Kopf nach links in Richtung des Geschehens und stützt sich dabei leicht auf seine rechte Hand. Er scheint auf einem Stuhl im Vordergrund zu sitzen, dessen Lehne vom rechten Bildrand aus schräg in den linken Bildraum hineinragt. Die gepolsterte Lehne ist mit einem rosé-farbigen gemusterten Brokatstoff überzogen und wird von einem kunstvoll gedrechselten Holzrahmen begrenzt.

Gleich hinter dem sitzenden Hutträger und der Stuhllehne im Vordergrund stehen zwei vom Profil her aufgenommene etwa gleich große Männer. Sie tragen beide helle Übergangsmäntel, der linke mit seinem ergrauenden Haarkranz ist der ältere der beiden, auch das Haar des rechten Mannes ist bereits schütter. Die beiden Männer sind etwa bis zur Hüfte zu sehen und bilden links und rechts vom Bildrand aus gesehen um eine sitzende Frau herum einen Rahmen. Man blickt leicht von oben auf den Scheitel der Frau und ihr kinnlanges schwarzes Haar, das in Wellen liegt.

Die Frau sitzt im Dreiviertelprofil nur bis zur Hüfte sichtbar hinter dem linken der beiden Männer auf einem zweiten Stuhl, der im rechten Winkel zum anderen Stuhl im Vordergrund aufgestellt worden zu sein scheint. Der Mann links hält mit seiner linken Hand den linken entblößten Oberarm der Frau mit einem gewundenen Handtuch fest zusammen. Sie ist mit einer gestreiften, kurzärmlig hochgeschlossenen Bluse bekleidet, streckt ihren abgebundenen Arm über die Kante der zweiten Stuhllehne hin zu dem Mann rechts, der sie mit leicht gebeugtem Kopf freundlich anlächelt. Man kann um seinen Augenwinkel herum im Profil seine Lachfältchen erkennen. Ihr Gesichtsausdruck hingegen wirkt etwas ratlos, vielleicht sogar verschreckt, verunsichert. Er hält mit seiner linken Hand ihren Unterarm fest, mit seiner rechten Hand scheint er an ihrer Armbeuge mit einer Spritze zu hantieren. Mit drei Fingern der rechten Hand tastet er dabei nach ihrer Vene.

Bei dieser Fotografie handelt es sich um eine frühe, damals noch seltene Farbaufnahme, und was sie zeigt, wirft eine Reihe von Fragen auf:

- Weshalb findet dieser medizinische Eingriff im Freien statt?
- Weshalb wird er fotografiert und weshalb in einer solchen Inszenierung?
- Warum trägt keiner der beiden Männer, die diesen Eingriff vornehmen, medizinische Kleidung?
- Gibt es im Aussehen, in der Mimik, Gestik, in der Kleidung, in der Haltung der beiden stehenden Männer und der beiden anderen Personen Unterschiede?

Die Fragen lassen sich aus den Informationen in den Rubriken der vollständigen Folie sowie aus dem Glossar beantworten:

Die Resonanz bei Lehrenden und Lernenden

Das beschriebene Bild ist eines der ausgewählten Themenbilder auf einer von insgesamt 45 Folien, die in fünf chronologisch geordneten Gruppen zusammengefasst sind:

A. Roma und Sinti vor dem Zweiten Weltkrieg
B. Diskriminierung und Verfolgung
C. Während der Nazi-Herrschaft
D. Völkermord
E. Die Überlebenden

Sie zeigen den deutschen Boxmeister Johann Wilhelm Trollmann, die Unternehmerfamilie Bamberger, hochdekorierte Partisanen, zeigen die Diskriminierung, die es schon vor 1933 gab, die Waisenkinder in der St. Josefspflege in Mulfingen, Menschen im sogenannten Zigeunerlager in Auschwitz-Birkenau, die Auschwitz-Überlebende Ceija Stojka, die als Malerin sich mit ihren traumatischen Erfahrungen auseinandersetzte, und sie zeigen auch das Bild des „Rasseforschers" Robert Ritter, der in seinen Untersuchungen umfangreiche anthropometrische Erhebungen sowie die Beschreibung sogenannter sozialer Persönlichkeitsmerkmale vornahm und damit an der Datengrundlage für die Erfassung, Verfolgung und Ermordung der in Deutschland, Österreich und dem sogenannten Protektorat Böhmen und Mähren lebenden Sinti und Roma arbeitete.

Alle Folien sind nach einem identischen Muster aufgebaut: Titel – Zeitleiste – Abbildung – Informationstext zur Abbildung – Zusatzinformation („Wusstet ihr") – Arbeitsauftrag („Eure Aufgabe") – Quellenangabe („Zum Dokument").

Diese formale Klarheit erleichtert den vielfältigen Gebrauch in schulischen und außerschulischen Lehr- und Lernprozessen. Eine qualitative Erhebung im Schuljahr 2016/2017 unter bayerischen Lehrkräften, Schülerinnen und Schülern, die mit den Materialien gearbeitet hatten, belegt eine außerordentlich positive Resonanz (Knothe, 2019). In der Bewertung der Materialien wird durchgängig schularten-, fächer- und jahrgangsstufenübergreifend zum einen ihre Eignung hervorgehoben, curriculare Lücken zu schließen, – und zum zweiten ihr Vermögen, eine lange ausgeschlossene Opfergruppe angemessen zu thematisieren. Diese Wertschätzung gründet in der Überzeugung, dass die unterrichtlichen Zielsetzungen aufgrund des klaren, durchgängigen, bildzentrierten Formats und der aktualisierenden Logik der Materialien verfolgt und erreicht werden könnten. Zielsetzungen sind dabei:

- Die Fähigkeit zur Dekonstruktion von Stereotypen und Vorurteilen
- Selbstreflexion der Schülerinnen und Schüler
- Die Vermittlung von geschichtlichem Wissen und historischen Zusammenhängen
- Erziehung zu kritischen Menschen
- Empathie (als zu erreichendes Ziel und als didaktisches Mittel)
- Sensibilisierung für Verbrechen und Missstände heute.

Als besonderen Vorzug der Materialien nennen die Lehrpersonen auch deren positive Aufnahme durch die Schülerinnen und Schüler. Diese Wertschätzung bestätigte sich in Interviews:

„Und die [Bilder] prägen sich, glaube ich, mehr in ein Gedächtnis ein, als wenn man jetzt einen Text liest. Weil Texte, die tägliche Überflutung ist ja schon ziemlich groß. Aber Bilder, die bleiben einem ja irgendwo im Gedächtnis." Schülerin J. (Rothmund, 2019, S. 51) – *„Des is eigentlich genau des, was die Schüler interessiert, ein Bild, ein aussagekräftiges, ein spannendes. Äh … was erkenn' ich da? Was seh' ich da? Dazu irgendwie 'ne kurze Zusammenfassung. Bitte nicht zu viel Text. Und am Rand dieses ‚Wusstet ihr?'. Und dann noch 'ne kurze Information zum Bild."* (Rothmund, 2019, S. 51)

Die Beschränkung auf den nationalsozialistischen Völkermord und damit auf den Zeitraum bis 1945 wurde vor allem von den Lehrkräften immer wieder bedauert. Zwar reichen einige wenige der Materialien über dieses Datum hinaus, nehmen die Folgen des Genozids, Traumatisierung und posttraumatische Belastungen, Erinnern und Gedenken in den Blick, gefragt aber wurde immer wieder explizit nach Informationen zur Situation der Sinti und Roma heute, in Deutschland und Europa, zur Fortdauer ihrer Diskriminierung, zu all jenen Aspekten also, bei denen Unwissen und Unsicherheit der Lehrkräfte groß sind, die aber zentral sind im Diskurs der Öffentlichkeit.

Darüber hinaus wird die Chance, auswählen zu können und dabei die spezifischen Voraussetzungen – Schulart, Jahrgangsstufe, Unterrichtsfach, Vorwissen, Situation der Klasse bzw. Lerngruppe, etc. – berücksichtigen zu können, zwar grundsätzlich als Vorzug gesehen, gleichzeitig aber auch als Last und Mühe, was in den Interviews nicht selten im Wunsch nach einer Modellunterrichtsstunde mündete. Ob eine solche Modellstunde sinnvoll wäre, sei dahingestellt; sinnvoll aber wäre wohl, dem Handbuch für Lehrpersonen, das ebenfalls Teil der Materialien ist, spezifische nationale Bezüge anzufügen, welche die europäische Dimension ergänzen könnten. Eine solche Ergänzung würde beispielsweise für Deutschland (und Österreich) Himmlers sogenannten „Runderlass zur Bekämpfung der Zigeunerplage" vom 8. Dezember 1938 enthalten, sie könnte auch auf weitere Lehr- und Lernmaterialen verweisen, etwa auf die Ausstellung zum Völkermord an den Sinti und Roma beim Dokumentations- und Kulturzentrum der deutschen Sinti und Roma in Heidelberg. In solchen nationalen Addita könnten auch weitere methodische Empfehlungen gegeben sowie konkrete Vorschläge zum Einsatz in unterschiedlichen Kontexten gemacht werden, die dem Wunsch nach einer Modellstunde entgegenkämen.

Zur Notwendigkeit einer dauerhaften Implementierung

Die Möglichkeit der webbasierten Bereitstellung von Bildungs- und Unterrichtsmaterialien hat die Anzahl und die Nutzungsmöglichkeiten für Lehrerinnen und Lehrer wie auch für Lehrpersonen in außerschulischen Bildungsprozessen in vorher ungekannter Weise vervielfacht. Eine Folge dieser Vervielfachung ist jedoch, dass eine große Anzahl der im Internet vorhandenen Materialien unbekannt und unbenützt bleibt. Der tägliche Unterricht und dessen Vorbereitung, die pädagogischen Herausforderungen, der zunehmende verwaltungsförmige Aufwand – all dies beansprucht Arbeitskraft und Arbeitszeit in hohem Maße. Es kann nicht erwartet werden, dass Lehrerinnen und Lehrern stets ausreichend Energie und Motivation bleibt, das Internet nach Materialien zu durchforsten oder die Linksammlungen auf Webseiten unterschiedlichster (Fort-)Bildungsinstitutionen durchzuklicken und zu testen. Die Implementierung von Materialien in Lehr- und Lernprozesse verlangt einen ausdauernden Prozess des Anbietens, Hinweisens, Vorstellens auf allen Ebenen, von den Ministerien über die Schulverwaltungsebenen, die Fortbildungsinstitutionen bis hinein in die einzelnen Schulen, wenn möglich schon in der universitären Lehreramtsausbildung beginnend. Dies gilt auch für die von _erinnern.at_ betreuten Materialien „Das Schicksal der europäischen Roma und Sinti während des Holocaust": Sie sollten europaweit genutzte, erweiterte, hilfreiche, diskutierte und neuen wissenschaftlichen Erkenntnissen angepasste Bildungsmaterialien sein. _erinnern.at_ betreut die Webseite mit den Materialien seit ihrer Fertigstellung, initiiert kontinuierlich die Übersetzung in weitere Sprachen und hat derzeit eine Diskussion um den Prozess der grafischen und inhaltlichen Neugestaltung und Weiterentwicklung begonnen. Der Prozess der Implementierung wird darin sicherlich berücksichtigt werden.

Literaturverzeichnis

Bogdal, Klaus-Michael: Europa erfindet die Zigeuner. Eine Geschichte von Faszination und Verachtung (Berlin 2011).

Bredekamp, Horst: Theorie des Bildakts. Frankfurter Adorno-Vorlesungen 2007 (Frankfurt/M. 2010).

Bundesministerium für Justiz und für Verbraucherschutz: Die Rosenburg, 4. Symposium. Die justizielle Aufarbeitung – Täter, Opfer, Justiz. Vorträge gehalten am 21. Oktober 2014 (Karlsruhe 2014).

Holzapfl, Tristan / Miriam Kronester: Praxen der Vermittlung von Wissen über Nationalsozialismus und Holocaust, in: Knothe / Sigel (München 2019) S. 122–132.

Knothe, Holger/ Robert Sigel (Hrsg.): „... weil ich selber so überrascht war, dass ich so wenig wusste." Eine Studie über den Unterricht zum Schicksal der europäischen Roma und Sinti während des Holocaust. Dachauer Diskurse Bd. 10 (München 2019).

Langebach, Marti: Kritische Auseinandersetzung mit Antiziganismus. 11 Aktivitäten für die schulische und außerschulische politische Jugend- und Erwachsenenbildung. Bundeszentrale für politische Bildung. Reihe „Gekonnt Handeln" 02 (Berlin 2020).

Rothmund, Michael: Endlich gibt's des, in: Knothe / Sigel (München 2019) S. 41–55.

Working Definition of Antigypsyism / Anti-Roma-Discrimination, adopted by the International Holocaust Remembrance Alliance (IHRA) (8.10.2020), https://www.holocaustremembrance.com/press-releases/ihra-adopts-working-definition-antigypsyismanti-roma-discrimination (23.10.2020).

Anmerkungen

1 Adalbert Rückerl am 1.3.1979, Antwort auf Schreiben der Abgeordneten des Deutschen Bundestags Herta Däubler-Gmelin vom 21.2.1979; Bundesarchiv Außenstelle Ludwigsburg, BArch B 162/26201 fol.122.
2 Die Materialien wurden 2014 online publiziert, sie finden sich unter der Webadresse www.romasintigenocide.eu (14.4.2021). und werden von _erinnern.at_ administriert; an der finanziellen Förderung des Projektes war neben der IHRA und der Fondation pour la Memoire de la Shoah auch das österreichische Bildungsministerium beteiligt.

Unterricht(s-Materialien) mit Zeitzeugen

Anton Pelinka

Hermann Langbein und die Anfänge der „Zeitzeugen Aktion"

1978 nahm – in „bescheidenen Ansätzen" – der „Referentenvermittlungsdienst für Zeitgeschichte" seine Arbeit auf (Rettinger, 1993, S. 42). Das Bundesministerium für Unterricht und Kunst hatte eine Initiative Hermann Langbeins aufgegriffen, der in einem direkten Gespräch Bundesminister Fred Sinowatz überzeugen konnte, dass die Erfahrungen der Zeitzeuginnen und Zeitzeugen – der von der NS-Herrschaft persönlich Betroffenen – an die nächste(n) Generation(en) weitergegeben werden müssen.

Der Hintergrund dieser Aktion war die Notwendigkeit, das Wissen der Überlebenden zu nutzen – über den Wechsel der Generationen hinweg. Diese Notwendigkeit wurde von einigen der Überlebenden wahrgenommen, denen es gelang, diejenigen zu überzeugen und zu gewinnen, die an den Schalthebeln der Politik (und vor allem der Bildungspolitik) saßen. Die persönliche Glaubwürdigkeit von Menschen, die durch ihre Verfolgung und Haft in der Zeit des NS-Staates und (oder) durch ihre Tätigkeit im Widerstand gegen das Unrechtsregime gegeben war, sollte für die „Nachgeborenen" nutzbar gemacht werden. Das Wissen sollte nicht verloren gehen.

Ein Grund dafür, dass eine solche Aktion erst mehr als drei Jahrzehnte nach dem Ende der NS-Herrschaft einsetzte, war die Fragmentierung der Erinnerung. Die nach 1945 von den mit politischen Parteien verbundenen Narrative mussten erst zu einem gesamtösterreichischen Narrativ verbunden werden. Das, was die innerhalb der SPÖ organisierten „Sozialistischen Freiheitskämpfer" zu berichten hatten, sollte mit dem Narrativ der ÖVP-„Kameradschaft der politisch Verfolgten" und auch der Erzähltradition des KPÖ-nahen „KZ-Verbandes" zu einer Gesamtdarstellung, zu einem Gesamtbild zusammengefasst werden. Dieses sollte auch die in den einzelnen KZ-„Lagergemeinschaften" lebendig gehaltenen Erinnerungen umfassen. Alles das sollte die Unterschiede und auch die Gegensätze der individuellen Erfahrungen nicht zudecken, aber der Fokus war auf das Regime und dessen Wurzeln gerichtet, das Österreich zwischen 1938 und 1945 beherrscht hatte.

Dass das Bundesministerium und damit die Republik die Verantwortung für die Aktion übernommen hatte, ermöglichte die Berücksichtigung der verschiedenen Lebensschicksale in maximaler Bandbreite – die individuellen Erfahrungen kommunistischer und monarchistischer, sozialdemokratischer und katholisch-konservativer, aber auch politisch vollkommen unabhängiger Personen. Der gemeinsame Nenner war die Gegnerschaft zum Nationalsozialismus – von wem auch immer diese Oppositionshaltung ausgegangen war.

Die „Zeitzeugen Aktion" wurde auch von Anfang an dokumentiert und analysiert, um einen Überblick über die Resultate der „Aktion" zu sichern (Horsky, 1988; Halbmayr, 2012, S. 216–221). Über Jahre und Jahrzehnte wurden – in Zusammenarbeit mit Universitätsinstituten (Zeitgeschichte, Politikwissenschaft) – Zeitzeuginnen und Zeitzeugen an österreichische Schulen vermittelt, die im Regelunterricht oder auch in gesonderten Veranstaltungen über ihre persönlichen Erlebnisse im NS-Regime berichteten. Und regelmäßig wurden diese Zeitzeuginnen und Zeitzeugen und Lehrende an Universitäten und Schulen zu speziellen Seminaren eingeladen, um über ihre Erfahrungen zu reflektieren, die sie an den Schulen gesammelt hatten.

Dass es möglich war, die Erinnerungen an den Nationalsozialismus nicht primär mit einem parteipolitischen, einem der „Lagermentalität" verpflichteten Tenor darzustellen, sondern mit einem den Grundwerten der demokratischen Republik Österreich insgesamt verbundenen Wertehorizont, das hatte wesentlich mit der Person Hermann Langbein zu tun. Sein Hintergrund als Auschwitz-Überlebender und als weltweit bekannter Chronist des Auschwitz-Prozesses wie auch seine politische Unabhängigkeit verliehen Langbein eine moralische Autorität, die der „Zeitzeugen Aktion" insgesamt zugutekam. Langbein gelang es, die verschiedensten Widersprüche zu bündeln: nicht in einem einzigen, zentralen Narrativ, aber aufbauend auf einer allen gemeinsamen Grundlage. Die Zeitzeuginnen und Zeitzeugen, die Langbein für eine aktive Beteiligung an der Aktion gewann, mussten und konnten auch gar nicht ihre so verschiedenen politischen Wurzeln verleugnen: Revolutionäre Sozialisten und Monarchisten, Kommunisten und Anhänger der „Ständestaates" – sie alle, Frauen und Männer, waren nicht einer einheitlichen politischen Botschaft verpflichtet. Sie waren aber Zeuginnen und Zeugen einer zentralen Erfahrung, die sie alle gemacht hatten: im KZ oder im Exil, im Untergrund oder bei Partisanen. Sie waren Gegnerinnen und Gegner des NS-Regimes.

Langbein konnte diese integrative Funktion auch erfolgreich übernehmen, weil er eine besondere persönliche Glaubwürdigkeit hatte. Er hatte gekämpft – in Spanien. Er hatte Leben gerettet – im KZ Auschwitz. Ihm war eine prominente Rolle in den Prozessen gegen NS-Verbrecherinnen und Verbrecher zugekommen, vor allem im Frankfurter Auschwitz Prozess. Und: Er war, nach seinem Ausschluss aus der KPÖ 1958, keiner politischen Partei beigetreten.

Der Ausschluss aus der KPÖ hatte dazu geführt, dass Langbein über Jahre von kommunistischer Seite diffamiert wurde. 1963 wurde er sogar von der Österreichischen Lagergemeinschaft Auschwitz aller seiner Funktionen entbunden, also faktisch ausgeschlossen – obwohl es Langbein war, der 1958 durch eine Strafanzeige wesentlich dazu beigetragen hatte, dass in der Bundesrepublik Deutschland die Verfahren beginnen konnten, die 1963 zum Frankfurter Auschwitz-Prozess führten (Pelinka, 1993, S. 98–100). Durch die Veröffentlichung der Dokumentation dieses Prozesses wurde Langbein international nicht nur als der Zeitzeuge, sondern auch als der Chronist des Konzentrations- und Vernichtungslagers Auschwitz bekannt (Langbein, 1965).

Seine Unabhängigkeit und seine Glaubwürdigkeit machten es möglich, dass er einander oft misstrauisch gegenüberstehende Gruppen und Personen zusammenbringen konnte: z. B. Simon Wiesenthal und Leon Zelman, aber auch die Österreichische Widerstandbewegung und das Dokumentationsarchiv des Österreichischen Widerstandes. Langbein konnte eine gemeinsame Basis der Zeitzeuginnen und Zeitzeugen formulieren. Er unterstrich, dass sie alle – trotz ihrer unterschiedlichen politischen Bindungen – durch eines verbunden waren: durch ihre unbedingte Gegnerschaft zum Nationalsozialismus; und durch den Wunsch, ihre persönlichen Erfahrungen den nächsten Generationen zugänglich zu machen.

Persönlicher Hintergrund: KPÖ, Spanien, Auschwitz

Hermann Langbein wurde 1912 in Wien geboren. Sein sozialer Hintergrund kann wohl am besten als „kleinbürgerlich" bezeichnet werden. Nach seiner Matura ergriff Langbein den Beruf eines Schauspielers und wirkte an mehreren Wiener Theatern. Diese Erfahrung und das dahinterstehende Talent mögen ihm auch zugute gekommen sein, als er in den 1960er-, 1970er- und 1980er-Jahren regelmäßig von seinem persönlichen Schicksal zu berichteten vermochte – in souveräner Ruhe und dennoch emotionaler Eindringlichkeit. Sein Vortragsstil beeindruckte Schülerinnen und Schüler ebenso wie diejenigen, die wie er die NS-Zeit durchlebt hatten.

Langbeins Vater war Angestellter – ein zum protestantischen Christentum konvertierter Jude. Seine Mutter war Katholikin, ohne jüdischen Hintergrund. Für den jungen Hermann Langbein spielten religiöse Bindungen keine irgendwie erkennbare Rolle. Sehr wohl aber wurde er schon früh politisch geprägt, wie sein älterer Bruder Otto. Für ihn waren die Instabilität der Republik Österreich, das Heraufdämmern des Faschismus und der sich abzeichnende Griff des nationalsozialistischen Deutschlands nach Österreich aktuelle Drohungen, denen er entgegenwirken wollte. Er entschied sich zu aktivem Widerstand und schloss sich der (ab 1933, nach ihrem Verbot durch die Regierung Dollfuß, nur mehr im Untergrund tätigen) Kommunistischen Partei Österreichs (KPÖ) an – eine Weichenstellung, die sein Leben über Jahrzehnte bestimmen sollte: die vielen Jahre als disziplinierter „Parteisoldat", und noch viel mehr Jahre als ein von seiner Partei ausgestoßener, unabhängiger Querdenker (Weinzierl, 1993, S. 9f.).

Unmittelbar nach der Okkupation und Annexion Österreichs überquerte Langbein „illegal" die Grenze zur Schweiz, um über Frankreich nach Spanien zu kommen. Sein Ziel: In den Reihen der „Internationalen Brigaden" für die Republik zu kämpfen. Dass – rückblickend – im Frühjahr und Sommer 1938 die Chancen der Spanischen Republik, den von Deutschland und Italien unterstützen Kräften des General Franco zu widerstehen, eigentlich schon auf null gesunken waren, war ihm in diesem Moment nicht bewusst. Er wollte nicht nur ein Zeichen setzen. Er war von der Möglichkeit überzeugt, dass die spanische Republik doch noch zu retten war.

Nach dem Rückzug der Internationalen Brigaden und der Kapitulation der Republik wurde Langbein mit anderen Mitkämpfern im Süden Frankreichs interniert. Als die deutschen Truppen 1940 bei der Besetzung Frankreichs auch die

Kontrolle über die internierten Spanien-Kämpfer übernahmen, wurde Langbein mit anderen in das KZ Dachau transportiert. Da er 1938 unmittelbar nach dem „Anschluss" Österreich verlassen und deshalb keinen „Ariernachweis" vorzuweisen hatte, gab er bei der Aufnahme in Dachau einfach an, „Arier" zu sein und wurde – ohne weitere Überprüfung – als „politischer Häftling" registriert. Dass er bis 1945 das rote Dreieck des „Politischen" und nicht den Judenstern zu tragen hatte, war wohl entscheidend dafür, dass Langbein die Jahre der KZ-Haft überleben konnte (Pelinka, 1993, S. 45–47).

In Dachau und auch nach seiner Überstellung in das KZ Auschwitz war Langbein in der politischen Untergrundorganisation tätig. Schon in Dachau war er auch in die mit diesem Untergrund offenbar unvermeidlichen Konflikte zwischen den einzelnen Netzwerken der Häftlinge verwickelt – eine Erfahrung, die er später in seinem Buch „Die Stärkeren" verarbeitete (Langbein, 2008). In Auschwitz wurde Langbein – offenbar auch wegen seines „nordischen" Aussehens, seiner schönen Handschrift und seines diszipliniert wirkenden Auftretens – Schreiber eines SS-Lagerarztes. Das verschaffte ihm eine – relativ – privilegierte Position, die nicht nur die Wahrscheinlichkeit seines Überlebens steigerte, sondern ihm auch leichteren Zugang zu den Aktivitäten des politischen Untergrunds verschaffte.

In dieser Zeit knüpfte Langbein Verbindungen vor allem zu polnischen politischen Häftlingen. Und seine Stellung im Büro eines Lagerarztes ermöglichte es ihm, in Einzelfällen das Leben von KZ-Insassen zu retten. Das war der Grund dafür, warum viele Jahre später der Staat Israel Hermann Langbein in Yad Vashem als einen der „Gerechten unter den Völkern" ehrte.

1945 kehrte Langbein nach Österreich zurück. Er begann sofort in der und für die KPÖ zu arbeiten. In den ersten Jahren war er auch Mitglied des etwa 80 Personen umfassenden Zentralkomitees der Partei. Er sah sich auch und vor allem dafür verantwortlich, seine Erfahrungen in den Lagern des NS-Systems einer breiteren Öffentlichkeit weiterzugeben – durch Vorträge und Veröffentlichungen. Diese Tätigkeit wurde jedoch bald vom „Kalten Krieg" überschattet: Die Verfolgtenverbände konnten sich immer weniger dem Zwang entziehen, sich entweder dem Westen oder dem Osten zuordnen zu müssen (Stengel, 2012, S. 125–130). Von dieser Bruchlinie wurde bald auch Langbein ganz persönlich betroffen. Und als er sich schließlich – im Gefolge des ungarischen Volksaufstandes 1956 – dieser Spaltung verweigerte, war er für die eine (bis dahin „seine") Seite zum „Verräter" geworden.

Langbein war ab 1945 als Vortragender in verschiedenen KP-Parteischulen tätig, und als „Instruktor" wurde er in den verschiedensten Regionen Österreichs eingesetzt. In diesen ersten Jahren der persönlichen Freiheit und nach der Befreiung Österreichs begannen für Langbein schon erste Spannungen zwischen ihm, dem „strengen Idealisten", und der vom Exil in Moskau geprägten Parteiführung. Allmählich wurde er an den Rand gedrängt und schließlich von der Parteiführung nicht mehr für die Wahl in das Zentralkomitee nominiert. 1953 verbrachte er einige Zeit in Ungarn, zuständig für die deutschsprachigen Sendungen des ungarischen (staatlich-kommunistischen) Rundfunks. Die Realität einer stalinistischen

KP-Diktatur begründeten erste persönliche Zweifel, die – nach seiner Rückkehr nach Österreich – zu dem von ihm 1958 bewusst herbeigeführten Bruch und zum Ausschluss aus der KPÖ führen sollten (Pelinka, 1993, insbes. S. 81–98). Dieser Bruch bedeutete auch, dass seine Kontakte zu KZ-Überlebenden, die er bis dahin aufrechterhalten hatte, behindert wurden; vor allem in seinen Kontakten mit polnischen Überlebenden, mit denen er aus seiner Zeit in Auschwitz Verbindung gehalten hatte.

Die Notwendigkeit, zu differenzieren

Langbein, aus dem ihm über Jahre, ja Jahrzehnte vertrauten kommunistischen Milieu verbannt, konzentrierte sich nun immer mehr darauf, eine allgemeine Öffentlichkeit mit seinen Erfahrungen vor allem in Auschwitz vertraut zu machen. Seinem Buch „Menschen in Auschwitz" kam eine wesentliche Bedeutung zu, das Bild vom Repressionscharakter des Nationalsozialismus zu schärfen. Vieles, was in diesem in erster Auflage 1972 erschienen Werk verdeutlicht wurde, konnte und kann als Grundlage für jede Wissensvermittlung dienen, die nicht bei einer einfachen Gut-Böse-Ethik stehen bleiben will.

Langbeins genaue Differenzierungen dienten (und dienen) als didaktische Richtschnur für den Umgang mit dem NS-System und seinem erstmaligen (bisher einmaligen) Alleinstellungsmerkmal, dem Holocaust. Langbein differenziert zwischen

- *Konzentrations- und Vernichtungslagern:*

Die über Jahre generell verwendete Begrifflichkeit „KZ" wird von ihm aufgelöst und in diesem Sinn zerstört. Gerade Auschwitz, das sowohl Arbeits- als auch (vor allem in Form von Auschwitz II, also Birkenau) Vernichtungslager war, kann als Beispiel dienen. Im Vernichtungslager ging es nicht um die Ausbeutung von Zwangsarbeit, bei der das letztendliche Sterben der Häftlinge zwar eingeplant, aber nicht das Primärziel war. Im Vernichtungslager war der Mord Selbstzweck: Die Selektion an der Rampe führte direkt in die Gaskammern, ohne dass die so selektierten Opfer irgendeinem Nützlichkeitskalkül unterworfen worden wären. Der Massenmord wurde so zur Essenz des gesamten Lagersystems (Langbein, 1972, S. 34–69). Die „Schuld" der „sofort Vergasten" (ebd., S. 78–80) bestand darin, dass sie am Leben waren. Dachau und Auschwitz I waren Teil eines Terrorsystems, das nicht grundverschieden war von dem Terror, der mit dem Namen Stalin verbunden und der auch repräsentativ für den repressiven Charakter des italienischen Faschismus war. Auschwitz II – wie auch Treblinka, Belzec und Sobibor – war hingegen ein Lager, das a priori weder der Abschreckung potentieller Opposition noch der Ausbeutung von Menschen durch Sklavenarbeit diente. Die besondere Qualität des Nationalsozialismus äußerte sich nicht im Lagersystem schlechthin – sie äußerte sich in den Vernichtungslagern.

- *Häftlingen und Häftlingen:*

Langbein macht deutlich, dass in der Lagerwelt Häftlinge sehr unterschiedliche, vom NS-System bewusst konstruierte Positionen einzunehmen hatten. Häftlinge wurden nach nationaler Herkunft (Deutsche, Polen, Franzosen etc.) eingestuft, aber ebenso wurde auch zwischen „Politischen", „Kriminellen", „Homosexuellen", „Bibelforschern" differenziert. Diese Differenzierung begründete eine Hierarchie innerhalb der Häftlinge. An unterster Stelle dieser Hierarchie waren immer die durch den gelben Stern als Jüdinnen und Juden Ausgewiesenen. Doch auch diese waren – wie alle anderen – einer inneren Hierarchie unterworfen: Es gab jüdische Lagerälteste („Kapos") wie es auch polnische oder deutsche gab. Deren Aufgabe war es, die von der SS diktierte „Ordnung" aufrecht zu erhalten. Die Chance zu überleben war von der Positionierung eines Häftlings in dieser komplexen Hierarchie abhängig (Langbein, 1972, S. 169–206). Lagerälteste (ob deutsche, polnische oder jüdische, ob politische oder kriminelle) waren Opfer – aber sie waren auch eingebunden in ein systematisches Mordsystem; sie waren immer auch – potentiell – Täter.

- *Tätern und Tätern:*

Langbein gibt ein Bild von den Tätern, das dem von Hannah Arendt geprägten Begriff der „Banalität des Bösen" entspricht (Arendt, 1964). Das Personal, das Langbein im Lager Auschwitz I selbst erlebte – und wie er es auch, indirekt, bezüglich Auschwitz II wahrnahm – bestand nicht aus einem einheitlichen Typus mordlüsterner, sadistischer Menschen. Mordlüstern und sadistisch waren viele der SS-Männer – aber keineswegs alle. Langbein wendet sich gegen „Dämonisierung und Pauschalurteile" (Langbein, 1972, S. 333) und greift den Fall eines Täters mit besonderer Ausführlichkeit heraus, den er durch eine Abfolge von Zufälligkeiten schon in Dachau kennengelernt und mit dem er in Auschwitz tatsächlich – als Schreiber des Standortarztes – zusammengearbeitet hatte: Dr. Eduard Wirths. In ihm sah Langbein das Beispiel eines Arztes in SS-Uniform, der „widerwillig im Vernichtungsapparat" diente (Langbein, 1972, S. 411). Wirths war ein überzeugter Nationalsozialist – und sah sich dennoch auch in Auschwitz, gegenüber den Häftlingen, einer ärztlichen Ethik verpflichtet. Dieses Gefühl der Verpflichtung führte dazu, dass Wirths mit Langbein (und anderen „Funktionshäftlingen") versuchte, in Einzelfällen Leben zu retten und auch generelle Missstände in den Krankenbaracken abzustellen. Nach seiner Befreiung erfuhr Langbein, dass Wirths 1945 in britischer Haft Selbstmord verübt hatte (Langbein, 1982, S. 411–432).

Alle diese Differenzierungen helfen mit, dass die Auseinandersetzung mit dem Nationalsozialismus nicht als ein naives Schwarz-Weiß-Bild stattfinden kann. Das absolut Üble war der Holocaust – und deshalb war der Nationalsozialismus ein absolutes Übel. Die Wirklichkeit gerade des Lagersystems war aber nicht geprägt von Häftlingen, die – als Opfer – von engelsgleicher Unschuld waren; und von

Tätern, die in ihrer Einbindung in ein grundsätzlich verbrecherisches System keineswegs immer nur Teufel in Menschengestalt waren. Langbeins Differenzierungen helfen der Glaubwürdigkeit der Vermittlung historischen Wissens.

Verantwortung für die Zukunft

Die „Zeitzeugen Aktion" war von Langbein initiiert und auch geprägt worden: durch die Einbindung der verschiedenen Opferverbände, durch die Verbindung zur wissenschaftlichen Forschung und durch die Betonung von Internationalität. Langbein selbst war aber als Zeitzeuge nur eingeschränkt repräsentativ für die Frauen und Männer, die in Schulen und Seminaren über ihre Erfahrungen berichteten. Sein methodischer Zugang bei der Weitergabe seiner Erfahrungen war spezifisch. Langbein stellte nicht das eigene Leiden in den Mittelpunkt. Er blieb in seinen Vorträgen und in Diskussionen bewusst nüchtern und analytisch. Damit unterschied er sich – oft – von denen, die über ihre Erlebnisse in Lagern, im Widerstand, in Verstecken mit hoher Emotionalität berichteten. Er ging davon aus, dass Erlebnisberichte, die primär auf die Gefühlsebene abgestellt sind, zwar jüngere Menschen mitreißen, betroffen machen können; dass aber ohne eine zentrale intellektuelle Komponente die Emotionalität sich bald verflüchtigen würde.

Langbein legte Wert darauf, „Zeitzeugenschaft" und Wissenschaft" zu verbinden. Gerade deshalb war er als Zeitzeuge „zutiefst beeindruckend" (Halbmayr, 2012, S. 221–225). Sein Verständnis davon, wie „Erinnern" den nächsten Generationen zu vermitteln wäre, war – auch – von dem Anspruch auf Intellektualität bestimmt. Durch dieses von Langbein vertretene Verständnis wurde die „Zeitzeugen Aktion" ein Modell für eine Pädagogik des Erinnerns: Die Emotion der persönlichen Erfahrung sollte immer mit dem Verweis auf den Stand der wissenschaftlichen Erkenntnis abgesichert werden.

Die Erinnerungskultur, wie sie Hermann Langbein verstand, war auch durch dessen eigene Forschung und deren Ergebnisse charakterisiert. Sein Buch über den Widerstand in den Konzentrationslagern (Langbein, 1980) wurde ebenso zu einem Standardwerk wie das von ihm editierte Buch über Massentötungen durch Giftgas (Langbein, 1983): Die persönliche Erfahrung derer, die den NS-Terror erfahren und überlebt hatten, soll am Anfang einer kritischen Beschäftigung stehen. Aber am Ende muss die systematische, vergleichende, differenzierende, erklärende, verstehende Analyse stehen.

Erika Weinzierl verwies darauf, wie sehr die österreichische „Zeitzeugen Aktion" durch die Betonung der Internationalität besonderes Gewicht hatte (Weinzierl, 1993, S. 11f.). Dass bei den von Langbein organisierten Seminaren immer auch Referentinnen und Referenten aus dem Ausland beteiligt waren – wie etwa Eugen Kogon, der Autor des Buches der „SS-Staat", der mit Langbein nach 1945 (und vor allem auch nach dessen Bruch mit der KPÖ) eng verbunden war (Stengel, 2012, S. 365–367, 469f., 546), das stand für einen Qualitätsanspruch: Die kritische Auseinandersetzung mit dem NS-Regime durfte nicht primär von einem persönlich emotionalen und auch nicht von einem in erster Linie österreichischen Ausgangspunkt geprägt sein.

Dieser auch und wesentlich wissenschaftlich gestützte Zugang muss zur Betonung von Differenzierungen führen, die nicht nur die umfassten, die Langbein in „Menschen in Auschwitz" herausgearbeitet hatte. Zu dieser Differenzierung gehört auch die Auseinandersetzung mit Legendenbildungen – etwa die von der „Selbstbefreiung" von Konzentrationslagern wie Buchenwald oder Mauthausen. Zu dieser Differenzierung gehört auch die systematische Unterscheidung zwischen den verschiedenen Unterdrückungs- und Unrechtssystemen des 20. Jahrhunderts: Faschismus ist eben nicht einfach Faschismus, ebenso wenig wie Totalitarismus gleich Totalitarismus oder Diktatur gleich Diktatur sind.

Die „Zeitzeugen Aktion" war der systematische Beginn der Weitergabe der Erfahrungen mit dem NS-Staat; mit der Erstmaligkeit von dessen Alleinstellungsmerkmal, dem Holocaust; aber auch mit der zunächst oft höchst widersprüchlichen Vielfalt persönlicher Erinnerungen. Das alles begann in den 1970er-Jahren, als der Abstand zwischen den Generationen eine nüchtern-wissenschaftliche Auseinandersetzung des bis 1945 Erlebten erleichterte; eine Auseinandersetzung, die – wie von Hermann Langbein buchstäblich „vorgelebt" – eine Parteinahme bedeutete: nicht für eine bestimmte politische Partei, sondern für die Demokratie und deren Grundnorm, für die universellen Menschenrechte.

Literaturverzeichnis

Arendt, Hannah: Eichmann in Jerusalem. Ein Bericht von der Banalität des Bösen (München 1964).
Halbmayr, Brigitte: Zeitlebens konsequent. Hermann Langbein. Eine politische Biographie (Wien 2012).
Horsky Monika (Hrsg.): Man muß darüber reden. Schüler fragen KZ-Häftling. (Wien 1988).
Langbein, Hermann: Der Auschwitz-Prozess. Eine Dokumentation. 2 Bde. (Frankfurt/M. 1965).
Langbein, Hermann: Menschen in Auschwitz (Wien 1972).
Langbein, Hermann: „... nicht wie die Schafe zur Schlachtbank". Widerstand in den nationalsozialistischen Konzentrationslagern (Frankfurt/M. 1980).
Langbein, Hermann / Eugen Kogon / Albert Rückerl u. a. (Hrsg.): Nationalsozialistische Massentötungen durch Giftgas (Frankfurt/M. 1983).
Langbein, Hermann: Die Stärkeren. Ein Bericht aus Auschwitz und anderen Konzentrationslagern (Wien 2008).
Pelinka, Anton / Erika Weinzierl (Hrsg.): Hermann Langbein – Zum 80. Geburtstag. Festschrift (Wien 1993).
Pelinka, Anton: Ein Gespräch mit Hermann Langbein, in: Pelinka / Weinzierl (1993) S. 45–113.

Rettinger, Leopold: Langbein und die Politische Bildung, in: Pelinka / Weinzierl, (1993) S. 40–44.
Stengel, Katharina: Hermann Langbein. Ein Auschwitz-Überlebender in den erinnerungspolitischen Konflikten der Nachkriegszeit (Frankfurt/M. 2012).
Weinzierl, Erika: Hermann Langbein, in: Pelinka / Weinzierl (1993) S. 9–12.

Maria Ecker-Angerer

Schulbesuche von Zeitzeuginnen und -zeugen: ein Plädoyer für den Dialog

Seit fast zwanzig Jahren beschäftigt sich _erinnern.at_ intensiv mit der Frage, was ein gelungenes Gespräch mit Zeitzeuginnen und -zeugen an Schulen ausmacht und welchen didaktischen Rahmen dies erfordert.[1]

Der folgende Beitrag beruht auf der These, dass das historische Lernen in der Vor- und Nachbereitung eines Zeitzeugen-Besuches stattfindet, aber nicht beim Gespräch selbst, bei dem vielmehr das soziale und affektive Lernen in den Vordergrund rückt. Das ist insbesondere bei Schulbesuchen der Fall, die – wie von _erinnern.at_ empfohlen – den „dialogischen Charakter" betonen. Es lohnt sich, in diesem Beitrag erstmals einen genaueren und differenzierten Blick auf diesen „dialogischen Charakter" zu werfen. Was ist mit „dialogischem Charakter" gemeint? Darunter ist grundsätzlich ein Setting zu verstehen, das Lernende durch die Rahmenbedingungen und die Gesprächsführung ermutigt, sich mit Fragen und Gedanken aktiv in das Gespräch mit Zeitzeuginnen oder -zeugen einzubringen. Über die Jahre wuchs aufgrund von Unterrichtsbeobachtungen, Erfahrungen und Rückmeldungen bei _erinnern.at_ die Überzeugung: Je mehr Austausch entsteht, desto positiver wird die Begegnung danach gesehen. Die Zeitzeuginnen und -zeugen erleben, dass sich die Jugendlichen für ihre Erfahrungen interessieren, erfahren in dieser Form Beachtung und Wertschätzung. Die Schülerinnen und Schüler erleben sich als selbstwirksam und erfahren, dass ihre Interessen ernst genommen werden.

In diesem Beitrag nehme ich mir vor, wesentliche Voraussetzungen für einen gelingenden Dialog in Zeitzeugen-Gesprächen herauszuarbeiten und zur Diskussion zu stellen. Dabei fließen die Erfahrungen ein, die ich in den letzten zwanzig Jahren in der Arbeit mit Zeitzeuginnen und -zeugen sowie deren Erzählungen sammeln konnte. Das vorgestellte Konzept entwickelte sich in stetem Austausch mit Kolleginnen und Kollegen, Lehrenden und Lernenden sowie Zeitzeuginnen und -zeugen.

Ein Blick zurück

Beginnen wir mit einem Blick zurück in die späten 1970er-Jahre zu den Anfängen des Zeitzeugen-Programms an österreichischen Schulen. Schon dessen „Gründervater" Hermann Langbein war es ein großes Anliegen, den Jugendlichen nicht nur einen Frontalvortrag zu bieten, sondern mit ihnen in einen Dialog zu treten. Von zwei Unterrichtseinheiten widmete er die Hälfte der Zeit ganz den Fragen, dem Austausch, der Diskussion mit den Lernenden. „Ohne Scheu und Hemmung

Fragen stellen zu können, empfand er (…) als überaus bedeutend für den Erfolg der Vermittlung", so Brigitte Halbmayr in ihrer Biografie über Hermann Langbein (Halbmayr, 2012, S. 219). Langbein war also bekannt dafür, die Jugendlichen ernst zu nehmen und das Gespräch mit jungen Menschen zu suchen. Er war über 15 Jahre die prägende Figur des Zeitzeugen-Programms und damit wohl auch Vorbild für andere Zeitzeuginnen und -zeugen seiner Generation. Es war ihm aber ebenso wichtig, nüchtern und faktenorientiert zu erzählen, es ging ihm mehr um die Vermittlung von historischen Inhalten als um seine persönliche Geschichte. Um dieses Anliegen zu unterstreichen, wurden er und die anderen damals aktiven Zeitzeuginnen und -zeugen oft von Fachkräften aus der Wissenschaft, meist Historikerinnen und Historikern, begleitet. Hier liegt der große Unterschied zu späteren Schulbesuchen von Zeitzeuginnen und -zeugen. Der Fokus der Erzählungen hat sich seitdem hin zu den subjektiven, persönlichen Erfahrungen verschoben. Seit den 1990ern wurden Überlebende zunehmend ermutigt, in Video-Interviews ihre ganz persönliche Geschichte zu erzählen. Zudem stieg das Bewusstsein für die psychischen Nachwirkungen der Verfolgung und es entstanden entsprechende Angebote für die Überlebenden. So wurde 1994, ein Jahr vor Langbeins Tod, das psychosoziale Zentrum ESRA gegründet, mit dem damals vorrangigen Ziel, allen NS-Überlebenden professionelle Beratung und Behandlung anzubieten. Auf den Punkt gebracht lässt sich der Unterschied zwischen damals und heute plakativ vielleicht so formulieren: Damals erzählten Zeitzeuginnen und -zeugen *die* Geschichte, heute erzählen sie *ihre* Geschichte.

Doch zwischenzeitlich trat der dialogische Charakter der Schulgespräche deutlich in den Hintergrund. Das mag mit einer erinnerungskulturellen Entwicklung zusammenhängen, die Zeitzeuginnen und -zeugen mehr und mehr auf ein Podest hob, von dem aus sie – die Aura der Authentizität ausstrahlend – zum Publikum sprechen sollten (Sabrow, 2012). Zumindest in den Jahren 2003–2014, als ich zunächst punktuell, dann immer intensiver mit Zeitzeugen-Gesprächen an Schulen befasst war, dominierte meinen Beobachtungen nach der Vortragscharakter dieser Veranstaltungen. Zugespitzt formuliert war der „idealtypische" Ablauf wie folgt: Eine Zeitzeugin oder ein Zeitzeuge saß auf einer Bühne und hielt im Veranstaltungssaal einen Vortrag vor mehreren Schulklassen. Dieser Vortrag nahm den mit Abstand größten Teil der Veranstaltung ein. Wenn noch Zeit blieb, folgte am Ende eine kurze Phase, in der es die Möglichkeit gab, Fragen zu stellen – falls überhaupt welche kamen, denn durch die Rahmenbedingungen des Vortrags entstand für die Jugendlichen eine zusätzliche Hemmschwelle. Der Vorteil dieses Settings lag zweifellos darin, dass damit eine recht große Zahl an Schülerinnen und Schülern teilnehmen konnte. Aber ob sie damit auch „erreicht" wurden?

Die Renaissance des dialogischen Charakters

Nach einem mehrjährigen Diskussions- und Entwicklungsprozess versucht _erinnern.at_ seit 2014, die Schulgespräche mit Zeitzeuginnen und -zeugen wieder stärker dialogisch zu gestalten. Angeregt wurden wir dabei von Seminaren in Israel, vor allem aber vom Konzept der „Erzähl-Cafés", das Gert Dressel in unsere Debatten einbrachte. Und so erhielt zunächst das jährlich stattfindende Zeitzeugen-Seminar ein neues Erzähl-Format. Wir holten die Zeitzeuginnen und -zeugen buchstäblich von der Bühne und brachten sie näher an die Zuhörenden, um einen Austausch, ein Gespräch zu fördern. Als Format wählten wir zweistündige Erzähl-Cafés, in denen jeweils eine Zeitzeugin oder ein Zeitzeuge an einem „runden Tisch" sitzend vor sechs bis acht Zuhörenden erzählt. Die Tischmoderation fördert mit Zwischenfragen und Einbeziehen der Zuhörenden von Beginn an den dialogischen Charakter. Das insgesamt eher informelle Setting – es gibt am Tisch Kaffee und andere Getränke – soll zusätzlich zu einer guten Gesprächsatmosphäre beitragen.

Von fast allen Beteiligten kamen dazu positive, ja teilweise sogar überschwängliche Rückmeldungen. Auf die Nachfrage, was denn genau dieses positive Gefühl ausmache, fielen in den Nachgesprächen Antworten wie: „Es kamen so viele Fragen, das war schön!" oder „Ich konnte mit allen am Tisch in Kontakt kommen" (auf Seiten der Zeitzeuginnen und -zeugen) oder „Ich war viel mehr ‚dabei' – die kleinen Runden an den Tischen haben eine kommunikative Atmosphäre geschaffen und es sehr viel leichter gemacht, in ein Gespräch zu kommen im Vergleich zu einem Vortrag der Zeitzeuginnen und -zeugen vom Podium aus." (Gedächtnisprotokoll zum Zeitzeugen-Seminar 2014, Feedback von Lehrerinnen und Lehrern)

Parallel zum „neuen" Zeitzeugen-Seminar entwickelten wir ein Konzept, wie auch die Schulgespräche dialogischer ablaufen könnten. Dieses ist eingebettet in eine Vor- und Nachbereitungseinheit.

Was fördert den dialogischen Charakter von Gesprächen mit Zeitzeuginnen und -zeugen an Schulen?

Zunächst gibt es „externe" Faktoren, auf die _erinnern.at_ keinen direkten Einfluss hat:

1. Dialog braucht Motivation

Dazu gehört die Motivation der Jugendlichen, an einem Zeitzeugen-Gespräch teilzunehmen. Ein positives Beispiel zur Illustration: Eine Lehrerin an einer Linzer Mittelschule besprach mit ihren Schülerinnen und Schülern die Möglichkeit, eine Zeitzeugin oder einen Zeitzeugen einzuladen. Sie stellte auch klar, dass dies Vor- und Nachbereitungsarbeit einschließen würde und dass die Lernenden sich auch selbst mit ihren Ideen einbringen sollten, wie der Besuch gestaltet werden könnte. So entstand bei den Jugendlichen ein Gefühl von „ownership"; sie entwickelten tatsächlich ihre eigenen Ideen: eine Gruppe entwarf z. B. ein Tafelbild; ein Schüler übernahm die Rolle des „Zeremonienmeisters", der begrüßt und am Ende eine kleine Aufmerksamkeit überreicht. Während des Besuches der Zeitzeugin partizipierten die Schülerinnen und Schüler intensiv, sodass eine ganz „dichte" Gesprächsatmosphäre entstand (Ecker-Angerer, 2019, Beobachtungs- und Gedächtnisprotokoll).

2. Dialog braucht Übung

Je besser eine gute Gesprächs- und Diskussionskultur in der Klasse bereits etabliert ist, desto wahrscheinlicher werden sich die Jugendlichen in das Zeitzeugen-Gespräch einbringen.

3. Dialog braucht Flexibilität

Auf Seiten der Zeitzeugin oder des Zeitzeugen ist die grundsätzliche Bereitschaft notwendig, sich auf den Dialog einzulassen und damit zu ermöglichen, ihre Erzählroutine zu durchbrechen. Oftmals haben sich die Narrationen durch vielmaliges Wiedergeben über die Zeit eingeschliffen, sind starr geworden, folgen dem immer gleichen Muster. Ein solches Erzählkorsett bietet auch emotionalen Schutz. Mit einer Öffnung machen sich die Zeitzeuginnen und -zeugen verletzbar. Deshalb sind auf Seiten der Moderation ein behutsames Vorgehen sowie das Erkennen und Respektieren von Grenzen nötig.

Das leitet zu den Faktoren über, auf die _erinnern.at_ versucht, explizit Einfluss zu nehmen.

4. Dialog braucht gute Vorbereitung

Einen ganz wesentlichen Faktor stellt die Vorbereitung auf den Besuch dar. Sie umfasst nicht nur die Vermittlung von historischen Grundlagen, sondern auch die Einstimmung auf die Begegnung mit der Zeitzeugin oder dem Zeitzeugen. Als Grundlage dafür eignen sich die von _erinnern.at_ gestalteten sechs- bis neunminütigen Kurzdokumentationen („Videoporträts"), die es inzwischen von den meisten der noch aktiven Zeitzeuginnen und -zeugen gibt. Die Jugendlichen erfahren so bereits die Eckdaten der Biografie, sie kennen das Gesicht und die Stimme der Zeitzeugin oder des Zeitzeugen – das nimmt dem ohnehin mit Spannung oft hoch aufgeladenen Besuch ein wenig Druck. Das Video wird in der Einheit vor dem Besuch angesehen. Daran anschließend entwickeln die Schülerinnen und Schüler – zuerst für sich allein, dann im Austausch mit anderen – die Fragen, die sie der Zeitzeugin oder dem Zeitzeugen beim Besuch stellen möchten. Wesentlich ist hier, dass es auch zu einer Diskussion über die Fragen und deren Auswahl kommt. Manche Fragen sollten etwa besser Historikerinnen und Historikern gestellt werden. Außerdem eignen sich eben nicht alle Fragen für das Gespräch mit einer Zeitzeugin oder einem Zeitzeugen, z. B. solche, die einen suggestiven Beigeschmack haben oder Scheinfragen sind (z. B.: „Sie waren ja nicht im KZ, deshalb haben Sie ja nicht wirklich Schlimmes erlebt, oder?"). Dennoch sollten auch diese Fragen von der Lehrperson vor oder nach dem Gespräch aufgegriffen, besprochen und mit Fakten abgeglichen werden. Wie steht es mit Fragen, die bei den Zeitzeuginnen und -zeugen einen wunden Punkt treffen, ohne dass die Jugendlichen dies erahnen können? Hier zeigt die Beobachtung: Jene Zeitzeuginnen und -zeugen, die mit ihrer Geschichte an die Öffentlichkeit gehen, können sich meist gut schützen. Sie setzen dann mehr oder weniger deutliche Grenzen, die es zu erkennen und respektieren gilt, etwa indem sie einer Frage ausweichen und in der Antwort ein anderes Thema ansprechen. Manche Klassen übertragen in der Vorbereitung ihre Fragen auf Plakate und hängen diese vorab im Klassenzimmer auf. Das signalisiert den Zeitzeuginnen und -zeugen von Beginn an: Wir interessieren uns für Sie und Ihr Leben! Ein weiterer Vorteil dieser Form der Vorbereitung besteht darin, dass sie es auch „stilleren" Jugendlichen ermöglicht, sich aktiv einzubringen – solchen, die gerne allein über ihre Fragen nachdenken und diese zu Papier bringen, bevor sie diese verbalisieren (zu dieser Thematik: Cain, 2012).

5. Dialog braucht kommunikatives Setting

Beim Schulbesuch selbst fördern erfahrungsgemäß vor allem zwei Faktoren einen dialogischen Charakter: die Bestuhlung und der Zeitrahmen. Ein Sesselkreis signalisiert eine offene, partizipative, „demokratische" Gesprächsatmosphäre. Kommunikative Barrieren wie Tische sind aus dem Weg geräumt. Die Kehrseite: Auch ein möglicher kommunikativer Schutz ist damit entfernt. *Alle* Beteiligten sind damit direkter und unmittelbarer mit der Erzählung konfrontiert.

6. Dialog braucht Zeit

Je mehr Zeit innerhalb des Besuches für den Austausch vorgesehen ist, desto besser. Das von Hermann Langbein praktizierte Format, die Hälfte der Zeit dem Gespräch mit Schülerinnen und Schülern zu widmen, kann auch bei heutigen Begegnungen als Vorbild dienen. In der Praxis ist das bisher aber (noch) kaum der Fall. Das von Gertraud Fletzberger im Telefon-Gespräch erwähnte „Experiment" (siehe den folgenden Beitrag), das in einem vierstündigen Fragemarathon mündete und ihr – deutlich hörbar – größtes Vergnügen bereitete, ist eine Ausnahme, die aus verschiedenen Gründen wohl nur selten zu realisieren ist.

7. Dialog braucht Begleitung

Mitunter ruft das Interview bei den Zeitzeugen und Zeitzeuginnen sogar lange verschüttete Erinnerungen wach, und das womöglich mit einer ziemlichen Wucht.[2] Je detaillierter und szenischer Erinnerungen erzählt werden, wenn etwa Dialoge wortwörtlich wiedergegeben werden oder wenn die oder der Erzählende wieder in die Perspektive des kleinen Kindes schlüpft, desto emotionaler ihr Gehalt, sagen uns Gedächtnis- und Traumaforscherinnen und -forscher (Schacter, 1996; Reddemann, 2020). Der angestrebte dialogische Charakter der Zeitzeugenerzählung erfordert sorgsame Begleitung und eventuell Nachbetreuung.

erinnern.at hat deshalb 2017 ein Begleit-Team für die Zeitzeuginnen und -zeugen aufgebaut. Lehramtsstudierende des Faches Geschichte sorgen in vorbereitenden Telefongesprächen mit der Lehrperson für ein dialogisches Setting, holen die Zeitzeuginnen und -zeugen von zuhause ab, begleiten sie zur Schule, übernehmen während des Gespräches mitunter auch Moderationsrollen, und sind vor allem nach dem Schulbesuch noch für die Zeitzeugin oder den Zeitzeugen da. In vorbereitenden Workshops werden die Begleiterinnen und Begleiter auf ihre Rollen vorbereitet und auch während ihrer Tätigkeit kontinuierlich begleitet, um Fragen, Eindrücke, eventuell herausfordernde Erfahrungen besprechen zu können. Auch hier bildet sich letztlich der dialogische Charakter noch einmal ab. Er ist nicht mit dem Schulbesuch zu Ende, vielmehr bleiben die Begleiterin oder der Begleiter im Anschluss mit der Zeitzeugin oder dem Zeitzeugen weiter im Gespräch.

8. Dialog braucht Nachbereitung

Aber auch für die Jugendlichen ist die Nachbereitung eines Zeitzeugen-Gesprächs von zentraler Bedeutung. Hier können Fragen noch einmal aufgegriffen, Eindrücke und Emotionen besprochen werden. Außerdem kann in der Nachbereitung des Gesprächs noch einmal ein reflektierender und distanzierterer Blick auf das Gespräch geworfen werden, der für ein erfolgreiches historisches Lernen notwendig ist (Bertram, 2017).

Schluss

Die hier vorgestellten Überlegungen untermauern einen Leitsatz, der von _erinnern.at_ seit 20 Jahren beharrlich kommuniziert wird: Zeitzeugen-Gespräche brauchen Zeit. Sie sind kein punktueller Event, sondern als eigenes Projekt anzusehen. Die Beobachtungen der letzten Jahre zeigen auch, dass Lehrpersonen den Stolpersteinen des Schulalltags trotzen und etwa in Kooperation mit Kolleginnen und Kollegen einen Schulbesuch in einem fächerverbindenden Projekt realisieren, um den von uns empfohlenen didaktischen Rahmen zu verwirklichen. (Sehr oft handelt es sich hierbei um Lehrinnen und Lehrer, die zuvor das Zeitzeugen-Seminar besucht und dort selbst ein dialogisches Setting erlebt haben.) Die Rückmeldungen von Lernenden, Lehrerpersonen sowie Zeitzeuginnen und -zeugen verdeutlichen, dass sich der zeitliche Aufwand lohnt. Zu guter Letzt und gleichzeitig überleitend soll Gertraud Fletzberger zu Wort kommen: „Und das ist natürlich für mich ein sehr befriedigendes Gefühl, das war so interessant, dass sie noch mehr, noch mehr und noch mehr wissen wollen."

Literaturverzeichnis

Bertram, Christiane: Zeitzeugen im Geschichtsunterricht. Chance oder Risiko für historisches Lernen. Eine randomisierte Interventionsstudie (Schwalbach/Ts. 2016).

Cain, Susan: Still. Die Kraft der Introvertierten (München 2013).

Demmer, Julia: Das Familiengedächtnis im öffentlichen Austausch. Intergenerationale Kommunikationsprozesse bei Zeitzeug(innen)gesprächen. In: Keil, Martha / Philipp Mettauer (Hrsg.): Drei Generationen. Shoah und Nationalsozialismus im Familiengedächtnis (Innsbruck 2016).

Ecker-Angerer, Maria: „What exactly makes a good interview?" Educational Work with Videotaped Testimonies at _erinnern.at_, in: Dreier, Werner / Angelika Laumer/ Moritz Wein: Interactions. Explorations of Good Practice in Educational Work with Video Testimonies of National Socialism (Berlin 2018).

erinnern.at, Jahresberichte (2017) und (2019), www.erinnern.at/ueber-uns/jahresberichte (8.4.2021).

Halbmayr, Brigitte: Zeitlebens konsequent. Hermann Langbein. Eine politische Biografie (Wien 2012).

Reddemann, Luise: Psychodynamisch Imaginative Traumatherapie. PITT – Das Manual. Ein resilienzorientierter Ansatz in der Psychotraumatologie (Stuttgart 2020).

Sabrow, Martin / Norbert Frei (Hrsg.): Die Geburt des Zeitzeugen nach 1945 (Göttingen 2012).

Schacter, Daniel: Searching for Memory. The Brain, the Mind, and the Past (New York 1996).

Weitere Quellen

www.ueber-leben.at
Survey monkey Umfragen zum Zeitzeugen-Seminar 2014–2019
Ecker-Angerer, Maria: Telefon-Gespräch mit Gertraud Fletzberger. 28.8.2020
Beobachtungs- und Gedächtnisprotokoll, MS Urfahr, 23.5./4.6.2019
Gedächtnisprotokolle Zeitzeugen-Seminare 2014–2019
Beobachtungs- und Gedächtnisprotokolle Schulgespräche 2003–2020

Anmerkungen

1   Einige allgemeine Überlegungen und Entwicklungen dazu sind schon andernorts publiziert und dort nachzulesen (erinnrn.at, Jahresberichte 2017 und 2019; Ecker-Angerer, 2018, Website www.ueber-leben.at). Den Aspekt des historischen Lernens bei Zeitzeugen-Gesprächen haben bereits andere Autorinnen und Autoren in den Blick genommen (Bertram, 2016). Erste Veröffentlichungen eines Dissertationsprojektes mit ethnographischem Forschungszugang versprechen zudem weitere interessante Einsichten in der nahen Zukunft (Demmer, 2016).

2   Die szenische Auskleidung der Erzählung über die „Geschenk-Episode", wie sie im Video-Interview zu sehen ist, ist ein Beispiel dafür (www.ueber-leben.at/home/gertraud-fletzberger).

Maria Ecker-Angerer

„Seitdem ich die Vorträge halte, weiß ich viel mehr von mir …". Ein Gespräch mit der Zeitzeugin Gertraud Fletzberger

Vorbemerkung

Gertraud Fletzberger ist eine der wenigen österreichischen Zeitzeuginnen, die noch in der Lage sind, Schülerinnen und Schüler direkt von ihren Erfahrungen im Nationalsozialismus zu berichten. Sie wurde 1932 geboren und 1938 gemeinsam mit ihrem zehnjährigen Bruder und ihrer fünfjährigen Schwester von ihren Eltern mit einem Kindertransport nach Schweden geschickt. Fast zwei Jahre später nahm ihre Mutter, die inzwischen ebenfalls nach Schweden geflüchtet war, die Kinder wieder bei sich auf. Der Vater überlebte den Krieg in Italien und Frankreich. 1947 kehrte die Familie nach Österreich zurück.

Die folgenden Auszüge stammen aus einem aufgezeichneten Telefongespräch im Sommer 2020.[1] Das Gespräch sollte ursprünglich ein möglichst breites Spektrum an Themen zu Gertraud Fletzbergers Erfahrungen als Zeitzeugin an Schulen abbilden. Im Laufe der Konversation kristallisierte sich dann aber ein Schwerpunkt heraus: die Bedeutung von Fragen der Jugendlichen beim Gespräch mit Zeitzeuginnen und -zeugen. Der an die Passagen aus dem Telefongespräch anschlie-

Gertraud Fletzberger, Screenshot aus einem Interview für www.weitererzaehlen.at (Kamera: Ursula Henzl, Interview: Georg Traska)

ßende Beitrag beschäftigt sich mit dem „dialogischen Charakter" von solchen Gesprächen.

Noch eine Vorbemerkung: In den Jahren unserer Zusammenarbeit habe ich Gertraud Fletzberger immer wieder bei Schulgesprächen begleitet bzw. mit ihr auch neue Gesprächsformate erprobt. Dadurch ist zwischen uns eine freundschaftliche Beziehung gewachsen, deshalb das vertraute „du".

Das Gespräch

MEA: Wann hast du denn begonnen, dich als Zeitzeugin zu engagieren?

GF: Es kommt darauf an, wie eng man diesen Begriff fasst. Wirklich begonnen hab ich vor gar nicht so langer Zeit, weil ich mir immer gedacht habe, mir ist es, verglichen mit den anderen, unheimlich gut gegangen. Ich war in Schweden, ich war gut versorgt, ich hab mich geborgen gefühlt und es ist sogar meine Mutter dann nachgekommen. (…) Und deswegen hab ich gedacht, ich kann mich nicht messen mit denen, die hier in Verstecken gelebt haben oder in Konzentrationslagern waren. Aber erst als dann die ersten nichtbegleiteten [Flüchtlings-]Kinder nach Österreich gekommen sind, ist es mir bewusst geworden, dass das ja eigentlich auch genau meine Situation war. Und dann habe ich angefangen, mich zu engagieren.

MEA: Was macht denn für dich einen gelungenen Schulbesuch aus? Was braucht es, dass du mit einem Gefühl rausgehst und dir denkst: „Ja, das war gut"?

GF: Ja, man merkt es natürlich an der Aufmerksamkeit. Auch an der Vorbereitung. Wenn die Schüler gut vorbereitet sind, und das ist meiner Erfahrung nach häufig der Fall, können sie mit dem, was ich sage, mehr anfangen. Und das zeigt sich [dann] auch daran, dass sie Fragen haben. Eine Frage halte ich für etwas sehr Wichtiges. Denn das zeigt nicht nur, dass sie gut aufgepasst haben, sondern auch, dass ihnen einiges noch nicht ganz klar ist. Ihnen ist klar geworden, dass sie jetzt mehr wissen wollen [darüber]. Ich habe einmal das Experiment machen dürfen – eine Lehrerin hat mir erlaubt –, solange Fragen zu beantworten, bis keine mehr gekommen ist. Ich war damals vier Stunden in dieser Klasse! Und je mehr sie fragen, umso mehr Abgründe, übertrieben gesagt, machen sich auf. Das heißt, wenn sie einmal angefangen haben zu fragen, dann fällt ihnen immer mehr ein, was sie noch wissen wollen. Und das ist natürlich für mich ein sehr befriedigendes Gefühl, [wenn man das Gefühl hat,] das war so interessant, dass sie noch mehr, noch mehr und noch mehr wissen wollen.

MEA: Ich finde schön, wie du hervorhebst, welche Bedeutung die Fragen für dich haben. Dir geht es ja nicht „nur" darum, über deine Erfahrungen zu sprechen, sondern eben auch bei den Schülerinnen und Schülern Interesse zu wecken. Und wenn die viele Fragen stellen, ist das ein schöner Beleg dafür.

GF: Ja, genau. Weil sie da richtig dabei sind. Da sind sie eifrig, da sind sie engagiert.

MEA: Ich möchte an dieser Stelle aber auch sagen, dass du ein besonderes Talent dafür hast, den Schülerinnen und Schülern so auf Augenhöhe zu begegnen, dass sie sich auch wirklich zu fragen trauen. Du sprichst sie direkt an, du nimmst sie wahr, du fragst sie nach ihren Namen. Das schafft eine sehr offene Gesprächsatmosphäre. Die Tatsache, dass bei dir viele Fragen kommen, hat zum einen mit einer guten Vorbereitung zu tun, zum andern aber auch sehr viel mit dir als Mensch.

GF: Da bin ich sehr dankbar, wenn du das sagst, weil ich hoffe das halt immer. Es kann ja auch sein, dass meine Geschichte irgendwie leichter nachvollziehbar ist. (…) Ich hab immer geglaubt, dass [das] viel zu simpel ist, was ich zu sagen habe, aber vielleicht ist es gerade das, was Schüler noch aufnehmen können und auf sich beziehen können. Ich will sie nicht nur belehren, ich versuche ihnen klarzumachen, was jeder Einzelne tun kann. (…) Ich glaub, auch das ist für sie interessant und sie fühlen sich dann ernst genommen.

MEA: Es geht auch um sie und ihre eigene Lebenswelt, um die Gegenwart: Was kann ich ganz konkret tun? Meinst du das so?

GF: Ich glaub schon. Ich versuche nicht, über ihre Köpfe hinweg zu sprechen, sondern ich gebe mir sehr viel Mühe, sie dazu zu bewegen, einen Beitrag zu liefern. Sie sind als Individuum, als Person gefragt, sie sind wichtig. Für mich sind junge Menschen auch Hoffnungsträger für die Zukunft. (…)

MEA: Wenn du so zurückdenkst an deine bisherigen Gespräche in den Schulen, gibt es [da] eine Erfahrung, die gleich hervorsticht, entweder weil sie schön war, oder weil du dich geärgert hast?

GF: Es ist bei den Fragen schon so, dass manchmal Fragen kommen, die mich überraschen. Z. B. hat ein Mädchen gefragt, ob ich bete. Das gehört ja nicht direkt zu meinem Vortrag [dazu], aber sie hat es gefragt und ich hab auch diese Frage beantwortet. Das ist eine Frage, die zunächst einmal für mich ganz fremd war, aber beim näheren Nachdenken hab ich mich dann selbst gefragt: Hab ich da gebetet, wie es mir so schlecht gegangen ist? Oder wie ich allein war, wie ich zum ersten Mal in meinem Leben wirklich einsam war, nicht allein, aber einsam da am Bahnhof und auf meine Pflegeeltern gewartet habe? (…) Was auch interessant ist, manche Fragen bringen mich dazu, aus meinem Gedächtnis Dinge zu erfahren, die ich längst vergessen hatte. Das ist auch hochinteressant. Plötzlich fällt mir dann etwas ein, das ich gar nicht mehr geglaubt habe, gewusst zu haben, aber mich sehr, sehr betroffen [gemacht] hat. Diese Geschichte z. B., wie man mir zu Weihnachten eine Freude machen wollte; die Lehrerin hat die Klasse dazu gebracht, dass sie Geld gespart haben. Und sie sollten mir Strümpfe kaufen. Sie hatte gesehen, dass meine Strümpfe sehr desolat waren. Und jetzt haben sie mich aufs Podium gestellt und haben mir das überreichen wollen. Dieses für mich ganz furchtbare Ereignis ist mir auch plötzlich eingefallen nach einer Frage, die ein Schüler gestellt hat. Das ist auch interessant, dass dann aus der Tiefe plötzlich Erinnerungen wach werden, und zwar so wach, dass ich mich an jedes einzelne Wort erinnern kann und wie schrecklich das für mich war. Aufs Podium wird man normalerweise gestellt, wenn man eine tolle Leistung hingelegt hat. Und jetzt wurde ich als Armutschgerl hingestellt. Und das war auch sozial sehr ungünstig. Freundschaften bilden sich ja eher standesgemäß.[2]

MEA: Was du da jetzt erzählst, zeigt für mich, dass bei deinen Schulbesuchen auch ein „echter" Dialog entsteht. Du löst bei den Schülerinnen und Schülern etwas aus mit dem, was du sagst, und die Schülerinnen und Schüler lösen dann aber auch umgekehrt bei dir mit ihren Fragen wieder etwas aus und bringen dich zum Nachdenken.

GF: Absolut. Seitdem ich die Vorträge halte, weiß ich viel mehr von mir und dem, was ich erlebt habe und wie ich denke. (…) Das ist manchmal gut, manchmal weniger gut, aber es ist sehr wichtig für mich, darüber zu reden. Und ich erkenne dadurch, wie wichtig es ist, überhaupt über die Dinge reden zu können, die man erlebt hat. Und wie schrecklich es sein muss, wenn man das nicht darf.

Anmerkungen

1   28. August 2020. Audiofile „Gespräch mit Gertraud Fletzberger", Privatarchiv Maria Ecker-Angerer.
2   Diese Begebenheit erzählt Gertraud Fletzberger sehr „szenisch" auch in einem Interview aus dem Jahr 2015, das in Auszügen hier zu sehen ist: www.ueber-leben.at/home/gertraud-fletzberger (7.4.2021).

Angelika Laumer

„Das sind Fragen, die ganz danebengehen!" Zu Interaktionen zwischen Zeitzeuginnen und -zeugen in digitalen Interviews und ihrer Nachwelt am Beispiel von www.weitererzaehlen.at

Zeitzeugeninterviews in der Apparatur technisierter Kommunikation

„Das sind Fragen, die ganz danebengehen!", sagt die Zeitzeugin Ester Tencer voller Vehemenz Ende der 1980er-Jahre in einem Audiointerview zur sie befragenden Nancy Ann Coyne (Interviewerin Coyne, 1987–1988, Time Code TC: 2:38:50). Mit dem Begriff „Zeitzeugin" oder „Zeitzeuge" meine ich Verfolgte des Nationalsozialismus, die öffentlich über ihre Erfahrungen berichtet haben oder berichten. In dieser Aussage von Tencer lässt sich auch 34 Jahre, nachdem das eigentliche Gespräch stattgefunden hat, ablesen, dass sie – wie auch andere Interviewte – eine klare Vorstellung davon hatte, was ein gelungenes Zeitzeugeninterview ist – und welche Fragen dafür passend sind. Ihr Bericht ist einer von über 180 sequenzierten und indizierten im Online-Interview-Archiv www.weitererzaehlen.at von _erinnern.at_. Zwei weitere Gespräche mit Tencer sind dort abrufbar. Bei der Entwicklung des Online-Archivs waren zwei wesentliche Fragen handlungsleitend: Ist die Verwendung der Interviews im Sinn der Berichtenden? Sind deren Intentionen überhaupt ersichtlich? Mit anderen Worten: Verfügen Zeitzeuginnen und -zeugen, die ihre Erzählungen vor Jahren oder Jahrzehnten aufnehmen haben lassen, auch heute über Agency? Haben sie also die Fähigkeit, durch ihr Interview auf die Umwelt – oder die Nachwelt – Einfluss zu nehmen? Eine weitere leitende Frage, die sich beim Aufbau des Archivs stellte, ist, wie eine auditive oder videografierte Interviewquelle möglichst original erhalten und zugänglich gemacht werden kann. Schließlich gibt es von mir, der Interviewsammlerin, den Wunsch, dass die Gespräche rezipiert werden mögen. Ich werde deshalb abschließend mit Bezug auf Walter Benjamin kurz darlegen, unter welchen Umständen eine gelungene Rezeption von Audio- und Videointerviews möglich sein könnte.

Im Laufe der Projektentwicklung hat sich bei mir zunehmend der Gedanke verfestigt, dass Technologien im Zusammenspiel mit Menschen nicht nur ein Eigenleben entwickeln, sondern dass Mensch und Maschine sich gegenseitig beeinflussen. Dieser hier vereinfacht ausgedrückte Gedanke geht auf theoretische Überlegungen von Karen Barad (2012) und Bruno Latour (2010) zurück.

Audio- und Videointerviews sind – zumindest potentiell – reproduzierbar, erschließbar, in neuen Formaten beliebig variierbar und eignen sich zur Kommodifizierung, d. h. sie können auch zu einem kommerziell verwertbaren Produkt werden. Einmal veröffentlicht, können sie konsumiert werden: Audio- und Videointerviews interagieren demnach in einem Geflecht aus Apparaturen und Subjekten. Apparatur ist in diesem Fall eine mechanische oder technologische Anordnung von Objekten, die es ermöglicht, einen Inhalt sichtbar, reproduzierbar und / oder speicherbar zu machen. Zeitzeuginnen und -zeugen, Interviewerinnen und Interviewer, die die Dokumente produziert haben, Sammlerinnen und Sammler, Lehrkräfte, Rezipientinnen und Rezipienten usw. verstehe ich als handelnde Subjekte. Im Laufe der Projektentwicklung hat sich bei mir die Hoffnung verfestigt, dass durch solch interagierende Apparat-Subjekt-Geflechte audiovisuelle Berichte von Verfolgten des Nationalsozialismus nicht nur erhalten bleiben, sondern dass „das Zeitzeugeninterview" immer wieder neue Formen annehmen und wiederkehren wird. Doch zunächst soll zurückgeblickt werden: Wie kam es innerhalb der Institution _erinnern.at_ zur Entwicklung der Interviewplattform „weiter_erzählen"?

Für und Wider digitaler Zeitzeugeninterviews in der historischen Bildung

erinnern.at legt seit Beginn seines Bestehens einen didaktischen Schwerpunkt auf die Erzählungen von Zeitzeuginnen und -zeugen, zum einen vermittelt durch Schulbesuche, zum anderen vermittelt durch videografierte Erzählungen und Videoporträts. Die Schulbesuche gehen auf Hermann Langbein zurück, der während des Nationalsozialismus als Kommunist im Konzentrationslager Auschwitz inhaftiert gewesen war. Er gründete das heute noch bestehende Zeitzeugenprogramm Ende der 1970er-Jahre, also zu einer Zeit, als in Österreich noch mehrheitlich behauptet wurde, das ganze Land wäre das erste Opfer der nationalsozialistischen Expansions- und Besatzungspolitik gewesen. Als also noch viele Täterinnen und Täter, Mitläuferinnen und Mitläufer sowie Profiteurinnen und Profiteure Ämter bekleideten, in Berufen tätig waren und oft auch Einfluss hatten, waren die Verfolgten als öffentlich Sprechende weitgehend marginalisiert. Im Rahmen dieses Programms sollten Zeitzeuginnen und -zeugen politisch und historisch unterrichtet werden und nach dieser Fortbildung gemeinsam mit einer Historikerin oder einem Historiker vor Jugendlichen über ihre Erfahrungen sprechen. Ester Tencer berichtet im Interview mit Hans Schafranek aus dem Jahr 1984 über ihre Schulbesuche, die sehr wahrscheinlich im Rahmen dieses Programms stattfanden. Sie erwähnt ihre „Nervosität" während ihrer Vorträge: „Manchmal kann ich gar nicht weitersprechen." Wieso sprach Tencer dennoch öffentlich über ihr Leben, und ließ die Gespräche auch als Audio- und Videodokumente aufzeichnen? Einen Hinweis darauf gibt es im Interview mit Nancy Ann Coyne 1987/1988:

> „Coyne: Was bedeutet diese Erfahrung für Sie? – Tencer: Dass ich im Lager war? … Ja, dass es fürchterlich ist und dass man arbeiten muss, dass nicht

wieder so eine Zeit kommt. Sonst kann sie nichts bedeuten … Das einzige Bewusstsein ist eben, ich muss arbeiten, damit so eine Zeit nicht wieder kommt, damit nicht unschuldige Menschen vergast werden. Sonst bedeutet mir die Zeit gar nichts." (Interviewerin Coyne 1987–1988, TC: 3:04:37)

Die Motivationen der Zeitzeuginnen und -zeugen mögen variieren, doch scheint mir Tencers Begründung, die sich auf die Zukunft richtet, typisch: Die Jugend, auch die Nachwelt, soll aufgeklärt werden, Tencer will nationalsozialistische Verbrechen wie die gezielte Vernichtung von Menschengruppen künftig verhindern helfen. Auch wenn ihr öffentliche Gespräche schwerfallen, fühlt sie sich verpflichtet, zu erzählen.

Heute sind Video- und Audio-Interviewsequenzen ein vielerorts selbstverständlich eingesetztes Medium in der Bildung über nationalsozialistische Verfolgung und Vernichtung. Sie kommen in zahlreichen digitalen und analogen Lernorten, in digitalen und analogen Archiven, in Fernsehdokumentationen zur Anwendung, im Schulunterricht jedoch eher sporadisch. _erinnern.at_ entwickelte bereits ab 2003 Lernmaterialien, die auf Videointerviews basieren.

Eine der Schwierigkeiten ist dabei, dass vieles im Interview nicht erzählt wird und somit allenfalls indirekt vermittelt wird. So rückt etwa die zentrale Tatsache, dass so viele Menschen systematisch ermordet wurden und Ermordete nicht mehr sprechen können, eher in den Hintergrund. Viele der Interviewten wie Tencer bezeugen zwar Vernichtung. Sie spricht etwa vom „Geruch" der verbrannten Leichen (Interviewerin Coyne, 1987–1988, TC: 1:14:41), berichtet von Selektionen (Interviewerinnen Bayr / Becker, 1989, TC: 0:28:40) und vom Verlust zweier ihrer Schwestern und ihrer Mutter:

„Ich nehme an, dass sie in Auschwitz vergast worden sind … Ich bin stehen geblieben, von der Ferne, und habe gesehen, wie man die Mutter und die Schwestern auf einen Lastwagen aufladet." (Interviewerin Coyne 1987–1988, TC: 1:40:20)

In den Gesprächen wird also durchaus über Verlust und Ermordung von anderen erzählt, im Zentrum steht aber meist das eigene Überleben, die Biografien oder Erfahrungen der Interviewten, und damit auch ihre Freundschaften, ihre Familie, ihr Beruf, ihre Schulzeit, ihr Weiterleben nach der Verfolgung. Durch diese Themen ebenso wie durch Erzählweisen, etwa wenn im Dialekt gesprochen, ein Lied gesungen wird und sich der Habitus der oder des Erzählenden in Kleidung, Schminke oder der Wohnungseinrichtung zeigt, erschließen sich vielfältige Lebenswelten. Diese Welten können auch davon ablenken, dass Jüdinnen und Juden sowie Romnija oder Roma, Behinderte und oft auch sowjetische Kriegsgefangene gezielt ermordet wurden, und es für ihre millionenfache Abwesenheit kaum Repräsentationen in den Interviews gibt. Viele Menschen, so Behinderte und als „asozial" Verfolgte, sind auch in der Nachkriegszeit kaum öffentlich in Erscheinung getreten, weil es zum Teil bis heute mit einem Stigma behaftet ist, behindert oder psychisch krank zu sein oder als „asozial" zu gelten. Zudem ist es schwer, eine Form des öffentlichen Sprechens zu finden, ohne wieder diskriminiert oder zumindest herabgesetzt zu werden. Die Mehrheit der Verfolgten wurde gar nicht nach ihren Erinnerungen gefragt. So gibt es von vielen unter ihnen schlichtweg keine aufgezeichneten Berichte.

Trotz dieser Kritikpunkte fokussiert _erinnern.at_ wie zahlreiche andere Bildungseinrichtungen auf die Quelle des Videointerviews, um Perspektiven von Zeitzeuginnen und -zeugen in den Mittelpunkt zu rücken. Für Berichtende bedeutete das Erzählen vor Publikum und die Speicherung der Interviews für die Nachwelt trotz aller Schwierigkeiten eine Festigung ihrer Subjektivität. Zeitzeuginnen und -zeugen erzählten auch vor Kameras und Tonbandgeräten, als es kaum Gehör für sie gab – und obwohl sie erneut Antisemitismus, Antiziganismus, Abwertungen und/oder Bedrohungen ausgesetzt sein konnten. Ein Beispiel für diese Form der „Selbsthilfe" sind die Anfänge des Fortunoff Video Archive for Holocaust Testimonies, das auf die Initiative und durch die Expertise von Überlebenden entstand (Naron, 2018). Die Nachnamen der Interviewten werden bis heute nicht in der Datenbank des Archivs angezeigt. Es soll eine gewisse Anonymität gewahrt werden, da manche der Überlebenden nach der Ausstrahlung einer Dokumentation einen Drohanruf bekommen hatten (Naron, 2018, S. 49). Viele Zeitzeuginnen und -zeugen, auch auf weiter_erzählen, sprechen über ihr Verhältnis zu – oft österreichischen – Täterinnen und Tätern sowie Mitläuferinnen und Mitläufern, denen sie in ihrer Nachbarschaft, in der Schule, bei der Zwangsarbeit oder als Häftlinge in Konzentrations- oder Vernichtungslagern begegneten (beispielsweise Interview Seiler 2007–2008; Interviewer Marchl / Tschannett TC: 0:46:59). Die Gespräche vermitteln auch, dass sich „Volksgenossinnen" und „Volksgenossen" an Verfolgung und Vernichtung beteiligten. Manche von ihnen profitierten auch, z. B. von Zwangsarbeit.

Die Quelle Videointerview in den Lernmaterialien von _erinnern.at_

Welche Lernmaterialien gibt es? Das älteste der von _erinnern.at_ initiierten Videoprojekte ist die DVD „Das Vermächtnis", für die das Team Interviews aus dem Bestand des Visual History Archive der USC Shoah Foundation für Schulen aufbereitete.[1] Ein weiteres Beispiel für eine Lernwebsite, die sich der Quelle des videografierten Interviews bedient und für die _erinnern.at_ selbst Videos hat produzieren lassen, ist www.widerstandsmahnmal-bregenz.at/vermittlung, auf der Interviews mit Nachkommen von Widerstandskämpferinnen und -kämpfern in Vorarlberg gezeigt werden. Zu den verschiedenen Materialien bietet die Institution differenziert ausgearbeitete Vorschläge zur didaktischen Verwendung von Videointerviews und -porträts (z. B. Ecker-Angerer, 2018). In diesen pädagogischen Leitlinien wird vor allem empfohlen, die Videos als Quelle und weniger zur Illustration oder mit appellativem Charakter zu nutzen.[2] Erkenntnisse aus dem Pilotprojekt „Shoah im schulischen Alltag" (SISAT)[3] zeigen, dass Jugendliche sich durchaus intensiv und mit Ausdauer mit den Talking Heads in den Videos beschäftigen.

Bei der Plattform weiter_erzählen sollte nun der Archivcharakter im Vordergrund stehen. Es ging also darum, schwer zugängliche Interviews zu sichern, aufzubereiten, zugänglich zu machen, zu erschließen und in voller Länge zu zeigen.

weiter_erzählen als Bestandteil audiovisueller Geschichtserzählung

Ganz wesentliche Ziele für weiter_erzählen waren, Provenienz und Entstehungskontext der Interviewquellen offenzulegen und die Gespräche möglichst ungeschnitten zu zeigen. In der Oral History und allgemein in Sozial- und Geisteswissenschaften gelten die lebensgeschichtliche Erzählung oder das qualitative Interview als Königsdisziplinen der Befragung, doch sollten hier möglichst unterschiedliche Gespräche und Gesprächsformate präsentiert werden. So suchte das Team auch Interviews, die sich im Hinblick auf Erzählweisen, Fragetechniken, Settings und Ziele der Produzentinnen und Produzenten stark unterscheiden – so haben etwa manche Gespräche eher Talkshow-Charakter. An den verschiedenen Interview-Orten lässt sich ablesen, dass viele der Erzählerinnen und Erzähler durch die Verfolgung zur Migration gezwungen worden waren. Sie flüchteten oder wanderten nach dem Krieg aus Österreich aus, viele wurden als Zwangsarbeiterinnen und -arbeiter nach Österreich verschleppt. Die Geschichte vieler Berichte offenbart auch, dass sie oft in einem semiprofessionellen Kontext entstanden. Die Quelle, sowohl was Frage-, als auch Ton- und Videotechnik anbelangt, entstand durch „learning by doing". Die Interviewerinnen, Interviewer und Kameraleute, oft aus *Communities* von Verfolgten oder allgemein der Oral History- und Geschichtswerkstätten-Bewegung kommend, häufig gar nicht oder gering finanziert, begannen irgendwann, ihre Gespräche zu videografieren. Teile der audiovisuellen Geschichtsbewegung institutionalisierten sich erst im Laufe der Zeit: Mediatisierte Zeugenaussagen von Verfolgten vor Gericht, professionelle Akteure wie das Visual History Archive der USC Shoah Foundation, Fernseh- oder Kinoproduktionen und laienhafte Interviewprojekte beeinflussten sich gegenseitig. Viel Rohmaterial liegt also irgendwo auf Mini-DV, Digibeta, Mikrokassetten, Festplatten usw., es mag vergessen oder auch gepflegt werden, es ist aber oft noch immer nicht für die Öffentlichkeit zugänglich. Es ist also auch ein Ziel von weiter_erzählen, fast verlorene oder sonst schwer einsehbare Interviews oder Interview-Rohmaterial aufzubereiten und ohne Zugangsbeschränkungen im Internet zu zeigen. Viele Privatpersonen und Institutionen haben ihr Einverständnis gegeben, die von ihnen produzierten und bislang unveröffentlichten Gespräche auf weiter_erzählen für die Öffentlichkeit postproduzieren zu lassen oder haben sie bereits geschnitten zur Verfügung gestellt. Dies bedeutet, dass Ausschnitte kompiliert und manchmal weggelassen, Interviews untertitelt und in passende Formate umgewandelt wurden.

Zur Agency von Zeitzeuginnen und -zeugen in digitalen Interviews

Mit dem Sammeln und Aufbereiten der Interviews stellte sich die Frage, ob die Intentionen der Zeitzeuginnen und -zeugen auch Jahrzehnte nach dem Interviewzeitpunkt gewahrt werden können. Tencers energische Intervention – oder Störung – „Das sind Fragen, die ganz danebengehen!" – verweist Zuhörende darauf, dass Verfolgte des Nationalsozialismus, die öffentlich über ihre Erfahrungen sprechen, Anliegen und Agenden haben und auch hatten, als die Berichte aufgenommen wurden, und sie nicht immer gewillt waren, die Erwartungen ihres Gegenübers zu erfüllen.

Wie gehen Produzentinnen und Produzenten, Archivarinnen und Archivare, Lehrende sowie Rezipientinnen und Rezipienten mit diesen Anliegen um oder: Wie kann die Agency von Zeitzeuginnen und -zeugen im Apparat des Speicherns, Sammelns, Veröffentlichens, Vervielfältigens und Rezipierens audiovisueller Quellen gewahrt werden?

Es ist gängige Praxis und für die meisten Interviewerinnen und Interviewer wohl selbstverständlich, dass nur mit dem Einverständnis der Zeitzeugin oder des Zeitzeugen interviwt, aufgezeichnet, gespeichert und veröffentlicht werden sollte. Doch wie gestaltet sich diese Praxis, wenn viele Berichtende nicht mehr selbst intervenieren können, die Interviews aber wieder zum Leben erweckt werden? Das Rohmaterial, die Ton- und Videoaufnahmen, befinden sich manchmal in öffentlichen Archiven, oft aber auch zusammen mit den Urheber- und Verwertungsrechten bei denen, die die Interviews oft in ihrer Freizeit oder halbprofessionell produziert haben. Weder die Zeitzeuginnen und -zeugen selbst noch die Videografinnen und Videografen konnten zum Interviewzeitpunkt ahnen, welche technischen Möglichkeiten es Jahre später zur Reproduzier- und Abrufbarkeit dieser Aufnahmen und welche gesellschaftlichen Entwicklungen es geben würde. Da sich Technologien auch weiter wandeln werden, wird es immer wieder aufs Neue notwendig sein, die Interessen der Produzentinnen und Produzenten sowie der Öffentlichkeit mit Überlegungen auszutarieren, welche Verwendung der Gespräche im Sinne der Erzählenden ist.

Zuhörende und Zusehende können natürlich nicht sicher wissen, ob sie dem Anliegen der Interviewten gerecht werden, wenn diese nicht mehr ansprechbar sind. Es besteht durchaus die Versuchung, die Zeitzeuginnen und -zeugen in den teilweise jahrzehntealten Interviews für eigene Zwecke, von denen die Berichtenden nichts wissen konnten, zu vereinnahmen. Die Anliegen einer Erzählerin oder eines Erzählers stimmen möglicherweise nicht mit den Anliegen von Lehrpersonen, Historikerinnen und Historikern sowie Kuratorinnen und Kuratoren überein. Deshalb gilt es, diese etwaigen Spannungen beim Veröffentlichen – auch beim Unterrichten mit Video- und Audiointerviews – zu berücksichtigen. Trotz dieser Einschränkungen meine ich, dass es in den allermeisten Fällen im Sinne der Zeitzeuginnen und -zeugen ist, wenn die Aufnahmen mit ihnen nicht vergessen werden, Interviews nicht durch Materialalterung verloren gehen, sondern mit Bedacht aufbereitet und sowohl in der Gegenwart als auch von der Nachwelt breit rezipiert werden. Viele von ihnen, wie Ester Tencer, haben ihre Intentionen in den Gesprächen deutlich formuliert. Bei verschiedenen Videointerviews mit Menschen, die zeit ihres Lebens, auch vor und nach dem Nationalsozialismus, stark ausgegrenzt wurden und mit wenig materiellen Ressourcen auskommen mussten, wird das in ihrer Erzählweise sehr deutlich, etwa wenn sie auf eine recht beiläufige oder auch eine sehr dialogische und rezitierende Art sprechen („dann hat er gesagt, dann hab ich gesagt"). Nicht alle präsentieren sich als zentrales Subjekt in der Welt, das Lehren aus dem Leben gezogen hat und etwas weiterzugeben hat. Dennoch haben sie sich dazu entschieden, ihre Berichte der Öffentlichkeit und der Nachwelt zu überlassen.

Was ist das Original?
Die Transformationen eines Zeitzeugeninterviews

Ein wichtiges Prinzip für die Veröffentlichung auf weiter_erzählen ist also, dass die Nutzung im (vermuteten) Sinn der Zeitzeuginnen und -zeugen sein sollte. Ein weiteres Prinzip ist die Quellentreue der digitalen Zeugnisse. _erinnern.at_ hat also den Anspruch, Interviews in voller Länge, die gesamte Interviewsituation zur Verfügung zu stellen. Trotz dieser Leitlinie haben die Dateien realiter viele Transformationen durchlaufen, bis sie auf der Website zu durchsuchen, zu hören und zu sehen sind. Mitunter waren die Gespräche auf verschiedensten Datenträgern gespeichert, waren noch nicht digitalisiert worden, und mitunter bestand die Gefahr, dass die Dokumente wegen Materialschäden und Alterung verloren gehen würden. Aber selbst wenn die Dateien von Festplatten aus gesichtet, geordnet und in passende Formate transformiert wurden, wurde das Interview doch kompiliert – es sei denn, andere Institutionen stellten fertig produzierte Gespräche bereit, die unverändert in weiter_erzählen integriert werden konnten. Das Team, inklusive der Cutterinnen und Cutter, traf Entscheidungen, welche Kameraeinstellungen zu bevorzugen sind, welche Nebengespräche gezeigt werden, wie Tonspuren, die nachlässig aufgenommen worden waren oder Bildausschnitte, die die Sprechenden auf eine zu despektierliche Art zeigen, zu bearbeiten sind. Um zumindest darauf hinzuweisen, dass die nationalsozialistische Verfolgung in Österreich nicht nur Deutschsprachige betraf, sondern Menschen aus verschiedensten Ländern mit verschiedensten Muttersprachen, nahm das Team Berichte in mehreren Sprachen in weiter_erzählen auf. Interviews in Italienisch, Polnisch, Romanes, Russisch, Serbisch, Ukrainisch, Ungarisch und manche im burgenländischen Dialekt wurden untertitelt – die eingeblendete Übersetzung war eine zusätzliche Wandlung, die die Quellen durchliefen (vgl. allgemein zu Übersetzungen: Degen, 2018). Zudem komponierte das Redaktionsteam den Erzählfluss mit, denn es entfernte Passagen, die offensichtlich nicht für eine breite Öffentlichkeit bestimmt waren. Dies war meistens der Fall, wenn Interviewte über Dritte sprechen. Allerdings ist etwas vom „Apparat" in den meisten Aufzeichnungen zu sehen oder zu hören, sofern es entsprechende Aufnahmen gibt – es ist also zu sehen, wie Mikrofone angeklammert werden, Kameras sich spiegeln, es ist zu hören, dass Bänder zu

Ende gehen. Nach diesem Schritt im „Postproduktionsapparat" wurden die Interviews tiefenerschlossen, also thematischen und geografischen Filtern zugeordnet, die Erzählung sequenziert und verschlagwortet. So ist es nun möglich, trotz der Bearbeitungen lange, ungeschnittene Interviewpassagen, oft auch gänzlich ungeschnittene Gespräche zu hören und zu sehen. Durch die Verschlagwortung und Nicht-Linearität des Internets können Userinnen und User aber auch die Vielzahl von Erzählungen nutzen. Verschiedene Varianten von Erzählungen sind zu hören, es ist möglich, sie zu pausieren, sie zu wiederholen, von Sequenz zu Sequenz, von Thema zu Thema zu surfen.

Das Prinzip der variierten Wiederholung

Manche Zeitzeuginnen und -zeugen, die sich einmal dazu entschlossen haben, öffentlich zu sprechen, haben dies immer wieder getan, sie haben Erzählungen mehrfach, von verschiedenen Kameraleuten mit unterschiedlichen Interviewerinnen und Interviewern, aufzeichnen lassen. Manche von ihnen wurden immer vertrauter mit den Produktionsbedingungen und der Wirkung, die sie im Video oder in einer Tonaufnahme hatten. Derzeit sind auf weiter_erzählen von 19 Zeitzeuginnen und -zeugen mehrere verschiedene Interviews abrufbar. Der Schwerpunkt liegt auf dem Medium Video, das Team fügte aber in manchen Fällen Audioberichte zu einem Video mit einer Zeitzeugin oder einem Zeitzeugen hinzu. Diese Mehrfachinterviews erlauben es, zu vergleichen, wie sich Frage- und Erzählweisen, die Gestaltung, kurz: die Quelle, über die Jahre gewandelt haben. Es gibt also verschiedene Varianten von Gesprächen, manchmal sind sich wiederholende, geronnene Erzählgestalten, manchmal große Unterschiede auszumachen. Tencer ist auf weiter_erzählen in einem Video von 1989 zu sehen. Zusätzlich stellte das Dokumentationsarchiv des österreichischen Widerstandes (DÖW) aus seinem Bestand „Erzählte Geschichte" zwei Audiointerviews mit Tencer für weiter_erzählen zur Verfügung. In diesen Aufnahmen ist von der Welt einer jungen, aus Galizien zugewanderten, nicht gerade aus einer wohlhabenden Familie kommenden jüdischen Frau zu hören. Tencer und ihre Interviewerinnen und Interviewer lassen in ihrem Dialog Bilder davon auferstehen, wie Tencer durch das Wien der 1920er und 1930er geht, wie sie sich während des Austrofaschismus dem kommunistischen Widerstand anschließt. Nach der nationalsozialistischen Machtergreifung flüchtet sie mit ihren Schwestern und ihrer Mutter nach Belgien. Sie leistet dort „Mädelarbeit", sie „geht" also „aufreißen" (Interviewer Schafranek, 1984, TC: 2:05:41), versucht, mit Wehrmachtssoldaten zu flirten und diese dazu zu bewegen, den Krieg zu sabotieren (Interviewer Schafranek, 1984, TC: ab 2:03:55). Tencer „geht hoch", sie wird verhaftet und nach ihrer Zeit im Gefängnis in das Konzentrationslager Auschwitz deportiert; nach einem „Todesmarsch" gelangt sie in das Frauenkonzentrationslager Ravensbrück in Brandenburg, Deutschland. Nach dem Krieg arbeitet sie lange Jahre ehrenamtlich für das DÖW. Der interviewende Historiker Hans Schafranek fragt 1984 nach dem Sinn der „Mädelarbeit" – hatte die Kommunistische Partei Tencer denn nicht fahrlässig gefährdet und der nationalsozialistischen Verfolgung preisgegeben (ebd., TC 2:13:30)? Er möchte sehr genau wissen, wie der kommunistische Widerstand organisiert war. Dies sind Fragen, die Tencer versteht und gerne beantwortet, sie erklärt ihr Überleben mit der Solidarität der Genossinnen im Lager (Interviewerin Coyne 1987–1988, TC: 2:36:49). Ihre Erzählung erweckt den Eindruck, auch wenn der messbare Erfolg ihrer Aktivitäten fragwürdig sein mag, dass sie durch ihre Akte des Widerstandes und im Kontakt mit Genossinnen trotz der Verfolgung ihrem Leben Sinn geben konnte und der drohenden Verhaftung und Ermordung als Jüdin etwas entgegenzusetzen hatte. Beide Gespräche machen deutlich, dass auch die Interviewenden Coyne und Schafranek ihre Agenden verfolgen, und beide nicht bereit waren, Tencer zu schonen. Die Audiointerviews wurden in einem Zeitraum von vier Jahren aufgezeichnet, und sie variieren stark.

Die Designerin und Fotografin Nancy Ann Coyne nahm ihre Interviews mit Tencer in den Jahren 1987 und 1988 auf – sie fragt kulturwissenschaftlicher als Schafranek, sie fragt nach Erinnerungen, nach Gefühlen und nach der Individualität, auch nach der Kleidung und der Frisur, nach dem Überlebenswillen Tencers. Tencers zunehmende Empörung im Vorlauf zu dem in der Überschrift zitierten Satz „Das sind Fragen, die eigentlich ganz daneben gehen!" ist nicht zu überhören – die Interviewte erzählt von Selektionen und der Gaskammer in Auschwitz, dort habe es keine Hoffnung und keine Ablenkung gegeben (Interviewerin Coyne 1987–1988, TC: 2:36:49–2:41:00). Als Coyne sich etwas später danach erkundigt, wie sich Tencer ihr Leben im Nachkriegswien aufgebaut habe, antwortet diese „Das gehört nicht dazu". Coyne hakt nach und sagt: „Ich glaube, das gehört doch dazu" (ebd. TC: 2:50:35). Tencer antwortet schließlich seufzend:

„Das hängt davon ab, aus welchen Gründen man zurückkommt. Wenn Sie zurückkommen, um hier Freunde zu finden oder irgendwas, dann ist es eine Enttäuschung und ein leeres Gefühl. Aber wenn Sie zurückkommen, einfach, aus politischen Gründen zurückkommen, dann sind Sie ja in den Kreis zurück gekommen, … es waren die Genossen da. … Aus politischen Gründen bin ich zurück." (ebd. TC: ab 2:56:58)

Die Gesprächspartnerinnen und -partner geben also durchaus Intimes von sich preis. Wie kann nun ein guter Moment der Rezeption gelingen?

Zur Rezeption von Interviews

In den deutschsprachigen Ländern ist es in Bildungseinrichtungen weitgehend Konsens, dass Lernende, die sich Wissen zum Holocaust und anderen nationalsozialistischen Verbrechen aneignen, nicht überwältigt werden sollten (Uhl, 2012). Auch _erinnern.at_ arbeitet seit seinem Bestehen recht gezielt gegen den gruseligen Schauder im Klassenzimmer. Es gilt also, Pathos, viel Auratisierung, suggestive Emotionalisierung bei Schulgesprächen mit Zeitzeuginnen und -zeugen zu vermeiden. Dennoch, auch darüber herrscht in der Institution Einigkeit, komme es bei Live-Gesprächen mitunter zu „magic moments" – ganz besonderen Momenten zwischen der Erzählerin oder dem Erzähler und den Zuhörenden. Wie kann es zu einem gelungenen Moment der Rezeption aufgezeichneter Interviews kommen, auch im Hinblick darauf, dass Menschen meist recht selbstständig mit den aktuellen Technologien umgehen – sie also klicken, surfen, verlinken, embedden, posten und „schnell mal was googeln", und die Quellentreue durchaus gefährdet ist?[4] Ich möchte abschließend, um auf diese Frage einzugehen, noch einmal auf den Begriff der „Apparatur" zurückgreifen. Walter Benjamin, der immer wieder von der Apparatur spricht, hat sich bekanntermaßen mit Technologien und dem sich beschleunigenden Informationszeitalter, das eine große Herausforderung für Subjekte bedeutet, beschäftigt (Benjamin, 1961a, S. 163; 1961b, S. 234; 1961c, S. 268). Er umkreist die Frage danach und gibt Hinweise darauf, was ein gelungenes Moment der Rezeption – er nennt es Apperzeption – ist. Benjamin selbst konnte von seiner Verfolgung durch die nationalsozialistischen Behörden kein umfassendes Zeugnis hinterlassen, weil er sich auf seiner Flucht das Leben nahm, um seiner Verhaftung und denkbaren Ermordung zu entgehen.[5]

Benjamin fragte danach, wie Rezeption in der schnelllebigen Moderne mit kapitalistischer Produktionsweise gelingen könne. Zunächst unterscheidet er zwischen „Erfahrung" einerseits sowie „Informationen" und „Erlebnissen" andererseits. Ich verstehe Erfahrungen so, dass sie der Subjektwerdung dienen, sie eine praktisch-leibliche Komponente haben und die Zeitlichkeit einer Biografie strukturieren, sie ein Subjekt gesellschaftlich und historisch verorten sowie dass sie in eine Erzählung eingepasst und so vermittelt werden können. Auf dem Erfahrenen gründet sich, was in Zukunft erwartet wird. Im Gegensatz dazu steht das flüchtige, austauschbare und isolierte Erlebnis, das nicht eingeordnet werden kann (Denschlag, 2017, S. 100). Erfahrung verbindet Benjamin mit dem mündlichen Erzählen, das Menschen immer weniger beherrschen (Benjamin, 1961d, S. 313f.) Lediglich News werden durch die kapitalistischen Informations- und Reproduktionsautomaten verbreitet, der moderne Mensch ist „über alles informiert, aber arm an Geschichten" (Denschlag, 2017, S. 93). Es ist also nicht das manische Suchen nach Wissensinhalten, sondern die unwillkürliche Erinnerung, das, was das Vergessene, Verschüttete, bislang nicht Sichtbare in das Bewusstsein holt. Wie ist es nun mit der Aura, die ja in der Bildung mit Zeitzeugeninterviews kritisch beäugt wird und über die Benjamin mehrfach geschrieben hat? Er entfaltet in „Das Kunstwerk im Zeitalter der technischen Reproduzierbarkeit" tatsächlich ein Verständnis von Aura, das mit Ritual (Benjamin, 1961a, S. 155), Einzigkeit (ebd. S. 155) und Authentizität (Denschlag, 2017, S. 198f.) in Verbindung steht, und für mein Dafürhalten eine sehr romantische und nostalgische Note hat. Dennoch, er hat auch ein Verständnis von Aura, nach dem die oder der Betrachtende vom Unbelebten angeschaut wird (Benjamin, 1961c, S. 234): Verspürt das Subjekt also Aura, erfährt es, unwillkürlich, etwas. Dass die Aura aus der „zeitlichen Ferne" (Benjamin, 1961a, S. 157f.) kommt, also eher zur Distanz als zur Verschmelzung verhilft, scheint mir bei Rezeption digitaler Interviews durchaus hilfreich. Aura geht im Informationszeitalter und durch Reproduktionstechnologien nach Benjamin zunehmend verloren, Subjekte können und sollten aber lernen, mit den

Erfordernissen der Moderne umzugehen. Dies bedeutet auch, zumindest Teile der Apparatur zu erkennen und Rezeption mittels neuer Medien einzuüben, sich von diesen Medien aber nicht dressieren zu lassen (Wild, 2008, S. 153ff.). Teil dieser Übungen ist, Platz für die Erfahrung zu schaffen und Klischee von Aura unterscheiden zu lernen. Es braucht einen Leerraum ohne Informationen und ohne die gefühlte Pflicht, die richtige Antwort schon wissen zu müssen, um Erfahrungen, auch mit den in Audio- und Videointerviews gespeicherten mündlichen Erzählungen von Zeitzeuginnen und -zeugen, zu machen. Ein gelungenes Moment der Rezeption ist, wenn eine Interviewsequenz gefunden, ein Gespräch gesehen oder gehört wird, mithilfe dessen sich unwillkürlich, vielleicht zunächst überraschend, eine Erinnerung einstellt, eine Erfahrung gemacht wird. So ein „magischer" Moment ist nicht planbar. Es bleibt zu hoffen, dass die Erzählungen der Zeitzeuginnen und -zeugen in verschiedenen Formen in Apparaturen wiederkehren und rezipiert werden. Dennoch, es wird beim Hören und Sehen der Interviews viele Augenblicke geben, in denen alle Abwehrmechanismen, die die Psyche zu bieten hat, hervorbrechen. Es wird immer wieder zu Momenten der Überwältigung, Überforderung und Ohnmacht kommen – dies ist bei den Inhalten nicht zu vermeiden.

Interviews

Seiler, Alfred (Fred); Interviewer: Marchl, Robert / Matthias Tschannett, 2007–2008, Sammlung Andreas Gruber, https://www.weitererzaehlen.at/interviews/alfred-seiler (5.4.2021).

Tencer, Ester; Interviewer: Schafranek, Hans 1984, Sammlung Dokumentationsarchiv des österreichischen Widerstandes, Erzählte Geschichte: https://www.weitererzaehlen.at/interviews/ester-tencer-doew (5.4.2021).

Tencer, Ester; Interviewerin: Coyne, Nancy Ann 1987–1988, Sammlung Dokumentationsarchiv des österreichischen Widerstandes, Erzählte Geschichte: https://www.weitererzaehlen.at/interviews/ester-tencer-doew-coyne (5.4.2021).

Tencer, Ester / Robert Strassmair; Interviewerin/Interviewer: Bayr, Petra / Clemens Becker, Sammlung Österreichisches Bildungsministerium / Hans, Friedel / Frankl, Liesl: https://www.weitererzaehlen.at/interviews/ester-tencer-roman-strassmair (5.4.2021).

Literaturverzeichnis

Barad, Karen: Agentieller Realismus. Über die Bedeutung materiell-diskursiver Praktiken (Frankfurt/M. 2012).

Baricelli, Michele / Markus Gloe: Neue Dimensionen der Zeugenschaft. Digitale 2D-/3D-Zeugnisse von Holocaust-Überlebenden aus fachdidaktischer Sicht, in: Fröhlich, Claudia / Harald Schmid (Hrsg.): Jahrbuch für Politik und Geschichte. Virtuelle Erinnerungskulturen (Stuttgart 2020) S. 45–66.

Benjamin, Walter: Das Kunstwerk im Zeitalter seiner technischen Reproduzierbarkeit, in: Illuminationen. Ausgewählte Schriften (Frankfurt/M. 1961a) S. 148–184.

Benjamin, Walter: Über einige Motive bei Baudelaire, in: Illuminationen. Ausgewählte Schriften (Frankfurt/M. 1961b) S. 201–245.

Benjamin, Walter: Geschichtsphilosophische Thesen, in: Illuminationen. Ausgewählte Schriften (Frankfurt/M. 1961c) S. 268–281.

Benjamin, Walter: Erfahrung und Armut, in: Illuminationen. Ausgewählte Schriften (Frankfurt/M. 1961d) S. 313–318.

Degen, Sylvia: Die Stimmen der Überlebenden, aber wessen Worte? Audiovisuelle Interviews mit NS-Überlebenden und ihre Übersetzung (Münster 2018).

Denschlag, Felix: Vergangenheitsverhältnisse. Ein Korrektiv zum Paradigma des „kollektiven Gedächtnisses" mittels Walter Benjamins Erfahrungstheorie (Bielefeld 2017).

Dreier, Werner / Angelika Laumer / Moritz Wein (Hrsg.): Interactions. Explorations of Good Practice in Educational Work with Video Testimonies of Victims of National Socialism (Berlin 2018), https://bit.ly/3mo5OmN (6.4.2021).

Ecker-Angerer, Maria: „What exactly makes a good interview?" Educational work with videotaped testimonies at _erinnern.at_, in: Dreier, 2018, S. 181–191, https://bit.ly/3rVrBmT (6.4.2021).

Latour, Bruno: Eine neue Soziologie für eine neue Gesellschaft. Einführung in die Akteur-Netzwerk-Theorie (Frankfurt/M. 2010).

Naron, Stephen: Archives, Ethics and Influence: How the Fortunoff Video Archive's Methodology Shapes its Collection's Content, in: Dreier, 2018, S. 41–51, https://bit.ly/3mr0v6g (6.4.2021).

Uhl, Heidemarie: Vom Pathos des Widerstands zur Aura des Authentischen. Die Entdeckung des Zeitzeugen als Epochenschwelle der Erinnerung, in: Sabrow, Martin / Norbert Frei (Hrsg.): Die Geburt des Zeitzeugen nach 1945 (Göttingen 2012) S. 224–246.

Wild, Cornelia: Gegen die Erfahrung abgedichtet. Benjamin nach der Melancholie, in: Weidner, Daniel / Sigrun Weigel (Hrsg.): Benjamin-Studien 1 (München 2008) S. 147–160.

Anmerkungen

1 Einen Überblick über die verschiedenen Lernmaterialien mit Videointerviews von _erinnern.at_ bietet die Startseite von www.weitererzaehlen.at (18.10.2020).
2 Vorschläge zum Gebrauch von Videointerviews und -porträts im Unterricht sind z. B. https://www.ueber-leben.at/leitsaetze und https://www.alte-neue-heimat.at/lernmodule/lernmodule-pdf/Lernmodul_Arbeiten_mit_biografischen_Videoportraets.pdf (18.10.2020).
3 Shoah im schulischen Alltag – Historisches Lernen mit Video-Interviews von Überlebenden in einer Tablet basierten Lernumgebung 2015 (SISAT), https://www.erinnern.at/themen/e_bibliothek/ausstellungsprojekte/pilotstudie-shoah-im-schulischen-alltag-2013-historisches-lernen-mit-video-interviews-von-ueberlebenden-in-einer-tabletbasierten-lernumgebung (18.10.2020); siehe auch den Beitrag von Irmgard Bibermann in diesem Band.
4 Michele Baricelli und Markus Gloe weisen zurecht darauf hin, dass das berühmte Hologramm im Vergleich zu anderen digitalen Medien merkwürdig antiquiert wirkt – es ist eben nicht im World Wide Web verfügbar, sondern ortsgebunden, und es ist auch nur bedingt interaktiv (Baricelli, 2020, S. 60f.); allerdings orientiert sich auch „das Internet" stark an regionalen und nationalen Grenzen; viele frei zugänglich scheinende Inhalte sind weltweit allenfalls mit einer Virtual Private Network (VPN)-Verbindung abrufbar: Videos, Podcasts usw. werden mitunter nur für bestimmte Länder lizensiert, Staaten wie die VR China blockieren Websites, nicht zuletzt den großen Player Google, in der „Bubble" werden der Nutzerin oder dem Nutzer eher dem Wohnort angepasste Vorschläge gemacht usw. Baricelli und Gloe begrüßen zu Recht jedes Medium, auch „das Hologramm", das von der Erfahrung der „zu Schaden Gekommenen" ausgeht (ebd., S. 64).
5 Benjamins Bruder Georg praktizierte als Arzt in Berlin-Wedding (Pankstraße, Gesundbrunnen). Er starb im Konzentrationslager Mauthausen; Benjamins Schwester Dora war Sozialwissenschafterin; ihr gelang die Flucht nach Zürich, wo sie 1946 an Krebs verstarb.

Irmgard Bibermann

Das internationale Forschungsprojekt „Shoah im schulischen Alltag". Wie funktioniert historisches Lernen mit videografierten Zeitzeugen-Interviews auf einer Tablet-App?

75 Jahre nach Befreiung der Konzentrationslager stehen wir an der Schwelle zwischen kommunikativem und kulturellem Gedächtnis. Diejenigen, die als Kinder oder Jugendliche von Verfolgung im NS-Terrorregime betroffen waren, können nur noch kurze Zeit über ihre unmittelbaren Erfahrungen berichten.

Im Bewusstsein, dass der generationelle Zusammenhang mit der NS-Zeit schwindet und sich dadurch die Zugangsbedingungen zu diesem Teil der Geschichte ändern, hat _erinnern.at_ im Auftrag des Bildungsministeriums in den letzten Jahren eine Fülle von Lernsettings zu Videos mit Zeitzeuginnen und -zeugen erstellt und ein Online-Zeitzeugen-Archiv eingerichtet. Auch die großen Sammlungen von videografierten Interviews mit Holocaust-Überlebenden, wie die USC Shoah Foundation, legen immer mehr Wert auf Vermittlung. Filmische Interviews bewahren die Lebensgeschichten von Überlebenden des Holocaust für nachfolgende Generationen. Sie ermöglichen Schülerinnen und Schülern, sich auch in Zukunft mit der nationalsozialistischen Verfolgungspolitik aus der Perspektive der Betroffenen auseinanderzusetzen. Wie in Zukunft an den Holocaust erinnert wird, auf welche Weise er Teil einer lebendigen, reflektierten Erinnerungskultur bleibt, hat auch damit zu tun, ob und inwieweit didaktisch aufbereitete Lernmaterialien die Jugendlichen erreichen.

Die Frage, wie Unterrichtssettings mit videografierten Zeitzeugnissen gestaltet werden sollen, damit die Lernenden einen möglichst großen Nutzen für die Entwicklung von historischen Kompetenzen daraus ziehen, wurde theoretisch vielfach reflektiert (vgl. Barricelli, 2013; Bothe, 2013), aber kaum empirisch beforscht.

Deshalb initiierte _erinnern.at_ mit der Freien Universität Berlin, der Universität Innsbruck und der Pädagogischen Hochschule Luzern das internationale Forschungsprojekt „Shoah im schulischen Alltag", kurz SiSAT. In dieser als Pilotstudie konzipierten Untersuchung (bei der es dann mangels Folgefinanzierung blieb) wurden Untersuchungsstrategien sowie Erhebungs- und Auswertungsmethoden entwickelt und erprobt. Dafür wurde eine Unterrichtseinheit entworfen, in deren Zentrum drei Video-Interviews mit Zeitzeuginnen und -zeugen stehen und die auf Tablet-Computern angeboten wurde.

Das Tablet war Arbeitsgerät, Informationsträger und Forschungsinstrument. Das derart generierte Datenmaterial bietet interessante Einsichten in historische Lern- und Vermittlungsprozesse, die in diesem Beitrag exemplarisch vorgestellt werden sollen.[1]

Eckdaten zur Pilotstudie

Im Zentrum des Forschungsdesigns stand die 90-minütige Unterrichtseinheit „Begegnung mit ZeitzeugInnen der Shoah". Mitarbeiterinnen und Mitarbeiter des Centers für Digitale Systeme an der Freien Universität Berlin hatten bereits für das Vermittlungsprojekt „Zeugen der Shoah" Interviews, die im Original über zwei Stunden dauern, auf 30 Minuten gekürzt.[2] Bei der Auswahl der Interviews für die Unterrichtseinheit in der SiSAT-Studie wurden einerseits thematische Aspekte berücksichtigt, andererseits wurde darauf geachtet, dass sowohl Frauen als auch Männer zu Wort kommen. Die Schülerinnen und Schüler konnten zwischen drei Zeitzeugnissen wählen. Als Entscheidungshilfe dienten ihnen kurze Interviewausschnitte und knapp gehaltene Biografien der Zeitzeuginnen und -zeugen, deren Erinnerungsberichte unterschiedliche Aspekte des Themas Holocaust wie „Fliehen", „Überleben" sowie „Widerstehen" beleuchteten.

Die Pilotstudie wurde von Ende Februar bis Ende Mai 2015 in je einer Klasse in Berlin, in Innsbruck und in zwei Klassen im schweizerischen Zofingen durch-

Die Innsbrucker Schülerinnen und Schüler bei der Beschäftigung mit den videografierten Zeitzeugen-Interviews im Rahmen der SiSAT-Pilotstudie, April 2015 (Foto: Irmgard Bibermann)

geführt. Insgesamt waren 74 Jugendliche daran beteiligt. Ihr Durchschnittsalter lag bei 17 Jahren.

Die Unterrichtseinheit in Form einer App auf dem Tablet bot dem Forschungsteam die Möglichkeit, auf die Lernprozesse der Schülerinnen und Schüler empirisch zuzugreifen. Auf der Tablet-App befanden sich drei Fragebögen, mit denen das Forschungsteam die Ausgangsvoraussetzungen der Jugendlichen, ihren Lerngewinn sowie ihre Einschätzung zu Lernprozess und Lernergebnis erhob. Die Tablets enthielten außerdem eine Tracking-Software, mit deren Hilfe das Nutzerverhalten der Schülerinnen und Schüler bei ihrer Arbeit mit dem Tablet durch Dateninspektion untersucht werden konnte.

Die Unterrichtseinheit wurde auf Video aufgenommen, um die Interaktion der Lernenden untereinander und mit der Lehrperson zu dokumentieren, vor allem in den Plenums-Phasen zu Beginn und am Ende der Doppelstunde.

Was erzählen die Forschungsergebnisse über Lerngewinn und Lernprozesse der Jugendlichen?

Die meisten geschichtsdidaktischen Kompetenzmodelle stellen narrative Kompetenz in den Mittelpunkt von historischem Lernen. Schülerinnen und Schüler sollen nach gängigen Kompetenzmodellen, wie dem von Peter Gautschi, lernen, eigene Fragen an historische Quellen und Darstellungen zu stellen, sich historische Zeugnisse zu erschließen, sie zu analysieren und zu interpretieren und eigene Standpunkte, Haltungen und Einstellungen dazu zu entwickeln (Gautschi, 2015, S. 48–54).

Historische Narrationskompetenz zielt auf die Fähigkeit, die aus der Auswertung historischer Quellen und Darstellungen gewonnenen Erkenntnisse über die Vergangenheit in eine sinnvolle Erzählung zu einer historischen Ausgangsfrage zu verwandeln. In der Unterrichtseinheit der Pilotstudie lautete die zentrale Fragestellung: Was lerne ich bei der Beschäftigung mit videografierten Zeitzeugen-Berichten über den Holocaust?

Wie steht es um die narrative Kompetenz der Schülerinnen und Schüler?

Während der Unterrichtseinheit im Pilotprojekt bot sich den Jugendlichen anhand verschiedener Aufgabenstellungen mehrfach Gelegenheit, wichtige Kompetenzen für historisches Lernen zu üben und eigene Narrationen zu verfassen: beim Begründen der Interviewauswahl, beim Formulieren von Erwartungen an das gewählte Interview, beim Begründen der Zitatauswahl aus dem Zeitzeugenbericht, beim Benennen des eigenen Rezeptionsverhaltens (Gedanken, Eindrücke, Gefühle) sowie beim Schreiben der Zusammenfassung zum Interview.

Beim Erstellen der Zusammenfassung konnten sie zeigen, inwieweit sie die historische Erzählung im Erinnerungsbericht verstanden hatten und welche eigenständige historische Narration sie dazu entwickelten. Die Qualität dieser Erzählungen war hinsichtlich ihres Inhalts und Stils sehr unterschiedlich. Viele Schülerinnen und Schüler konzentrierten sich beim Zusammenfassen auf die von den Zeitzeuginnen und -zeugen berichteten Ereignisse. Es fanden sich aber auch elaboriertere Narrationen, wie die eines Innsbrucker Schülers: Seine Erzählung spannt den zeitlichen Bogen von der Nazi-Zeit bis in die Gegenwart und erfüllt einige Kriterien, die als Parameter für Erzählfähigkeit gelten (Pandel, 2010, S. 128–129): In seiner Zusammenfassung gibt es einen roten Faden, er bietet eine kohärente Erzählung, in der die einzelnen Fakten miteinander verbunden und nicht nur aufgezählt werden, er identifiziert eindeutig die handelnden Subjekte und bringt auch metanarrative Elemente ein, die so in der Erzählung des Zeitzeugen nicht vorkommen.

> *„Eugen Herman-Friede ist von seiner Schule genommen worden und hat viele Einschränkungen erleben müssen, nur weil er ein Jude ist. Er hat sich bei mehreren Familien versteckt, die ihn trotz Gefahr für sich selbst aufgenommen haben und versorgt hatten. Er wurde schließlich doch von der Gestapo verhaftet aber durch den Einmarsch der roten Armee befreit. Er besucht nun Schulen und versucht den Schülern sowohl mit seinem Buch als auch mit Diskussionen die Vergangenheit näher zu bringen."*

Was erfahren wir über den Lernzuwachs der Schülerinnen und Schüler?

Die Jugendlichen wurden mittels der Fragebögen (1) und (3) eine Woche vor der Durchführung der Unterrichtseinheit und zwei Wochen danach zu folgenden Punkten befragt:

- Zu ihrem Wissen über, ihren Einstellungen zum und ihr Interesse am Holocaust (Thema der geplanten Unterrichtseinheit).
- Zu ihren Erfahrungen mit und Einstellungen zu Zeitzeuginnen und -zeugen (Informationsquelle der geplanten Unterrichtseinheit)
- Zum Tablet als Arbeitsgerät (Vermittlungs- und Arbeitsgerät).

Die Fragebatterien in Fragebogen (1) und (3) waren identisch, um einen Zuwachs an Wissen bzw. eine Veränderung der Einstellungen festmachen zu können.
 Von besonderem Interesse ist das Auswertungsergebnis der Fragebögen (1) und (3). Fragebogen (1) erhob Soziodaten und Vorwissen/Voreinstellungen, Fragebogen (2) fragte die Selbsteinschätzung von Lernprozess und Lernergebnissen ab, Fragebogen (3) Wissen und Einstellungen zu Holocaust, Zeitzeuginnen und -zeugen sowie dem Tablet als Lerngerät. Der Vergleich der Antworten vorher und nachher ergab, dass kaum Veränderungen festzustellen sind.

Worin besteht der Lerngewinn?

Dieser Befund wird etwas verständlicher, wenn man sich neben den Daten aus den quantitativen Fragebatterien die Auswertung der offenen Fragen anschaut. In Fragebogen (3) gab es zusätzlich drei offene Fragen. Sie boten den Jugendlichen die Möglichkeit, Angaben zu ihren Lernerfahrungen zu machen und ihre Erkenntnisse aus der Geschichtsdoppelstunde festzuhalten. Bei der Sichtung dieses Erhebungsmaterials konnten im Wesentlichen drei Reflexionsmuster in Bezug auf den Lern- bzw. Erkenntnisgewinn festgestellt werden. Eine ganze Reihe von Schülerinnen und Schülern gibt an, durch die Auseinandersetzung mit der Erzählung der Zeitzeuginnen und -zeugen viel gelernt zu haben, aber sie macht keine spezifischen Aussagen dazu, worin der Lerngewinn besteht oder wie er zustande gekommen ist (Bibermann, 2016, S. 53). Eine zweite, kleinere Gruppe von Lernenden vertritt die Meinung, sie hätte von der Beschäftigung mit dem Zeugenbericht zwar profitiert, weil er einen interessanten Einblick in die Geschichte des Holocaust biete, aber hinsichtlich der Faktengeschichte nichts Neues dazu gelernt. Die Ursache für die Schwierigkeit, den Lern- bzw. Erkenntnisgewinn konkret benennen zu können, kann darin liegen, dass den Jugendlichen das notwendige Kontextwissen fehlte oder kann auch in der Tatsache begründet sein, dass das Spezifikum von Zeitzeugeninterviews eben darin besteht, dass es sich um Erfahrungsgeschichte handelt und subjektive Sichtweisen vermittelt werden. Dieser Befund aus der Pilotstudie deckt sich mit Forschungsdaten, wie sie auch von Obens und Geißer-Jagodszinski in einer der wenigen empirischen Studien zum Lernen mit Zeitzeugnissen erhoben wurden (Obens, 2009, S. 16–17, 21).

In der dritten Gruppe hingegen betont eine Vielzahl von Lernenden, dass ihnen die Erzählungen der Zeitzeuginnen und -zeugen eine andere Sichtweise auf das NS-Terrorsystem vermittelt haben, dass sie ihnen dabei helfen, den Holocaust besser zu verstehen, und sie erst dadurch das Ausmaß der nationalsozialistischen Verfolgungs- und Vernichtungspolitik begreifen könnten. Diese Gruppe hat demnach aus Details in den Erzählungen der Zeitzeuginnen und -zeugen Erkenntnisse gewonnen, die zu einem tieferen Verständnis des Holocaust geführt haben (Bibermann, 2016, S. 28).

> *„Ich hatte nie gewusst, wie schlimm es für alle Juden und Jüdinnen war. Was sie durchgemacht und erlebt haben, was und wen sie verloren haben und wie schlimm es für alle Zeitzeug_innen sein muss, darüber zu reden und anderen davon zu erzählen."*

Manche Lernenden aus dieser Gruppe waren auch in der Lage zu erkennen, worin die Unterschiede zu ihrer eigenen Lebenswirklichkeit bestehen. So realisierten sie, „wie gut wir es heute haben" (Bibermann, 2016, S. 38).

Empathie als Fähigkeit zur Perspektivenübernahme

In ihren Texten, die sie während der Beschäftigung mit dem gewählten Video-Interview verfassten, und in den offenen Fragen im Fragebogen (3) äußern sich die Jugendlichen immer wieder in empathischer Weise. Für Juliane Brauer, Expertin für Emotionen und historisches Lernen, bedeutet Empathie, sich für eine Weile in andere hineinzudenken und in den Schuhen des anderen zu gehen (Brauer, 2013, S. 76). Die Aussagen zahlreicher Schülerinnen und Schüler in der Pilotstudie zeigen, dass sie zu dieser Perspektivenübernahme fähig waren. Sie erkannten, was die Verfolgungserfahrungen für die Zeitzeuginnen und -zeugen im Einzelnen bedeuteten (Bibermann, 2016, S. 30).

> *„Es muss sicher hart für ihn gewesen sein, in so jungem Alter die Schule zu wechseln und allgemein mit der Diskriminierung der Juden umgehen zu müssen. Er selbst sagt, er wurde selbst von seinen deutschen Schulkameraden anders und komisch behandelt, von den Lehrern ganz zu schweigen. Ich kann mir gar nicht vorstellen, wie schlimm es für ein Kind sein muss, mitzuerleben, wie jeden Tag weniger seiner Kameraden in die Klasse kommen, da sie und ihre Eltern am Vorabend deportiert wurden. (...)"*

In einem Folgeprojekt bräuchte es neben der Untersuchung dieser Aussagen von Schülerinnen und Schülern in den offenen Fragen auch qualitative Interviews, um diese Form von Lerngewinn auszuweisen, der sich nicht durch Items in den verwendeten Fragebögen erheben lässt.

Zeitzeugnisse – ein alltägliches Unterrichtsmedium?

Der Geschichtsdidaktiker Michele Barricelli stellt fest, dass „die Oral History heute unbestritten Eingang ins Standardrepertoire eines methodisch fortschrittlichen, handlungs- und problemorientierten Geschichtsunterrichts gefunden hat" (Barricelli, 2012, S. 44). Es gibt allerdings kaum empirische Untersuchungen dazu, inwieweit die Arbeit mit Zeitzeuginnen und -zeugen tatsächlich zu einem selbstverständlichen Bestandteil der Vermittlung von Nationalsozialismus und Holocaust geworden ist (Bertram, 2016, S. 43). Die in der Pilotstudie befragten Jugendlichen in Berlin, Innsbruck und Zofingen gaben in Fragebogen (1) jedenfalls mehrheitlich an, dass sie vor der Unterrichtseinheit im Forschungsprojekt wenig bis keine Erfahrungen mit Zeitzeuginnen und -zeugen im schulischen Kontext gemacht hätten (Bibermann, 2016, S. 46, 49). Das änderte sich deutlich bei der Beantwortung dieses Punktes im Fragebogen (3). Die Lernenden wiesen auf ihren Erfahrungszuwachs nach der Beschäftigung mit den Zeitzeugeninterviews in der Unterrichtseinheit hin.

Handelt es sich um guten Geschichtsunterricht aus der Sicht der Schülerinnen und Schüler?

Für den Fragebogen (2) wurde auf ein Item-Setting zurückgegriffen, das von der Pädagogischen Hochschule Luzern im Rahmen von Untersuchungen zu gutem Geschichtsunterricht bereits erprobt worden war (Gautschi, 2015, S. 159–160). Die Schülerinnen und Schüler in allen Ländern beurteilten die Unterrichtseinheit mehrheitlich als guten Geschichtsunterricht. Die Auswertung der geschlossenen Fragen zur Beurteilung des persönlichen Lernfortschritts ergab einen Befund, wie wir ihn bereits bei den offenen Fragen in Fragebogen 3 besprochen haben: Die Jugendlichen vertraten größtenteils die Meinung, bei der Beschäftigung mit dem 30-minütigen Zeitzeugeninterview viel gelernt zu haben. Hervorzuheben ist, dass die Lehrperson in dieser Unterrichtseinheit keine zentrale Rolle spielt. Die Lernenden arbeiteten den größten Teil der Doppelstunde in Einzelarbeit eigenständig an ihrem Tablet. Sie ließen sich auch nicht, wie aus der Videoaufzeichnung zur Unterrichtseinheit in Innsbruck ersichtlich ist, durch Störungen wegen eines technischen Problems mit einem Tablet von ihrer Arbeit ablenken.

Wie nützen die Schülerinnen und Schüler die App am Tablet?

Interessante Einblicke in die Lernprozesse der Jugendlichen brachte die Auswertung der Trackingdaten. Guido Kempter, Leiter des Forschungszentrums Nutzerzentrierte Technologien von der Fachhochschule Vorarlberg, konnte bei der Dateninspektion exemplarische Nutzerhandlungen erfassen und insgesamt sechs verschiedene Nutzungsmuster identifizieren (Bibermann, 2016, S. 42–46):

1. Schülerinnen und Schüler schauen das Video geradlinig und ohne große Pausen durch.
2. Schülerinnen und Schüler schauen das Video geradlinig durch und suchen am Schluss bestimmte Stationen und Orte im Video noch einmal auf.
3. Schülerinnen und Schüler wechseln zwischen Play und Suche ab.
4. Schülerinnen und Schüler wechseln ab zwischen Play, Pause und Suchen.
5. Schülerinnen und Schüler wechseln ab zwischen Play und Pause und suchen dann vor allem am Ende.
6. Schülerinnen und Schüler spielen ab und machen Pause, ohne aber im Video zu suchen.

play straight forward	play straight forward, seek at the end	alternately play and seek	play, pause, and seek	play pause, seek at the end	play and pause

Außerdem wurden die Trackingdaten mit anderen Datenquellen verknüpft, um das Nutzungsverhalten weiter auszudifferenzieren. Auf diese Weise konnte festgestellt werden, dass Lernende, deren Nutzergrafen viele Aktivitäten während der Beschäftigung mit der App aufweisen, sich positiver über ihren Lernprozess äußern, sich am wenigsten gelangweilt fühlten und am meisten Lust darauf haben, die ungekürzte Version des Video-Interviews zu sehen. Das ist ein interessanter Befund, weil er für die Gestaltung von Lernumgebungen nahelegt, dass ein aktiver Umgang mit dem Zeitzeugnis Schülerinnen und Schüler bei der Beschäftigung mit den Erzählungen der Zeitzeuginnen und -zeugen davor bewahrt, im „Gefühl moralischer Benommenheit" oder in lähmendem Mitleid zu erstarren (Baer, 2000, S. 24–25).

Resümee und Ausblick

Die Ergebnisse der Pilotstudie zeigen, dass die Schülerinnen und Schüler den Lerngegenstand „Holocaust" für ein wichtiges Thema des Geschichtsunterrichts halten. Videografierte Zeitzeugen-Interviews sind für sie ein so interessantes Medium, dass sie bereit sind, „Talking Heads" auch in einer Interviewfassung von 30 Minuten Gehör und Aufmerksamkeit schenken. Lernen mit Tablets wird von den meisten Jugendlichen geschätzt, weil es ihnen einen autonomen Lernprozess ermöglicht. Das Unterrichtssetting – ein Tablet sowie ein Kopfhörer pro Schülerin oder Schüler – eröffnet ihnen die Möglichkeit, eigene Lernwege zu beschreiten und sich mit selbst gewählten thematischen Aspekten vertiefend zu beschäftigen.

Auch wenn durch die Pilotstudie viele Annahmen aus der eigenen Unterrichtsbeobachtung, aus den Rückmeldungen von Jugendlichen zur Arbeit mit videografierten Zeitzeugnissen und aus theoretischen Reflexionen in der Fachliteratur bestätigt wurden, besteht Bedarf an einem weiterführenden Forschungsprojekt. Es gibt Fragen, die mit den vorliegenden Daten nicht geklärt werden konnten: Hängt die Art und Weise, wie Schülerinnen und Schüler das Video-Interview nützen, von ihrem Interesse am Lerngegenstand ab, liegt es am Lernarrangement oder hat es mit ihrer Motivationslage zu tun? Oder ist es die formale Gestaltung des Video-Interviews, die Struktur der Arbeitsaufgaben oder der Lerntypus der Jugendlichen, die ihr Nutzungsverhalten beeinflussen? Da nicht alle Lernwege zum gleichen Lernerfolg führten, sollten diese Daten in einem Folgeprojekt näher untersucht werden: einerseits durch Vorerhebungen zum Lernverhalten der Beteiligten, andererseits durch qualitative Interviews im Anschluss an die Unterrichtseinheit.

Das Ergebnis aus dem Vergleich der quantitativen Fragebatterien in Fragebogen (1) und (3) war für das Forschungsteam etwas irritierend. Die Frage, warum hier kein Lernzuwachs abgelesen werden konnte, während die Schülerinnen und Schüler in den geschlossenen Fragen in Fragebogen (2) unmittelbar nach der Unterrichtseinheit und auch in den offenen Fragen in Fragebogen (3) zwei Wochen später, angaben, viel gelernt zu haben, ist nicht eindeutig zu beantworten. Eine mögliche Erklärung für die Diskrepanz zwischen den Erhebungsbefunden könnte sein, dass die Fragebatterien in Fragebogen (1) und (3) zu Wissen über, Einstellungen zum und Interesse am Holocaust zwar dazu geeignet sind, die Vorerfahrungen, Voreinstellungen und das Vorwissen der Lernenden zu erheben. Sie scheinen jedoch nicht das passende Erhebungsinstrument für die Dokumentation des Lerngewinns zu sein. Dafür müssen in einer Folgestudie andere bzw. zusätzliche Untersuchungsmethoden gefunden werden.

Ein weiteres lohnendes Folgeprojekt könnte die Potenziale biografischen Lernens in sozial- und bildungswissenschaftlicher Hinsicht genauer untersuchen, die in der Pilotstudie nur am Rande beleuchtet wurden, etwa die Bedeutung von Emotionen für den persönlichen Lernprozess.

Mit Blick auf die Ergebnisse der Pilotstudie kann behauptet werden, dass videografierte Zeitzeugeninterviews, die den Schülerinnen und Schülern auf Tablets zum Lernen angeboten werden, eine Erfolg versprechende Möglichkeit für eine zeitgemäße Vermittlung des Holocausts darstellen.

Literaturverzeichnis

Barricelli, Michele: Das Visual History Archive aus geschichtsdidaktischer Sicht, in: Abenhausen, Sigrid u. a. (Hrsg.): Zeugen der Shoah. Die didaktische und wissenschaftliche Arbeit mit Video-Interviews des USC Shoah Foundation Institute (Berlin 2012) S. 44–48.

Barricelli, Michele/Martin Lücke: Für eine Weile noch. Videozeugnisse zur NS-Vergangenheit aus geschichtsdidaktischer Sicht, in: Apostolopoulos, Nicolas / Cord Pagenstecher (Hrsg.): Erinnern an Zwangsarbeit. Zeitzeugen-Interviews in der digitalen Welt (Berlin 2013) S. 49–58.

Baer, Ulrich (Hrsg.): „Niemand zeugt für den Zeugen". Erinnerungskultur nach der Shoah (Frankfurt/M. 2011^3).

Bertram, Christiane: Zeitzeugen im Geschichteunterricht. Chance oder Risiko für historisches Lernen. Eine randomisierte Interventionsstudie (Schwalbach/Ts. 2016).

Bibermann, Irmgard u. a.: Vermittlung der Shoah im schulischen Alltag in einer Tablet unterstützten Lernumgebung. Schlussbericht zur Pilotstudie (Bregenz 2016), https://bit.ly/3wzj4K1 (7.4.2021).

Bothe, Alina / Martin Lücke: Im Dialog mit den Opfern. Shoah und historisches Lernen mit virtuellen Zeugnissen, in: Gautschi, Peter / Meik Zülsdorf-Kersting / Beatrice Ziegler (Hrsg.): Shoah und Schule. Lehren und Lernen im 21. Jahrhundert (Zürich 2014) S. 55–74.

Brauer, Juliane: Empathie und historische Alteritätserfahrungen, in: Brauer, Juliane / Martin Lücke (Hrsg.): Emotionen, Geschichte und historisches Lernen. Geschichtsdidaktische und geschichtskulturelle Perspektiven (Göttingen 2013) S. 75–92.

Gautschi, Peter: Guter Geschichtsunterricht: Grundlagen, Erkenntnisse, Hinweise (Schwalbach/Ts. 2015³).

Obens, Katharina / Christian Geißer-Jagodzinski: Historisches Lernen im Zeitzeugengespräch: Erste Ergebnisse einer empirischen Mikrostudie zur Rezeption von Zeitzeugengesprächen bei Schülern, in: Gedenkstättenrundbrief 151 (2009) S. 11–25.

Pandel, Hans-Jürgen: Historisches Erzählen. Narrativität im Geschichtsunterricht (Schwalbach/Ts. 2010).

Zitierte Fragebögen

Die Erhebungsdaten aus den Fragebögen und die Texte der Schülerinnen und Schüler, die während ihrer Beschäftigung mit der Tablet-App entstanden sind, wurden auf einer Datenbank gespeichert und liegen auch in Papierform vor.

- *Fragebogen (1):* Erhebung der Soziodaten und von Vorwissen und Voreinstellungen der Schülerinnen und Schüler zu Holocaust, Zeitzeuginnen und -zeugen sowie Tablets.
- *Fragebogen (2):* Einschätzung des Lernprozesses und des Lernergebnisses während der Unterrichtseinheit durch die Schülerinnen und Schüler
- *Fragebogen (3):* Erhebung von Wissen und Einstellungen der Schülerinnen und Schüler zu Holocaust, Zeitzeuginnen und -zeugen sowie Tablets. Offene Fragen zu Lernerfahrungen und Erkenntnissen aus der Geschichtsdoppelstunde.

Anmerkungen

1 Zum ausführlicheren Projektbericht vgl. Bibermann, Irmgard u. a.: Vermittlung der Shoah im schulischen Alltag in einer Tablet unterstützten Lernumgebung. Schlussbericht zur Pilotstudie. Bregenz: _erinnern.at_ 2016, https://bit.ly/3wzj4K1 (7.4.2021).

2 Vgl. dazu: Zeugen der Shoah. Fliehen – Überleben – Widerstehen – Weiterleben. Lernsoftware mit Video-Interviews (4 DVD-Rom, 4 DVD-Video). Kostenlose Bestellung über: https://bit.ly/3sVPZWQ (7.4.2021).

Maria Ecker-Angerer, Werner Dreier

„Darüber sprechen" – Eine Wanderausstellung mit Erinnerungen von Zeitzeuginnen und -zeugen

Die Wanderausstellung von _erinnern.at_ ist eine Intervention im öffentlichen Raum „Schule". Zitate und Bilder von Menschen springen ins Auge und wecken das Interesse für die dahinter liegenden Geschichten von 14 Zeitzeuginnen und -zeugen, die über ihre Erfahrungen während der nationalsozialistischen Verfolgungen sprechen und darüber, wie sich diese Erfahrungen auf ihr weiteres Leben auswirkten. Expertinnen und Experten sprechen über historische und gegenwärtige Problemlagen, welche mit den Erzählungen der Zeitzeuginnen und -zeugen in eine Beziehung gestellt werden.

In diesem Beitrag wird die Ausstellung in den Rahmen von historisch-politischem Lernen gestellt und gefragt, inwieweit das auf Interaktion angelegte Konzept von der wichtigsten Adressatengruppe, den Schülerinnen und Schülern, angenommen wird.[1]

„Das holt die Schülerinnen und Schüler in ihrer Lebensumwelt ab" – Was ist „Darüber sprechen"?

In der Wanderausstellung „Darüber sprechen" thematisieren wir Inhalte unterschiedlicher Kategorien auf jeweils einer Tafel. Der Titel „Darüber sprechen" ist mehrdeutig: Menschen aus der Vergangenheit sprechen zu den Jugendlichen über ihre Erfahrungen während der NS-Zeit und sie öffnen eine Tür in diese fremde, schreckliche Vergangenheit. Expertinnen und Experten sprechen Themen aus der Vergangenheit und Gegenwart an, und wir möchten, dass die Schülerinnen und Schüler darüber sprechen und eigene Positionen finden.

Eine Seite jeder Ausstellungstafel erzählt die Geschichte eines Menschen. Im Zentrum stehen jeweils ein Foto und ein knappes, prägnantes Zitat. Dieses zentrale Foto bzw. Zitat beggnet uns auf Augenhöhe und provoziert unsere Aufmerksamkeit. „Was mir so gefällt, ist diese Größe, die so ist, dass man hinschaut. Ich hab auch immer wieder gesehen, dass dort jemand gestanden ist", meint dazu eine Lehrerin über die in ihrem Schulgebäude verteilten Ausstellungstafeln.[2]

Zusätzlich findet sich auf dieser Seite der Tafel eine Kurzbiografie der Zeitzeugin oder des Zeitzeugen, zwei weitere, oft historische Fotos und ein QR-Code, der – wenn er mit einem Smartphone fotografiert wird[3] – zu dem Ausschnitt aus dem Videointerview führt, aus dem das Zitat entnommen ist. Diese Einbeziehung der Smartphones „… holt die Schülerinnen und Schüler natürlich schon in ihrer Lebensumwelt ab. Das Anschauen und Verschicken von Videos ist ja Alltag".[4]

Jede Zeitzeugin und jeder Zeitzeuge steht für ein Thema (z. B. Flucht, Wiedergutmachung, Novemberpogrom), das auf der anderen Seite der Tafel aufgegriffen bzw. mit einer gegenwärtigen Thematik konfrontiert wird. Hier laden kurze Texte von Expertinnen und Experten, die mit Porträtbild vorgestellt werden, zur vertieften Auseinandersetzung ein.

Auf einer der Tafeln spricht Ilse Aschner, die nach England fliehen musste, von ihrem traumatischen Abschied von den Eltern, die sie nie mehr wieder sah:

> „Ich war so versteinert und so in Trance, dass ich nicht einmal fähig war, mich wirklich zu verabschieden. Alles, was ich immerfort sagte: Ich hol euch gleich nach, ich hol euch gleich nach, es dauert nicht lange, ich hol euch nach."

Auf der anderen Seite – ob es die Vorder- oder Rückseite ist, hängt vom Betrachter ab – findet sich ein Text von Ute Bock über die Lage von jugendlichen Flüchtlingen heute in Wien. Ute Bock wurde durch ihren Einsatz für jugendliche Asylwerber bekannt und leitet ein Projekt für Flüchtlinge:

> „Jugendlichen Flüchtlingen wird bei uns in die Schuhe geschoben, sie seien kriminell und fressen nur die Sozialtöpfe leer. Dabei kann gar niemand abschätzen, wie wenig die wirklich bekommen. Auch wird ihnen vorgeworfen, sie wollten ihre Familien nachholen. Selbst wenn das so wäre, wäre das auch in Ordnung."[5]

Wir setzen nicht das, was Ilse Aschner und ihrer Familie angetan wurde, mit gegenwärtigen Verhältnissen gleich, aber es entsteht so eine Spannung, die vielleicht dazu führt, dass darüber gesprochen wird, was wir heute beitragen können. Als die Ausstellung im Mai 2014 durch Unterrichtsministerin Gabriele Heinisch-Hosek eröffnet wurde, war das Thema Flüchtlinge zwar auch relevant, aber bei Weitem nicht so präsent wie heute. Diese aktuelle Entwicklung hat auch Auswirkungen auf die durch die Ausstellungstafeln ausgelösten Assoziationen. So zeigen uns Rückmeldungen, dass im Herbst 2015 besonders die Tafeln, die das Thema Flucht und Fluchthilfe aufgreifen, zum „Darübersprechen" animieren, während andere Tafeln eher in den Hintergrund treten: „Das Thema Flucht war natürlich ganz aktuell da, da ist sofort immer die Verbindung da gewesen. Das war massiv da."[6] „Weil die Themen Flüchtlinge, Aufnahme, Zivilcourage jetzt so wichtig sind, habe ich auch den Grüninger Film[7] gezeigt. Da haben wir auch im Anschluss an den Film ganz tolle Gespräche gehabt."[8] „Es war das Thema Flucht, das ganz im Vordergrund gestanden ist", bestätigt auch Johannes Spies, der an einer Vorarlberger Mittelschule unterrichtet.[9] Wie mit diesen von den Schülerinnen und Schülern hergestellten Gegenwartsbezügen gearbeitet werden kann, wie ein differenzierter Blick auf die Unterschiede von Vergangenheit und Gegenwart möglich wird, gehört zu den großen aktuellen didaktischen Herausforderungen.

Anhand der Diskussion über die als „Flüchtlingskrise" bezeichnete massenhafte Zuwanderung aus Krisen- und Armutsgebieten nach Europa wird deutlich, wie heikel die Frage der Verknüpfung von Vergangenheit und Gegenwart oft ist. Im Spätsommer und Herbst 2015 wird sowohl in der allgemeinen Öffentlichkeit als auch in Fachkreisen wie etwa innerhalb der International Holocaust Remembrance Alliance (IHRA) über mögliche Zusammenhänge zwischen dem Holocaust bzw. der Nazi-Zeit und der sogenannten „Flüchtlingskrise" diskutiert. Edward Serotta, der Gründer und Leiter des Zentrums zur Erforschung und Dokumentation jüdischen Lebens in Ost und Mitteleuropa (Centropa), vermutet einen Zusammenhang zwischen der Verarbeitung der NS-Geschichte in weiten Teilen der österreichischen Gesellschaft und der Hilfsbereitschaft für Flüchtlinge. In einem Artikel für die israelische Tageszeitung „Haaretz" schreibt er:

> „As I watched Austrian families come panting up from the subway, laden with food, toys and clothes to give away, I noticed them hurry past a statue of a small boy sitting on a suitcase. It was created to commemorate what went on in the West station 77 years ago, when Jewish parents came with their children, placed them on trains that took them to safety in England, and stayed behind. Most of those parents would later be taken to other train stations, where they were shipped off to be murdered. Very few of the Austrians racing through the station this past week paused to look at the kitschy little statue of the boy and his suitcase. But I have lived here long enough to believe this younger generation of Austrians was here because of him, anyway."[10]

Einen ähnlichen Schluss zieht der in Princeton lehrende Historiker Jan T. Gross. Er schreibt, die deutsche Gesellschaft habe nach dem Krieg gar keine andere Wahl gehabt, als sich der mörderischen Vergangenheit zu stellen und diese zu bearbeiten („to work through its murderous past"). Daher die Hilfsbereitschaft heute – im Gegensatz dazu die osteuropäischen Staaten und Gesellschaften, deren Weigerung heute Flüchtlinge aufzunehmen, Gross auch auf die Zeit des Holocaust zurückführt: Polen und andere vom Deutschen Reich besetzte Gesellschaften bzw. Staaten waren nicht nur Opfer der deutschen Besatzung, sondern auch Komplizen im Völkermord:

> „Osteuropa dagegen muss seine mörderische Vergangenheit erst noch aufarbeiten. Nur wenn dies geschieht, können die Menschen dort ihre Pflicht zur Rettung derjenigen erkennen, die vor einem schlimmen Schicksal fliehen."[11]

Yehuda Bauer, der Ehrenvorsitzende der IHRA, betonte in einer Stellungnahme zunächst die Unterschiede zwischen der „Flüchtlingskrise" und der Verfolgung der Juden und anderer Opfer vor und während des Holocaust. Dann fuhr er mit einer Parallele zwischen damals und heute fort:

> „Historische Analogien sollte vermieden werden; sie sind nie nützlich, obwohl es einige Parallelen zwischen der Behandlung von Flüchtlingen

damals und heute gibt. In der Vergangenheit schuf eine verfehlte Politik im Umgang mit Massenmigration die Voraussetzungen für eine unsägliche Katastrophe. Dies muss die Welt realisieren. Vom Holocaust kann die Welt lernen, was passiert, wenn für diese Probleme nicht auf internationaler Ebene Lösungen gesucht werden."[12]

„The past is a foreign country: they do things differently there." Dieses schöne Zitat von L. P. Hartley (Seixas, 2004, S. 2) bleibt richtig und Lernende haben das Recht darauf, in einem guten Geschichtsunterricht einen Blick auf diese fremden Länder mit ihren so schwer verständlichen Ereignissen werfen zu dürfen – und zugleich reichen diese Vergangenheiten in unsere Gegenwarten und bestimmen unsere Sicht auf die vergangene, gegenwärtige und zukünftige Welt. Mit dieser Spannung müssen wir umzugehen versuchen. Allein schon dadurch, dass wir diese beiden Ereignisse auf einer Tafel ansprechen, generieren wir Nähe. Doch wie die beiden letztlich zusammenhängen, darüber sollen sich die Lehrenden und Lernenden gemeinsam den Kopf zerbrechen.

„die Vergangenheit zu richten – die Mitwelt zu belehren": Ja, was denn sonst?

In Österreich ersetzt mittlerweile die historisch-politische Bildung das Unterrichtsfach „Geschichte" und die meisten der aktuellen Lehrpläne kennen eine Kombination der Begriffe „Geschichte" und „Politische Bildung". Weitgehend ausgeblendet werden die dieser Kombination der beiden Fächer innewohnenden Widersprüche und Spannungen (Körber, 2004; Massing, 2008).

Diese der historisch-politischen Bildung innewohnende Spannung zwischen einer auf die Gegenwart ausgerichteten Zuwendung zur Geschichte und einer vielleicht als „historistisch" zu bezeichnenden Sicht auf die Vergangenheit war in der Geschichtswissenschaft schon debattiert worden, seit sie Leopold Ranke zugunsten der reinen historischen Bildung aufgelöst hatte. Er schrieb in seiner Vorrede zu „Geschichten der romanischen und germanischen Völker" (1824):

> „Man hat der Historie das Amt, die Vergangenheit zu richten, die Mitwelt zum Nutzen zukünftiger Jahre zu belehren, beigemessen: so hoher Ämter unterwindet sich gegenwärtiger Versuch nicht: er will bloß zeigen, wie es eigentlich gewesen." (Ranke, 1824, S. Vf.)

Heute legt gerade die Geschichtsdidaktik das Augenmerk auf die gegenwärtigen Implikationen des Historischen, indem sie beim historischen Lernen das historische Sachurteil als mit dem Werturteil verbunden begreift – und dieses wiederum von der Gegenwart der Lernenden nicht zu trennen ist und noch zudem mit Orientierung in der Welt sowie Identitätsbildung verknüpft wird (Rüsen 1997, S. 304–306; Gautschi 2008). Peter Gautschi beschreibt historisches Lernen so: „Schülerinnen und Schüler sollen ihre Aufmerksamkeit auf Vergangenes richten, dieses wahrnehmen und für sich rekonstruieren und deuten" (Gautschi, 2005, S. 6).

Auch in Michael Sauers Beschreibung der „Aufgaben und Ziele" des Geschichtsunterrichts geht es nicht nur um den Gegenstand sondern „… um dessen Bezug zur Gegenwart und seine Bedeutung für die Adressatinnen und Adressaten. Ihnen soll Geschichtsbewusstsein vermittelt und historisch fundierte Gegenwartsorientierung ermöglicht werden" (Sauer, 2007, S. 18). Grundlegend für das „Geschichtsbewusstsein" ist nach Sauer die Verknüpfung von Vergangenheit, Gegenwart und Zukunft: „Vergangenheit ist Vorgeschichte der Gegenwart"; „Gegenwart ist Vorgeschichte der Zukunft" (ebda., S. 10).

Wenn wir uns hier mit einer Ausstellung beschäftigen, welche Verfolgungserfahrungen aus der Zeit der nationalsozialistischen Massengewalt mit gegenwärtigen Problemlagen und Fragestellungen konfrontiert, dann sollten wir auch eine Frage beantworten, die heißen könnte: Warum schon wieder die Nazi-Zeit?

Eine mögliche Antwort wäre deren historische Bedeutsamkeit – „Historical Significance" nach dem kanadischen Geschichtsdidaktiker Peter Seixas. „Historical Significance" ist das erste der sechs Grundprinzipien, die Seixas im Rahmen des „Historical Thinking Project" formulierte, dessen Zielsetzung der Untertitel wiedergibt: „Promoting critical historical literacy for the 21st century". Die nächsten vier Prinzipien beschreiben guten Geschichtsunterricht: „Use Primary Source Evidence", „Identify Continuity and Change", „Analyse Cause and Consequence", „Take Historical Perspectives". Das sechste Prinzip lautet dann: „Understand Ethical Dimensions of History".[13] An anderer Stelle spricht Seixas von „Empathy (historical perspectivetaking) and moral judgement" (Seixas, 2004, S. 8). Seixas selbst identifiziert hier ein „difficult paradox":

„Taking historical perspective demands that we understand the differences between our ethical universe and those of bygone societies. We do not want to impose our own anachronistic standards on the past. At the same time, meaningful history does not treat brutal slave-holders, enthusiastic Nazis, and marauding conquistadors in a ‚neutral' manner. Historians attempt to hold back on explicit ethical judgments about actors in the midst of their accounts, but, when all is said and done, if the story is meaningful, then there is an ethical judgment involved. We should expect to learn something from the past that helps us to face the ethical issues of today."

Die Vergangenheit ist all das, was jemals mit jemandem irgendwann und irgendwo passiert ist[14] – und das ist definitiv zu viel, um es im Schulunterricht zu behandeln. Für das daraus resultierende Problem der Auswahl – das sich übrigens auch für Ranke stellte –, schlägt Peter Seixas Auswahlkriterien vor. Ereignisse, Menschen oder Entwicklungen sind signifikant, wenn sie:

- resulted in change (deep consequences),
- are revealing (shed light on issues),
- occupy a meaningful place in a narrative (historical significance is constructed).

Außerdem gilt:

- Historical significance varies over time and from group to group (Seixas, 2013, S. 10f.).

Peter Gautschi unterscheidet drei Begründungskategorien für die Bestimmung von Inhalten des Geschichtsunterrichts: Exemplarische Bedeutung, Gegenwartsbedeutung und Zukunftsbedeutung. Dabei ist die historische Signifikanz von Inhalten immer abhängig von den jeweiligen Gruppen, die diese Signifikanz verhandeln. Daher werden im Laufe der Zeit von den jeweiligen Gruppen immer wieder andere Inhalte als signifikant begriffen (Gautschi, 2005, S. 36).

Die Zeit des Nationalsozialismus ist nach allen oben angeführten Kriterien als signifikante Geschichte einzuschätzen. Auch wissen wir aus der Alltagsarbeit mit Lehrpersonen sowie den Rückmeldungen von Schülerinnen und Schülern aus anderen Projekten, dass beide Gruppen die Zeit des Nationalsozialismus als relevant einschätzen.

Das Kuratorenteam der Ausstellung „darüber sprechen" brauchte zusätzlich noch Antworten auf ganz praktische Fragen der Auswahl: Welche Zitate und welche Fotos welcher Menschen wählen wir aus? Welche Sachthemen sprechen wir an? Da die (Leit-)Zitate und die dominanten Bilder als Eye-Catcher gedacht

Ari Rath in der HTL Wien 10 vor der Tafel mit seiner Geschichte; anlässlich der Präsentation der Ausstellung am 7. Mai 2014 durch Bundesministerin Gabriele Heinisch-Hosek (Foto: erinnern.at)

sind und die Aufmerksamkeit auf sich ziehen sollen, sollten sie prägnant einen Sachverhalt bzw. eine Dimension von Verfolgungserfahrungen ansprechen bzw. sollten Bild und Text zueinander in einem Spannungsverhältnis stehen, das durchaus auch leicht irritierend wirken darf. Da zeigt beispielsweise ein Bild eine glückliche Kleinfamilie in Bergkleidung vor einer Berghütte und als Zitat stellten wir dazu: „… es war bestimmt für meine Eltern und die Eltern vieler anderer Kinder sehr schwer, ihre Kinder ins Unbekannte zu schicken. Denn es war buchstäblich das Unbekannte." In dem Interview, aus dem das Zitat stammt, spricht Dorli Neale aus Innsbruck darüber, wie es war, mit einem „Kindertransport" nach England gerettet worden zu sein. Auf der anderen Seite dieser Tafel schreibt Horst Schreiber über die Kindertransporte am Beispiel von Dorli Neale. Die Auswahl der Themen für die Texte der Expertinnen und Experten war im Wesentlichen durch Überlegungen zum Bezug der Texte zu den Zeitzeuginnen und -zeugen geleitet.

„So haben sie sich die Ausstellung erarbeitet" – Didaktische Absichten und praktische Erfahrungen

Die Ausstellung hat keinen Anfang und kein Ende, d. h., es gibt keine festgelegte Narration und keine vorgegebene Aufbau-Ordnung. Die Tafeln, welche jeweils einzeln im Raum stehen können, sind als Interventionen in den öffentlichen Raum Schule gedacht. Wer immer die Ausstellung aufbaut, baut damit auch eine Narration und entwickelt dabei eigene Positionen zu den angesprochenen Themen. Welche Tafel stellen wir neben welche und warum? Dieser Zugang entspricht einem Grundprinzip der Arbeit von _erinnern.at_, nämlich (junge) Menschen dazu anzuregen, dass sie ihre eigenen Positionen entwickeln, anstatt ihnen diese vorzugeben.[15] Die bisherigen Erfahrungen zeigen, dass die „Chance zur Intervention" gern angenommen wird – oft auch von den Lehrenden selbst. Claudia Rauchegger-Fischer, Lehrerin am Akademischen Gymnasium Innsbruck: „Ich bin hergegangen und habe diese Tafeln nach meinem Gutdünken platziert, ohne jemanden darüber zu informieren.(…) Und das war schon gut, weil es haben mich so viele Leute darauf angesprochen, was ‚das da' ist, und sie haben gedreht und gelesen. (…) Ich hab sie eigentlich übers ganze Haus verteilt, im Stiegenhaus. Ich wollte, dass man auf- und abmarschiert und da begegnet einem dieses oder jenes. Der Chef ist ein Fußballer, jetzt hab ich ihm das Fußballer-Bild[16] hingestellt. Und andere hab ich so platziert, so wie es mir halt originell vorgekommen ist. Und ich fand das ganz erfrischend, wie die Leute darauf reagiert haben."[17] Andere Lehrerinnen und Lehrer sehen es ähnlich: Sie wollen selbst die Intervention setzen, um sicherzustellen, dass Schülerinnen und Schüler, Kolleginnen und Kollegen sowie Eltern nicht an der Ausstellung vorbeikommen und so zum „Darübersprechen" angeregt werden: „Wir haben die Ausstellung so aufgestellt, dass sie wirklich mitten im Stiegenhaus ist. Es haben alle vorbei müssen. (…) Es war ganz spannend, wie wir sie aufgestellt haben, sind schon Eltern gekommen, die neugierig geschaut haben, und Kollegen sind stehen geblieben."[18]

Stellen die Jugendlichen selbst auf, reichen die bis jetzt von den Lehrpersonen eingeholten Erfahrungen von „das war völlig problemlos und hat echt gut funktioniert"[19] bis „da hab ich ehrlich gesagt nicht die Nerven gehabt, das wirklich bis zum Ende auszuhalten. Weil es hat ewig gedauert. Und eigentlich das, was ich mir erwartet habe, und was, glaube ich, ihr euch auch erwartet habt, dass es nämlich inhaltliche Diskussionen gibt, das hat überhaupt nicht stattgefunden. Sondern sie haben einfach gesagt, na, dann nehmen wir halt das so. Und dann haben sie gestritten, weil der andere das nicht wollte, aber es ist inhaltlich nicht viel passiert."[20] Worüber sie gestritten haben, wissen wir nicht. Der von uns gewählte selbstbestimmte Zugang zur Anordnung der Tafeln stellt Lehrende und uns als Kuratorenteam auch vor die Herausforderung, den Prozess und das Ergebnis erst einmal zu akzeptieren, auch wenn wir vielleicht gar nicht einverstanden sind mit dem, was wir sehen. Entscheidend ist aber, dass es nach dem Aufstellen – wie in der Lehrerhandreichung angeregt – zu Austausch und Reflexion kommt. Denn womöglich ist inhaltlich viel mehr passiert, als beobachtbar war. Vielleicht aber auch nicht.

Zum Prinzip der Selbstbestimmtheit passt auch die zweite Basisanregung der Lehrerhandreichung, die vorsieht, dass sich Schülerinnen und Schüler eigenverantwortlich eine Tafel aussuchen, die sie besonders anspricht, mit der sie sich näher beschäftigen und die sie dann den Klassenkolleginnen und -kollegen vorstellen. „Wir haben die Schülerinnen und Schüler eine Person aussuchen lassen und haben denen Zeit gegeben, die Informationen zu lesen, und auch auf der Rückseite zu recherchieren. Die Jugendlichen haben also mit den Smartphones die Videos gesehen bzw. recherchiert, wenn ein Begriff nachzuschlagen war. So haben sie sich die Ausstellung erarbeitet und dann haben sie immer in Zweier-Gruppen eine Biografie vorgestellt."[21]

„… wie sie im Stiegenhaus gesessen sind mit ihren Handys, die Kopfhörer drin, und den Film angeschaut haben …" – Neue Rezeptionsarten

Die Ausstellung bietet die Möglichkeit, Interviews mit Kopfhörern auf den eigenen Smartphones zu sehen. „Sie sind alle in ihrem eigenen Ding drinnen gewesen und waren sehr konzentriert (…) wie sie im Stiegenhaus gesessen sind mit ihren Handys, und die Kopfhörer drinnen, und den Film angeschaut haben. Sie waren da sehr konzentriert dran", betont Christine Rüscher-Christler, Lehrerin in Innsbruck.[22] Smartphone und Zeitzeugeninterview können – wenn der Einzelne in Ruhe den Interviewausschnitt sieht – ein sehr intimes Setting bilden, eine ganz eigene Form der „Begegnung" mit den Zeitzeuginnen und -zeugen sowie mit deren Erinnerungen und Erzählungen. Das Bild ist zwar klein, aber die Jugendlichen sind mit sich und dem Gehörten und Gesehenen zunächst allein. Erst in einer zweiten Stufe tauschen sie sich mit anderen aus. Das unterscheidet sich offensichtlich von der herkömmlichen Rezeption videografierter Zeitzeugeninterviews, bei der sie im Klassenverband die Interviews anschauen. Doch wie sich dieser mehr individualisierte Zugang mittels persönlichem elektronischem Gerät von

Schülerinnen und Schüler der MS Doren (Vorarlberg) erarbeiten sich die Ausstellung (Foto: erinnern.at)

der gemeinsamen, öffentlichen Rezeption hinsichtlich des intendierten Lernens unterscheidet, darüber wissen wir noch zu wenig Bescheid. Hinweise aus einem aktuellen Forschungsprojekt zum historischen Lernen anhand von Zeitzeugeninterviews in einer Tablet basierten Lernumgebung unterstützen die Beobachtung, dass die Exposition der oder des einzelnen Lernenden gegenüber der videografierten Erzählung einen besonders geeigneten Aufmerksamkeitsraum bildet.[23]

„So eine Wanderausstellung hat ja auch immer etwas Erschreckendes"

Was für uns auch sehr deutlich wurde: Eine Wanderausstellung muss zunächst ganz eigenen Basisanforderungen gerecht werden. Das heißt, sie ist unkompliziert zu transportieren, robust, leicht auf- und abzubauen. Nur wenn sie diese Anforderungen erfüllt, können sich die Rezipientinnen und Rezipienten überhaupt den Inhalten widmen. Nicht unterschätzt werden dürfen dabei die Hemmschwellen, die viele Lehrpersonen überwinden müssen. Die notwendigen Abklärungen mit den Schulwarten bzw. der Schulleitung werden dadurch erleichtert, dass die Ausstellung eben an keine klar definierte Wand gehängt werden muss, sondern stehen kann, wo immer sie hingestellt wird. Dass die Ausstellung „darüber sprechen" diese Basisanforderungen erfüllt, bestätigen Rückmeldungen wie „Ich hätte mir das wesentlich schwieriger vorgestellt. Da hab ich keine guten Erfahrungen. Aber selbst technische Banausen wie ich können das meistern."[24] Oder: „So eine Wanderausstellung hat ja auch immer etwas Erschreckendes, sodass man womöglich im Schweiße seines Angesichts komplizierte Sachen tun muss und dann kennt man sich nicht aus. Und all diese Probleme habt ihr uns im Vorfeld abgenommen (…) Auch die grafische Gestaltung mit modernen Medien kombiniert, also was willst du mehr."[25]

Literaturverzeichnis

Gautschi, Peter: Geschichte lehren. Lernwege und Lernsituationen für Jugendliche (Aargau 2012).

Gautschi, Peter: Der Beitrag des Geschichtsunterrichts zur Entwicklung von Einstellungen, in: Bauer, J. P. / J. Meyer-Hamme / A. Körber (Hrsg.): Geschichtslernen – Innovation und Reflexion. Festschrift für Bodo von Borries zum 65. Geburtstag (Kenzingen 2008) S. 289–306.

Körber, Andreas: Der Abgrund im Bindestrich? Überlegungen zum Verhältnis von historischem und politischem Lernen, in: Sowi-Online-Reader „Historisch-Politische Bildung" (Bielefeld 2004), https://bit.ly/3sVVe8Y (7.4.2021).

Massing, Peter: Zeitgeschichte als Rückgrat der politischen Bildung?, in: Barricelli, Michele / Julia Hornig (Hrsg.): Aufklärung, Bildung, „Histotainment"? Zeitgeschichte in Unterricht und Gesellschaft heute (Frankfurt/M. 2008) S. 67–84.

Ranke, Leopold: Geschichten der romanischen und germanischen Völker: von 1494 bis 1535, Band 1 (Leipzig, Berlin 1824).

Rüsen, Jörn: Werturteile im Geschichtsunterricht, in: Bergmann, K. / K. Fröhlich / A. Kuhn u. a. (Hrsg.): Handbuch des Geschichtsunterrichts (Seelze-Velber 1975).

Sauer, Michael: Geschichte unterrichten. Eine Einführung in die Didaktik und Methodik (Seelze 2007).

Seixas, Peter / Carla Peck: Teaching Historical Thinking, in: Sears A. / I. Wright (Hrsg.): Challenges and Prospects for Canadian Social Studies (Vancouver 2004) S. 109–117.

Seixas, Peter: Guideposts to Historical Thinking, in: Seixas P. / Tom Morton: The Big Six. Historical Thinking Concepts (Toronto 2013).

Anmerkungen

1. Es gibt zwei Kopien der Ausstellung, die zwischen Sommer 2014 und Dezember 2015 an 41 Schulen in Österreich zu sehen war. Mehr zur Ausstellung: http://www.erinnern.at/bundeslaender/oesterreich/lernmaterial-unterricht/ausstellung-darueber-sprechen (7.4.2021).
2. Telefoninterview mit Regina Rüscher-Christler (Tirol) 13.10.2015.
3. Für Non-Natives in der Digital World gibt es auch einen traditionellen Internet-Link zum Abtippen.
4. Telefoninterview mit Johannes Spies (Vorarlberg), 14.10.2015.
5. Mehr zu Ute Bock und ihren Projekten auf www.fraubock.at (7.4.2021).
6. Telefoninterview mit Regina Rüscher-Christler (Tirol), 13.10.2015.
7. „Akte Grüninger. Die Geschichte eines Grenzgängers (2013). Informationen zu Grüninger: www.paul-grueninger.ch.
8. Telefoninterview mit Gernot Haupt (Kärnten), 14.10.2015.
9. Telefoninterview mit Johannes Spies (Vorarlberg), 14.10.2015.
10. Haaretz, 8.9.2015.
11. In: derStandard.at, 15.9.2015, http://derstandard.at/2000022262063/Die-osteuropaeische-Krise-der-Schande (7.12.2015); English: https://www.project-syndicate.org/commentary/eastern-europe-refugee-crisis-xenophobia-by-jan-gross-2015-09 (7.12.2015).
12. http://holocaustremembrance.com/media-room/stories/ihra-honorary-chairman-statement (10.12.2015).
13. http://historicalthinking.ca (7.4.2021).
14. http://historicalthinking.ca/ethical-dimensions (7.4.2021).
15. In der Lehrerhandreichung findet sich als Basisanregung eine Anleitung, wie das selbstständige Aufstellen didaktisch begleitet werden kann.
16. Eine Tafel, die zwei Fußball spielende Buben zeigt und Auschwitz anspricht: „Ich hatte nur eines im Sinne: Wie komme ich aus dieser Hölle heraus." Auf der Rückseite spricht Renate S. Meissner über „Wieder gut machen".
17. Telefoninterview mit Claudia Rauchegger-Fischer (Tirol), 16.10.2015.
18. Telefoninterview mit Regina Rüscher-Christler (Tirol), 13.10.2015. Siehe auch Telefoninterview mit Gunter Wolfsberger: „Und ich kann sie hinstellen in einen Bereich, wo Schüler auch in der Pause vorbei kommen, ohne viel zu sagen, und sie bleiben trotzdem stehen und schauen. Und wenn sie sich nur zwei von diesen Ständern anschauen (…)." Interview mit Gunter Wolfsberger (Niederösterreich), 14.10.2015.
19. Telefoninterview mit Gunter Wolfsberger (Niederösterreich), 14.10.2015.
20. Telefoninterview mit Gernot Haupt (Kärnten), 14.10.2015.
21. Telefoninterview mit Johannes Spies (Vorarlberg), 14.10.2015.
22. Telefoninterview mit Regina Rüscher-Christler (Tirol), 13.10.2015.
23. SISAT – Shoah im schulischen Alltag in einer Tablet basierten Lernumgebung. Forschungsprojekt von _erinnern.at_ gemeinsam mit dem Zentrum für Geschichtsdidaktik und Erinnerungskulturen der Pädagogischen Hochschule Luzern, dem Friedrich-Meinecke-Institut für Didaktik der Geschichte, dem Center für Digitale Systeme, beide Freie Universität Berlin sowie dem Institut für Zeitgeschichte, Universität Innsbruck.
24. Telefoninterview mit Johannes Spies (Vorarlberg), 14.10.2015.
25. Telefoninterview mit Claudia Rauchegger-Fischer (Tirol), 16.10.2015.

Alle Erinnerung hat einen Ort

Gerald Lamprecht

„Alle Geschichte hat einen Ort". Digitale Erinnerungslandschaft Österreich (DERLA) – Verfolgung und Widerstand im Nationalsozialismus | dokumentieren und vermitteln[1]

Folgt man der Konzeption des kollektiven Gedächtnisses von Jan Assmann, so befindet sich die Erinnerung an den Nationalsozialismus und Holocaust an der Schwelle vom kommunikativen zum kulturellen Gedächtnis (Assmann, 1988), also in einem Prozess des Übergangs der Erinnerung von den Zeitzeuginnen und -zeugen zu den Gedächtnisinstitutionen. Dieser Transfer, in dem die Erinnerungen an Medien gebunden werden, erfolgt nicht selbstständig und unkoordiniert. Er wird durch spezifische Techniken und Strategien aktiv betrieben (Crueger, 2019, S. 296). Denn was wir selbst nicht erlebt haben und nicht in personaler Kommunikation tradiert wird, bedarf der medialen Repräsentation. Diese Funktion übernehmen Denkmäler, Gedenkstätten, Museen, audiovisuelle Massenmedien und immer mehr erlangen hierbei auch digitale Tools und Praktiken sowie das Word Wide Web (WWW) Bedeutung. Letztere vereinfachen diesen Prozess und letztlich demokratisieren sie ihn durch die erleichterte Zugänglichkeit und Erreichbarkeit von digitalen Räumen (Schmale, 2015).

Medien und Inhalte stehen zueinander in Beziehung, bestimmt doch jedes Medium über seine Charakteristika („The Medium is the Massage." Marshall McLuhan) auch über die Inhalte und in welcher Form sie präsentiert werden (Meyer, 2009, S. 176). Diesem Umstand tragen nicht zuletzt die Geschichtswissenschaft wie auch die Geschichtsvermittlung Rechnung, wie Eva Pfanzelter konstatiert: „Die Verwebung von gesellschaftlichen, kulturellen und technologischen Fortschritten geschieht mit historischen Inhalten ebenso und hat demnach nachhaltige Auswirkungen auf Geschichts- und Erinnerungsdiskurse: Das Internet bietet zahllose Möglichkeiten, Geschichte zu konstruieren, re-kontextualisieren, visualisieren, individuell zu erzählen und Erinnerung zu zelebrieren." (Pfanzelter, 2020, S. 492) Demgemäß kam Anfang der 2000er-Jahre ein an der Universität Gießen im Sonderforschungsbereich „Erinnerungskulturen" durchgeführtes Projekt zur „Visualisierung und Virtualisierung von Erinnerung: Geschichtspolitik in der medialen Erlebnisgesellschaft" (Leggewie, 2009, S. 22) zum Ergebnis, dass die Medienrevolution einen erinnerungskulturellen Wandel bedinge, der sich in besonderer Weise anhand der Erinnerungskommunikation in digitalen, interaktiven Medien beschreiben lässt. Als zentrales Merkmal wurde festgestellt, dass die neuen Medien das kollektive Geschichtsbewusstsein und die kollektive Erinnerung in Richtung Fragmentierung, Individualisierung und Subjektivierung verändern. „Geschichtserinnerungen", so Claus Leggewie, „werden eher gleichrangig kumuliert als durch Experten beziehungsweise Erinnerungsvirtuosen vorab ausgewählt und nachträglich zertifiziert, sie werden in kürzeren Abständen aktualisiert, und die interaktive Beteiligung durchkreuzt die Imperative jeder direktiven Inszenierung. Auf diese Weise werden *private*, also nicht offizialisierte und zertifizierte Erinnerungen zunehmend in der öffentlichen Erinnerungskultur präsent." (Leggewie, 2009, S. 22) In Zukunft können, so Leggewie weiter mit Bezug auf Wulf Kansteiner, der sich mit der Videospielkultur befasste, „Menschen nicht nur die Inhalte ihrer kollektiven Erinnerung, sondern auch die virtuellen Gemeinschaften, mit denen sie diese Erinnerungen als gelebte Geschichtskultur teilen, völlig frei erfinden." (Leggewie, 2009, S. 23) Dem WWW wird somit durch seine geringen Zugangshürden die Kraft zur Demokratisierung von Wissen ebenso wie durch die Verschiebung von Machtverhältnissen emanzipatorisches Potential zugeschrieben, doch beide Aspekte bergen auch Gefahren in sich, da völlig unterschiedliche Geschichtsnarrative – z. B. auch alternative Geschichte – auf einer scheinbar gleichen Ebene zueinander in Deutungskonkurrenz treten.[2]

Demnach birgt die Medienrevolution nicht nur neue Chancen für die Darstellung und Erinnerung an den Nationalsozialismus und Holocaust sowie deren Vermittlung in sich, sondern bringt auch so manche Gefahren und Herausforderungen mit sich. Es bedarf daher konkreter Anstrengungen, wenn es um eine erfolgreiche Überführung der Holocaust-Erinnerung vom kommunikativen in das kulturelle Gedächtnis geht, die eben nicht zuletzt der medialen und digitalen Revolution ebenso wie den Transformationen der Migrationsgesellschaft Rechnung tragen müssen. Und so ist mit Blick auf die Migrationsgesellschaft festzuhalten, dass die Erinnerung immer einer konkreten Perspektive folgt, die nicht zuletzt an die individuellen und kollektiven Erfahrungen, an die spezifische Geschichte von Einzelnen und Gruppen gebunden ist. Es ist daher in der österreichischen und deutschen Gesellschaft keineswegs selbstverständlich, dass die Geschichte des Nationalsozialismus und Holocaust für alle in Österreich oder Deutschland lebenden Menschen *ihre* Geschichte ist. Nicht selten entstehen aus dieser Situation wiederum konkurrierende und konfliktbeladene Geschichts- und Erinnerungsnarrative (Matthes, 2020).

Michael Rothberg, der sich mit den Konfliktlagen unterschiedlicher Gedächtnisse im Kontext der Massenverbrechen des 20. Jahrhunderts befasst hat, weist jedoch die Vorstellung einer Konkurrenz unterschiedlicher Opfergruppen um Wahrnehmung im öffentlichen Raum zurück und stellt dem Bild der Opferkonkurrenz das Potential einer multidirektionalen Erinnerung entgegen:

„Our relationship to the past does partially determine who we are in the present, but never straightforwardly and directly, and never without unexpected or even unwanted consequences that bind us to those whom we consider other. When the productive, intercultural dynamic of multidirectional memory is explicitly claimed, […] it has the potential to create new forms of solidarity and new visions of justice." (Rothberg, 2009, S. 4f.)

Das hier diskutierte Projekt „Digitale Erinnerungslandschaft Österreich (DERLA) – Verfolgung und Widerstand im Nationalsozialismus | dokumentieren und vermitteln" stellt sich diesen geschilderten Herausforderungen mit den Instrumentarien des Digital Mappings unter Berücksichtigung aktueller Debatten der Holocaust Education.

Digital Memory – Digital Mapping

Dass Fragen nach den Transformationen der Erinnerung an den Holocaust und Nationalsozialismus ebenso wie nach der Bedeutung der Digitalisierung in der Vermittlung, der Holocaust Education, immer mehr Relevanz erlangen, zeigen zahlreiche Projekte der Zeitgeschichtsforschung[3], digitale Projekte von Gedenkstätten und Museen[4], Vermittlungsprojekte[5] und verschiedene Projektschienen von Förderinstitutionen.[6] Beispielhaft sei hier die aktuelle Ausschreibung der EVZ – Stiftung Erinnerung, Verantwortung, Zukunft – mit dem Titel „Digital // Memory" genannt.[7] Im Ausschreibungstext heißt es:

> „Wie haltbar ist unser erinnerungskultureller Konsens? Wie verändern die Neuen Medien unser Bild von der Vergangenheit? Wie begegnen wir heutigem Antisemitismus? Die Stiftung EVZ geht diesen Fragen im Förderprogramm ‚Digital // Memory' nach, mit dem sie die Entwicklung und Erprobung digitaler Formate in der historisch-politischen Bildung ermöglicht. Wir möchten aktuellen Formen des Antisemitismus etwas entgegensetzen und ebenso vielfältige Zugänge zur Geschichte des Nationalsozialismus fördern. Wir unterstützen Projekte, die Lern- und Kommunikationswelten der modernen Informationsgesellschaft nutzen und dadurch die Demokratie stärken. Diese Projekte sind Teil einer Erinnerungskultur 4.0, die digitale Tools und Techniken mit historischen Orten und lokaler Geschichte verbindet. Gerne fördern wir Kooperationen von Bildungsorganisationen sowie Akteurinnen und Akteure aus der digitalen Gesellschaft im Civic-Tech-Sektor."[8]

Dem aktuellen Diskurs von Erinnerungsarbeit an den Nationalsozialismus und Holocaust folgend wird in dieser Ausschreibung die Erinnerung mit Demokratie- und Menschenrechtsbildung[9] ebenso verknüpft wie mit den neuen Medien. Vor allem wird den partizipativen Möglichkeiten des Web 2.0 großes Potential in der Vermittlung zugesprochen und zugleich auf die gesteigerte Bedeutung von historischen Orten im Allgemeinen und raumbezogener Vermittlung im Speziellen hingewiesen.

Viele Jahre war in der Geschichtswissenschaft und damit auch in der Vermittlung die Beschäftigung mit dem Raum nicht zuletzt durch die nationalsozialistische Raumpolitik desavouiert. Doch „Geschichte spielt nicht nur in der Zeit, sondern auch im Raum" (Schlögel, 2016, S. 9), so der mittlerweile berühmte Satz von Karl Schlögel. Der sogenannte „spatial turn" (Bachmann-Medick, 2006, S. 284–

328) brachte schließlich unter neuen Vorzeichen eine Hinwendung zur Kategorie „Raum" in den Geschichtswissenschaften, die immer auch mit Fragen der Erinnerung verknüpft wurde. Erneut Schlögel:

> „Wir kommen ohne Bilder von den Schauplätzen, an denen sich alles ereignet hat, nicht aus. *History takes place* – Geschichte findet statt. Wenn wir von Kulturen sprechen, denken wir an die Orte, an denen sie sich kristallisieren: an ‚Paris', die Hauptstadt des 19. Jahrhunderts, an die ‚neue Welt', die in den Wolkenkratzern von Manhattan Gestalt angenommen hat, an die Gleise, die auf das Tor von Auschwitz-Birkenau zulaufen. Wir sprechen von öffentlichen Räumen und von Privatsphäre. Wir haben, wenn wir Proust oder Tolstoj lesen, die Interieurs der verlorenen Zeit vor Augen. Wir haben vor unseren Augen sogar Nichtorte, Orte, die wieder verschwunden, untergegangen sind, von denen nichts geblieben ist außer der Erinnerung an sie. Es gibt keine Geschichte im Nirgendwo. Alles hat einen Anfang und ein Ende. Alle Geschichte hat einen Ort." (Schlögel, 2015, S. 70–71)

Plädiert Karl Schlögel für eine historische Beschäftigung mit dem Raum, so weist Edith Blaschitz auf die Verknüpfung von Raum und Vermittlung hin. Mit dem Zeitalter der „postmemory" (Hirsch, 2012), in dem die Geschichte des Holocaust nicht mehr von Zeitzeuginnen und -zeugen durch ihr persönliches Erfahren vermittelt werden kann, sondern auf mediale Repräsentationen angewiesen ist, rücken, so ihre These, historische Orte ins Zentrum der Aufmerksamkeit (Blaschitz, 2016, S. 52).

> „Der Ort des Geschehens übernimmt in der zeitgeschichtlichen Vermittlungsarbeit – sei es mit historischer, bildender oder aufgeklärter Intention – zunehmend die Funktion von Zeitzeug_innen, die bislang als höchste Instanz von Authentizität galten. Dem authentischen Ort wurde Zeugenschaft und somit Wahrhaftigkeit zugeschrieben." (Blaschitz, 2016, S. 52)

Der Alltagsraum wird als Erinnerungsraum an die NS-Zeit wahrgenommen und als solcher markiert. Zwar fanden diese Markierungen bereits unmittelbar mit dem Ende der NS-Herrschaft in Form von verschiedenen Denkmalsetzungen statt (Uhl, 1992), doch spätestens seit der erinnerungspolitischen Wende in Österreich in den späten 1980er-Jahren mit der Abkehr vom „Opfermythos" und der Etablierung der „Mittäter-These" ist die gesteigerte Zuwendung zu Orten mit NS-Vergangenheit ebenso wie zu dem Schicksal der NS-Opfer feststellbar. Verbunden damit ist auch ein Wandel in der Gruppe der Erinnerungsakteure. Wurde die Erinnerung an den Nationalsozialismus und Holocaust in Österreich nach 1945 zunächst vor allem von den Opferverbänden und im Bereich des Soldatengedenkens vom Österreichischen Kameradschaftsbund getragen, so gingen die neuen Erinnerungsinitiativen ab den 1980er-Jahren in der Regel auf zivilgesellschaftliches Engagement zurück. Es waren häufig „einfache" kritische Bürgerinnen und Bürger, die sich für NS-Geschichte und die NS-Opfer in ihrer Region zu interessieren begannen und die kontaminierten Landschaften (Pollack, 2014) – in denen sie lebten – in Frage stellten: darunter auch viele Lehrende, die mit Jugendlichen lokale Erinnerungsarbeit betreiben.

Diese Initiativen mündeten zumeist in der Errichtung von Erinnerungszeichen (Straßennamen, Gedenktafeln, etc.) oder auch der Errichtung von neuen Institutionen.[10] So geht z. B. die Gründung des Jüdischen Museums in Hohenems in den frühen 1990er-Jahren auf die zivilgesellschaftliche Auseinandersetzung um die Weiternutzung und Umformung des noch vorhandenen baulichen Erbes der ehemaligen jüdischen Gemeinde von Hohenems zurück (Grabherr, 1995/1996).

2012 widmete sich eine Ausstellung des Museums Nordico den „‚Hitlerbauten' in Linz – Wohnsiedlungen zwischen Alltag und Geschichte. 1938 bis zur Gegenwart" (Rohrhofer, 2012) und stellte ebenso die Frage nach dem Umgang mit den Relikten der NS-Herrschaft, wie es die öffentliche Auseinandersetzung um die zunächst lange Zeit vergessene Geschichte des NS-Lagers Liebenau in Graz tut (Lamprecht, 2020). Auch diese kritischen Debatten in Graz wurden und werden vor allem von Menschen getragen, die im ehemaligen Lager oder in dessen Umgebung arbeiten oder leben und die unreflektierte städtebauliche Weiternutzung des Ortes in Frage stellen. Letztlich mündeten diese Debatten in die Errichtung einer Gedenktafel sowie der Entwicklung einer App, die einen zumindest virtuellen Rundgang durch das ehemalige Lager ermöglicht (Rieger, 2020).[11]

Digitale Erinnerungslandschaft Österreich (DERLA) | dokumentieren und vermitteln

Zeichensetzungen erfolgen nicht mehr nur an realen Orten, sondern – wie beispielsweise in Liebenau – vermehrt auch im virtuellen Raum.[12] So wurden in den letzten Jahren zahlreiche Projekte realisiert, die den mit Zeichen markierten Erinnerungsorten und Orten des NS-Terrors in Form von Homepages oder Apps Aufmerksamkeit zuwenden. Hierbei handelt es sich zumeist um georeferenzierte Webapplikationen, in denen Erinnerungsorte auf digitalen Landkarten markiert und im Sinne des Deep Mappings (Bodenhammer, 2015) mit weiterführenden Informationen versehen werden. Exemplarisch sollen hier einige dieser Projekte im österreichischen Kontext vorgestellt werden: Das ambitionierte Projekt „POREM Politics of Remembrance"[13] der Universität Wien hat sich die georeferenzierte Dokumentation aller Erinnerungszeichen an die politische Gewalt des Austrofaschismus und Nationalsozialismus in Wien zur Aufgabe gemacht und kooperiert bei der Darstellung der Inhalte mit „Wien Geschichte Wiki", dem Geschichts-Wikipedia der Stadt Wien.[14]

Das Wiener Wiesenthal Institut für Holocaust-Studien (VWI) erstellte eine digitale Karte zur NS-Zwangsarbeit von ungarischen Jüdinnen und Juden in Wien und bietet neben der Dokumentation von Orten auch virtuelle thematische Rundgänge an.[15] Das Dokumentationsarchiv des Österreichischen Widerstandes (DÖW) wiederum verbindet seine Opferdatenbanken im Projekt „VIENNA Memento WIEN"[16] mit einer virtuellen Stadtkarte. Auch das Mauthausen Komitee Österreich entwickelte unterschiedliche digitale Vermittlungsangebote, darunter eine virtuelle Landkarte der KZ-Außenlager in Österreich.[17] Manfred Mühlmann schließlich ini-

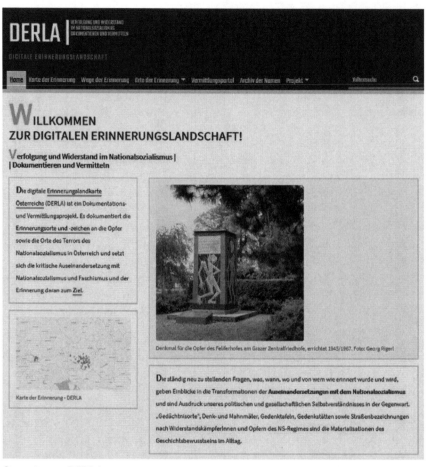

Startseite von DERLA

tiierte das Webprojekt „Orte des Novemberpogroms 1938 in Innsbruck. Virtuelle Stadtrundfahrt zu den Schauplätzen des Judenpogroms in Innsbruck vom 9. auf den 10. November 1938"[18] und kooperiert dabei mit dem Projekt „pogrom-erinnern.at"[19] All diese Projekte verbinden mit digitalen Mitteln auf unterschiedliche Art und Weise die Erinnerung an Nationalsozialismus und Holocaust mit realen historischen Orten. Die Nutzung der technischen Möglichkeiten dient jedoch vor allem dazu, im Grunde analoge Inhalte leichter verfügbar zu machen.

Dokumentation

Innerhalb dieser hier lediglich exemplarisch vorgestellten Projekte verortet sich auch das Projekt DERLA. Es geht jedoch einen Schritt weiter und zielt neben der Dokumentation auch auf die Entwicklung neuer Konzepte einer digitalen Erinnerungspädagogik mittels einer digitalen Erinnerungslandkarte Österreichs. Durch die Zusammenarbeit von Historikerinnen und Historikern, Fachdidaktikerinnen und -didaktikern, Expertinnen und Experten der Digital Humanities sowie Jugendlichen sollen Erinnerungsorte an die Opfer und den Terror des Nationalsozialismus in Österreich einer vorrangig jugendlichen, aber auch politisch-historisch interessierten Öffentlichkeit vorgestellt und die damit verbundenen Ereignisse und Geschichten vermittelt werden. Als Grundprämisse gilt, dass ein niederschwelliger Zugang zum Projekt zentral für das Erreichen der Zielgruppen ist. Niederschwelligkeit bezieht sich hierbei auf die sprachliche Darstellung der Inhalte ebenso wie auf die Struktur der Homepage selbst und vor allem auf die grafische Gestaltung.[20] In Bezug auf Sprache orientiert sich DERLA am von Horst Schreiber für die Jugendsachbuchreihe „Nationalsozialismus in den Bundesländern" entwickelten Sprachkonzept.[21]

Den Überlegungen von Pierre Nora folgend weisen Erinnerungsorte Bedeutung für das individuelle und kollektive Gedächtnis auf. Sie haben eine Sinngebungsfunktion und sind Teil des kulturellen Gedächtnisses. Erinnerungsorte sind Berührungspunkte zwischen Vergangenheit und Zukunft, Schnittstellen zwischen Geschichte und Gedächtnis (Nora, 1990, S. 11–33). Setzt man die einzelnen Erinnerungsorte in Beziehung zueinander, so werden Erinnerungsräume aufgespannt (Berger, 2014). In DERLA sind diese unterschiedlichen Erinnerungsorte und Erinnerungsräume Teil einer Erinnerungslandkarte, die alle Erinnerungsorte an die Opfer und den Terror des Nationalsozialismus und Faschismus zum Zeitpunkt des Jahres 2020 sichtbar macht. Zentral ist hierbei jedoch, dass in der Erinnerungslandkarte die unterschiedlichen Zeitschichten der Erinnerung und damit auch die Transformationen der Erinnerung sichtbar werden.

Doch während Pierre Nora unter Erinnerungsorten nicht nur physische Orte, sondern auch immaterielle Orte, wie z. B. Musik, Konzepte, Texte, Erzählungen und Ideen versteht, arbeitet DERLA den Bedürfnissen einer Landkarte genügend mit rein topografischen Orten, die mit GPS-Koordinaten versehen und innerhalb der Erinnerungslandkarte verortet werden können. DERLA unterscheidet weiters zwischen manifesten und nicht-manifesten Erinnerungsorten.[22] Unter manifesten Erinnerungsorten werden jene verstanden, die durch Erinnerungszeichen (Denkmäler, Gedenktafeln u. a.) als Erinnerungsorte in der Öffentlichkeit sichtbar gemacht werden. Nicht-manifeste Erinnerungsorte sind Erinnerungsorte, die bislang über kein öffentlich sichtbares Erinnerungszeichen verfügen, jedoch einen historischen Bezug zu Opfern und/oder dem Terror des Nationalsozialismus und Faschismus aufweisen. Ihnen wird mit DERLA ein virtuelles Zeichen gesetzt.

Nach diesem Verständnis markieren Erinnerungszeichen zum einen Erinnerungsorte und machen diese in der Öffentlichkeit sichtbar. Sie können aber auch selbst zu Erinnerungsorten werden und sind ein Verweis auf Ereignisse, Erfahrungen und Verbrechen, die Nationalsozialismus und Faschismus zu verantworten haben, sowie intentionaler Ausdruck der Erinnerungskultur bestimmter Gruppen.[23] Jedes Erinnerungszeichen wird in DERLA mit zumindest zwei zeitgenössischen Fotografien dokumentiert. Eine zeigt jeweils das Erinnerungszeichen selbst und ein zweites Bild fängt das lokale Setting des Zeichens ein, um damit

Exemplarische Darstellung eines Erinnerungszeichens auf DERLA

Fragen der öffentlichen Sicht- oder Unsichtbarkeit nachzugehen. Zudem werden Inschriften transkribiert, sofern sie nicht auf den Bildern lesbar sind.

Alle in DERLA erfassten manifesten und nicht-manifesten Erinnerungsorte werden in der digitalen Erinnerungslandkarte erfasst und bilden zusammen die seit 1945 geformte Erinnerungslandschaft. Jeder Erinnerungsort wird mit Informationen zum historischen Ereignis oder den Personen, an die am Ort erinnert wird, ebenso wie zur Geschichte des Erinnerungszeichens oder -ortes selbst versehen. Weiters werden die Erinnerungszeichen und -orte zur besseren Orientierung für die Nutzerinnen und Nutzer sowie in Bezug auf die Vermittlungsangebote unterschiedlichen Kategorien zugeordnet. Diese Kategorien orientieren sich an der Intention der Personen, welche die Erinnerungszeichen stifteten oder errichteten, sowie im Fall der nicht-manifesten Erinnerungsorte an den historischen Ereignissen/Erfahrungen, die mit dem jeweiligen Ort verbunden sind. Nach derzeitigem Erhebungsstand der Erinnerungszeichen in der Steiermark, in Vorarlberg und Tirol sind diese Kategorien:

- Widerstand (politisch, religiös, individuell)
- Jüdische Opfer (Gemeindeeinrichtungen, Jüdische Gemeinde, Als Jude oder Jüdin verfolgt, Todesmarsch)
- Roma/Romnija, Sinti/Sintizze, Lovara/Lovarizza
- Jenische
- NS-Euthanasieopfer
- ZwangsarbeiterInnen
- NS-Terror (Gestapo, SS, NSDAP, Hinrichtungsstätte, KZ, Gefängnis, Justiz)
- Soldaten (Wehrmacht[24], Deserteure, Alliierte)
- Zivile Opfer
- Homosexuelle Opfer
- Kollektive Erinnerungszeichen.

Aufgrund der Intersektionalität der Verfolgungsgründe können einzelne Erinnerungszeichen oder -orte mehreren dieser Kategorien zugeordnet werden, wobei zugleich festzuhalten ist, dass mit dieser Zuordnung zu einzelnen Kategorien keinerlei Hierarchisierung zwischen unterschiedlichen Opfergruppen oder Essentialisierung von Opfern verbunden ist. Den Abschluss der Dokumentation bildet schließlich ein „Archiv der Namen". In diesem werden alle auf den Erinnerungszeichen genannten Personen erfasst und mit einer Kurzbiografie, soweit sie recherchierbar ist, vorgestellt. Damit gibt DERLA nicht nur Einblick in die Erinnerungslandschaft Österreichs, sondern setzt auch den einzelnen Menschen, an die erinnert wird, ein virtuelles Denkmal.

Vermittlung

Eng verbunden mit der Dokumentation sind Vermittlung und grafische Gestaltung, wobei diese drei Ebenen nicht getrennt voneinander gesehen werden können. Alle Einträge in DERLA werden mit zahlreichen Metainformationen versehen, die mittels der technischen Möglichkeiten neue Analysen der Erinnerungskultur ebenso wie neue Visualisierungen erlauben, die wiederum auch in der Vermittlung nutzbar gemacht werden können. Dabei verfolgt das Vermittlungsangebot im Einklang mit den Empfehlungen der IHRA zum Lehren und Lernen über den Holocaust Ziele auf zumindest vier Ebenen (IHRA, 2019). Zunächst geht es um die Vermittlung von Wissen über Nationalsozialismus, Widerstand und Holocaust, die Transformationen der Erinnerungskultur in Österreich sowie die Auswirkungen von Rassismus, Xenophobie und Antisemitismus auf die Gesellschaft. Zentral ist zudem die Erinnerung an die Opfer von Nationalsozialismus und Holocaust, denen mit DERLA ein virtuelles Erinnerungszeichen gesetzt wird. Weiters soll den Nutzerinnen und Nutzern der Wert der liberalen, demokratischen Gesellschaft und der Umstand, dass man dafür zu jeder Zeit aktiv eintreten muss, vermittelt werden. Schließlich soll eine Reflexion über politische, moralische und geistige Fragen angeregt werden und die Erinnerung an den Holocaust und Nationalsozialismus mit gegenwärtigen gesellschaftlichen und politischen Entwicklungen in Bezug gesetzt werden.

Die Vermittlungsangebote von DERLA lassen sich in vier Bereiche untergliedern. So gibt es zu einzelnen Erinnerungszeichen und -orten „Vermittlungsimpulse". Diese sollen kleine Denkanstöße sein und die Nutzerinnen und Nutzer zu weiterführenden Überlegungen anregen, ohne dass dabei von Seiten DERLAs eine Richtung in Form von Aufträgen vorgegeben wird. Zweitens gibt es „dynamische Angebote (orts- und zeichenungebunden)". Diese Angebote richten sich an Nutzerinnen und Nutzer von DERLA, wo auch immer sie sich aufhalten, und befassen sich mit unterschiedlichen Aspekten der Erinnerungskultur, wie z. B. der Materialität von Erinnerungszeichen ebenso wie mit unterschiedlichen Themen (Widerstand, Verfolgung der jüdischen Bevölkerung, Zwangsarbeit u. a.). Die Intention ist, dass die hier vorgestellten Aspekte und Themen mittels DERLA am jeweiligen Standort der Nutzerinnen und Nutzer von diesen selbstständig bearbeitet und erforscht werden können. Drittens gibt es neben den „dynamischen Angeboten" auch „fixierte Angebote (orts- und zeichengebunden)". Diese zeichnen sich dadurch aus, dass am konkreten Beispiel einzelner Erinnerungszeichen oder -orte Themen verhandelt werden. Dazu finden die Nutzerinnen und Nutzer neben den allgemeinen Kurzbeschreibungen der Zeichen weiterführende Texte ebenso wie Quellen (Texte, Bilder sowie audiovisuelle Materialien wie z. B. Zeitzeugen-Interviews) und didaktische Handreichungen vor. Viertens gibt es das Angebot der „Wege der Erinnerung". DERLA bietet auf Basis der einzelnen Erinnerungsorte thematische Rundgänge (z. B. der Novemberpogrom in Graz, die Erinnerung an den Widerstand in Kapfenberg, u. a.) an. Diese können in DERLA in Form einer digital Story-Map virtuell oder auch im realen Raum mittel GPS-Navigation beschritten werden. Ebenso wie bei den fixierten Angeboten finden die Nutzerinnen und Nutzer zu den einzelnen Stationen weiterführende Informationen sowie didaktische Handreichungen zu den einzelnen „Wegen der Erinnerung".

Ergänzt wird das Vermittlungsangebot von DERLA durch ein „didaktisches Glossar", in dem zentrale Begrifflichkeiten ebenso vorgestellt werden wie auch einzelne Personen. Zudem gibt es weiterführende Texte, die die pädagogischen und didaktischen Grundannahmen des Vermittlungsangebotes wie auch die allgemeinen Begrifflichkeiten, mit denen DERLA arbeitet, offenlegen. Auf diese Weise soll größtmögliche Transparenz in Bezug auf das Konzept und die Entscheidungsgrundlagen von DERLA erzeugt werden.

Fazit

In den Debatten über die Transformationen des historischen Gedächtnisses durch die digitale Revolution wurden bislang vor allem Fragen nach der Bedeutung des Internets als Wissensspeicher sowie den Möglichkeiten des Vergessens gestellt. Die lange Zeit vorherrschende Annahme, wonach das Web nicht vergessen könne, wurde mittlerweile revidiert (Crueger, 2019, S. 302). Denn auch das Internet vergisst. Die Inhalte des WWW sind auf vielfache Art und Weise ephemer, sie sind flüchtig und unzuverlässig, da Daten gelöscht oder vernichtet werden, nicht mehr lesbar oder schlicht und ergreifend in der unendlichen Masse an Information nicht mehr auffindbar sind. Neue Webformate entstehen und auch die Methoden der Archivierung wandeln sich. Aus diesem Grund wird zur Langzeitarchivierung der Daten von DERLA das Geisteswissenschaftliche Asset Management System (GAMS)[25] des ZIM-ACDH herangezogen.[26] DERLA genügt damit den Prinzipien von Open Access und Open Data. So sind die Daten aus dem Projekt z. B. auch über Europeana[27] abrufbar.

Kehrt man abschließend zu Pierre Nora zurück, so ist in Bezug auf digitale Erinnerung und Erinnerungsprojekte festzuhalten, dass eine lebendige Erinnerungskultur neben den lieux de mémoire auch ein milieux de mémoire benötigt. In diesem Fall geht es darum, dass digitale Projekte wie DERLA letztlich an konkrete Institutionen oder Gruppen angebunden sind, die sich um die Wartung ebenso wie die stetige Weiterentwicklung und Sichtbarkeit digitaler Projekte im WWW kümmern. Ihre Aufgabe ist es – entgegen der Logik von temporärer Wissenschaftsförderung – auch über das Ende von zeitlich befristeten Projektfinanzierungen hinaus die Erinnerung in Form von weiterführender technischer und inhaltlicher Betreuung wachzuhalten. Mit der langfristigen Projektträgerschaft durch das Centrum für Jüdische Studien und _erinnern.at_ sowie der Zusammenarbeit mit dem ZIM-ACDH wird der potentiellen Kurzlebigkeit von digitalen Angeboten entgegengearbeitet.

Literaturverzeichnis

Assmann, Jan: Kollektives Gedächtnis und kulturelle Identität, in: Assmann, Jan / Tonio Hölscher (Hrsg.): Kultur und Gedächtnis (Frankfurt/M. 1988) S. 9–19.

Bachmann-Medick, Doris: Cultural Turns in den Kulturwissenschaften (Hamburg 2006).

Berger, Stefan / Joana Seiffert: Erinnerungsorte – ein Erfolgskonzept auf dem Prüfstand, in: Berger, Stefan / Joana Seiffert (Hrsg.): Erinnerungsorte: Chancen, Grenzen und Perspektiven eines Erfolgskonzepts in den Kulturwissenschaften (Essen 2014) S. 11–36.

Blaschitz, Edith: Mediale Zeugenschaft und Authentizität: Zeitgeschichtliche Vermittlungsarbeit im augmentierten Alltagsraum, in: Hamburger Journal für Kulturanthropologie 5 (2016) S. 51–67.

Bodenhamer, David / John Corrigan / Trevor M. Harris (Hrsg.): Deep Maps and Spatial Narratives (Bloomington 2015).

Cole, Tim: Holocaust Landscapes (London 2016).

Crueger, Jens: Digital Native History: Überlegungen zum kulturellen Gedächtnis im digitalen Zeitalter, in: Bunnenberg, Christian / Nils Steffen (Hrsg.): Geschichte auf YouTube. Neue Herausforderungen für Geschichtsvermittlung und historische Bildung (Berlin 2019) S. 295–313.

Grabherr, Eva: „Erinnerung ist Erinnerung an etwas Vergessenes." Die Wiederentdeckung der jüdischen Geschichte in einer Kleinstadt der österreichischen Provinz, in: Wiener Jahrbuch für jüdische Geschichte, Kultur & Museumswesen, 2 (1995/1996) S. 57–77.

Hahn, Hans-Joachim / Bettina Bannasch: Einleitung: Multimediale und multidirektionale Erinnerung an den Holocaust, in: Bannasch, Bettina / Hans-Joachim Hahn (Hrsg.): Darstellen, Vermitteln, Aneignen. Gegenwärtige Reflexionen des Holocaust (Göttingen 2018) S. 9–25.

Halbrainer, Heimo / Gerald Lamprecht / Georg Rigerl: Orte und Zeichen der Erinnerung. Erinnerungszeichen für die Opfer von Nationalsozialismus und Krieg in der Steiermark (Graz 2018).

Hirsch, Marianne: The Generation of Postmemory. Writing and Visual Culture After the Holocaust (New York 2012).

IHRA: Empfehlungen für das Lehren und Lernen über den Holocaust (o. O. 2019).

Knowles, Anne K. / Tim Cole / Alberto Giordano: Geographies of the Holocaust (Bloomington 2014).

Lamprecht, Gerald: Der Gedenktag 5. Mai im Kontext österreichischer Erinnerungspolitik, in: Informationen zur Politischen Bildung 32 (2010) S. 30–38.

Lamprecht, Gerald: Lager Liebenau – wie umgehen mit einem Ort nationalsozialistischen Terrors? https://www.erinnern.at/bundeslaender/steiermark/artikel/lager-liebenau-2013-wie-umgehen-mit-einem-ort-nationalsozialistischen-terrors (13.1.2020).

Leggewie, Claus: Zur Einleitung: Von der Visualisierung zur Virtualisierung des Erinnerns, in: Meyer, Erik (Hrsg.): Erinnerungskultur 2.0. Kommemorative Kommunikation in digitalen Medien (Frankfurt/M. 2009) S. 9–28.

Matthes, Eva / Eisabeth Meilhammer: Holocaust Education in der Migrationsgesellschaft, in: Bildung und Erziehung 73, 3 (2020) S. 203–211.

Meyer, Erik: Erinnerungskultur 2.0? Zur Transformation kommemorativer Kommunikation in digitalen, interaktiven Medien, in: Meyer, Erik (Hrsg.): Erinnerungskultur 2.0. Kommemorative Kommunikation in digitalen Medien (Frankfurt/M. 2009) S. 175–206.

Nora, Pierre: Zwischen Geschichte und Gedächtnis (Berlin 1990).

Pfanzelter, Eva: Das Erzählen von Geschichte(n) mit Daten aus der Wayback-Machine am Beispiel von Holocaust-Websites, in: Zeitgeschichte, 47, 4 (2020) S. 491–519.

Pollack, Martin: Kontaminierte Landschaften (Salzburg 2014).

Rieger, Andrea: Gedenktafel an Lager Liebenau. App ermöglicht Rundgang im größten Grazer NS-Zwangsarbeitslager, in: Kleine Zeitung (12.9.2020), https://www.kleinezeitung.at/steiermark/graz/5866176/Gedenktafel-an-Lager-Liebenau_App-ermoeglicht-Rundgang-im (12.1.2021).

Rohrhofer, Markus: Neue Ausstellung. Architektonisches Erbe des Nationalsozialismus: Die „Hitlerbauten" in Linz, in: Der Standard (5.9.2012), https://www.derstandard.at/story/1345166293172/architektonisches-erbe-des-national sozialismus-hitlerbauten-in-linz (11.1.2020).

Rothberg, Michael: Multidirectional Memory. Remembering the Holocaust in the Age of Decolonization (Stanford 2009).

Schlögel, Karl: Im Raume lesen wir die Zeit. Über Zivilisationsgeschichte und Geopolitik (Frankfurt/M. 2016⁵).

Schmale, Wolfgang: Digital Public History. Eine Kritik, in: Schmale, Wolfgang: Blog „Mein Europa", wolfgangschmale.eu/public-history/, Eintrag 8.12.2015 [Absatz Nr. 5].

Uhl, Heidemarie: Zwischen Versöhnung und Verstörung. Eine Kontroverse um Österreichs historische Identität fünfzig Jahre nach dem „Anschluß" (Wien 1992).

Anmerkungen

1 Beim Projekt „Digitale Erinnerungslandschaft Österreich (DERLA) – Verfolgung und Widerstand im Nationalsozialismus | dokumentieren und vermitteln" handelt es sich um ein Kooperationsprojekt des Centrums für Jüdische Studien der Karl-Franzens-Universität Graz, _erinnern.at_ und des Zentrums für Informationsmodellierung der Karl-Franzens-Universität Graz. In einer ersten Ausbaustufe (Steiermark und Vorarlberg) wurde das Projekt gefördert von: Zukunftsfonds des Landes Steiermark (PN 1012), Zukunftsfonds der Republik Österreich (P 19-3462), Nationalfonds der Republik Österreich, Stadt Graz und Land Vorarlberg.
2 Zu denken ist hier u. a. auch daran, dass z. B. das Web auch zentraler Ort von Holocaustleugnung ist.
3 Aktuell zu nennen ist hier z. B. das letzte Heft der Zeitschrift „Zeitgeschichte", das sich dem Thema „Annotieren – visualisieren – analysieren. Computergestützte qualitative Methoden für die Zeitgeschichte" widmet, wie auch die Bemühungen des Projektes der Entwicklung einer Europäischen Holocaust Forschungsinfrastruktur (EHRI), https://www.ehri-project.eu/ (vgl. Zeitgeschichte 47, 4 (2020); weiters: http://www.ns-quellen.at/ oder auch https://www.findbuch.at/startseite (alle 17.1.2021). In dieselbe Richtung weisen auch die Publikationen von Cole (2016) oder Knowles (2014).
4 Exemplarisch: https://www.ushmm.org/, https://www.yadvashem.org/, https://arolsen-archives.org/, https://sfi.usc.edu/what-we-do/collections, https://www.mauthausen-memorial.org/de, https://www.ns-dokuzentrum-muenchen.de/digitale-angebote/, https://www.doew.at/ sowie das Projekt „Jewish Places" des Jüdischen Museums Berlin, https://www.jmberlin.de/jewish-places (alle 17.1.2021).
5 Beispielsweise beschäftigt sich _erinnern.at_ seit der Gründung mit der Entwicklung von digitalen Vermittlungstools auf Basis von Zeitzeugeninterviews. Der technischen Entwicklung der neuen Medien folgend handelt es sich hierbei um DVD-Projekte („Das Vermächtnis"), Homepages („Neue Heimat Israel", „über_leben", www.erinnern.at) sowie Lern-Apps („Fliehen vor dem Holocaust"). Siehe zum Angebot: https://www.erinnern.at/lernmaterialien (17.1.2021). Am Department für Kunst- und Kulturwissenschaften der Donau-Universität Krems wurde ein eigenes Zentrum für „Digital Memory Studies" eingerichtet. Im Leitbild dazu heißt es: „Der Stabsbereich ‚Digital Memory Studies' beschäftigt sich mit der Medialität von Vergangenheitskonstruktionen und von Erinnerung, letzteres sowohl auf individueller als auch auf kollektiver Ebene. Der Fokus liegt auf den digitalen Technologien. Mediale Repräsentationen des kulturellen Erbes, transmediale Strategien und die Verknüpfung computergestützter Verfahren mit kulturwissenschaftlichen Methoden im Bereich der *Digital Humanities* sind dabei ebenso von Interesse wie Verbindungen von populären Medienkulturen mit Prozessen der Wissensgenerierung. Gefragt wird besonders nach produk-

tiven Verbindungen – wie können fachwissenschaftliche und partizipative Zugänge, unterschiedliche Methoden, Medien und Räume verbunden werden, um einen Beitrag zu Wissensproduktion und Erkenntnisgewinn zu leisten?" https://bit.ly/2PKRFEd (23.1.2021).

6 Bettina Bannasch und Hans-Joachim Hahn sprechen gar von einer Verschiebung des Holocaust-Diskurses in den letzten Jahren von der Erforschung der Geschichte hin zur Vermittlung. Vgl. Hans-Joachim Hahn/Bettina Bannasch: Einleitung: Multimediale und multidirektionale Erinnerung an den Holocaust, in: Bettina Bannasch/Hans-Joachim Hahn (Hg.): Darstellen, Vermitteln, Aneignen. Gegenwärtige Reflexionen des Holocaust (Göttingen 2018) S. 9–25, hier 12.

7 Siehe: https://www.stiftung-evz.de/handlungsfelder/auseinandersetzung-mit-der-geschichte/digital-memory.html (12.1.2021).

8 Ausschreibung: Digitale Formate in der historisch-politischen Bildung: Schwerpunkte: NS-Geschichte/Erinnerungskultur & Antisemitismus der Gegenwart, https://bit.ly/3rV8itZ (12.1.2021).

9 Diese Verknüpfung findet sich in vielen Erinnerungsprojekten ebenso wie in Ansprachen anlässlich von Gedenktagen. Sie ist aber beispielsweise auch in der Entschließung des österreichischen Nationalrates anlässlich der Einführung des Österreichischen Holocaust-Gedenktages – „Gedenktag gegen Gewalt und Rassismus im Gedenken an die Opfer des Nationalsozialismus" – vom 11. November 1997 wie auch in der Resolution der Vollversammlung der Vereinten Nationen bezüglich Holocaust Erinnerung vom 1. November 2005 zu finden. Vgl. Gerald Lamprecht: Der Gedenktag 5. Mai im Kontext österreichischer Erinnerungspolitik, in: Informationen zur Politischen Bildung 32 (2010) S. 30–38.

10 Diese Transformation der Zeichensetzungen kann man auch in der Steiermark beobachten (Halbrainer, 2018).

11 Siehe weiters: https://www.graz.at/cms/beitrag/10355915/10551550/Lager_Liebenau_Erinnerungstafel_digitaler_Rundgang.html (17.1.2021); https://www.culturalplaces.com/de/tour/lager-tour (17.1.2021).

12 Beispielhaft ist hier das Projekt des Jüdischen Museums Berlin „Jewish Places" zu nennen, https://www.jmberlin.de/jewish-places (17.1.2021).

13 http://www.porem.wien (17.1.2021).

14 https://www.geschichtewiki.wien.gv.at/Wien_Geschichte_Wiki (17.1.2021).

15 http://ungarische-zwangsarbeit-in-wien.at (17.1.2021).

16 https://www.doew.at/app (17.1.2021).

17 https://www.mauthausen-guides.at/, https://www.mkoe.at (17.1.2021).

18 https://www.novemberpogrom1938.at (17.1.2021).

19 https://pogrom-erinnern.at (17.1.2021).

20 DERLA ist für die Nutzung am PC/Notebook und für das Smartphone optimiert.

21 Vgl. https://www.erinnern.at/lernmaterialien/lernmaterialien/jugendsachbuchreihe-nationalsozialismus-in-den-oesterreichischen-bundeslaendern (22.1.2021).

22 DERLA erhebt den Anspruch einer vollständigen Dokumentation der manifesten Erinnerungsorte. Nicht-manifeste Erinnerungsorte werden im derzeitigen Stadium des Projektes nur insoweit aufgenommen, als sie für Aspekte der Vermittlung relevant sind.

23 In *Work in Progress* wurden bislang folgende unterschiedliche Arten von Erinnerungszeichen festgemacht: Verkehrsfläche (Straße, Brücke, Gasse, Weg, Platz, Passage, Arkade), Siedlung, Gebäude, Stolperstein, Grabanlage, Einzelgrab, Denkmal (Freimonument, Skulptur, Gedenkstein, Statue), Inschrift, Gedenktafel, Gefallenendenkmal, künstlerische Intervention, Brunnen, religiöse Zeichen und Orte (Glasfenster, Kapelle, Glocke, Altar, Orgel, Bild, Gipfelkreuz).

24 DERLA nimmt Kriegerdenkmäler, die an Wehrmachtssoldaten erinnern, nur exemplarisch auf, um anhand dieser wenigen die Transformationen der Erinnerungskultur in Österreich seit 1945 zu thematisieren.

25 In GAMS wurden bereits erfolgreich Projekte realisiert, die geografische Daten auf Karten darstellen, z. B. Visual Archive Southeastern Europe (VASE) unter https://gams.uni-graz.at/context:vase (21.1.2021). In diesem Projekt werden geografische Daten zu Objekten unter Verwendung des DARIAH-Geobrowsers auf einer Landkarte visualisiert. Arbeitskoffer zu den steirischen Literaturpfaden des Mittelalters, http://gams.uni-graz.at/lima (21.1.2021).

26 https://gams.uni-graz.at (21.1.2021).

27 http://www.europeana.eu (21.1.2021).

Albert Lichtblau

Erfassen, Ausstellen, Besuchen, Abbilden, Nach-Denken: „Auschwitz"

Ausstellen

November 2013: Ob ich bereit wäre, bei der Ausschreibung für die Neugestaltung der Österreich-Ausstellung im Staatlichen Museum Auschwitz-Birkenau einen Vorschlag als wissenschaftlicher Leiter mit einzureichen? Treffen mit Kurator und QWIEN (Zentrum für queere Geschichte in Wien)-Aktivist Hannes Sulzenbacher im Salzburger Bahnhofscafé. Er hatte eine – aus meiner Sicht – geniale Idee, die genau auf die Schwachstelle österreichischer Erinnerungspolitik hinwies: Wozu eine Österreich-Ausstellung an diesem prominenten Erinnerungsort, die in Österreich voraussichtlich nur rund um die Eröffnung wegen der anreisenden politischen Prominenz wahrgenommen werden wird? Die Zahlen der Besuchenden aus Österreich im Staatlichen Museum Auschwitz-Birkenau waren ernüchternd: 2010 kamen von insgesamt 1,38 Mio. Besuchenden lediglich 3.200 aus Österreich (Memorial Report, 2011, S. 22). Wer von ihnen die Österreich-Ausstellung besuchte, sei dahingestellt. Mit dem rasanten Anstieg der Besucherzahlen stiegen auch jene aus Österreich: 2019 waren es mit 8.250 von insgesamt 2.320.600 aber immer noch wenige (Memorial Report, 2020, S. 27). Der Vorschlag, den mir Sulzenbacher in einer Skizze aufzeichnete, war überzeugend: Es solle je eine Ausstellung im Museum Auschwitz-Birkenau und eine – im Idealfall am Heldenplatz – in Wien geben. Beide Orte könnten per Online-Videoübertragung miteinander verbunden werden und somit würde die jeweils andere Ausstellung auch am Ort der Besuchenden virtuell sichtbar sein.

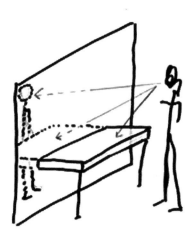

Schematische Darstellung der Bildwand mit Blickachsen. Zeichnung: Hannes Sulzenbacher

Im Einreichungstext heißt es: „Räumlich befinden sich die Besucherinnen und Besucher scheinbar in einer Ausstellung, die durch einen begehbaren Kubus in einen Innen- und Außenraum getrennt ist. Real existiert jedoch nur entweder der Innenraum (Wien) oder der Außenraum (Auschwitz) und die jeweils dort ausgestellten Objekte." (Johler, 2014, S. 3)

Das fand ich genial, vor allem auch deshalb, weil es mich schon lange verstört hat, dass es in vielen anderen Ländern Holocaust- oder Genozid-Museen gibt, nur nicht in Österreich, dem Land, aus dem so viele der NS-Hauptverbrecher stammen – allen voran Adolf Hitler, Ernst Kaltenbrunner oder Adolf Eichmann. Zugleich war ich überzeugt, dass diese Projektidee nicht durchzukriegen war, denn die Ausschreibung war eindeutig auf eine einzelne Ausstellung in Polen ausgerichtet. Das war bedauerlich, denn damit hätte Ausstellungsgeschichte geschrieben werden können. Aber die Einreichung als Denkanstoß und die Möglichkeit des Aufzeigens von Defiziten zu nutzen, schienen den Versuch wert.[1] Der Begriff „Entfernung" wurde unser Schlüsselbegriff: „Auschwitz-Birkenau bedeutete für die Verfolgten des NS-Regimes ihre Entfernung aus Österreich, aus dem Leben und schließlich aus dem Bewusstsein. Die Anfänge von Ausschluss und Verfolgung lagen jedoch auch in Österreich. Die Ausstellung greift den Beginn des NS-Terrors und das Ende dieses Terrors auf und setzt Österreich und Auschwitz miteinander in Beziehung: Sie erzählt die jeweilige Geschichte an dem Ort, an dem sie geschah (und überträgt sie virtuell an den anderen Ort). Real bleibt damit die österreichische Geschichte in Österreich und die Geschichte von Auschwitz in der Gedenkstätte Auschwitz-Birkenau. Die räumliche Entfernung bleibt bestehen, während die virtuelle Verbindung der beiden Orte die Konsequenzen der Geschehnisse am jeweils anderen Ort zeigt." (Johler, 2014, S. 3) Als wir für die nächste Runde des Wettbewerbs eingeladen wurden, natürlich mit der Auflage, dass wir uns nur für eine Ausstellung im Staatlichen Museum Auschwitz-Birkenau bewerben könnten, gab das dem Ausstellungsteam zu denken. Wir – Birgit Johler, Albert Lichtblau, Christiane Rothländer, Barbara Staudinger und Hannes Sulzenbacher (später kam noch Siegfried Göllner dazu) – überlegten aufzugeben, da wir nicht auf die Kernidee verzichten wollten. Schließlich fanden wir einen für uns gangbaren Weg, nämlich dass alle Österreich-bezogenen Objekte und Dokumente nicht real in die Ausstellung des Museums Auschwitz-Birkenau gebracht, sondern, um der „Entfernung" Ausdruck zu verleihen, projiziert werden. Um den uns wichtigen Kontakt mit Österreich aufrechterhalten zu können, wurde eine Art virtuelles Gästebuch vorgesehen, in dem Besuchende eine Nachricht hinterlassen können, die nach kurzer Zeit verschwindet und an einem oder mehreren Orten in Österreich auftauchen wird. So dachten wir dem Dilemma unserer eigenen Argumentation zu entkommen, nämlich dass es wenig Sinn mache, nur im Staatlichen Museum Auschwitz-Birkenau eine Länderausstellung zu gestalten.

Nach wie vor finde ich es unverständlich, dass es in Österreich, abgesehen von den wichtigen Ausstellungen an ehemaligen Stätten des Mordens (besonders Mauthausen, Ebensee, Hartheim) keinen Ort gibt, der eine Auseinandersetzung mit der auch von Österreich ausgehenden NS-Genozidgeschichte ermöglicht. Ich werde von Besuchenden aus anderen Ländern darauf immer wieder angesprochen, wie das sein kann. Berlin hat immerhin die „Topografie des Terrors"[2] oder München das NS-Dokumentationszentrum[3], Wien dagegen hat das „Haus des Meeres" in einem ehemaligen Flakturm untergebracht.

Besuchen, Erfassen – Überfordert-Sein

Randbemerkung: Ich war bis dahin nie im Staatlichen Museum Auschwitz-Birkenau gewesen, obwohl ich auf dem Weg durchs ehemalige Galizien bereits in Krakau Station gemacht hatte. Der Besuch solcher Orte voll von Mordgeschichte zum Abhaken ist nicht meine Sache. Wenn schon vor Ort sein, dann möchte ich mir dafür Zeit nehmen. Mit dem Gewinn des international ausgeschriebenen Wettbewerbs für die Neugestaltung der Österreich-Ausstellung musste diese Ortsbegegnung dringend nachgeholt werden. Von diesem Besuch blieben mir Bilder von dunkel, düster, kalt-nass, ich dachte, es sei Herbst oder Winter gewesen, dabei war ich mit Hannes Sulzenbacher im Mai 2014 dort. Das Wetter war tatsächlich unangenehm. Die Ausstellungen im ehemaligen Stammlager Auschwitz I hinterließen einen irritierenden ersten Eindruck bei mir, als würde etwas nicht stimmen. Schon der Besuch der Dauerausstellungen des Museums – sie werden aktuell überarbeitet – überforderte mich. Die Koffer der Ermordeten mit aufgemalten Adressen, die Zahnbürsten, die Unmengen an Gehhilfen für Amputierte, die Berge von Schuhen, darunter Stöckelschuhe oder Kinderschuhe, die Zyklon-B-Dosen, die menschlichen Relikte wie Haare … All das kann nicht kaltlassen. Die Menge an Ausgestelltem in der Hauptausstellung übersteigt das individuell verfügbare Auffassungsvermögen bei Weitem. Dabei hatten wir das Privileg, ohne Führung durchgehen zu können, unser eigenes Tempo zu bestimmen.

Eigentlich war nach dem Besuch der Hauptausstellung kaum mehr Energie für die Länderausstellungen vorhanden. Erschöpft besuchten wir eine nach der anderen, etwas, was sonst wohl kaum jemand unternimmt. Einige nationale Ausstellungen wirkten altmodisch, als seien sie aus der Zeit gefallen, andere, wie jene von Frankreich, Belgien, Holland, beeindruckten zum Teil.

Irritation – Ent-Verortung

Was mich damals beim Gehen durch das Gelände immer mehr verstörte und nach wie vor verstört, war und ist, dass auf dem Gelände keine Verortung angeboten wird. Es dauerte noch zahlreiche Besuche, bis ich mich orientieren konnte. Auch wenn es einzelne Ansatzpunkte wie rund um den Block 11, den Galgen oder das Krematorium und die Gaskammer gibt, bleibt es für Besuchende völlig unklar, wie das Stammlager, das KZ Auschwitz I, funktionieren konnte. Aktuell lässt sich schlichtweg örtlich nicht erkennen, auf welcher Organisation und welchen Strukturen dieses KZ fußte. Damit verschwindet auch die Wahrnehmung der Täter auf unheimliche Art und Weise. So kann meiner Ansicht nach kein Verstehen der Abläufe vermittelt werden. Um zwei Beispiele zu geben: Die Villa von KZ-

Kommandant Rudolf Höß befindet sich gut sichtbar unmittelbar außerhalb des Ausstellungsgeländes, doch nichts weist darauf hin. Das Gebäude ist nicht Teil des Museumsbereichs. Das Problem mit den Heimstätten ehemaliger KZ-Kommandanten haben auch andere Gedenkorte. Das Haus, in dem etwa KZ-Kommandant Amon Göth in Plaszow residierte, ist schön renoviert und wird von einer Person bewohnt, die mit dieser NS-Geschichte nichts zu tun haben will, sondern aus dem Haus ein „polnisches Heim" machen möchte: „My opinion is that this building was occupied for a small period by the Nazi, which should not influence this property forever ... I want to restore the house to be once again a Polish family house and keep it like this."[4]

Oder: Die Politische Abteilung (Lager-Gestapo) von Auschwitz lag in der Nähe des Krematorium I. Immerhin war dies eine Zentrale der Verfolgungsmaßnahmen mit den Österreichern Maximilian Grabner und seinem Nachfolger Hans Schurz als Leiter (Długoborski, 1999, S. 13–18; Langbein, 2016, S. 485–487). Nichts weist darauf hin. Das mittlerweile erschienene Buch zur „Todesfabrik Auschwitz" von Gideon Greif und Peter Siebers bietet eine wichtige Orientierungshilfe, die vor Ort jedoch fehlt (Greif, 2016). Dass kaum zu erfahren ist, in welchem Gebäude des KZs sich Besuchende befinden, hinterließ ein unangenehmes Gefühl. Das hielt auch später an, als wir im ehemaligen Block 24a im Archiv forschten. Nichts weist darauf hin, dass sich dort das Lagerbordell befand (Bogue, 2016). Im späteren Verlauf mussten wir feststellen, dass wir nichts zur Geschichte von Block 17 ausstellen können, dem Block der alten und neuen Österreich-Ausstellung bzw. der im ersten Stock ehemaligen Jugoslawien-Ausstellung bzw. der geplanten Ausstellung der jugoslawischen Nachfolgestaaten (Subotic, 2019).

Es fehlt auch jedwede historische Einbettung der Entwicklung des Museumsbereichs – das wäre ja äußerst aufschlussreich angesichts der politischen Veränderungen in Europa, besonders des Wandels von sogenannten Volksdemokratien hin zu anderen politischen Strukturen, des Zerfalls von Staaten, der Rolle alter und neuer nationaler Erinnerungspolitik. Für einen Historiker ist das kaum auszuhalten, da das Gewachsene und sich andauernd Verändernde nicht erkennbar wird. Warum konnte z. B. die DDR eine Ausstellung gestalten, nicht aber die BRD und nach dem Abbau der DDR-Ausstellung auch nicht das wieder vereinigte Deutschland?

Weniger ist mehr: Birkenau

Die Erfahrung, die Gedenkstätte Birkenau zu besuchen, war eine ganz andere als diejenige im ehemaligen Stammlager mit den Ausstellungen. Die Dimension des Geländes in Birkenau und die Stille dort zwingen zu eigenem Denken, so mein Eindruck: Du musst nicht ständig auf Ausgestelltes reagieren, bist auf dich alleine gestellt. Die Dimension des Massenmordes wird auf unheimliche Art und Weise erfahrbarer. Anders als im ehemaligen Stammlager sind die Abschnitte dieses KZ-Betriebes klar beschrieben, das Theresienstädter Familienlager, das „Zigeunerlager", die Abschnitte, in denen Frauen interniert waren, die zerstörten Krematorien und Gaskammern. Vermutlich in Kombination mit den zuvor besuchten Ausstellungen hatte das Gehen durch das Gelände von Birkenau etwas Überwältigendes, es machte die Dimension des Mordens verständlicher als jeder Ausstellungsversuch zuvor: Das Morden ist hier passiert, an diesem Ort.

Ich fand die Reaktionen von Studierenden im Rahmen einer Exkursion 2017 interessant: Diese waren von Birkenau ebenfalls weitaus beeindruckter. Das zeigt, wie schwer es ist, mit einer Länderausstellung im ehemaligen Stammlager etwas zu bewirken.

Beachtetes – Missachtetes

In den folgenden Jahren fuhren wir als Ausstellungsteam immer wieder nach Oświęcim um zu recherchieren, aber auch, weil es bis zur Eröffnung der Ausstellung viel zu lange dauerte und wir den Kontakt zum Ort nicht verlieren wollten. Mit dem Zuwachs an Strömen von Besuchenden müssen die allermeisten in geführten Gruppen durch die Hauptausstellungen und das Gelände des ehemaligen Stammlagers gehen und sehen kaum andere Ausstellungen. Jüdische Gruppen besuchen auf alle Fälle die von Yad Vashem gestaltete Ausstellung im Block 27. Auf der Webseite von Yad Vashem heißt es dazu: „Nach dem Besuch des Ministerpräsidenten Ariel Sharon in Auschwitz-Birkenau im Jahre 2005 traf die Regierung von Israel im Namen des jüdischen Volkes die Entscheidung, eine neue Dauerausstellung im Block 27 zu schaffen."[5] Sie wurde 2013 eröffnet und ist die bislang modernste Ausstellung (de Lange, 2018). Ähnlich, da länderübergreifend, ist die 2001 eröffnete Roma-Sinti-Ausstellung keine nationale, sondern sie zeigt das Schicksal der vom NS-Regime verfolgten Roma und Sinti in Europa. Angesichts der weitaus geringeren Besucheranzahl mit Roma-Sinti-Hintergrund im Vergleich zu jüdischen Gruppen sehen sich diese Ausstellung im Block 13 bedauerlicherweise weitaus weniger Menschen an.[6] Eigentlich ist das schade. Für Besuchende aus Österreich oder Deutschland ist die Roma-Sinti-Ausstellung mit vielen Dokumenten zu ihrer Geschichte in Österreich und Deutschland aus meiner Sicht unbedingt empfehlenswert.

Programmiertes Scheitern: Kitsch und …

Das Durcheinander der nationalen Ausstellungen hatte bei mir den Effekt, dass ich eher über das Irritierende und kuratorische Scheitern nachdachte, warum das eine oder andere der nationalen Ausstellungen voll daneben ging, nur weniges für mich „funktioniert". So z. B. in der ungarischen Länderausstellung im ersten Stock von Block 18: Ein dort groß aufgeblasenes Bild einer abgemagerten, nackten Frau halte ich für völlig unangebracht. Herztöne, Plastikstacheldraht, Glassymbolik bei Schienen, der Glas-"Viehwaggon", oft nicht funktionierende Computerterminals und andere eigenartig wirkende Installationen verstören (Pölcz, 2012). Für mich grenzt hier vieles an Kitsch. Kitsch begleitet Besuchende in vielen Museen dieser Welt, so

Kitsch in Auschwitz (Fotos: Albert Lichtblau)

auch in Oświęcim außerhalb des Museumsgeländes. Dieser bringt mich kopfschüttelnd auf den Boden der Realität zurück: Es gibt handgemalte Teller und Buttons mit dem Motiv „Arbeit macht frei", Miniaturmodelle des Eingangsgebäudes von Birkenau, Münzen mit dementsprechenden Motiven und anderes zu kaufen.

Ausgeblendetes

Besonders verstörend finde ich, dass Auschwitz III, Monowitz, zwar weiterhin als aktives Fabriksgelände, nicht aber als Gedenkort vorhanden ist. Und damit nicht genug. Vermutlich ist es ähnlich wie mit dem ehemaligen KZ Mauthausen trotz Gusen und Ebensee: Die Außenlager spielen insgesamt keine wesentliche Rolle im Erinnerungsszenario, das macht es eigentlich schwierig, auch für unsere Ausstellung. Der „Überlebensgürtel" von Walter Fantl-Brumlik bezieht sich auf das Nebenlager Gleiwitz I, doch die Geschichte dieses Lagers lässt sich mit dem wenigen zur Verfügung stehenden Text in der Ausstellung nicht beschreiben. Damit geht im Komplex der Ausstellungen im Staatlichen Museum Auschwitz-Birkenau etwas Wichtiges verloren: das weit gestreute System von Ausbeutung durch Zwangsarbeit und Vernichtung. Dass das ehemalige KZ Auschwitz III Monowitz nicht einmal von außen besichtigt werden kann, weil es an einer stark befahrenen Straße liegt, verwundert. Damit kann die Komplexität des Systems Auschwitz auch in einer Ausstellung nicht dargestellt werden. Der Wiener Zeitzeuge Paul Grünberg (1923–2018) oder Primo Levi (1919–1987) mussten in Auschwitz III Zwangsarbeit leisten, der österreichische Erfolgsautor und Librettist Fritz Löhner Beda (1883–1942) wurde dort ermordet.

Be/i/rat/en und Konzipieren

Mit dem Gewinn des Wettbewerbs begann viel Arbeit unter Beobachtung und Begleitung mehrerer Beiräte und vor allem gebunden an die Richtlinien des Staatlichen Museum Auschwitz-Birkenau. Wir bekamen das bitter zu spüren, als wir die nach einem Entwurf des Auschwitz-Überlebenden Heinrich Sussmann gestaltete, umstrittene Installation der alten Ausstellung mit der mit Stiefel getretenen Österreich-Karte und dem Spruch „11. März 1938: Österreich – Erstes Opfer des Nationalsozialismus" als Ausstellungsobjekt in die neue Ausstellung integrieren wollten. Das war immerhin ein Schlüsselobjekt der vorangegangenen Ausstellung, die von März 1978 bis Oktober 2013 gezeigt worden war. Die Kernaussage vom „ersten Opfer" wurde in den 1980er-Jahren allerdings obsolet, weswegen von 2005 an ein Banner mit Hinweisen auf die Abkehr vom Opfer-Narrativ in Österreich davorstand (Doujak, 2009; Nationalfonds, 2015, S. 166–169).[7] Es ist eine vertane Chance, denn es hätte darüber reflektiert werden können, wie sehr sich dominante Narrative verändern können oder warum eine derart plakative Form der österreichischen Opferlegende im Museum Auschwitz-Birkenau gelandet war. Die Ende der 1970er-Jahre eröffnete Ausstellung war geprägt von Personen, die am Widerstand teilgenommen hatten und demnach als KZ-Internierte sehr wohl auch Opfer waren. Für die einst im Widerstand Tätigen war es bis dahin wichtig gewesen darzustellen, dass sie es waren, die den Ruf des Landes gerettet hatten und damit trotz ihrer einst radikal linken oder kommunistischen Positionen im Nachkriegsösterreich Anerkennung einfordern konnten. Von Seiten derjenigen, die uns vom Museum aus begleiteten, gab es große Vorbehalte gegen dieses Objekt, wohl auch aufgrund der sie belastenden Erfahrung mit zahlreichen vorangegangenen Beschwerden. Trotz all unserer Argumente wurde die Einbeziehung dieses Objekts mit überzogenen Gegenargumenten (Revisionismusverdacht) vor dem internationalen Gremium zu Fall gebracht. Nun steht die ehemalige Eingangsinstallation in gesplitteter Form in der Ausstellung im Wiener „Haus der Geschichte". Aber dort geht sie wegen räumlicher Knappheit im überfüllten Ausstellungsbereich zwischen anderen wichtigen historischen Objekten unter. Wann immer ich jemand fragte, der oder die dort zu Besuch waren, niemand hatte dieses wichtige Ausstellungsobjekt in Erinnerung behalten.

Aus den Beiräten gab es viele sehr wichtige Inputs, aber auch Dauerkonflikte, die sich nicht lösen ließen. Dabei ging es beispielsweise um die Wortwahl oder den Vorwurf, dass zu wenig zum Thema „Widerstand" dargestellt werde bzw. Österreich in ein schlechtes Licht gerückt werde, da zu viel über Täterinnen und Täter vorkomme. Es wird einmal interessant werden, die Protokolle zu analysieren und zu beobachten, welche Haltungen sich darin wiederfinden. Wir ließen uns von Kritik, mit der wir wenig anfangen konnten, nicht beirren, sondern versuchten, ein auf Theorie und Analyse basiertes Konzept (so sehe ich zumindest meinen Anteil) möglichst unaufdringlich umzusetzen. Im Zentrum der Ausstellung stehen vier Themen: Aufbau, Strukturen, Handlungsmöglichkeiten, Befreiung. Die Darstellung der Themen hat mit den möglichen Österreich-bezogenen Inhalten zu tun. Etwa beim Thema „Aufbau" damit, dass Österreicher in der „Zentralbauleitung der Waffen-SS und Polizei Auschwitz" mit Walter Dejaco, Fritz Ertl oder Josef Janisch Schlüsselpositionen für die umfangreichen Bautätigkeiten in Auschwitz einnahmen. Den Besuchenden kann damit auch vermittelt werden, wieviel an Planung für das Funktionieren so einer großen Tötungsmaschinerie erforderlich war (Jaskot, 2014) und wie sehr Experten aus Österreich daran beteiligt waren.

In vielen Fällen halfen uns Ratschläge von Kolleginnen und Kollegen, in diesem Fall war es Adina Seeger mit ihrer Arbeit über den im Bauhaus Dessau ausgebildeten Architekten Fritz Ertl, der 1972 gemeinsam mit Walter Dejaco im Wiener Auschwitzprozess freigesprochen wurde (Seeger, 2013). Ertls Geschichte ist wichtig, da sie Fragen aufwirft: Wie kam jemand, der als Architekt für die Moderne stand, dazu, stellvertretender Leiter der Zentralbauleitung Auschwitz zu werden und den ersten Plan von Birkenau zu skizzieren?

Der für die Ausstellung gewählte Schlüsselbegriff „Befreiung" müsste eigentlich „Befreiung vom Morden bis zuletzt" heißen, denn das Morden bis zuletzt ist ein Charakteristikum von Genoziden. Das zeigte sich sowohl bei der Auflösung von Auschwitz als auch bei den Massakern in den Wochen vor Kriegsende in Österreich (Bernt-Koppensteiner, 2015). „Handlungsspielräume" erlaubt die unterschiedlichen Rollen anzudeuten, Profitieren und Kollaborieren, aber auch Widerstand oder die wenigen Möglichkeiten der Opfer, an ihr Überleben zu glauben. Für Resilienz erzählen wir etwa die Geschichte des Gürtels von Walter Fantl-Brumlik (1924–2019), den er trotz vieler Angebote, ihn gegen Essen einzutauschen, nie hergab und der ihm Zuversicht verlieh (Lichtblau, 2015b; Zeillinger, 2018). Es war klar, dass der Gürtel bis ans Lebensende bei Walter Fantl-Brumlik bleiben musste, da die Überlebensbedeutung weiterhin fortbestand. Derzeit sieht es so aus, dass der Gürtel im Haus der Geschichte in St. Pölten landen wird und leider nicht in der Österreich-Ausstellung im Staatlichen Museum Auschwitz-Birkenau.

Block 17: der Ort der Österreich-Ausstellung, im Erdgeschoß (Foto: Albert Lichtblau)

Was suchen? Wie besuchen?
Aneignen, Festhalten – Fotografieren

Eine Ausstellung zu planen, bedeutet immer auch an die Menschen zu denken, die diese einmal besuchen werden. Was suchen Menschen an so einem Ort? Was würde ich dort finden wollen? Die wiederholten Aufenthalte erlaubten es, immer wieder zu beobachten, wie sich Gruppen von Besuchenden durch das Gelände und die Ausstellungen bewegen, wie sie handeln, und ich habe in vielen Gesprächen gefragt, wie der Ort wahrgenommen wurde.

Dass es für Besuchende das Bedürfnis gibt, sich den Ort intuitiv anzueignen, zeigt sich beinahe bei jeder Gruppe schon zu Beginn von Führungen beim „Arbeit macht frei"-Tor (Stier, 2015). Es wurde 2009 gestohlen und – woran allerdings dort kaum jemand denkt – durch ein Replikat ersetzt. Die Besuchenden werden mit Kopfhörern durch das Gelände geführt. Viele fangen dort sofort zu fotografieren an und hören damit kaum mehr auf. Sie bewegen sich, der Stimme der oder des Guides zuhörend, langsam durchs Gelände und durch die Ausstellungen. Die Kopfhörer der geführten Gruppen im ehemaligen Stammlager Auschwitz I verhindern einen natürlichen Dialog, machen den Ort noch schwerer erfahrbar, als er sich ohnedies repräsentiert (Henderson, 2017). Es gibt neuralgische Orte in der Hauptausstellung, an denen besonders gestresst fotografiert wird: bei den Zyklon-B-Dosen, den Massen an Schuhen, beim Figurenmodell des Krematoriums und bei der Gaskammer. Der Massenbetrieb des Museums erlaubt keine Zeit zum Betrachten, das Fotografieren scheint wie ein Kampf gegen die wenige zur Verfügung stehende Zeit. Die Kameras und Handys schieben sich wie ein schützendes Gerät zwischen die Objekte mit ihrer furchterregenden Geschichte und die eigene Person. Der Schutz wird allerdings aufgegeben, und das wirkt eigenartig, wenn sich einzelne oder Paare vor das Ausgestellte stellen und ein Selfie von sich und den Ausstellungsobjekten machen (Douglas, 2020). In Birkenau dagegen bleibt Zeit

Schnelle Fotos im Vorbeigehen: Zyklon-B-Dosen (Foto: Albert Lichtblau)

fürs Fotografieren. Auf der ehemaligen Rampe rund um den „Viehwaggon" bemühen sich manche mit Verrenkungen, alles möglichst „gut" ins Bild zu setzen. Sie legen sich reihenweise auf die Schienen und fotografieren Richtung Eingang, ein aus Filmen und Gedrucktem vertrautes Motiv, bekannt von Fotos aus den Tagen nach der Befreiung (Dalziel, 2016). Sie werden scheitern, denn Auschwitz lässt sich nicht „schön-fotografieren" (Lichtblau, 2015a).

Defizite

Ausstellungen produzieren naturgemäß Defizite. Ich habe immer argumentiert, dass es in der Österreich-Ausstellung nicht darum gehe, alles abzuhandeln, sondern Objekte zu finden, die für sich sprechen. Wenn es nur ein Objekt gäbe, an das sich Besuchende später erinnern könnten, hätten wir das Wichtigste erreicht. Erst dann hätte die Ausstellung eine Bedeutung für Einzelne erlangt und sie könnten es in ihre Erinnerung einbetten, weil sie dazu einen Bezug herstellen könnten. Ich bin Realist, das wird angesichts des schwierigen Ortes und der Konkurrenz der Objekte in den Hauptausstellungen auch uns nur im Einzelfall gelingen. Aber wenn es gelingt, ist es ein „Erfolg". Damit wird ein schwieriger Aspekt angesprochen: Wie ist so etwas zu erreichen? Jedenfalls würde es ausreichend Zeit für den inneren Dialog mit dem Ausgestellten brauchen.

Die Überforderung durch die Geschichte der Vernichtung, des Ortes, die Besuchsabläufe, die Überfülle an zu Sehendem können die Erinnerung blockieren. Was bleibt? Ich war dort, habe das Eingangstor gesehen, die Wachtürme sind kleiner als erwartet, die Schuhe, Kinderspielzeug ... – so in der Art stelle ich es mir vor. War es wirklich das, weswegen Menschen hingefahren sind? Vielleicht ging es für manche ganz einfach darum: Das gab es wirklich und ich habe den Ort gesehen.

Mit Schulklassen nach Auschwitz?

Auch wenn das nicht neu ist: Es braucht dringend andere Formen der Vermittlung bei Besuchen von Schulklassen im Staatlichen Museum Auschwitz-Birkenau. Da es in Österreich den Wunsch gibt, dass mehr Schülerinnen und Schüler dorthin gebracht werden sollen, war es seitens des Ausstellungsteams wichtig, dass wir das kompetent und gewissenhaft vorbereiten lassen. Deswegen wandten wir uns an _erinnern.at_, im Vertrauen darauf, das bestmögliche schulische Vermittlungsformat, basierend auf viel Erfahrung in schulischer Arbeit zum Thema Holocaust und Gedenkstättenbesuche zu erhalten. Hannes Sulzenbacher, Siegfried Göllner und ich nahmen für das Ausstellungsteam an den Arbeitstreffen teil. Uns war es wichtig, dass Bezüge zu Ausstellungsobjekten der geplanten Österreich-Ausstellung miteinbezogen werden. Mich schockierte, wie wenig Zeit an Schulen derzeit für dieses Thema überhaupt zur Verfügung steht. Umso wichtiger ist es daher, ganz klar aufbereitete Vorgaben anzubieten, um Lehrerinnen und Lehrer überhaupt dafür gewinnen zu können, sich mit dem Thema zu befassen. Zugleich kann ich auch verstehen, wie schwierig es ist, einen pädagogisch abgesicherten und dennoch individuellen Zugang zu einem Thema wie „Auschwitz" zu finden.

Es ist mein Eindruck, dass da noch vieles im Argen liegt, denn über Massenmord zu sprechen, an Orte des Genozids zu fahren, das bräuchte viel mehr Zeit für die Vorbereitung, Begleitung und besonders auch die Nachbereitung. Wenn ich es richtig sehe, ist diese Zeit nicht im ausreichenden Maß vorhanden, und genau das ist das Problem.

In Salzburg kamen immer wieder Schulklassen zu mir an die Universität, die mit MoRaH (March of Remembrance and Hope – Austria)[8] ins Staatliche Museum Auschwitz-Birkenau und nach Krakau fuhren. Mich haben die Schülerinnen und Schüler immer sehr beeindruckt, sie hatten viele unterschiedliche Herkunftsgeschichten und ich habe ihnen angeboten, frei zu fragen, was sie interessiere, das sei mir wichtiger als ein Vortrag. Im April 2017 begleitete ich mit einer Exkursion der Universität Salzburg beobachtend den Ablauf des MoRaH-Progamms. Was ich für die österreichischen Schulklassen richtiggehend erniedrigend fand, war, dass sie sich beim „Marsch" vom ehemaligen Stammlager nach Birkenau nicht wie alle anderen Gruppen im ehemaligen Stammlager versammeln durften, sondern abseits auf einem Parkplatz hinter einer Absperrung warten mussten. Irgendwann durften sich die österreichischen Gruppen in den Marsch nach Birkenau eingliedern. Das Bizarre ging weiter, aber dafür können die Veranstalter nichts: 2017 standen zu Beginn proisraelische polnische Gruppen am Straßenrand und sangen Lieder. Später standen vor Birkenau auch noch Evangelikale aus Asien, die sich bei den vorübergehenden Schulgruppen, in der Annahme sie seien jüdisch, dafür entschuldigten, was ihnen angetan worden war. Der Ort zieht auch sehr schräge Geschichten an.

Was ich persönlich beeindruckend fand: Viele Schülerinnen und Schüler trugen Tafeln mit eigenen „Nachrichten", die sie bei den Schienen vorm Eingang von Birkenau in den Boden steckten. Das ist immerhin ein Handlungsangebot, dem Ort einen eigenen Ausdruck zu verleihen. Bitter war allerdings, dass muslimische Schülerinnen der Salzburger Klasse mit ihren Tafeln „Love every Religion" und „FREEDOM FOR EVERY RELIGION" vom damals mitreisenden Auschwitz-Überlebenden unfreundlich darauf angesprochen wurden, warum sie an diesem Ort ein Kopftuch tragen. Die Lehrerinnen kamen zu mir und ich sprach mit den verstörten Schülerinnen. Ich hatte im Vorgespräch erwähnt, dass nicht alles, was ein Zeitzeuge sagt, unwidersprochen hingenommen werden muss. Aber das half wenig, sie waren überfordert, es war ein trauriger Moment. Der Zeitzeuge stand später in Birkenau vor den versammelten MoRaH-Gruppen Rede und Antwort und agierte dabei durchaus beeindruckend (Hager, 2017). Am Tag danach gab es in einer ehemaligen Synagoge Krakaus noch eine Art Party mit Musik des Wiener Kantors und Reden, die auf die Gefahren des Antisemitismus hinwiesen: dem von Rechts und Links (Anti-Israel) und dem der Islamisten. Ich fragte die mitreisenden muslimischen Studierenden, ob sie glauben, dass jemand zwischen Islamismus und Islam unterscheiden wird. Die Antworten waren eindeutig: wohl kaum. Ich fand es enttäuschend, dass die wenigen muslimischen Teilnehmenden derart vor den Kopf gestoßen wurden. Einer der muslimischen Studenten fragte, ob ich glaube, dass ihnen als Muslime das auch passieren könne, so etwas wie in Auschwitz? Das

MoRah-Gruppen unterwegs vom ehemaligen Stammlager nach Birkenau (Foto: Albert Lichtblau)

hat mich richtiggehend erschreckt und ist ein Zeichen von vielen, wie ernst wir als Lehrende die Sorgen der mitreisenden Jugendlichen und jungen Erwachsenen nehmen sollten. Die Idee, die MoRaH-Reise, abgesehen von Reden, mit Musik des Wiener Kantors und Tanz in einer ehemaligen Synagoge zu beenden, ist sicher gut. Mit Musik hätte es allerdings eine von zahlreichen Möglichkeiten gegeben, auf andere Opfergruppen hinzuweisen, etwa den Widerstand oder die Roma und Sinti, die im „Zigeunerlager" ums Leben gekommen waren.

Alternativen?

Was würde ich mir für Besuche von Schulklassen im Staatlichen Museum Auschwitz-Birkenau wünschen? Ein verantwortungsvolles Ernst-Nehmen aller Schülerinnen und Schüler, die so viele unterschiedliche Fragen ans Leben haben. Hier – am Ort des Geschehens – geht es immerhin um Massenmorde, es öffnet sich eine Tür in die fürchterlichsten Abgründe der Menschheit. Das kann Angst machen, zu Abwehrreaktionen führen und im schlimmsten Fall zu sekundärer Traumatisierung (Bilewicz, 2015). Über die Beobachtungen und Wirkungen des Ortes zu sprechen, braucht Zeit und respektvolles Zuhören. Mit der Gruppe der Salzburger Studierenden waren wir in der Internationalen Jugendbegegnungsstätte in Oświęcim untergebracht, ein empfehlenswerter Ort für Nachbesprechungen. Die Möglichkeit des Besprechens vorort halte ich für außerordentlich wichtig, das Zulassen unterschiedlicher Wahrnehmungen und sich darüber auszutauschen, was der Besuch der Orte mit „uns" alles macht. „Auschwitz" ist ein Ort, an dem Schlüsselfragen des Lebens aufbrechen können (Alba, 2015; Richardson, 2021; Wöckinger, 2017).

Zeitliche und räumliche Distanz verändern die Wahrnehmung, weswegen unbedingt Nachbesprechungen erforderlich sind. Eine Möglichkeit der Nachbesprechung bieten beispielsweise Notizen, die aufgenommenen Fotografien (Hilmar, 2016) oder die Kommunikation in den digitalen Medien (Adriaansen, 2020; Commane, 2019).

Der Ort macht sicher auch etwas mit den Lehrkräften. Sich auf dieses Thema einzulassen, ist ein längerer Prozess, der begleitet werden sollte, der auch für Lehrende fundamentale Fragen und nicht immer die adäquaten Antworten hervorruft. Aus eigener Erfahrung kann ich nur empfehlen, solche Fahrten nicht alleine durchzuführen, sondern als Lehrkraft Personen des Vertrauens mitzunehmen, um die Möglichkeit zu haben, Situationen, die überfordern, zu besprechen. Es braucht seitens der Lehrkräfte vermutlich Selbstsicherheit, um mit einer Schulklasse dorthin zu fahren, den Ort für Schulklassen annehmbar zu machen. Die Berichte von Überlebenden können dabei bis zu einem gewissen Grad helfen und auch Zuversicht verleihen.

Auch wenn dies eine andere Ebene ist, möchte ich aus meiner universitären Unterrichtserfahrung etwas mit auf den Weg geben: Ich war immer wieder unsicher, ob ich den Studierenden Themen wie Holocaust oder Genozid zumuten kann. Interessanterweise gehörte dazu immer wieder „Mut", es mir und ihnen zuzutrauen. In der Regel war ich nach einigen Wochen enorm beeindruckt, wie ernsthaft und reflektiert sich die Studierenden mit der Thematik befassten. Ich kam zur Überzeugung, diesen engagierten jungen Menschen kann niemand etwas vormachen: Sie kennen die Mechanismen, die zu Massengewalt führen. Ich bekam den Eindruck, dass ihnen das sogar Stärke verleiht.

Eine Anekdote am Ende: Bei einer Oral-History-Konferenz sinnierte eine Kollegin über unsere Tätigkeit und kam mit einer Analogie zum Sprichwort „Du bist, was du isst" zu folgendem Schluss: „You are what you research." Meine knochentrockene Intervention war, dass ich mich mit Massengewalt befasse. Wann immer ich sie später wieder traf, begrüßte sie mich lachend. Was ich damit sagen will: Auch wenn wir uns mit diesen furchtbaren Themen wie Holocaust und Genozid befassen, können wir dennoch positiv denkende Menschen bzw. skeptisch-optimistisch bleiben. Dass dies auch jenen vermittelt wird, die an Schulen lehren und lernen, dass auch neue Perspektiven angedacht werden (Pettitt, 2019; Berenbaum, 2016), dafür steht _erinnern.at_ auf beeindruckende Weise.[9]

Literaturverzeichnis

Adriaansen, Robbert-Jan: Picturing Auschwitz. Multimodality and the Attribution of Historical Significance on Instagram (Imaginando Auschwitz. La multimodalidad y la atribución de significado histórico en Instagram), in: Journal for the Study of Education and Development / Infancia y Aprendizaje 43, 3 (2020) S. 652–681, https://doi.org/10.1080/02103702.2020.1771963 (22.2.2021).

Alba, Avril: „Here there is no why" – so why do we come here? Is a pedagogy of atrocity possible?, in: Holocaust Studies, A Journal of Culture and History 21, 3 (2015) S. 121–138, https://doi.org/10.1080/17504902.2015.1066055 (22.2.2021).

Berenbaum, Michael / Richard Libowitz / Marcia Sachs Littell: Remembering for the Future: Armenia, Auschwitz, and Beyond (St. Paul/MN 2016).

Bernt-Koppensteiner, Ines (Hrsg.): Nirgendwohin. Todesmärsche durch Oberösterreich 1945. Eine Spurensuche in die Zukunft (Steyr 2015).

Bilewicz, Michał / Adrian Dominik Wojcik: Visiting Auschwitz: Evidence of Secondary Traumatization Among High School Students, in: American Journal of Orthopsychiatry 88, 3 (2018) S. 328–334.

Bogue, Nicole: The Concentration Camp Brothels in Memory, Holocaust Studies, A Journal of Culture and History 22, 2–3 (2016) S. 208–227, https://doi.org/10.1080/17504902.2016.1148871 (20.2.2021).

Commane, Gemma / Rebekah Potton: Instagram and Auschwitz: A Critical Assessment of the Impact Social Media has on Holocaust Representation, in: Holocaust Studies. A Journal of Culture and History 25, 1–2 (2019) S. 158–181, https://doi.org/10.1080/17504902.2018.1472879 (22.2.2021).

de Lange, Tal: „Extremely Far and Incredibly Quiet". Block 27—The Jewish Pavilion—Shoah: Auschwitz-Birkenau State Museum, Poland, in: Katsoni, Vicky / Kathy Velander (Hrsg.): Innovative Approaches to Tourism and Leisure. Fourth International Conference IACuDiT Athens 2017 (Cham 2018) S. 159–166.

Dalziel, Imogen: „Romantic Auschwitz": Examples and Perceptions of Contemporary Visitor Photography at the Auschwitz-Birkenau State Museum, in: Holocaust Studies. A Journal of Culture and History 22, 2–3 (2016) S. 185–207, https://doi.org/10.1080/17504902.2016.1148874 (22.2.2021).

Długoborski, Wacław / Franciszek Pieper (Hrsg.): Auschwitz 1940–1945. Studien zur Geschichte des Konzentrations- und Vernichtungslagers Auschwitz, Bd. 1: Aufbau und Struktur des Lagers (Oświęcim 1999).

Douglas, Kate: Youth, Trauma and Memorialisation: The Selfie as Witnessing, in: Memory Studies 13, 4 (2020) S. 384–399.

Doujak, Michael: Möglichkeiten der Darstellung der Geschichte der Verbrechen der Nationalsozialisten im Staatlichen Museum Auschwitz-Birkenau am Beispiel einer Neugestaltung der Österreich-Ausstellung, unveröff. Magisterarbeit (Wien 2009).

Greif, Gideon / Peter Siebers: Todesfabrik Auschwitz. Topografie und Alltag in einem Konzentrations- und Vernichtungslager (Köln 2016).

Hager, Angelika: Der älteste Zeuge: Mit Marko Feingold (103) und 600 Schülern in Auschwitz, in: profil. Das unabhängige Nachrichtenmagazin Österreichs 48, 19 (8.5.2017) S. 58–64, https://www.profil.at/gesellschaft/zeuge-mit-marko-feingold-schuelern-auschwitz-8130421 (20.2.2021).

Henderson, Susan / Lindsay Dombrowski: What Can onto-Epistemology Reveal about Holocaust Education? The Case of Audio-Headsets at Auschwitz-Birkenau State Museum, in: Holocaust Studies. A Journal of Culture and History 24, 3 (2017) S. 305–328, https://doi.org/10.1080/17504902.2017.1387846 (22.2.2021).

Hilmar, Tim: Storyboards of Remembrance: Representations of the Past in Visitors' Photography at Auschwitz, in: Memory Studies 9, 4 (2016) S. 455–470.

Jaskot, Paul B. / Anne Kelly Knowles / Chester Harvey u. a.: Visualizing the Archive. Building at Auschwitz as a Geographic Problem, in: Knowles, Anne Kelly / Tim Cole / Alberto Giordano (Hrsg.): Geographies of the Holocaust (Bloomington/IN 2014) S. 159–191.

Johler, Birgit / Albert Lichtblau / Christiane Rothländer u. a.: Ergänzungsblätter zu 7.2 Formblatt über die „Ausstellungsidee" (GZ BKA-183.000/091-1/8/2013). Entfernung. Österreich in Auschwitz / Auschwitz in Österreich (Wien 2014).

Langbein, Hermann: Menschen in Auschwitz (Frankfurt/M. 2016).

Lichtblau, Albert: Bilder des Grauens und makaberer Tourismus: Murambi (Ruanda), in: Kohlstruck, Michael / Stefanie Schüler-Springorum / Ulrich Wyrwa (Hrsg.), Bilder kollektiver Gewalt. Kollektive Gewalt im Bild. Annäherung an eine Ikonographie der Gewalt. Für Werner Bergmann zum 65. Geburtstag (Berlin 2015a) S. 90–100.

Lichtblau, Albert: Der Lebensgürtel, Dokumentarfilm (2015b) (5:26 Min., http://unitv.org/beitrag.asp?ID=752 (22.2.2021).

Memorial Auschwitz Birkenau, Report 2010 (Oświęcim 2011).

Memorial Auschwitz Birkenau, Report 2019 (Oświęcim 2020).

Nationalfonds – Koordinierungsstelle zur Neugestaltung der österreichischen Länderausstellung in Auschwitz-Birkenau (Hrsg.): Österreichische Gedenkstätte 1978–2013. Staatliches Museum Auschwitz-Birkenau (Wien 2015).

Pettitt, Joanne: Introduction: New Perspectives on Auschwitz, in: Holocaust Studies. A Journal of Culture and History 27, 1 (2019) S. 1–11, https://doi.org/10.1080/17504902.2019.1625110 (22.2.2021).

Pölcz, Sabine: Die Ausstellung „Az elárult állampolgár" im staatlichen Museum Auschwitz-Birkenau, unveröff. Magisterarbeit (Wien 2012).

Richardson, Alasdair: Lighting Candles in the Darkness: An Exploration of Commemorative Acts with British Teenagers at the Auschwitz-Birkenau State Museum, in: Religions 12, 29 (2021) S. 1–15, https://doi.org/10.3390/rel12010029 (20.2.2021).

Seeger, Adina: Vom Bauhaus nach Auschwitz. Fritz Ertl (1908–1982): Bauhausschüler in Dessau, Mitarbeiter der Auschwitzer Bauleitungen, Angeklagter im Wiener Auschwitzprozess – Stationen und Kontexte eines Werdegangs zwischen Moderne und Nationalsozialismus, unveröff. Diplomarbeit (Wien 2013).

Stier, Oren Baruch: Holocaust Icons. Symbolizing the Shoah in History and Memory (New Brunswick/NJ, London 2015) S. 79–83.

Subotic, Jelena: Political Memory after State Death: The Abandoned Yugoslav National Pavilion at Auschwitz, in: Cambridge Review of International Affairs 32, 3 (2019) S. 245–262, https://doi.org/10.1080/09557571.2019.1579170 (20.2.2021).

Wöckinger, Marlene: „Erziehung nach Auschwitz" heute. Gedenkstättenpädagogik und das Staatliche Museum Auschwitz-Birkenau, in: historioPLUS 4 (2017) S. 164–195, http://www.historioplus.at/?p=766 (20.2.2021).

Zeillinger, Gerhard: Überleben. Der Gürtel des Walter Fantl (Wien 2018).

Anmerkungen

1. Vgl. umfangreiche Dokumentationen zur alten und neuen Ausstellung: https://www.nationalfonds.org/auschwitz (19.2.2021).
2. https://www.topographie.de/topographie-des-terrors/ (20.2.2021).
3. https://www.ns-dokuzentrum-muenchen.de/home/ (20.2.2021).
4. E-Mail Adam Schorin, 24.2.2021.
5. https://www.yadvashem.org/yv/de/exhibitions/pavilion_auschwitz/intro.asp (8.2.2021).
6. https://dokuzentrum.sintiundroma.de/vermittlung/ausstellungen/staendige-ausstellung-auschwitz (8.2.2021).
7. https://www.nationalfonds.org/ausstellung-1978 (20.2.2021).
8. http://s836457595.online.de/ (22.2.2021).
9. Vielen Dank an Werner Dreier für die jahrelange Begleitung und Unterstützung, auch beim beschriebenen Ausstellungsprojekt. Vielen Dank an Michael Doujak, Adam Schorin, Barbara Staudinger und Hannes Sulzenbacher für Hinweise.

Christian Angerer

Die Geschichte des Bildungsortes KZ-Gedenkstätte Mauthausen

Mit der Befreiung des Konzentrationslagers Mauthausen-Gusen durch die US-Army am 5. Mai 1945 endete der Terror des nationalsozialistischen Konzentrationslagers. Beweissicherung und Dokumentation, eine Arbeit, die schon von den Häftlingen im KZ begonnen worden war, transformierten das ehemalige Lager (auch) zu einem „Bildungsort", an dem über die Verbrechen aufgeklärt wurde. Im Laufe der Jahrzehnte differenzierten sich Begriff und Erscheinungsformen von „Bildung" an der KZ-Gedenkstätte Mauthausen weiter aus. Bereits dem materiellen Substrat der 1949 eröffneten Gedenkstätte lagen Entscheidungen darüber zugrunde, welche Überreste des Lagers erhaltenswert und der historischen Bildung dienlich seien. Auch die zahlreichen Denkmäler und Gedenktafeln, die im Laufe der Zeit errichtet wurden, sollten Geschichtsbilder vermitteln. War bis in die 1960er-Jahre der Bildungsanspruch im Kontext des Kalten Krieges mit ideologischer Identitätsstiftung und Mahnung verbunden, so wurde die KZ-Gedenkstätte Mauthausen ab den 1970er-Jahren in wachsendem Ausmaß zum „Lernort" vor allem für die Jugend; das ging einher mit der Etablierung des Unterrichtsprinzips der „Politischen Bildung" in Österreich. Seitdem ist die gängige Bildungsveranstaltung an der Gedenkstätte der schulische Gedenkstättenbesuch, der als wichtiger Baustein „historisch-politischer Bildung" erachtet wird. _erinnern.at_ wirkte nicht nur bei der Einrichtung der pädagogischen Abteilung entscheidend mit, sondern verlieh dem pädagogischen Konzept der KZ-Gedenkstätte Mauthausen auch seine Handschrift.

Dokumentation und Re-Education unmittelbar nach der Befreiung

Die US-Army fotografierte die Opfer der Verbrechen in den Lagern, um durch eine Medienkampagne die Öffentlichkeit zu informieren und alle Zweifel zu zerstreuen (vgl. Perz, 2006, S. 35f.). Dass mit den Bildern auch eine Bildungsabsicht verknüpft war, demonstriert ein vermutlich am 7. Mai nachgestelltes Foto vom nicht fotografierten Moment der Befreiung am 5. Mai 1945 (vgl. ebd., S. 36f.): Von wichtigen Ereignissen, die authentisch nicht mehr zu dokumentieren waren, sollte dennoch ein Bild geschaffen werden. Die Lösung dieses Dilemmas mittels eines „Remakes" wird für die Gedenkstätte in den folgenden Jahrzehnten geradezu leitmotivisch. Damit der Nachwelt ein Bild gegeben wird, „ersetzt" man unwiederbringliche Objekte, wie z. B. die Gaskammertüren, später durch Platzhalter. Inzwischen jedoch hat sich der Bildungsanspruch der Gedenkstätte, das historische

Geschehen zu rekonstruieren, um die quellenkritische Dekonstruktion der Überlieferung erweitert.

Für die US-Amerikaner war die Medienkampagne zu den befreiten Lagern ein erster Schritt der „Re-Education", also des Versuchs, die einheimische Bevölkerung ideologisch umzuerziehen. Die schockierenden Fotos von Mauthausen hingen in Geschäftsauslagen (vgl. ebd., S. 37). NSDAP-Funktionäre wurden an Ort und Stelle mit dem Grauen konfrontiert und auch zur Bestattung der Leichen herangezogen (vgl. ebd., S. 34f.). Darunter befand sich der 20-jährige Linzer Autor und hohe HJ-Funktionär Heimrad Bäcker: „Bei Kriegsende bin ich von den Amerikanern nach Mauthausen gebracht worden und habe dort gesehen, was geschehen war. Ich begriff es nicht in seinem vollen Umfang." (Veichtlbauer, 2001, S. 85) Der letzte Satz bezeichnet die Grenzen dieser Bildungsbemühungen der US-amerikanischen Befreier. Doch gerade Heimrad Bäcker wurde dann, wenn auch nicht nur wegen der Konfrontation mit Mauthausen, zur seltenen Ausnahme, da er in den folgenden Jahren seine Einstellungen völlig revidierte und lebenslang literarisch mit seiner NS-Vergangenheit abrechnete.

Die ersten Befreiungsfeiern und ihre Marginalisierung im Kalten Krieg

Den Jahrestag der Befreiung des KZ Mauthausen zu feiern, war ab 1946 ein Anliegen der ehemaligen politischen Häftlinge. Die Feiern vereinigten Totenehrung, Erinnerungsimperativ und politisches Bekenntnis. Deshalb hatten (und haben) diese Veranstaltungen durchaus mit politischer Bildung zu tun, allerdings im Sinne einer ideologischen Selbstvergewisserung – im Spektrum von ganz links bis Mitte rechts – durch Erinnerung am Ort der nationalsozialistischen Verbrechen.

Bei der Verabschiedung der sowjetischen Befreiten am 16. Mai 1945 überwölbte der feierliche „Appell" mit der Utopie von der „Welt des freien Menschen", die durch „internationale Solidarität" aufgebaut werden sollte, noch die ideologischen Bruchlinien (vgl. Maršálek, 2006, S. 410f.). Ab 1948 jedoch gingen im Schatten des Kalten Krieges der kommunistisch dominierte KZ-Verband und die österreichische Bundesregierung, in der mit Leopold Figl, Felix Hurdes und Lois Weinberger christlich-konservative ehemalige Mauthausen-Häftlinge Ämter bekleideten und der Sozialdemokrat Oskar Helmer als Innenminister strikt antikommunistisch agierte, getrennte Wege. Dem KZ-Verband war es 1948 gelungen, international als Opfervertretung anerkannt zu werden und die Feiern fortan mit reger internationaler Beteiligung auszurichten (vgl. Perz, 2006, S. 109f.). In Österreich hingegen blieb die KZ-Gedenkstätte in den 1950er- und 1960er-Jahren am Rande der Wahrnehmung, weit entfernt davon, ein identitätsstiftender Bildungsort für viele zu sein. Während Mauthausen den kommunistischen Widerstandskämpfern – zu Recht – als Ort heroischer Opfer galt, fand sich der Großteil der österreichischen Bevölkerung mit ihrem Erfahrungshintergrund der Beteiligung am NS-System dort nicht wieder (vgl. ebd., S. 57f.). Aus demselben Grund scheiterten 1948/49 die Bemühungen des KZ-Verbandes, den 5. Mai als offiziellen österreichischen

Gedenktag einzuführen. Der konservative Unterrichtsminister und ehemalige Mauthausen-Häftling Hurdes betrachtete Allerheiligen und Allerseelen als geeignete Feiertage für das Opfergedenken (vgl. ebd., S. 59).

Die Gestaltung der KZ-Gedenkstätte als materialisiertes Bildungsprogramm

Bis 1947 hatten die Entnahme von Objekten durch heimkehrende Häftlinge, die Nutzung als sowjetische Kaserne sowie Plünderungen durch die Bevölkerung ihre Spuren im Lager hinterlassen. Nach zweimonatigen Aufräumungsarbeiten fand am 20. Juni 1947, in Anwesenheit zahlreicher österreichischer und ausländischer Vertreter, die zeremonielle Übergabe des Lagers durch die sowjetische Besatzungsmacht an die Republik Österreich statt (vgl. ebd., S. 70). Die Bundesregierung verpflichtete sich im Übergabevertrag, „die Gebäude des ehemaligen Konzentrationslagers Mauthausen" als Denkmal zu erhalten. Nicht übergeben wollten die Sowjets das Lager Gusen, wo sie einen USIA-Betrieb (Betrieb zur Verwaltung sowjetischen Eigentums in Österreich) führten, den Steinbruch Wiener Graben, die KZ-Infrastruktur in der Umgebung und den Großteil der SS-Siedlungen in der Region (vgl. ebd., S. 72). Mit der Beschränkung auf das Lagergelände von Mauthausen wurden die Weichen für eine Gedenkstätte gestellt, die den Eindruck eines abgeschotteten Gefängnisses bietet und die Tatsache konterkariert, dass das Lager in die Gesellschaft integriert war: „Was drinnen geschehen ist, war draußen erwünscht, zumindest geduldet. Die Menschenvernichtungsmaschine [...] war die Wunschmaschine von draußen." (Stuhlpfarrer, 1998, S. 120) In der gegenwärtigen pädagogischen Vermittlungsarbeit muss dieser Blickwinkel der gesellschaftlichen Einbettung des Lagers durch Beobachtung der Umgebung und durch Quellenmaterialien ergänzt werden (vgl. Angerer, 2016).

Aus dem Zusammenspiel von Geschichtsdeutungen, ökonomischen Interessen sowie Rücksichten auf die sowjetischen Besatzer und das Ausland resultierte von 1947 bis 1949 die Gestaltung der Gedenkstätte. Beteiligt waren die Bundesregierung, das Land Oberösterreich, das Bundesdenkmalamt und nicht zuletzt ehemalige Häftlinge in staatlichen Ämtern oder in den Häftlingsorganisationen (vgl. Perz, 2006, S. 93ff.). Schließlich fiel die Entscheidung für eine Gedenkstätte, die mit der Erhaltung von Mauern und Türmen, Gebäuden am Appellplatz, „Todesstiege" (der Steinbruch kam 1957 hinzu), Tötungsstätten und Krematorien die Symbolisierung des Leidens der Häftlinge in den Mittelpunkt stellte. Reduktion und Inszenierung der Überreste gingen dabei Hand in Hand. Während z. B. mit dem Verkauf der meisten Häftlings- und aller SS-Baracken nicht erinnerungswürdige Lagerteile verschwanden, sollte durch die Rekonstruktion von Stacheldrahtzaun, Block 20 (der in den 1960er-Jahren aus Kostengründen wieder abgetragen wurde) samt Mauer und Inventar in den Hinrichtungsstätten die KZ-Anmutung wiederhergestellt werden (vgl. ebd., S. 108). Dank einer „Minimierung der Relikte" gelang eine „Maximierung historischer Sinnstiftung" (Knigge, 1996, S. 207). Nach dem fallengelassenen Vorschlag, das Lager weitgehend zu schleifen und ein überdimensionales Kreuz aufzustellen, sorgte nun die Einrichtung einer Kapelle für eine „Christianisierung/Katholisierung der Erinnerung" (Perz, 2006, S. 74). „Das Lager Mauthausen wurde weitgehend in eine politisch wie religiös/christlich wahrnehmbare martyrologisch geprägte, dominant auf Österreich bezogene Gedächtnislandschaft transformiert." (ebd., S. 77) Viele österreichische Medien freilich hielten um die Eröffnung am 2. Mai 1949 eine KZ-Gedenkstätte für „landfremd" und „unösterreichisch" (ebd., S. 112). In der Tat überließ Österreich in den nächsten zwei Jahrzehnten, die von der Reintegration der vormaligen Nationalsozialisten und vom Kalten Krieg geprägt waren, diesen historischen „Bildungsort" weitgehend den einstigen kommunistischen Widerstandskämpfern und dem Ausland. Bis heute aber setzt die Gedenkstätte, wie sie – aus Häftlingsperspektive in vielem nachvollziehbar – 1949 gestaltet worden ist, den mitunter schwierigen Rahmen für die Bildungsarbeit, etwa wenn sie Guides vor die Herausforderung stellt, auf dem mit Denkmälern überbauten Gelände des SS-Lagers Täterschaft zu thematisieren (vgl. Angerer, 2016, S. 32).

Text und Bildsprache der Erinnerungszeichen

Die Errichtung von Gedenkzeichen in Mauthausen begann mit einem massiven Ausschluss von Opfergruppen. Als 1947 zur Übergabe des Lagergeländes an die Republik die heute noch existierende Totengedenktafel am Torturm angefertigt wurde, sorgten die österreichischen politischen Häftlinge dafür, dass von der Gesamtzahl der deutschen und österreichischen Toten 90 Prozent herausgerechnet wurden, um den „Kriminellen", die oft Häftlingsfunktionen innehatten, kein Andenken zu verschaffen. Tatsächlich waren jedoch im KZ Mauthausen tausende Kriminelle systematisch ermordet worden. Die bis in die Leerstellen von gegenwärtiger Forschung und Erinnerungskultur hinein (vgl. Kranebitter, 2016) nachwirkende Botschaft lautete: Für die Kriminellen, „die man nicht in die Opferliste der Tafel aufgenommen hatte, hatte das KZ zu Recht bestanden." (Perz, 2006, S. 68)

War der anlässlich der Eröffnung 1949 auf dem Appellplatz aufgestellte steinerne Sarkophag noch als Denkmal der Republik Österreich für alle Toten des Lagers mit universalem Bildungsanspruch versehen („mortuorum sorte / discant viventes"[1]), so begann im selben Jahr mit dem französischen Denkmal die bis ins 21. Jahrhundert fortgesetzte Errichtung nationaler Denkmäler am ehemaligen SS-Areal. Die Monumente erfüllten einerseits den Wunsch ausländischer Besuchsgruppen, die Opfer ihrer Nation in der Gedenkstätte entsprechend zu würdigen (vgl. ebd., S. 171), und demonstrierten andererseits für die Staaten des Ostblocks den Sieg über den Faschismus (vgl. Schmid, 2007, S. 13) – gleichsam auf einem ästhetischen Schlachtfeld des Kalten Krieges. Generell künden die Denkmäler, ob aus Ost oder West, von historischem Heroismus, gegenwärtigem Patriotismus und sentenzenhafter Mahnung für die Zukunft, ausgedrückt in den traditionellen Formen des monumentalen Grab- und Gefallenengedenkens (vgl. ebd.).

Erst ab den 1970er-Jahren wurde das in der Denkmallandschaft „vorherrschende Erinnerungsnarrativ Mauthausens – national, männlich, heroisch" (Perz,

2006, S. 187) nach und nach durchlässig. Gedenktafeln für die weiblichen Häftlinge, Denkmäler für die lange im nationalen Gedenken versteckten jüdischen Opfer, ein Denkmal für Roma und Sinti und Gedenktafeln für die Homosexuellen sowie andere an den Rand gedrängte Opfergruppen kamen hinzu, vor allem entlang der „Klagemauer", an der sich die wachsende Vielfalt des Gedenkens manifestiert (vgl. ebd., S. 187ff.). So stellen Denkmalpark, „Klagemauer" und der Raum beim Krematorium III, der dem individuellen Gedenken vorbehalten ist, ein in der Bildungsarbeit lesbares „Geschichtsbuch" eines halben Jahrhunderts Erinnerungskultur dar.

Geprägt wird die Gedächtnislandschaft der Gedenkstätte auch durch die Friedhöfe im Inneren. Sie entstanden ab 1961, nachdem das vom Internationalen Mauthausen Komitee betriebene Vorhaben gescheitert war, ein monumentales Beinhaus zu errichten (vgl. ebd., S. 159ff.). Erfolgreich war der KZ-Verband 1955 mit seinem Drängen auf Steintafeln zur historischen Erläuterung des Lagers, das wie ein „Erholungsheim" herausgeputzt schien (vgl. ebd., S. 122f.). Dabei kam es zum Konflikt mit dem für die Gedenkstätte einflussreichen oberösterreichischen Landeshauptmann Heinrich Gleißner (vgl. Fliedl u. a., 1991, S. 8f.). Er wollte der „Öffentlichkeit" die „brutal-realistischen" Textvorschläge des KZ-Verbandes nicht zumuten und forderte stattdessen eine „sachlich richtige, nichts beschönigende, aber ohne Gehässigkeit geschriebene Darstellung der Vorgänge im Lager Mauthausen" (Perz, 2006, S. 126f.). Im Grunde zeugt dieser frühe Konflikt von dem für die Bildungsarbeit nach wie vor wirksamen Spannungsfeld zwischen nüchterner Information und moralischer Überwältigung.

Die KZ-Gedenkstätte Mauthausen als Lernort für die Jugend

In den 1960er-Jahren setzte an der Gedenkstätte, vorerst zögerlich, die gezielte historische Bildung der Jugend ein. Sowohl in der Politik als auch in den Häftlingsorganisationen wuchs das Bewusstsein, dass eine Generation, die den Nationalsozialismus nicht mehr selbst erfahren hatte, über diese Zeit aufgeklärt werden müsse. Ehemalige Häftlinge verspürten das Bedürfnis, ihre Erfahrungen als „Vermächtnis" weiterzugeben. Umso dringlicher wurde ihre seit Langem erhobene Forderung, die bewahrten baulichen Überreste des Lagers in einer Ausstellung mit ausführlichen historischen Informationen zu versehen (vgl. ebd., S. 213ff.).

Die Entspannung des weltpolitischen Klimas ab 1963 ebnete den Weg zur Zusammenarbeit der kommunistischen Widerstandskämpferinnen und -kämpfer sowie der Regierungsparteien in der überparteilichen Österreichischen Lagergemeinschaft Mauthausen. Nun konnte die Einrichtung eines zeitgeschichtlichen Museums an der Gedenkstätte in Angriff genommen werden. Gemeinsamer Nenner war die Betonung von Österreichs Opfer durch die Darstellung des österreichischen Widerstandskampfes (vgl. ebd., S. 222). Der ehemalige Häftling Hans Maršálek sammelte als Zuständiger für die Gedenkstätte im Auftrag des Innenministeriums weltweit verstreute Quellen, was 1967 zu einer ersten akademischen Arbeit über das KZ Mauthausen durch Gisela Rabitsch führte (Rabitsch, 1967).

1974 folgte dann Maršáleks umfangreiche Dokumentation der Lagergeschichte. Die Ausstellung im ehemaligen Reviergebäude setzte vor allem auf die Wirkung von Quellen und leitete direkt über zum Besuch der ehemaligen Tötungsbereiche (vgl. Perz, 2006, S. 233f.). Am 3. Mai 1970 wurde sie von dem kurz zuvor ins Amt gekommenen Bundeskanzler Bruno Kreisky eröffnet. Er meinte in seiner Rede: „Die Geschichte und insbesondere die Zeitgeschichte muß uns klüger machen für ein anderes Mal" (ebd., S. 232).

Dank der Dauerausstellung und der sozialdemokratischen Bildungspolitik, die den Unterricht über Zeitgeschichte ins Zentrum ihrer Bemühungen um „Politische Bildung" rückte, übernahm die KZ-Gedenkstätte Mauthausen nun tatsächlich ihre Rolle als wesentlicher außerschulischer Lernort für Jugendliche. Ein Grundsatzerlass etablierte 1978 „Politische Bildung" an den Schulen und in der Folge forderten Erlässe des Unterrichtsministeriums zum schulischen Gedenkstättenbesuch auf, während umgekehrt ehemalige Häftlinge über einen „Vermittlungsdienst" des Ministeriums an die Schulen kamen (vgl. Fliedl, 1991, S. 65f.). Die Besuchszahlen stiegen bei österreichischen Schülerinnen und Schülern enorm an, von etwa 6.000 im Jahr 1970 auf fast 69.000 im Jahr 1988, aber auch die Gesamtbesucherzahlen entwickelten sich in diesem Zeitraum auf jährlich weit über 200.000 (vgl. ebd., S. 61ff.). Erst nach der Erfahrungsgeneration wurde „die Gedenkstätte Mauthausen erstmals in ihrer Geschichte eine mehrheitlich von der österreichischen Gesellschaft benutzte Einrichtung" (Perz, 2006, S. 237).

Bisher hatten meist ehemalige Häftlinge Gruppen an der Gedenkstätte begleitet. Mauthausen-Überlebende wie der Belgier Paul Brusson, die Franzosen Paul Le Caër und Pierre Serge Choumoff, der Tscheche Josef Klat, die Österreicher Leo Kuhn und Hermann Lein sowie unermüdlich auch die Buchenwald-Überlebenden Wilhelm Gugig und Peter Kammerstätter waren teilweise bis zur Jahrtausendwende mit Gruppen unterwegs (vgl. Hutterberger, 2020). Doch um den Besucherandrang zu bewältigen, wurden ab Ende der 1970er-Jahre zusätzlich Studierende, arbeitslose Lehrkräfte und Verwaltungspersonal der Gedenkstätte zur Führung von Schulklassen eingesetzt. Außerdem stellten Lagergemeinschaft und Innenministerium Dokumentarfilme und Tonbandführungen zur Verfügung.

1983 sollte eine von der Lagergemeinschaft initiierte Angelobung von Grundwehrdienern auf dem Appellplatz die Bedeutung der Gedenkstätte als politischer Lernort für Bundesheer und Exekutive, die seit den 1970er-Jahren den Besuch in ihre Ausbildung aufgenommen hatten, unterstreichen (vgl. Perz, 2006, S. 245). Als rechtsextremer Reflex auf die Aufwertung Mauthausens für Jugendbildung und Ausbildung sind die Versuche von Gerd Honsiks Zeitschrift „Halt" in den 1980er-Jahren zu werten, die Gaskammer von Mauthausen und damit die nationalsozialistischen Gasmorde insgesamt zu leugnen, z. B. durch krude Dokumentenfälschung (vgl. Das Lachout-„Dokument", 1989).

Reformstau und Reformschub

Erosion der österreichischen Opferthese, intensivierte historische Forschung, historiografischer Blick auf die Gedenkstätte, Generationenwechsel in der Vermittlungsarbeit, Erfordernisse zeitgemäßer Vermittlungsformen – für Mauthausen stellten sich Ende der 1980er-Jahre komplexe wissenschaftliche und pädagogische Herausforderungen. Ihnen konnte die mit bescheidenen Ressourcen in einer Abteilung des Innenministeriums angesiedelte KZ-Gedenkstätte nicht Genüge tun. Während z. B. die Gedenkstättenleitung auf einen „Leitfaden für Führungen" setzte, den Verwaltungsbedienstete „auswendiglernen [sic] und wiedergeben können" (Protokoll, 17.7.1990), wurde international längst über didaktische Methoden diskutiert, welche den Jugendlichen an Gedenkstätten eine nachhaltige Auseinandersetzung mit Geschichte ermöglichen. Solche Ansätze wurden erstmals 1988 – vergeblich – an die KZ-Gedenkstätte Mauthausen herangetragen (vgl. Aigenbauer, 1988). Die Unzulänglichkeiten riefen in den 1990er-Jahren zahlreiche österreichische und internationale Fachleute auf den Plan. Im Auftrag von Bundeskanzleramt, Unterrichtsministerium und Innenministerium unterbreiteten sie Vorschläge für Reformen. Diese betrafen im Wesentlichen die Organisationsform, die Forschung, die Ausstellungen, die Errichtung einer internationalen Jugendbegegnungsstätte und die Pädagogik der KZ-Gedenkstätte. Doch je höher sich die Reformpapiere stapelten, desto beharrlicher blieb der Stillstand. Das Innenministerium wollte die Zuständigkeit nicht aus der Hand geben; ab etwa 1990 wurden fast 20 Jahre lang hauptsächlich Zivildiener, die einen historischen Crash-Kurs erhalten hatten, zur Betreuung von Gruppen eingesetzt. Und die Lagergemeinschaft Mauthausen stand vielen Forderungen skeptisch gegenüber; im Kern war wohl ein Ringen um die „Deutungshoheit" im Gange (vgl. Perz, 2006, S. 253), das sich unter anderem darum drehte, ob die Meistererzählung von Österreichs Opfer und Widerstand in Mauthausen noch zu halten war. Dass diese Geschichtserzählung der ehemaligen Häftlinge die maßgebliche sei, brachte etwa der einstige kommunistische Widerstandskämpfer Ludwig Soswinski zum Ausdruck (vgl. Protokoll, 16.7.2020).

Künstlerische und musikalische Großereignisse vor allem im Steinbruch, bis hin zum umstrittenen Wiener Philharmoniker-Konzert im Jahr 2000, übertönten die Dekade der Stagnation des Bildungsortes Mauthausen (vgl. Perz, 2006, S. 254ff.). Immerhin wurde 1997 im Zuge der europäischen Bestrebungen nach einem Holocaust-Gedenktag der 5. Mai (wie der KZ-Verband schon in der Nachkriegszeit gefordert hatte) zum österreichischen „Gedenktag gegen Gewalt und Rassismus im Gedenken an die Opfer des Nationalsozialismus" erklärt. Allerdings dürfte er im kollektiven Gedächtnis und in der schulischen Praxis bislang wenig präsent sein (vgl. Lamprecht, 2010). Am Pädagogischen Institut des Bundes in Oberösterreich entstand zur selben Zeit im Rahmen der Ausbildung „Kontaktlehrer für Zeitgeschichte und Gedenkstättenpädagogik" eine umfangreiche Materialiensammlung zur Gedenkstätte Mauthausen für Lehrkräfte (vgl. Annäherungen, 1997).

Bewegung für die Reform brachte das Jahr 2000 nach der ÖVP-FPÖ-Regierungsbildung. Zunächst versuchte der Verein „Mauthausen Aktiv" (heute „Mauthausen Komitee Österreich", MKÖ), der die Nachfolge der Lagergemeinschaft antrat, die Reformvorschläge zu bündeln und die Umwandlung der KZ-Gedenkstätte Mauthausen in eine Stiftung zu betreiben (vgl. Gedenkarbeit, 2000). Doch kurz danach wurde das Innenministerium unter Ernst Strasser tätig, um den Reformstau abzubauen und das wegen der Regierungsbeteiligung der FPÖ kritisierte Österreich mit der „Reforminitiative KZ-Gedenkstätte Mauthausen" erinnerungspolitisch zu legitimieren (vgl. Perz, 2006, S. 259). Aus der resultierenden Neugestaltung (vgl. Schätz, 2010, S. 19ff.) gingen in den letzten 20 Jahren Schritte hervor, die für den Bildungsort KZ-Gedenkstätte Mauthausen neue Rahmenbedingungen setzten: ein Interviewprojekt mit internationalen Mauthausen-Überlebenden, Besucherzentren in Mauthausen und Gusen, mehr Aufmerksamkeit für die Orte der Außenlager, eine Website, der Ausbau der historischen Forschung, die jährliche wissenschaftliche Konferenz „Dialogforum", neue Dauerausstellungen, eine Neugestaltung der Gedenkräume, die Organisationsform „Bundesanstalt" – und nicht zuletzt 2007 unter intensiver Beteiligung von _erinnern.at_ die Gründung eines pädagogischen Fachbereiches.

erinnern.at und die Etablierung der „Pädagogik" an der KZ-Gedenkstätte Mauthausen

2004 erhob das zur Beratung des Innenministeriums konstituierte Internationale Forum Mauthausen „die dringliche Forderung nach der umfassenden Ausarbeitung eines pädagogischen Konzepts" für die Gedenkstätte (Dreier, 2012, S. 333). Der Historiker Gerhard Botz, Mitglied des Internationalen Forums, lud Werner Dreier, Geschäftsführer von _erinnern.at_, ein, sich der Sache anzunehmen (vgl. Protokoll, 29.7.2020). Dreier schlug einen „Entwicklungsprozess" vor, der mehrere Module wie z. B. ein Curriculum für Vermittlerinnen und Vermittler in einem aufzubauenden „Pool" vorsah und von einer Steuerungsgruppe begleitet werden sollte (vgl. Dreier, 2012, S. 334). Von entscheidender Bedeutung war die erstmalige Zusammenarbeit von Innenministerium und Unterrichtsministerium, vertreten durch Ludwig Zwickl auf der einen und von Manfred Wirtitsch, dem Leiter der Abteilung „Politische Bildung", auf der anderen Seite (vgl. Protokoll, 29.7.2020). Als Ergebnisse dieser Kooperation fanden an der Gedenkstätte zwischen 2005 und 2009 auch mehrere Seminare für Lehrkräfte und für Ausbildungspersonal der Sicherheitsakademie statt (vgl. Dreier, 2012, S. 234).

2007 wurde Yariv Lapid, langjähriger Ansprechpartner für _erinnern.at_ an der israelischen Holocaust-Gedenkstätte Yad Vashem, vom Innenministerium zum pädagogischen Leiter an der KZ-Gedenkstätte Mauthausen bestellt (vgl. ebd.). Ein Jahr später wurde Christian Angerer über _erinnern.at_ vom Unterrichtsministerium der Pädagogik zugeteilt. Maria Ecker, ebenfalls Mitarbeiterin von _erinnern.at_, komplettierte das pädagogische Kernteam der Anfangsjahre. Dadurch wandelte sich die Rolle von _erinnern.at_ an der KZ-Gedenkstätte: Betraf sie zunächst Entwurf und Begleitung eines Entwicklungsprozesses (vgl. Protokoll, 29.7.2020), so schlug sie sich ab 2007/2008 in der inhaltlichen Gestaltung der pädagogischen Arbeit nieder.

Die pädagogische Handschrift von _erinnern.at_

Für die Pädagogik stellten sich die Aufgaben, ein pädagogisches Konzept für die Begleitung von Besuchsgruppen und darauf beruhende Vermittlungsformate zu entwerfen, das Personal für die Vermittlungstätigkeit zu professionalisieren und Lehrkräfte mit den pädagogischen Ansätzen sowie mit schulischen Vor- und Nachbereitungsmaterialien bekannt zu machen. Zu den für die Gedenkstätte neuen Ansätzen zählten vor allem multiperspektivische Geschichtsdarstellung und partizipative Vermittlungsformen. In Anlehnung an Raul Hilbergs Kategorien wird die KZ-Geschichte nach Opfer-, Täter- und Bystander-Perspektiven erzählt (vgl. Hilberg, 1992) und durch eine auf Interaktion abzielende Methodik mit den Teilnehmenden diskutiert. Im Unterschied zu den Reformvorschlägen der 1990er-Jahre lag dabei das Augenmerk in erster Linie nicht auf vertiefenden Programmen, sondern auf dem Standardrundgang, den die meisten Jugendlichen absolvieren. Der Verlauf des Rundgangs wurde gemäß der multiperspektivischen Erzählung so abgeändert, dass mit den Lagerbereichen außerhalb des ummauerten Häftlingslagers, z. B. mit dem ehemaligen Fußballplatz der SS, auch die Verbindungen zwischen Lager und Umfeld in den Blick kommen. In vielen von _erinnern.at_ geplanten Fortbildungsseminaren lernten hunderte Lehrkräfte aus ganz Österreich das pädagogische Konzept der KZ-Gedenkstätte kennen.

Durch die interaktive Methode sind die Vermittlerinnen und Vermittler in hohem Maße gefordert, denn sie sollen fähig sein, in den Rundgängen Geschichte zu erzählen, Austausch mittels Quellenmaterialien oder Fragen anzuregen und ein vielstimmiges Gespräch über die Interpretation von Geschichte zu moderieren. Dazu werden seit 2009 Personen aus verschiedenen Altersgruppen und mit diversen beruflichen Hintergründen in Kursen, die ein dreiviertel Jahr dauern, an der Gedenkstätte ausgebildet. In freier Mitarbeit begleiten sie dann als Mitglieder des etwa 70 Personen umfassenden Vermittlerpools Gruppen am Ort. Dass der pädagogische Teil der Aus- und Fortbildung zumindest so viel Raum einnimmt wie der historische, stellt eine Akzentsetzung dar.

Vom Mauthausen Komitee Österreich (MKÖ), gegründet 1997 vom Österreichischen Gewerkschaftsbund, der Bischofskonferenz der römisch-katholischen Kirche und den Israelitischen Kultusgemeinden Österreichs, also einer privaten, wenn auch staatlich subventionierten Parallelstruktur zur staatlichen Administration der KZ-Gedenkstätte, wurde 2009 ebenfalls eine Ausbildung für Mauthausen-Guides durchgeführt (vgl. Bauer, 2009). MKÖ-Guides begleiten fallweise Gruppen an der Gedenkstätte. Jedoch setzt das MKÖ seine Schwerpunkte in den Bildungsaktivitäten bei der Gedenk- und Erinnerungsarbeit, bei Jugendprojekten zu Zivilcourage und Rechtsextremismus, bei historischen Publikationen und bei der Begleitung an Orten ehemaliger Außenlager durch ausgebildete Guides sowie durch eine Außenlager-App (vgl. Mauthausen Komitee Österreich, 2020).

Die Pädagogik an der KZ-Gedenkstätte Mauthausen, die mit jährlich etwa 70.000 Jugendlichen den weitaus größten Teil der jungen Besucherschaft betreut, trägt die Handschrift der Bildungsarbeit von _erinnern.at_. Im Sinne einer „subjektorientierten Geschichtsdidaktik" (vgl. Ammerer, 2015) reflektieren die Lernenden ihr Geschichtsverständnis und tauschen sich mit anderen darüber aus. Sie betrachten die Geschichte des Nationalsozialismus und des Holocaust als Gesellschaftsgeschichte und begreifen das Verhalten von Menschen im gesellschaftlichen Zusammenhang, indem sie sich im Rundgang mit konkreten Situationen aus der KZ-Geschichte und in Workshops mit der Analyse von Biografien beschäftigen. Die Erkenntnis von Handlungsspielräumen ermächtigt die Lernenden als historisch-politische Subjekte dazu, auch Gegenwartsbezüge herzustellen. Deshalb steht das pädagogische Konzept der KZ-Gedenkstätte Mauthausen unter der Überschrift „Was hat es mit mir zu tun?" (vgl. Lapid, 2011).

Dabei gilt es, die Ansprüche an die Gedenkstättenpädagogik nicht zu überspannen. Der Gedenkstättenbesuch kann keine „Schutzimpfung" sein. Aber wenn Jugendliche bei einem Gedenkstättenbesuch das KZ-Mauthausen in seinem gesellschaftlichen Kontext sehen, Entscheidungsspielräume – sowohl von historischen Akteurinnen und Akteuren als auch eigene – erkennen und die Erfahrung machen, dass sie sich an „historischer Sinnbildung" beteiligen können (vgl. Scheurich, 2010, S. 40), dann sind günstige Voraussetzungen für ein historisch-politisches Lernen am Bildungsort KZ-Gedenkstätte Mauthausen geschaffen (vgl. Blohberger, 2020).

Literaturverzeichnis

Aigenbauer, Franz / Christian Angerer / Florian Kainzner: Projekt – Pädagogisch-wissenschaftliche Betreuung in der Gedenkstätte Mauthausen. Unveröffentlichtes Manuskript (Mauthausen 1988).

Ammerer, Heinrich / Thomas Hellmuth / Christoph Kühberger (Hrsg.): Subjektorientierte Geschichtsdidaktik (Schwalbach/Ts. 2015).

Angerer, Christian: Opfer, Täter, Umfeld. Zum pädagogischen Konzept der KZ-Gedenkstätte Mauthausen, in: Gedenkstätten Rundbrief 182, 6 (2016) S. 28–35.

Annäherungen an Mauthausen. Beiträge zum Umgang mit einer Gedenkstätte. Hrsg. v. Bundesministerium für Unterricht und kulturelle Angelegenheiten / Pädagogisches Institut des Bundes in Oberösterreich (Linz 1997).

Bauer, Christa / Andreas Baumgartner / Willi Mernyi (Hrsg.): Nichts als alte Mauern? Die Mauthausen Guideausbildung. Sinn und Möglichkeiten von KZ-Gedenkstättenbesuchen und Dokumentation eines erfolgreichen Modellprojektes. 2 Bände (Wien 2009).

Blohberger, Gudrun / Christian Angerer: Positive Sinnstiftung an Gedenkstätten? Dialog zur Pädagogik an der KZ-Gedenkstätte Mauthausen, in: Ljiljana Radonić / Heidemarie Uhl (Hrsg.): Das umkämpfte Museum. Zeitgeschichte ausstellen zwischen Dekonstruktion und Sinnstiftung (Bielefeld 2020) S. 165–178.

Das Lachout-„Dokument". Anatomie einer Fälschung. Hrsg. v. Dokumentationsarchiv des österreichischen Widerstandes (Wien 1989).

Dreier, Werner: Trauer, Scham – Verstehen, Lernen. Institutionsgeschichtliche Anmerkungen zu _erinnern.at_, in: Forschungen zum Nationalsozialismus und dessen Nachwirkungen in Österreich. Festschrift für Brigitte Bailer. Hrsg. v. Dokumentationsarchiv des österreichischen Widerstandes (Wien 2012) S. 327–340.

Fliedl, Gottfried u. a.: Gutachten über die zukünftige Entwicklung der KZ-Gedenkstätte Mauthausen im Auftrag des Bundeskanzleramtes (Wien 1991).

Gedenkarbeit Mauthausen. Probleme – Konzepte – Perspektiven. Workshop am 1.3.2000. Hrsg. v. Österreichische Lagergemeinschaft Mauthausen und Mauthausen Aktiv Österreich. Unveröffentlichtes Manuskript (Wien 2000).

Hilberg, Raul: Täter, Opfer, Zuschauer. Die Vernichtung der Juden 1933–1945 (Frankfurt/M. 1992).

Hutterberger, Harald: Aufstellung zur Vermittlungstätigkeit von Zeitzeugen an der KZ-Gedenkstätte Mauthausen. Unveröffentlichte Tabelle (Mauthausen 2020).

Knigge, Volkhard: Vom Reden und Schweigen der Steine. Zu Denkmalen auf dem Gelände ehemaliger nationalsozialistischer Konzentrations- und Vernichtungslager, in: Weigel, Sigrid / Birgit R. Erdle (Hrsg.): Fünfzig Jahre danach. Zur Nachgeschichte des Nationalsozialismus (Zürich 1996) S. 193–234.

Kranebitter, Andreas: Kollektivbiografie eines Nicht-Kollektivs? Ein Werkstattbericht zur Erforschung der „Berufsverbrecher" des KZ Mauthausen, in: KZ-Gedenkstätte Mauthausen / Mauthausen Memorial 2015. Justiz, Polizei und das KZ Mauthausen (Wien 2016) S. 35–56.

Lamprecht, Gerald: Der Gedenktag 5. Mai im Kontext österreichischer Erinnerungspolitik, in: Erinnerungskulturen. Hrsg. v. Forum Politische Bildung (Innsbruck 2010) S. 30–38.

Lapid, Yariv / Christian Angerer / Maria Ecker: Was hat es mit mir zu tun? Das Vermittlungskonzept an der Gedenkstätte Mauthausen, in: Gedenkstätten Rundbrief 162, 8 (2011) S. 40–45.

Maršálek, Hans: Die Geschichte des Konzentrationslagers Mauthausen. Dokumentation (Wien 2006^4).

Mauthausen Komitee Österreich. Homepage 2020, https://www.mkoe.at/.

Perz, Bertrand: Die KZ-Gedenkstätte Mauthausen. 1945 bis zur Gegenwart (Innsbruck 2006).

Protokoll eines Gesprächs mit Peter Fischer (Leiter der KZ-Gedenkstätte Mauthausen) am 17.7.1990. Aufgezeichnet von Florian Freund und Eduard Fuchs. Unveröffentlichtes Manuskript.

Protokoll eines Gesprächs mit Franz Aigenbauer am 16.7.2020. Aufgezeichnet von Christian Angerer. Unveröffentlichtes Manuskript.

Protokoll eines Telefonats mit Werner Dreier (Geschäftsführer von _erinnern.at_) am 29.7.2020. Aufgezeichnet von Christian Angerer. Unveröffentlichtes Manuskript.

Rabitsch, Gisela: Konzentrationslager in Österreich 1938 bis 1945. Überblick und Geschehen (Phil. Diss. Universität Wien 1967).

Schätz, Barbara: Die Neugestaltung der KZ-Gedenkstätte Mauthausen, in: KZ-Gedenkstätte Mauthausen / Mauthausen Memorial 2009 (Wien 2010) S. 13–24.

Scheurich, Imke: NS-Gedenkstätten als Orte kritischer historisch-politischer Bildung, in: Thimm, Barbara / Gottfried Kößler / Susanne Ulrich (Hrsg.): Verunsichernde Orte. Selbstverständnis und Weiterbildung in der Gedenkstättenpädagogik (Frankfurt/M. 2010) S. 38–44.

Schmid, Hildegard / Nikolai Dobrowolskij: Kunst, die einem Kollektiv entspricht … Der internationale Denkmalhain in der KZ-Gedenkstätte Mauthausen (Wien 2007).

Stuhlpfarrer, Karl: Das Konzentrationslager Mauthausen im kollektiven Gedächtnis, in: Wendepunkte und Kontinuitäten. Zäsuren der demokratischen Entwicklung in der österreichischen Geschichte (Wien 1998), S. 116–121.

Veichtlbauer, Judith / Stephan Steiner: Heimrad Bäcker. „Die Wahrheit des Mordens". Ein Interview, in: Die Rampe (2001). Porträt Heimrad Bäcker, S. 85–88.

Anmerkung

1   „Aus der Toten Geschick mögen lernen die Lebenden."

Peter Larndorfer

„… politisch immer noch ein heißes Eisen" – Die Darstellung des Nationalsozialismus im Haus der Geschichte Österreich

Dass Zeitgeschichte in Österreich immer noch ein heißes Eisen ist, wie der Historiker Michael Gehler 2015 in der Tageszeitung „Die Presse" anmerkte, zeigte sich rund um die Eröffnung des „Hauses der Geschichte Österreichs" (HdGÖ). „Wohl kein Museum und keine Ausstellung in Österreich hat in den letzten Jahren ein so hohes Maß an Beobachtung, auch an Vorschuss-Misstrauen aushalten müssen wie das Haus der Geschichte Österreich", stand in einer Ausstellungskritik in der Zeitschrift des Österreichischen Museumsbunds zu lesen (Gräser, 2019). Tatsächlich waren die Kommentarspalten ambivalent, oft streng, manchmal fast übellaunig und fast immer dominiert von Kritik (Alle im Folgenden zitierten Zeitungsartikel siehe Trautwein, 2019). Neben der Freude über das erste zeitgeschichtliche Museum des Bundes, das sich spannend, widersprüchlich und lehrreich präsentiere, steht die Enttäuschung darüber, dass nur die letzten 100 Jahre thematisiert und belehrend an längst vergangene „böse Urzeiten" erinnert werde. Während der ehemalige ÖVP-Nationalratspräsident Andreas Khol dem HdGÖ einen sorgsamen Umgang mit heiklen und umstrittenen Deutungen der jüngsten Geschichte bescheinigte, sah der Militärhistoriker Michael Hochedlinger in der neuen Institution eine „politisch korrekte Demokratie- und Werteschule", hinter der er eine „staatliche Geschichtsindustrie" vermutete. Eine Ausstellungsbesprechung in der FAZ benannte als zentralen Kritikpunkt in der Diskussion um die Ausstellung ihre Fixierung auf den Nationalsozialismus, die der österreichischen Geschichte unrecht tue. Die Frage, welchen Platz und welche Darstellung die Zeit des Nationalsozialismus, seine Vorgeschichte und seine Nachwirkungen im „ersten Zeitgeschichtemuseum der Republik"[1] bekommen sollte, scheint der Dreh- und Angelpunkt der Debatten um das Haus der Geschichte zu sein – und das nicht erst seit seiner Eröffnung.

Leerstellen in der österreichischen Museumslandschaft?

Als Ideengeber für ein österreichisch-republikanisches Geschichtemuseum wird immer wieder Karl Renner genannt. Erste konkrete Versuche des Aufbaus eines „Museums der Ersten und Zweiten Republik" oder eines „Museums der österreichischen Kultur" sollten das historische Fundament einer „österreichischen Nation" präsentieren, die „österreichische Identität" stärken und den zu jener Zeit stark betonten Mythos von Österreich als Opfer des Nationalsozialismus stärken.

Diese Versuche der Schaffung eines „österreichischen Nationalmuseums" blieben aber kurzlebig und scheiterten an mangelndem politischen Willen, ausbleibenden Besucherinnen und Besuchern, Unterfinanzierung, Raum- und Personalproblemen. Das 1987 in Eisenstadt wiedereröffnete „Museum der österreichischen Kultur" zeigte Teile des archivierten Renner-Museums, erstellte erfolgreiche Sonderausstellungen und beschäftigte sich mit dem Jahr 1938 und seiner Vor- und Nachgeschichte. Der Versuch endete nach sieben Jahren aufgrund fehlender Räume und mit der Forderung nach einem neuen Republikmuseum (vgl. Rupnow, 2016). Die Forderung nach einer musealen Darstellung österreichischer (Zeit-)Geschichte sollte noch für Jahrzehnte unbeantwortet bleiben. Die neuerliche Debatte um ein „Haus der Geschichte" begann jedoch schon um 1990 – wohl nicht zufällig zu einer Zeit, in der Zeitgeschichte in Österreich intensiv und kontrovers debattiert wurde. Infolge der Auseinandersetzungen um Kurt Waldheim, seine Vergangenheit und seinen Umgang damit wurden die beiden zentralen, scheinbar widersprüchlichen Geschichtsnarrative Österreichs aufgebrochen: jenes von der treuen Pflichterfüllung der Österreicher in der Wehrmacht auf der einen, jenes von Österreich als erstem Opfer des Nationalsozialismus auf der anderen Seite. Aus dem Bekenntnis zur „Mitverantwortung" und „zu allen Taten unserer Geschichte" (Bundeskanzler Franz Vranitzky)[2] sowie aus Debatten über österreichische Täterinnen und Täter, die Restitution geraubten Eigentums und über den erodierenden Opfermythos kristallisierte sich so etwas wie eine neue, mittlerweile weitgehend konsensuale Erzählung über die Rolle Österreichs und der österreichischen Bevölkerung im Nationalsozialismus heraus. In diesem Zusammenhang und vor dem Hintergrund der Diskussion um eine Historisierung des Nationalsozialismus wurde immer wieder thematisiert, dass es keinen Ort gibt, an dem dieses neue zeitgeschichtliche Selbstverständnis öffentlich präsentiert wird. Zwar gab es schon vor dem HdGÖ zeitgeschichtliche Museen und Ausstellungen in Österreich – etwa das Zeitgeschichtemuseum in Ebensee oder die permanente Ausstellung des „Dokumentationsarchivs des österreichischen Widerstandes" – doch fehlte bis November 2018 ein offizielles, von der Republik Österreich getragenes Zeitgeschichtemuseum.

Das „erste Zeitgeschichtemuseum der Republik"

Der Eröffnung des HdGÖ ging eine Vielzahl unterschiedlicher Konzepte, Machbarkeitsstudien und Roadmaps voraus. In die Diskussionen über die Konzeption eines Hauses der Geschichte in Österreich mischte sich immer auch die Frage nach dem richtigen Ort für ein solches Museum. Ein Konzept von Leon Zelman aus den späten 1990ern sah die Nutzung des Palais Epstein auf der Ringstraße vor, Andreas Khol plädierte 2003 für den Morzinplatz, während der NS-Herrschaft das Hauptquartier der Gestapo. Ein Standort in der Nähe des Heeresgeschichtlichen Museums im Arsenal wurde genauso angedacht wie die Einrichtung eines Hauses der Geschichte im Künstlerhaus am Karlsplatz.

Die Entscheidung, das Haus der Geschichte Österreich in der Neuen Hofburg am Heldenplatz einzurichten, an jenem Ort, an dem Adolf Hitler am 15. März 1938 den „Anschluss" Österreichs an das Deutsche Reich verkündete, wurde mit gemischten Gefühlen aufgenommen. Die Historikerin Heidemarie Uhl etwa trat gemeinsam mit der späteren Direktorin des Hauses Monika Sommer dafür ein, diesen „zentralen, geschichtsträchtigen Ort eindeutig demokratisch-republikanisch zu besetzen", andere Kommentatorinnen und Kommentatoren kritisierten genau diese historische Belastung des Ortes, dessen räumliche Enge und unpassende Atmosphäre für eine moderne Ausstellung (vgl. Trautwein, 2019, S. 208). Offensichtlich war die Entscheidung, das HdGÖ am Heldenplatz zu errichten, auch ein Signal für eine intendierte Auseinandersetzung mit jener Geschichte, die genau mit diesem Ort verbunden ist. Im Konzept des damaligen Kulturstaatssekretärs Josef Ostermayer von 2015 war auch die Einbeziehung des „Führerbalkons", des Altans, von dem aus Adolf Hitler seine Rede zum „Anschluss" gehalten hatte, geplant. Die Umsetzung dieser Idee gestaltet sich jedoch offenbar schwierig, da diese Freifläche bis heute nicht genutzt wird.

In einem 2019 im Auftrag der Bundesregierung erstellten Evaluierungsbericht wird der Hauptausstellung des HdGÖ attestiert, keinem erkennbaren roten Faden zu folgen. Der Bericht räumt gleichzeitig ein, dass es problematische Rahmenbedingungen waren, die zu diesem Ergebnis geführt hätten (vgl. BMKOES[3], 2019). Als diese gelten das parteipolitische Gezerre um das Projekt, die vage institutionelle Absicherung und das Budget, das im Laufe der Realisierung des Projekts mindestens so einschneidend reduziert wurde wie die Fläche der Ausstellung. Statt der geplanten 3.000 m² stehen dem HdGÖ heute nur 800 m² zur Verfügung, was eine lockere, klar strukturierte und einer stringenten Erzählung folgende Ausstellungsgestaltung sicher nicht erleichtert. Gleichzeitig stellt sich die Frage, ob die Hauptausstellung im Haus der Geschichte Österreich nicht eher dem Prinzip eines dichten Gewebes unterschiedlicher historischer Narrative als dem eines einzelnen roten Fadens folgt. Die NS-Herrschaft in Österreich, ihre Vorgeschichte und insbesondere ihre Nachwirkungen sind jedenfalls zentrale Erzählstränge in der Ausstellung des HdGÖ.

Diese Hauptausstellung, die bewusst nicht als „Dauerausstellung" bezeichnet wird, weil dafür die dauerhafte institutionelle Absicherung des Hauses noch fehlt, zeigt in zwei Räumen einen gerafften Überblick über die Geschichte Österreichs seit 1918. Während der Corona-bedingten Schließzeit im Frühjahr 2020 wurde die Ausstellung überarbeitet, bei der Wiedereröffnung Anfang Juli waren weitere Veränderungen geplant. So präsentiert sich die Ausstellung als „work in progress", in dessen Rahmen auf Feedback der Besucherinnen und Besucher genauso reagiert wird wie auf auslaufende Leihverträge und Erfahrungen in der Vermittlung.

Ein „brauner Faden": Das Thema Nationalsozialismus im HdGÖ

Die Zeit des Nationalsozialismus wird unter den Schlagworten „Diktatur" und „NS-Terror" in vier Vitrinen auf etwa einem Viertel der Ausstellungsfläche behandelt. Auch die „Diktatur der vielen Namen" wird in diesem Bereich thematisiert; der Diskussion über die immer noch umstrittene Benennung der „Dollfuß/Schuschnigg-Diktatur" ist eine eigene, interaktive Station gewidmet. Die den Nationalsozialismus behandelnden Teile der Ausstellung sind sehr schlicht gehalten. Fotos und Objekte werden im Vergleich zur restlichen Ausstellung sparsam und mit großer Vorsicht eingesetzt: Die Hakenkreuzfahne liegt eingerollt in der Vitrine, ein antisemitisches Kinderbuch wird nur halb aufgeklappt, so dass die Widmung, die den Inhalt des Buches verurteilt, viel sichtbarer ist als die stereotypisierenden Illustrationen des Buches. Die Verbrechen des Nationalsozialismus werden bewusst nicht durch zweifellos zuhauf vorhandene schockierende Bilder dargestellt, sondern durch mit Biografien verbundene Dokumente und Objekte. Die Tötungsmaschinerie in Auschwitz und anderen Vernichtungslagern wird durch einen von einem österreichischen Architekten gezeichneten Bauplan eines der Krematorien thematisiert. Auch der für lange Zeit vergessene Ort der Massenvernichtung österreichischer Jüdinnen und Juden in Maly Trostinec kommt vor. Objekte wie etwa ein gelber Stern, wie ihn die Jüdinnen und Juden ab 1941 tragen mussten, werden nicht isoliert und mit Vertrauen in die „Aura des Objekts" gezeigt, sondern mit konkreten Biografien verbunden – in diesem Fall mit der Geschichte von Lotte Freiberger. Der Widerstand wird in diesem Abschnitt der Ausstellung genauso besprochen wie das Zu- oder Wegsehen der anonymen Masse und die Verbrechen der Täterinnen und Täter.

Als Quellen für die Darstellung der NS-Herrschaft in Österreich dienen insbesondere Alltagsobjekte, Biografien und Berichte von Zeitzeuginnen und -zeugen. So wird der Nationalsozialismus eben nicht nur als Herrschaftssystem begriffen, sondern auch als Gesellschaftsstruktur, die den Alltag der Menschen durchdrang und zu der jede und jeder sich irgendwie verhalten musste – sei es als verfolgte Person, als Mittäterin oder Mittäter, als Mitläuferin oder Mitläufer, als Mensch, der scheinbar unbeteiligt zusah, als Person im Widerstand oder als jemand, der Verfolgten Hilfe leistete. So entsteht ein differenziertes und mit konkreten Personen verbundenes Bild des Nationalsozialismus, das auch in Unterrichtsmaterialien von _erinnern.at_ oft zum Ausgangspunkt historisch-politischer Auseinandersetzungen und Lernprozesse wird.

Wie eingangs erwähnt, wurde der Umfang der Darstellung des Nationalsozialismus im Rahmen dieser für das „österreichische Gedächtnis" sehr verbindlichen Ausstellung von konservativen Kommentatorinnen und Kommentatoren wiederholt kritisiert. Handelt es sich hier doch um eine von der Regierung beauftragte zeitgeschichtliche Ausstellung. Tatsächlich erscheinen vier Vitrinen nicht zu viel, wenn es darum geht, die vielen Facetten der NS-Herrschaft in Österreich darzustellen. Vor allem die Shoah bleibt in dieser Ausstellung eine Andeutung, was wohl auch dem Problem ihrer (Un-)Darstellbarkeit geschuldet ist. Gleichzeitig ist eine der großen Stärken der Hauptausstellung des HdGÖ, dass sie nicht aus abgetrennten, chronologisch geordneten historischen Kapiteln besteht, sondern aus verschiedenen thematischen Strängen, die sich durch die gesamte Ausstellung ziehen. Der Nationalsozialismus ist mit seiner Vorgeschichte, seinen Ausprägungen und seinen Nachwirkungen bis in die Gegenwart eines der zentralen Narrative dieser Ausstellung. Er wird eben nicht als Zeitabschnitt dargestellt, der 1938 mit einer Aggression von außen begann und 1945 mit der „Stunde null" endete, sondern als wesentlicher Bestandteil der Geschichte Österreichs im 20. Jahrhundert und danach.

So wird, als gegenwärtiges Objekt mit Bezug zum Nationalsozialismus, jenes burschenschaftliche Liederbuch gezeigt, welches mit seinen den Vernichtungsantisemitismus verherrlichenden Textpassagen im Jahr 2018 zu öffentlichen Diskussionen und zum zwischenzeitlichen Rücktritt eines FPÖ-Landespolitikers geführt hatte. Im Zentrum der Ausstellung – sowohl räumlich, als auch was die Sichtbarkeit des Objekts betrifft – steht jenes Holzpferd, das linke Kunstschaffende sowie Intellektuelle 1986 als Reaktion auf die ausweichenden Antworten des damaligen Präsidentschaftskandidaten Kurt Waldheim auf Fragen zu seiner Kriegsvergangenheit anfertigten und das zum Symbol für den Protest gegen Waldheim und die Erosion der österreichischen Opferthese wurde. Die Opferthese wird in Form der Ausstellungstafel mit dem Titel „Österreich – das erste Opfer des Nationalsozialismus", die bis 2013 am Eingang der Österreich-Ausstellung in der Gedenkstätte Auschwitz stand, selbst zum Thema der Ausstellung. Eine künstlerische Installation beschäftigt sich mit Kunstraub und den bis in die Gegenwart reichenden Restitutionsdebatten. Im Kontext des Wirtschaftsaufschwungs der 1950er-Jahre wird die NS-Zwangsarbeit als dessen Grundlage thematisiert. Im Abschnitt „Gleiche Rechte?!" zeigt das Museum einen Mantel, welcher der 2013 verstorbenen Zeitzeugin und Ravensbrück-Überlebenden Ceija Stojka gehörte, als Verweis auf den Kampf der Roma und Sinti um Anerkennung. So ziehen sich der Nationalsozialismus, seine Nachwirkungen und die gesellschaftspolitischen Auseinandersetzungen um die Erinnerung durch die gesamte Ausstellung und bezeichnen einen Grundkonflikt in der Entwicklung der Zweiten Republik.

Einen ähnlich verwobenen Zugang zur Rolle des Nationalsozialismus in der Geschichte Österreichs im 20. Jahrhundert und danach verfolgen die vom HdGÖ auf seiner Homepage bereitgestellten Unterrichtsmaterialien, an deren Erstellung _erinnern.at_ maßgeblich beteiligt war. In zwölf Modulen werden hier einzelne Themen der Ausstellung kompetenzorientiert für den Unterricht für verschiedene Schultypen und Altersstufen aufbereitet. Die Materialien können in Zusammenhang mit einem Museumsbesuch, aber auch unabhängig davon verwendet werden. Historikerinnen und Historiker sowie Didaktikerinnen und Didaktiker aus dem Umfeld von _erinnern.at_ haben hier Module zum Nationalsozialismus mit lokalen Bezügen erstellt, etwa zur Machtübernahme der Nationalsozialisten in Tirol oder zum Schicksal burgenländischer Romnija und Roma. Ein Überblicksmodul zu Diktatur und Gewalt thematisiert Ausschluss, Diskriminierung und Verfolgung im Nationalsozialismus anhand von Gesetzen, Verordnungen und Biografien. In diesen Beiträgen zu den Unterrichtsmaterialien des HdGÖ werden jene Grundgedanken sichtbar, die sich in _erinnern.at_ im Zuge der Erstellung von Unterrichtmaterialien etabliert haben: der Fokus auf Menschen, konkrete Lebensgeschichten und Schicksale; ein Zugang, der sich an den Lernenden und ihren Fragen orientiert; das Anbieten von Bezügen zu konkreten Orten und gegenwärtigen Problemstellungen. Damit ermöglichen die erstellten Unterrichtsmaterialien eine konkrete, an den eigenen Fragen orientierte Annäherung an das Thema Nationalsozialismus für Jugendliche unterschiedlicher Altersstufen. Die Anzahl der Module, die sich mit dem Nationalsozialismus und seinen Nachwirkungen beschäftigen, unterstreicht noch einmal die Bedeutung des Themas für das HdGÖ.

Hat die Republik mit der Schaffung des „Haus der Geschichte Österreich" also endlich die langjährige Forderung nach einem adäquaten Zeitgeschichtemuseum oder gar einem historischen Nationalmuseum erfüllt? Nein – als historisches Nationalmuseum versteht sich die Institution glücklicherweise nicht: „Ein Haus der Geschichte, das heute noch als naiv-unreflektierter Baumeister einer staatstragenden nationalen Identität agiert, würde sich ins Abseits stellen und zu erkennen geben, dass es die Entwicklungen im Feld Museum versäumt hat oder ganz bewusst negiert." (Uhl, 2016, S. 85) Ein adäquates Zeitgeschichtemuseum bräuchte eine langfristige institutionelle Absicherung und viel mehr Platz. Hat die Institution es geschafft, die NS-Herrschaft in Österreich museal so darzustellen, dass diese Repräsentation allen offiziellen, gesellschaftlichen, politischen, pädagogischen Ansprüchen gerecht wird? Nein – das ist auch nicht zu schaffen. Jeder Versuch der Darstellung hat Leerstellen, Auslassungen, blinde Flecken und wird der Komplexität und gegenwärtigen Relevanz des Themas nicht gerecht. Doch ist es der Institution und ihren Mitarbeiterinnen und Mitarbeiter unter schwierigen Voraussetzungen gelungen, eine lebendige Kontaktzone zu schaffen, in der Geschichte unter Einbeziehung vieler Menschen verhandelt, vermittelt und ihre Repräsentation als gesellschaftlicher Prozess reflektiert wird. Damit ist das „Haus der Geschichte" im Sinne des Museologen Gottfried Fliedl vielleicht doch mehr „Schauplatz (…) eines unabschließbaren Diskurses" geworden als Ort einer „autoritativ vorgetragenen stabilen Erzählung" (Fliedl, 2016, S. 181).

Literaturverzeichnis

BMKOES (Bundesministerium für Kunst, Kultur, öffentlichen Dienst und Sport): Haus der Geschichte Österreich. Evaluierungsbericht (Wien 2019), https://bit.ly/3sgoQgm (14.4.2021).

Fliedl, Gottfried: Für ein Museum des Konflikts, in: Winkelbauer, Thomas (Hrsg.): Haus? Geschichte? Österreich? Ergebnisse eine Enquete über das neue historische Museum in Wien (Wien 2016) S. 175–191.

Gräser, Marcus: Große Ambitionen auf kleinem Raum. Das Haus der Geschichte Österreich, in: Museumsbund Österreich (Hrsg.): Neues Museum. Die österreichische Museumszeitschrift 19, 1 (2019) S. 62–69.

Rupnow, Dirk: Braucht Österreich ein historisches Museum? Gescheiterte Projekte und heutige Antworten, in: Winkelbauer, Thomas (Hrsg.): Haus? Geschichte? Österreich? Ergebnisse eine Enquete über das neue historische Museum in Wien (Wien 2016) S. 27–42.

Trautwein, Bernhard: ‚Austria is celebrating itself'. The House of Austrian History. A Press Report, in: Journal of Social Science Education 18, 1 (2019) S. 203–223.

Uhl, Heidemarie: Die Undarstellbarkeit von Geschichte., in: Winkelbauer, Thomas (Hrsg.): Haus? Geschichte? Österreich? (Wien 2016) S. 83–86.

Anmerkungen

1 https://www.hdgoe.at/category/Das+Museum (7.3.2021).
2 Rede vor dem Nationalrat (8.7.1991), https://bit.ly/3fQ0QOw (7.4.2021).
3 Bundesministerium für Kunst, Kultur, öffentlichen Dienst und Sport.

Gregor Kremser

Erinnern und Gedenken im Kontext zeitgenössischer Kunst in Niederösterreich

„Erst durch die Widmung wird das Mal zum Denkmal;
durch sie wird der Form ein Inhalt und damit eine Botschaft zugeordnet."
(Heinrich, 1991, S. 13)

Die bewusste Gestaltung von Erinnern im Kontext konkreter geografischer oder zeitlicher Verortung (etwa in Form von Gedenktagen oder Jubiläen) ist entscheidend für den Charakter und die Wahrnehmung von Gedenk- und Erinnerungsarbeit. Künstlerische Zugänge spielen dabei eine wichtige Rolle, vor allem im Zusammenhang mit der Sichtbarmachung von Gedenkorten sind sie visuell wahrnehmbare Zeichen im öffentlichen Raum. Die mitunter kontroversiellen Möglichkeiten der Lesbarkeit dieser Zeichensetzungen determinieren die Meinungsbildung von Besucherinnen und Besuchern sowie von Betrachterinnen und Betrachtern solcher Orte und Zeichen nachhaltig. „Sie sind in diesem Sinne diskursive Orte, an denen Geschichte verhandelt wird. Die Strategien des Erinnerns sind dabei unterschiedlich und von zeitlichen, aber auch gesellschaftlichen und politischen Komponenten beeinflusst, die sich wiederum auf die Art der Gestaltung, mögliche künstlerische Stilmittel und die Ästhetik auswirken." (Kremser, 2018, S. 381)

Umso wichtiger ist der bewusste künstlerische Zugang im Kontext von Erinnern und Gedenken. Vor allem in der zweiten Hälfte des 20. Jahrhunderts sind Denkmäler zusehends von der „Dingwelt" in die Kunstwelt übergegangen. Denkmäler wurden so von Kunst im öffentlichen Raum abgelöst. „Die Kunst im öffentlichen Raum hat die ursprüngliche Erinnerungsfunktion des Denkmals behalten, doch ist das ehrende Gedächtnis hier nicht mehr einzelnen Personen oder Ereignissen gewidmet, sondern dem demokratischen System einer pluralistischen Gesellschaft und deren kulturellen Entwicklungen an sich." (Offergeld, 2018, S. 100) Mit dem Bedeutungswandel der Denkmäler hat sich auch deren Formensprache verändert. Die komplexen Inhalte werden nun auf unterschiedlichen Ebenen mit verschiedensten künstlerischen Mitteln und Möglichkeiten transportiert. Die Vielfalt der künstlerischen Übersetzungsmedien, die zum Einsatz gelangen, eröffnet auch für die Rezipierenden unterschiedliche Deutungs- und Kommunikationswege. Rezeption und teilweise auch Partizipation werden oftmals zu fixen Bestandteilen künstlerischer Zeichensetzungen im öffentlichen Raum. „Die Entwicklung der Sprache von Mahnmalen lässt Rückschlüsse auf die soziopolitische Verfassung einer Gesellschaft zu und kann in letzter Konsequenz diese auch beeinflussen." (Offergeld, 2018, S. 101)

In Niederösterreich wurden ab 1988 vermehrt Kunstprojekte an verschiedenen öffentlichen Orten verteilt über das gesamte Bundesland verwirklicht, die in engem Zusammenhang mit Gedenken und Erinnern stehen (vgl. www.publicart.at). Dabei kamen unterschiedliche künstlerische Strategien zur Anwendung. Neben fix verorteten Erinnerungszeichen wurden so auch vermehrt temporäre Projekte verwirklicht. Im folgenden Text werden zwei Fallbeispiele von Kunst im öffentlichen Raum in Niederösterreich vorgestellt, die auch in Zusammenhang mit der Arbeit von _erinnern.at_ stehen. Dabei geht es einerseits um formal-künstlerische Intentionen, andererseits aber vor allem um unterschiedliche Aspekte der Vermittlung, der Rezeption und der Partizipation, die sich daraus auf verschiedenen Ebenen ergeben.

Ein Denkmal wird zum Mahnmal: Mahnmal Friedenskreuz St. Lorenz

Inmitten der pittoresken Wachauer Landschaft oberhalb von St. Lorenz am Südufer der Wachau – gegenüber von Weißenkirchen – konnte man bis 2016 das Friedenskreuz St. Lorenz besichtigen. Ein etwa vier Meter hohes Kreuz, das in

Das ursprüngliche „Friedenskreuz St. Lorenz" (Foto: Gregor Kremser)

den 1960er-Jahren „Zum Gedenken für die gefallenen Helden der Kampfgruppe Jockisch" errichtet worden war, wie man auf einer Marmortafel neben dem Denkmal lesen kann. Der Ortsverband Weißenkirchen des Österreichischen Kameradschaftsbundes (ÖTK) hatte die Initiative dafür ergriffen, die Gemeinde Rossatz-Arnsdorf hatte das Vorhaben unterstützt und genehmigt. 2004 wurde das Kreuz sogar neu errichtet, die Kosten dafür wurden von der Gemeinde übernommen.

Die Kampfgruppe Jockisch

Die Kampfgruppe, benannt nach ihrem aus Deutschland stammenden Kommandanten Bernhard Jockisch, war Teil der 187. Reservedivision und an Kampfhandlungen im ehemaligen Jugoslawien im Zuge des Zweiten Weltkriegs beteiligt. Die Soldaten der Kampfgruppe stammten aus Deutschland und Österreich, einige davon auch aus der Wachau. Die Forschungen der beiden Historiker Gregor Kremser und Robert Streibel zeichnen ein detailliertes Bild der Einsätze der Kampfgruppe auf dem Balkan vor allem rund um das Kriegsjahr 1943. Mithilfe des Historikers Sebastian Remus wurden etwa 2.000 Seiten Aktenbestände aus dem Militärarchiv in Freiburg (Deutschland) gesichtet und ausgewertet. Daraus geht hervor, dass die ursprünglich als Ausbildungseinheit für Rekruten gedachte 187. Reservedivision aufgrund der sich zu Ungunsten des Deutschen Reiches ändernden strategischen Situation auf dem Balkan regelmäßig in Kampfhandlungen verwickelt wurde. Die Einheit war auch an sogenannten „Sühneaktionen", „Evakuierungsmaßnahmen" und an der „Bandenbekämpfung" – also dem Vorgehen gegen Partisanenverbände und gegen Zivilistinnen und Zivilisten – beteiligt. Spätestens seit der 1995 erstmals gezeigten Ausstellung „Vernichtungskrieg. Verbrechen der Wehrmacht 1941 bis 1944" ist die These von der „sauberen" Kriegsführung der deutschen Wehrmacht nicht mehr aufrecht zu erhalten, der Heldenbegriff auf der St. Lorenzer Marmortafel relativiert sich.

Denkmal, Grabmal oder Mahnmal?

Kurz nach dem Zweiten Weltkrieg erinnerten einige wenige Denkmäler in Österreich an den antifaschistischen Widerstand. Sehr viel deutlicher wurde an die Gefallenen des Weltkriegs erinnert. „In den [19]50er-Jahren wurde praktisch in jedem Dorf in Österreich ein Kriegerdenkmal aufgestellt (…) Diese Kriegerdenkmäler wurden für lange Zeit zur vorherrschenden Geschichtskultur der Republik. (…) Der häufigste Begriff, der sich auf den Denkmälern für die gefallenen Soldaten findet, ist jener des Helden." (Perz, 2002, S. 156) Das Friedenskreuz in St. Lorenz ist also keine Ausnahme, vielmehr ist, oder besser war es, ein typisches und weithin sichtbares Zeichen öffentlich vertretener Gedenkkultur am Beginn der Zweiten Republik. Solche Denkmäler wurden oftmals auch synonym als Mahnmäler verstanden, geben sie doch dem Sterben für die „Heimat" einen scheinbaren Sinn, der dadurch verstärkt wird, dass das Denkmal auch als Grabmal oder als Ersatz für ein eben solches gelesen werden könnte (vgl. Heinrich, 1991, S. 15). Dass es hierbei zu einer Umkehrung der Opferrolle kommt und damit die These von der Rolle Österreichs als „erstes Opfer Nazi-Deutschlands" legitimiert wird, schien nicht zu stören.

Während also die Erinnerung an die Opfer des Holocaust, an Deserteure oder an die vielen anderen Opfergruppen des NS-Regimes fast gar nicht oder kaum bemerkbar stattfand, finden sich viele Denkmäler für gefallene Soldaten – wie das Friedenskreuz St. Lorenz – an häufig frequentierten und/oder weithin sichtbaren Plätzen Österreichs. Erst spät setzte sich die Bezeichnung Mahnmal als Ausdruck für Denkmäler durch, die an den Nationalsozialismus und die in seinem Namen verübten Verbrechen und deren Opfer erinnern. Das Friedenskreuz St. Lorenz war – in seiner ursprünglichen Form – ein Beispiel für den undifferenzierten Umgang mit Geschichte.

Mahnmal Friedenskreuz St. Lorenz

Nach seiner Neuerrichtung 2004 wurde das Kreuz in St. Lorenz durch die Zugabe von ideologisch aufgeladenen Attributen wie Lorbeerkränzen oder Stahlhelmen verändert. Immer wieder trafen sich dort rechte Gruppierungen, die den Ort für

Mahnmal Friedenskreuz St. Lorenz (Foto: Gregor Kremser)

sich vereinnahmten. Aufgrund dieser Entwicklungen entschloss man sich zu einer künstlerischen Reaktion, die in Form eines Wettbewerbs – ausgeschrieben von Kunst im öffentlichen Raum Niederösterreich – umgesetzt wurde, sowie zu einer umfassenden historischen Recherche über die Kampfgruppe Jockisch. Der Künstler Martin Krenn konnte sich mit seinem Projekt bei diesem Wettbewerb durchsetzen.

> „Als Künstler bin ich nicht grundsätzlich dagegen, Denkmäler zu beseitigen." (Martin Krenn, zit. in Weiss, 2020)

Dennoch wurde im Falle von St. Lorenz das bestehende Friedenskreuz durch den künstlerischen Eingriff Krenns verändert und kommentiert, aber nicht demontiert. Geschichte wird hier also nicht negiert, sondern akzeptiert, indem das Kreuz mit all seinen „Devotionalien" im ursprünglichen Zustand erhalten blieb. Vor dem Kreuz wurde jedoch ein Metallgitter appliziert, auf dem eine Fotomontage des Dadaisten John Heartfield zu sehen ist. Die Arbeit „Deutsche Eicheln 1933" zeigt Adolf Hitler, wie er eine Eiche gießt, aus der riesenhafte, granatenförmige Eicheln wachsen, die mit Stahlhelmen, Pickelhauben und Gasmasken kombiniert wurden. Eine verstörend-groteske Montage, die als Warnung oder Vorahnung des Künstlers verstanden werden kann und 1933 auf der Rückseite der AIZ[1] zu sehen war. Das Metallgewebe als Trägermaterial ist transluzid, je nach Lichteinfall ist entweder die Montage Heartfields oder das ursprüngliche Friedenskreuz besser wahrnehmbar. Ähnlich wie Heartfield in seinen antifaschistischen Montagen, deren Versatzstücke er tagesaktuellen Medien entnommen hatte, arbeitet auch Krenn, indem er die Bildteile aus „Deutsche Eicheln 1933" freistellt und in einen neuen Kontext setzt.

Partizipation und Kommunikation

Für den zweiten Teil der künstlerischen Intervention wählte Martin Krenn gemeinsam mit Gregor Kremser einen partizipativen Zugang. Von insgesamt neun Collagen, die in einem intensiven, ein halbes Jahr dauernden Prozess in Gruppenarbeiten mit Schülerinnen und Schülern aus Krems entstanden waren, wurden fünf für das Mahnmal ausgewählt und in der direkten Umgebung des Friedenskreuzes angebracht. In ihren Collagen setzten sich die Jugendlichen mit folgenden Fragen auseinander: „Wie sieht echte demokratische Mitbestimmung aus?" und „Wie kann man rassistische Vorurteile (Klischees) aufbrechen?" Die Erarbeitung der Collagen wurde durch Workshops, Diskussionen und historische Informationen begleitet. Die Schülerinnen und Schüler beschäftigten sich fächerübergreifend in Form einer Projektarbeit mit dem Thema und fanden letztlich eigene, gestalterische Lösungen. Als formale und inhaltliche Ansatzpunkte waren die Montagen John Heartfields ausschlaggebend, der als einer der Ersten die zu seiner Zeit gängigen Massenmedien für seine Zwecke zu nutzen wusste. Der medienkritische Zugang war Teil der Überlegungen im Kontext der Lernprozesse, die sich im Zuge der Arbeit an den Collagen ergaben. „Die Berliner Dadaisten, zu denen neben Johannes Baader,

Hannah Höch oder Raoul Hausmann auch John Heartfield gehörte, nutzten nach dem Ersten Weltkrieg die Möglichkeiten der Fotomontage. Scheinbar objektives Fotomaterial, Pressefotos usw. wurden neu komponiert und so in einen veränderten Sinnzusammenhang gestellt." (Kremser, 2016, S. 131)

Die Jugendlichen waren gefordert, in Anbindung an das Mahnmal und die Arbeit Heartfields eine eigene zeitgemäße Formensprache zu entwickeln. Zusätzlich sollte die Beschäftigung mit lokalen Denkmälern den Schülerinnen und Schülern dabei helfen, verschiedene Strategien des Erinnerns und Mahnens aus unterschiedlichen Zeitzusammenhängen heraus zu begreifen. Stilistische Fragen, die Deutung von Symbolen und die Analyse unterschiedlicher zeithistorischer Zusammenhänge sollten dazu beitragen, einen multiperspektivischen Blick auf Denk- und Mahnmäler zu werfen und gleichzeitig Bezüge zur Gegenwart herzustellen.

Als Materialien für die Collagen standen neben aktuellen Werbe- und Pressefotos auch historische Aufnahmen aus der Zwischenkriegszeit und Fotos, welche die Jugendlichen selbst in der Umgebung des Friedenskreuzes St. Lorenz gemacht hatten, zur Verfügung. Strukturen und Oberflächen sowie Nahaufnahmen von Landschaftsdetails waren das Rohmaterial, aus dem die Lernenden in manueller Kleinarbeit ihre Collagen fertigten. Durch das präzise Schneiden und Kleben und die sorgfältige Auswahl der Bildelemente ergab sich zusätzlich eine intensive Haptik in der Beschäftigung mit der Thematik. Die Qualitäten unterschiedlicher Oberflächen und Schichtungen – Risse, Sprünge und Brüche – wurden nachvollziehbar und plastisch.

„Sie waren's" – Collage von Julia Lang, Anna Koppensteiner, Tamara Kreibich, Daniela Walzer[2]

„Wir verwendeten für unsere Collagen Zeitungen und Magazine, (…) typische Bilder aus der NS-Zeit und vom Friedenskreuz in St. Lorenz. Der Hintergrund ist eher dunkel und unruhig. Erst bei genauerer Betrachtung erkennt man die einzelnen Begriffe in den Rindenzwischenräumen." (Julia Lang)

„In die einzelnen Rillen bzw. Einkerbungen der Rinde sind Wörter und kurze Phrasen geklebt, die auf den Faschismus bezogen sind. (…) Im Kontrast dazu steht das hellbraune Herz aus Haaren, die geflochten sind. (…) Von rechts kommt ein kleiner Junge in das Bild, der das Herz hält. In der linken oberen Ecke befindet sich eine Frau mit einem Gesicht aus Zeitungspapier, das die Verbindung herstellt zu den Wörtern und Sätzen, die in den Rillen des Baumes sind." (Daniela Walzer)

„Diese Schriftzüge wurden ausgeschnitten aus Zeitungen und in 3D-Optik auf der Collage angebracht. Der Kontrast wird durch den dunklen Hintergrund und die hellere Schrift sehr deutlich." (Tamara Kreibich)

„Baumrinde an sich ist etwas, das aussieht, als würde es gleich brechen, doch es hält trotzdem zusammen. Genauso ist es mit der Thematik des Nationalsozialismus. Langsam (…) tritt die Wahrheit (…) in den Vordergrund, doch es gibt noch vieles, das hinter der Baumrinde, also sozusagen im Baum versteckt ist." (Anna Koppensteiner)

„Wir wollten die Botschaft vermitteln, dass Wörter gehört werden müssen (…). Durch die Arbeit wollten wir zeigen, dass es wichtig ist, sich genau mit der Vergangenheit auseinanderzusetzen, dies symbolisierten wir z. B. durch die Geheimzahl ‚88'".[3] (Tamara Kreibich)

„Diese Wahrheit tritt in unserer Collage mittels unzähliger Wörter hervor, die alle keinen Satz ergeben, somit kann jede Betrachterin und jeder Betrachter selbst assoziieren." (Anna Koppensteiner)

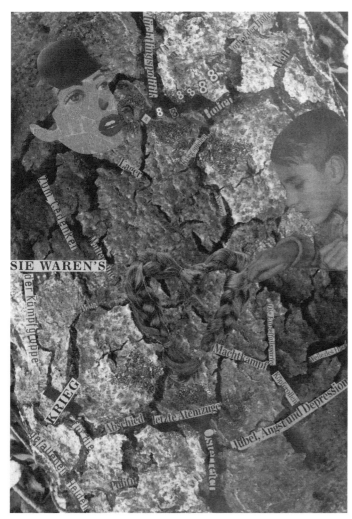

„Sie waren's"
(Foto: Gregor Kremser)

Kommunikation und Vermittlung

„Erschrecken, Erstaunen, Betroffenheit und dann oft Kopfschütteln und Ärger: Die Reaktionen der Wanderer, die am Welterbesteig dem ‚Mahnmal Friedenskreuz' gegenüberstehen, sind gespalten. Es könnte sogar der Gedanke an Wiederbetätigung entstehen." (Schopf, 2016)

Das Mahnmal Friedenskreuz St. Lorenz wirft Fragen auf und vermittelt ein komplexes Thema auf vielschichtige Weise: Ein ursprüngliches Kriegerdenkmal, das für den undifferenzierten Umgang Österreichs mit seiner Geschichte steht. Ein Kunstwerk, das auf diesen Missstand vielschichtig hinweist, indem es historische Zusammenhänge konzeptuell zitiert und in der Gegenwart verortet. Die aktive Partizipation von Jugendlichen an dem Mahnmal, die in eigenständigen und kritischen Collagen ihren Niederschlag findet. Und die permanente, gegenwärtige Konfrontation mit Geschichte im öffentlichen Raum durch eine künstlerische Intervention, die gleichzeitig dazu geführt hat, dass der betroffene Ort nicht mehr zum Treffpunkt von Geschichtsrevisionisten werden kann.[4]

„Solange dieses Mahnmal auf Unverständnis stößt, sollte es meines Erachtens bleiben." (Krenn, zit. in Weiss, 2020)

Die Verortung des Unsichtbaren – Das Kunstprojekt von Christian Gmeiner am Gelände des ehemaligen STALAG XVIIB

Wie vielen anderen war auch Christian Gmeiner, dem langjährigen niederösterreichischen Koordinator von _erinnern.at_, lange Zeit nicht bewusst, dass auf dem Gemeindegebiet von Krems während des Zweiten Weltkriegs mit dem STALAG XVIIB das größte Kriegsgefangenenlager der damaligen „Ostmark" situiert war. International – vor allem in den USA – ist das Lager durch den Hollywood-Film „Stalag 17" von Billy Wilder durchaus ein Begriff. Im Ortsteil Gneixendorf mit seinem Flugfeld erinnert heute so gut wie nichts mehr an die gewaltigen Ausmaße des Lagers, in dem – zählt man alle Außenstellen mit – über 60.000 Kriegsgefangene inhaftiert waren, mehr als doppelt so viele, wie Krems heute Einwohnerinnen und Einwohner zählt.

Kunst markiert das Unsichtbare

Im Jahr 2000 hat Christian Gmeiner ein Kunstprojekt im öffentlichen Raum verwirklicht, das die gewaltigen Ausmaße des Lagers erahnen lässt. Insgesamt fünf Tafeln aus rostigem Stahl hat der Künstler am ehemaligen Lagergelände montiert, um die Eckpunkte des Lagers und den Ort des ursprünglichen Lagerfriedhofs zu markieren. Vier der Tafeln weisen eingefräste Fragezeichen auf, eine trägt den Schriftzug „Lagerfriedhof". Eine sechste Tafel ist mit dem Wort „erinnern" in den

Christian Gmeiner vor einer seiner Stahltafeln (Foto: Majulie Hofer)

– insgesamt 12 – Sprachen der ehemaligen Häftlinge versehen und steht an der Einfahrt zum Flugfeld Gneixendorf, das heute große Teile des ehemaligen Lagers einnimmt (vgl. Arnberger, 2011, S. 289f.).

Die künstlerische Intervention Gmeiners ist eine Möglichkeit, das heute Unsichtbare wieder in den Fokus zu rücken, dennoch ist das ehemalige Lager kein Ort, der besichtigt werden kann. Eine Tatsache, die zahlreiche Nachkommen ehemaliger Lagerinsassen, die nach wie vor nach Krems kommen, schmerzlich wahrnehmen – sie finden keinen „analogen" Ort vor, den sie besuchen könnten.

Jugendliche schaffen digitale Orte

Die an den höheren Schulen Österreichs verpflichtenden Diplomarbeiten bzw. vorwissenschaftlichen Arbeiten sind eine Chance, Jugendliche mit zeithistorischen Themen zu konfrontieren. Angestoßen von ihrer Lehrerin Gudrun Schober, die die Jugendlichen gemeinsam mit Felix Wiklicky betreut hat, haben sich Schülerinnen und Schüler der HLF Krems in ihrer Arbeit mit dem Titel „Historische Aufarbeitung von Stalag XVIIB" mit unterschiedlichen Aspekten des ehemaligen Lagers auseinandergesetzt.

Beraten von Robert Streibel und begleitet von Christian Gmeiner haben sich Xaver Heigl, Helene Moser, Sebastian Siebenhandl und Victoria Teuschl folgende Fragen zum Lager gestellt:

- Wie wirkte sich das STALAG XVIIB auf die Kremser Bevölkerung während des Zweiten Weltkriegs aus und wie stehen die Einwohnerinnen und Einwohner heute zu jenem Kriegsgefangenenlager?
- Warum wurden die im STALAG XVIIB Gefangenen verschiedener Nationalitäten unterschiedlich behandelt?[5]
- Wie schildern die Kriegsgefangenen amerikanischer Abstammung des STALAG XVIIB die damaligen Zustände und den Alltag im Lager?
- Welche Möglichkeiten gibt es, Menschen sensible historische Ereignisse sowohl digital als auch analog näherzubringen? (Diplomarbeit, 2020, S. 12)

Unterstützung fanden sie auch bei der Historikerin Barbara Stelzl-Marx, die ihre Dissertation und weitere wichtige Publikationen über das Lager geschrieben hatte (vgl. Stelzl-Marx, 2000).

Im Zuge ihrer Arbeiten haben die Jugendlichen erste Ergebnisse bei der Fachtagung „Unsichtbare Lager" (2019) in St. Pölten vorgestellt. Entstanden ist außerdem das Projekt „Mobiles Kunstobjekt STALAG XVII B", das in verschiedenen Bildungseinrichtungen in Krems gezeigt wurde, um auf die Geschichte des Lagers aufmerksam zu machen. Mittels des Tools „Historypin" (https://www.historypin.org/en/) verorteten die vier Jugendlichen ihre Forschungsergebnisse und Dokumente zusätzlich digital und machten sie für andere zugänglich. Die fertige Arbeit wurde mit dem Wissenschaftspreis des Landes Niederösterreich und mit dem Preis der Stadt Krems für vorwissenschaftliche Arbeiten, die sich mit Kremser Zeitgeschichte beschäftigen, ausgezeichnet.

Resümee

Der Umgang mit dem ehemaligen Gefangenenlager STALAG XVIIB zeigt die Möglichkeiten auf, die sich durch künstlerische Interventionen im Umgang mit nicht mehr analog vorhandenen Erinnerungsorten eröffnen. Gleichzeitig wird klar, dass – wie im Falle der Installation von Christian Gmeiner – der authentische Ort durch Kunst allein nicht mehr „zurückgeholt" werden kann. Das Fragezeichen bleibt ein solches, wenn es nicht durch die vielschichtige Beschäftigung mit den Hintergründen mit Leben erfüllt wird. Jugendliche zur aktiven Beschäftigung mit Zeitgeschichte zu motivieren ist eine Möglichkeit, die Erinnerung aufrechtzuerhalten und gleichzeitig neue Perspektiven zu eröffnen. Der Preis für vorwissenschaftliche Arbeiten und Diplomarbeiten, den etwa die Stadt Krems im Zusammenhang mit zeithistorischen Themen, die die Stadt betreffen, jährlich ausschreibt, kann ein zusätzlicher Motivationsschub sein und zur Bearbeitung lokalgeschichtlicher Themen beitragen.

Literaturverzeichnis

Arnberger, Heinz / Claudia Kuretsidis-Haider (Hrsg.): Gedenken und Mahnen in Niederösterreich (Wien 2011).

Heigl, Xaver / Helene Moser / Sebastian Siebenhandl / Victoria Teuschl: Historische Aufarbeitung von Stalag XVIIB (Diplomarbeit HLF Krems, 2020).

Heinrich, Christoph: Strategien des Erinnerns – der veränderte Denkmalbegriff in der Kunst der achtziger Jahre (München 1993).

Kremser, Gregor: Denkmäler und Erinnerungszeichen. „Der Kampf um das Gedächtnis" am Beispiel Krems a. d. Donau, in: Österreich, Geschichte, Literatur, Geographie: ÖGL, 4 (2018) S. 381–395.

Kunst im öffentlichen Raum, Niederösterreich: www.publicart.at (3.1.2021).

Offergeld, Cornelia: Die Sprache der Erinnerung. Monumente, Gegenmonumente, kommunikative Prozesse, in: Blaas-Pratscher, Katharina / Cornelia Offergeld (Hrsg.): Erinnern (St. Pölten 2018).

Perz, Bertrand: Österreich. In: Knigge, Volkhard / Norbert Frei: Verbrechen erinnern. Eine Auseinandersetzung mit Holocaust und Völkermord (München 2002) S. 150–162.

Schopf, Gertrude: Mahnmal St. Lorenz „Nachdenken richtig", in: Niederösterreichische Nachrichten (19.4.2016), https://www.noen.at/krems/mahnmal-st-lorenz-nachdenken-richtig-top-12432085 (9.3.2021).

Stelzl-Marx, Barbara: Amerikanische und sowjetische Kriegsgefangene in deutscher Hand. Fakten und Fiktionen einer Extremsituation (Tübingen 2000).

Kremser, Gregor: Arbeiten von Jugendlichen für das Mahnmal Friedenskreuz St. Lorenz, in: Wachau Dunkelsteinerwald Regionalentwicklung (Hrsg.): Mahnmal Friedenskreuz St. Lorenz (Innsbruck 2016), S. 131–146.

Weiss, Stefan: Künstler Martin Krenn zu Denkmalsturm: „Nichts ist für die Ewigkeit" in: Der Standard, 1.10.2020, https://www.derstandard.at/story/2000120381868/kuenstler-martin-krenn-zu-denkmalsturm-nichts-ist-fuer-die-ewigkeit (1.1.2021).

Anmerkungen

1 Arbeiter Illustrierten Zeitung 12, 37 (1933).
2 Die nun folgenden Aussagen stammen von jenen Schülerinnen und Schülern, die an der Erstellung der hier gezeigten Collage beteiligt waren (vgl. Kremser, 2016).
3 „88" meint HH, den 8. Buchstaben im Alphabet.
4 Zusätzlich hat Gregor Kremser die Broschüre „Mahnmal Friedenskreuz St. Lorenz, pädagogische Ansatzpunkte – Leitfaden" erarbeitet, die verschiedene Möglichkeiten zum didaktischen Umgang mit dem Mahnmal bereithält und für verschiedene Schulstufen und Schultypen aufbereitet wurde.
5 Sowjetische Kriegsgefangene wurden im Lager schlechter behandelt als die Angehörigen anderer Nationalitäten, was auch zu einer weit höheren Mortalitätsrate unter ihnen führte.

Robert Obermair

Über den Tauern nach Israel – Lokales Erinnern als Chance für die Vermittlungsarbeit

2021 wird zum 15. Mal eine Gedenkwanderung an ein über Jahrzehnte hinweg in Vergessenheit geratenes Ereignis der österreichischen Nachkriegsgeschichte erinnern: die Flucht tausender Jüdinnen und Juden über den Krimmler Tauern im Sommer des Jahres 1947. Auch wenn der Anteil jener, die über die Wanderwege der Alpen geflüchtet sind, im Kontext der jüdischen Fluchtbewegungen nach Ende des Zweiten Weltkriegs eine eher untergeordnete Rolle spielt (Rolinek, 2007, S. 80), wurden – je nach Zählung – doch bis zu 6.000 Jüdinnen und Juden über den Krimmler Tauernpass nach Italien geschleust (Ben-Natan, 2005, S. 206). Nichtsdestoweniger blieben die über Monate hinweg stattfindenden Fluchtmärsche über 50 Jahre lang sowohl aus der lokalen als auch der überregionalen Erinnerungskultur ausgeklammert, bis sie durch engagierte Initiativen aus der Zivilgesellschaft Anfang der 2000er-Jahre wieder einer breiteren Öffentlichkeit bekannt gemacht wurden. Ziel dieses Beitrags ist es, einerseits die Hintergründe und das historische Ereignis der „Krimmler Judenflucht" herauszuarbeiten und andererseits die Chancen, die lokales Erinnern für die Vermittlungsarbeit besonders auch hinsichtlich der Aufarbeitung der NS-Zeit und ihrer Nachwirkungen bieten kann, an diesem konkreten Beispiel greifbar zu machen.

1945 – keine Stunde null

Wenn auch das nationalsozialistische Terrorregime binnen weniger Jahre mehrere Millionen Jüdinnen und Juden ermordet hatte, erlebte doch ein – wenn auch kleiner – Teil des europäischen Judentums die Befreiung. Diese Überlebenden waren in vielen Regionen Europas jedoch nach wie vor mit Antisemitismus konfrontiert, so auch in den Gebieten Osteuropas außerhalb der UdSSR, in denen etwa 800.000 Jüdinnen und Juden die rassistischen Mordaktionen der Nationalsozialisten überlebt hatten: Mehr als ein Viertel dieser Überlebenden (etwa 250.000 Menschen) beschloss in den ersten drei Jahren nach der Befreiung, ihre Heimatländer, in denen sie nach wie vor nicht nur mit antisemitischen Vorurteilen konfrontiert, sondern auch – wie das Pogrom von Kielce auf tragische Weise illustrierte – von physischer Gewalt bedroht waren, in Richtung der westlichen Besatzungszonen zu verlassen (Albrich, 1998, S. 13). Vielen der Flüchtenden ging es wohl so, wie es der spätere *Bricha*-Kommandant in Salzburg, Aba Gefen (geb. Weinstein) beschrieb:

„Wir wurden durch die Rote Armee in Litauen befreit, konnten aber dort nicht bleiben. Es war für uns unmöglich, dort zu leben, wo alle Spuren der Kultur und Menschlichkeit durch die Nazi-Okkupation zerstört worden waren. ... Die überlebenden osteuropäischen Juden haben in ihren Heimatländern einen wütenden Antisemitismus angetroffen, und falls sie irgendwelche Hoffnungen hegten, ihr Leben dort wieder aufzubauen, wurden sie sehr schnell und gründlich enttäuscht" (Gefen, 1998, S. 177).

Drehscheibe Salzburg

Österreich wurde zum wichtigsten Transitland der von der jüdischen Fluchthilfeorganisation *Bricha* („Flucht") koordinierten Fluchtbewegung, wobei Salzburg eine besondere Rolle zukam (Gefen 1998, S. 179): Zwischen 120.000 und 125.000 Menschen der oben angesprochenen Gruppe passierten auf ihrem Weg Salzburg, das – v. a. aufgrund seiner geografischen Lage – insgesamt, also nicht nur für Jüdinnen und Juden, einen Kreuzungspunkt des Transits von Displaced Persons (DPs) in der Nachkriegszeit darstellte (Obermair, 2017, S. 76–78). Allein in der Stadt Salzburg gab es mindestens fünf durch historische Quellen belegbare Lager, die nur für jüdische DPs ausgelegt waren, wobei vier davon als reine Transitlager fungierten und eines – das Lager *New Palestine* in Parsch – als permanentes Lager geplant war (Waitzbauer, 2008, S. 15–18; siehe auch Lietzow, 1998). Auch hier in Salzburg waren viele der jüdischen Flüchtenden allerdings nach wie vor mit alten antisemitischen Vorurteilen konfrontiert (Embacher, 2008, S. 31).

Wie die Konzeption vieler dieser Lager als „Transitlager" bereits vermuten lässt, hatten viele der jüdischen Geflüchteten, die in Salzburg zwischengelandet waren, ohnehin nicht vor, sich hier dauerhaft niederzulassen. Erklärtes Ziel einer großen Zahl der hier gestrandeten Menschen war *Eretz Israel* („Land Israels"). Der an sich schon beschwerliche Weg dorthin wurde allerdings zusätzlich dadurch massiv erschwert, dass die britische Mandatsmacht in Palästina eine dauerhafte Niederlassung einer größeren Zahl europäischer Jüdinnen und Juden verhindern wollte. Die Flüchtenden waren also auf ein gut organisiertes Fluchthilfe-Netzwerk angewiesen, um ihr Ziel erreichen zu können. Neben der *Bricha* wurden sie dabei vor allem auch vom Jüdischen Zentralkomitee, der Jewish Agency, der Jewish Brigade, dem American Jewish Joint Distribution Committee und der United Nations Relief and Rehabilitation Administration (UNRRA) unterstützt. Auch die US-Army und die österreichischen Behörden nahmen in diesem Prozess eine nicht zu unterschätzende Rolle ein (Rolinek, 1998, S. 101–102). Die beiden wichtigsten Akteure auf Seiten der *Bricha* im Salzburger Kontext waren Asher Ben-Natan, Kommandant und gleichzeitig Organisator der *Bricha* in Österreich, und der Salzburger Kommandant Aba Gefen (Rolinek, 1998, S. 95).

Zu Fuß über die Berge

Insgesamt 50.000 jener Jüdinnen und Juden, die zwischen 1945 und 1948 in Salzburg angekommen waren, konnten in weiterer Folge ihre Flucht nach Italien fortsetzen. Die tatsächliche Umsetzung dieses Vorhabens gestaltete sich allerdings nicht immer einfach: War es der *Bricha* zunächst noch gelungen, die Flüchtenden über Tirol auszuschleusen, wurde diese Route auf Druck Großbritanniens immer unsicherer. Zudem war sie oft nicht passierbar. Das im Sommer 1946 eröffnete jüdische Transitlager *Givat Avoda* („Hügel der Arbeit") in Saalfelden (am Standort der heutigen Anton-Wallner-Kaserne) nahm bald eine zentrale Knotenfunktion auf den diversen Fluchtrouten über Tirol ein. Der Weg über Tirol wurde allerdings ab Ende 1946 durch die französische Besatzungsmacht deutlich erschwert (Waitzbauer, 2008, S. 16, 19). Auf der Suche nach Alternativen bot sich der nur wenige Kilometer lange direkte Grenzverlauf zwischen der amerikanischen Besatzungszone in Österreich und Italien an, der ein Umgehen der britischen und französischen Besatzungszonen ermöglichte. Im Herbst 1946 schickte die *Bricha* erste Erkundungstrupps in die Gegend um Krimml, um eine mögliche Fluchtroute in dieser Gegend auszukundschaften (Ben-Natan, 2005, S. 203). Schien diese Route aus politischen Gründen zu diesem Zeitpunkt als die praktischste, war sie aufgrund der topografischen Bedingungen wohl eine der schwierigsten, verläuft dieser Grenzabschnitt doch durch weitgehend unwegsames Hochgebirge. Als realistischste Variante, diesen schmalen Grenzabschnitt zu überschreiten, erwies sich der Weg über den Tauernpass. Aufgrund des beginnenden Schneefalls war allerdings frühestens im späten Frühjahr des Folgejahres an koordinierte Flüchtlingstransporte über den Krimmler Tauern zu denken.

Ab Mai 1947 organisierte die *Bricha* tatsächlich wöchentlich bis zu drei Gruppentransporte zu je ca. 200 Personen über diese Route (Ben-Natan, 2005, S. 203). Den Ausgangspunkt für das Unterfangen bot einmal mehr das Lager *Givat Avoda*, das in dieser Zeit der Bezeichnung als Durchgangslager alle Ehre machte, da es, sobald eine Gruppe in Richtung Italien gestartet war, wieder durch neue Geflüchtete, die aus der Stadt Salzburg hierherkamen, zwischenbelegt wurde (Knopf, 1998, S. 194). Aber auch hier in Saalfelden, wo zeitweise bis zu 3.000 Jüdinnen und Juden gleichzeitig untergebracht waren, waren die jüdischen Geflüchteten (trotz der oft geringen Verweildauer vor Ort) nicht willkommen. Am Gelände der Kaserne waren zunächst nach der Befreiung „Volksdeutsche" aus Jugoslawien untergebracht. Als die US-Militärverwaltung 1946 beschloss, das Lager künftig ausschließlich für jüdische DPs zu nutzen, herrschte unter der lokalen Bevölkerung große Empörung. Auch in weiterer Folge waren die Geflüchteten hier immer wieder mit antisemitischen Haltungen konfrontiert und wurden beispielsweise kollektiv für Diebstähle in der Region verantwortlich gemacht (Aschauer-Smolik, 2008, S. 39–42). Das Lager selbst stand zwar unter US-amerikanischer Verwaltung, verfügte aber darüber hinaus über eine eigene Lagerleitung, deren Mitglieder ohne Ausnahme in der *Bricha* organisiert waren (Aschauer-Smolik, 2010, S. 193).

Von *Givat Avoda* aus wurden die Flüchtenden (in erster Linie junge und gehfähige Menschen) in den Nachtstunden mit Lastwägen nach Krimml gebracht.

Eine Gruppe jüdischer Flüchtender vor dem Krimmler Tauernhaus (Sammlung Bernard Dov Protter)

Dabei kam der *Bricha* zuhilfe, dass hier weder die österreichischen noch die US-amerikanischen Behörden kontrollierten. Gerade in Bezug auf erstere ist allerdings festzuhalten, dass dies nicht unbedingt aus Freundlichkeit oder Mitgefühl gegenüber den jüdischen Flüchtlingen geschah, sondern weil die österreichischen Behörden es durchaus begrüßten, dass „die Juden" das Land verließen (Ben-Natan, 2005, S. 204). Von Krimml aus ging es zu Fuß, vorbei an den Krimmler Wasserfällen, weiter ins Krimmler Achental bis zum Krimmler Tauernhaus, wo sich die Flüchtenden für mehrere Stunden ausruhen konnten. Im Laufe des Nachmittags wanderten die Jüdinnen und Juden tief in das Windbachtal und dann steil hinauf zur Tauernhöhe (2.634 Höhenmeter), von wo aus es hinab in Richtung Kasern im italienischen Ahrntal ging. Die italienischen Grenzbehörden kontrollierten hier nur sehr selten und eher pro forma. Nur vereinzelt wurden Flüchtende an dieser Grenzpassage zurückgewiesen. In Kasern angekommen, wurde die Mehrzahl der Jüdinnen und Juden von der *Bricha* mit Rot-Kreuz-Fahrzeugen weiter nach Meran oder Mailand gebracht (Waitzbauer, 2008, S. 20–22). Von den italienischen Häfen wurden die Flüchtenden in weiterer Folge per Schiff in Richtung Palästina geschleust, wobei zunächst nicht wenige in Zypern hängenblieben, wo sie von den Briten interniert wurden (Ben-Natan, 2005, S. 206, 209).

So geradlinig und einfach diese Fluchtroute klingt, muss an dieser Stelle festgehalten werden, dass die Mehrzahl der Flüchtenden nicht nur über keinerlei Bergerfahrung verfügte, sondern auch sehr schlecht ausgerüstet war. Dementsprechend erschöpft waren viele von ihnen, nachdem sie den gefährlichen und anstrengenden Weg (teilweise in völliger Dunkelheit) hinter sich gebracht hatten. Dazu kamen – nicht nur auf dieser Fluchtroute – Verständigungsschwierigkeiten, da die Flüchtenden ganz unterschiedliche Muttersprachen hatten (Knopf, 1998, S. 193). Diejenigen, die zu erschöpft für einen unmittelbaren Weitertransport waren, konnten sich daher für einige Tage in einem von der *Bricha* angemieteten Gasthof in Südtirol/Alto Adige erholen (Ben-Natan, 2005, S. 205f.).

Schlussendlich wurde diese Fluchtroute allerdings nur für sehr kurze Zeit genutzt, denn bald machten erste Schneefälle den Pass wieder unpassierbar. Erst im darauffolgenden Sommer wäre der Übergang wieder nutzbar gewesen, doch in der Zwischenzeit hatte mit Mai 1948 das britische Mandat über Palästina geendet und Israel war offiziell als Staat gegründet worden. Die ausreisewilligen Jüdinnen und Juden, die noch in Salzburg gestrandet waren, mussten so nicht mehr auf illegale Fluchtrouten zurückgreifen. Zu diesem Zeitpunkt lebten noch rund 24.000 jüdische Menschen in österreichischen DP-Lagern (Albrich, 1998, S. 42).

Gedenk- und Vermittlungsarbeit

In den ersten Nachkriegsjahrzehnten beschränkte sich die öffentliche Erinnerungskultur in Bezug auf Opfer des Nationalsozialismus auch in Salzburg vornehmlich auf den aktiven (politischen) Widerstand. Erst in den 1970er-Jahren wurde damit begonnen, an die verfolgten, vertriebenen und ermordeten Jüdinnen und Juden zu erinnern. So wurde 1972 in der Kirche St. Elisabeth ein Relief mit dem Titel „Jüdische Passion" angebracht und 1985 ein Gedenkstein im Park der Salzburger Synagoge in der Lasserstraße enthüllt (Hofinger, 2016, S. 366). Die jüdischen Fluchtbewegungen aus und durch Österreich nach der Befreiung 1945 blieben noch länger weitgehend unbeachtet – so auch die Flucht über den Krimmler Tauern 1947. Erst als sich dieses Ereignis zum 50. Mal jährte, wurde im Juni 1997 von der Israelitischen Kultusgemeinde Salzburg und dem Land Salzburg gemeinsam ein wissenschaftliches Symposium zum Thema „Salzburg – Drehscheibe des jüdischen Exodus 1945–1948" organisiert, bei dem auch ehemalige Mitarbeiterinnen und Mitarbeiter der *Bricha* zu Wort kamen. Zum Abschluss der Tagung wurde eine Gedenktafel in Krimml enthüllt, die sich seit dem Sommer dieses Jahres am Krimmler Tauernpass befindet. Im selben Jahr wurde zudem von Südtiroler Seite mit dem Kunstprojekt „überGehen" des Vereins *KunstMyst* mit 12 Installationen entlang des Tauernwegs und einer „Nach(t)begehung" des historischen Fluchtwegs gedacht.

Es dauerte noch einmal zehn Jahre, bis erneut öffentlich an diese historischen Begebenheiten erinnert wurde. 2007 wurde in Saalfelden – wo das Lager *Givat Avoda* fast vollständig aus dem „historischen Gedächtnis der Stadt" verschwunden war (Aschauer-Smolik, 2008, S. 39) – ein Gedenkstein für das Lager eingeweiht. Zudem wird seit diesem Jahr auch dauerhaft an die Fluchtroute über den Krimmler Tauern erinnert. Auch in diesem Fall bedurfte es – wie so oft in der österreichischen Erinnerungslandschaft – einer Initiative aus der Zivilgesellschaft. 2007 initiierte der Bankdirektor Ernst Löschner mit einem Kreis von Unterstützerinnen und Unterstützern eine Gedenkveranstaltung zum 60-jährigen Jubiläum der Fluchtroute. Den Initiatorinnen und Initiatoren war es dabei von Beginn an wichtig, eine Brücke von der Vergangenheit in die Gegenwart zu schlagen und die Erinnerung an die historische Fluchtbewegung mit einem aktiven Engagement in der heutigen Flüchtlingspolitik zu verknüpfen. Es wurde auch aktiv und durchaus erfolgreich versucht, Zeitzeuginnen und -zeugen ausfindig zu machen und sie in die Gedenkveranstaltungen einzubinden (Löschner, 2008, S. 89–94).

Seither finden jährlich – von der mittlerweile als Verein organisierten Initiative *Alpine Peace Crossing* gestaltete – Gedenkveranstaltungen in Krimml statt (2020 Covid-bedingt als Online-Gedenkwanderung). Dabei wird ein Erinnern und ein Dialog auf verschiedenen Ebenen versucht: Einheimische, Interessierte aus ganz Österreich und vielen anderen Ländern sowie Zeitzeuginnen und -zeugen der Flucht und deren Nachkommen werden in die Veranstaltungen eingebunden und finden ins gemeinsame Gespräch. Dazu kommt ein Brückenschlag aus der Wissenschaft zu einem breit zugänglichen Austausch mit einem nicht-wissenschaftlichen Publikum. Namhafte Expertinnen und Experten bereichern seit Beginn das am Vorabend der Wanderung stattfindende Dialogforum und liefern somit eine wichtige Kontextualisierung der Gedenkveranstaltungen sowohl in einer historischen als auch zeitgenössischen, interdisziplinären Perspektive.

Begleitend zu diesen Gedenkveranstaltungen wurde eine breite Palette an verschiedensten Projekten gestartet, um die Erinnerung an die Ereignisse von 1947 dauerhaft sichtbar zu machen. Mit sogenannten „Friedenspyramiden", von denen mittlerweile sieben Stück errichtet wurden, wird die historische Fluchtroute auch abseits der Gedenkveranstaltungen für Bergsteigerinnen und Bergsteiger sowie Wandernde sichtbar gemacht. Mittlerweile hat es die historische Fluchtroute sogar – zeitgeschichtlich kontextualisiert – in einen Wanderführer geschafft (Neuhold, 2020). Der oben genannte Verein hat in diesem Zusammenhang auch enge Kontakte zu Zeitzeuginnen und -zeugen sowie zu deren Nachfahren aufgebaut und auf diese Weise etwa gegenseitige Besuche in Israel und Österreich organisiert. Auch Lehrende und Lernende ebenso wie Asylwerbende wurden und werden immer wieder in Gedenkprojekte und -veranstaltungen eingebunden. Dazu kommen Publikationsprojekte, aktive Medienarbeit, ein Theaterprojekt, ein „Hain der Flucht" und viele andere Anstöße, sich mit dieser ganz speziellen Episode der Zeitgeschichte zu beschäftigen. Schrittweise gelang es dabei auch, sowohl die Lokalpolitik und den Nationalpark Hohe Tauern als auch das österreichische Bundesheer, das heute eine Kaserne am Gelände des ehemaligen Lagers *Givat Avoda* unterhält, in die Gedenkprojekte miteinzubinden.

Chance für die Region

Aufgrund dieser breiten Initiative aus der Zivilgesellschaft wurde so in den vergangenen Jahren – zuletzt auch in enger Kooperation mit _erinnern.at_ – ein lange vergessenes Thema der direkten Folgegeschichte des NS-Terrorregimes nach und nach im kollektiven Lokalgedächtnis des Pinzgaus verankert und gleichzeitig das

Thema für eine breite Öffentlichkeit sichtbar gemacht. Diese Bemühungen sind aber nicht nur für die lokale Erinnerungskultur wichtig, sondern ermöglichen es auch vielen Shoa-Überlebenden, die 1947 diese Route gegangen sind, ihre Lebensgeschichten für ihre Nachkommen zugänglich zu machen.

Für die lokale Vermittlung der Geschichte der nationalsozialistischen Herrschaft und ihrer Nachwirkungen bietet eine tiefgreifende Auseinandersetzung mit der Lokalgeschichte darüber hinaus fruchtbare Impulse, werden doch so größere und komplexere Entwicklungen und Zusammenhänge über das Konkrete, Lokale greifbar. Dass dabei nicht immer alles eitel Wonne ist, überrascht nicht. Erinnerungen an die lokale Vergangenheit, gerade auch mit Hinblick auf die NS-Zeit und deren Nachwirkungen, sind oft ein mühsamer und schmerzhafter Prozess. So gibt es zwar auch auf dieser Fluchtroute Beispiele von Hilfsleistungen und Solidarität mit den jüdischen Flüchtenden, gleichzeitig hatten sich aber auch im Pinzgau nach 1945 antisemitische Vorurteile nicht einfach in Luft aufgelöst und auch hier wurde die NS-Zeit nicht vorbehaltlos aufgearbeitet. Die Beschäftigung mit derartigen Themen erzeugt dementsprechend heute noch nicht nur Interesse, sondern führt auch zu Konflikten. So wurde beispielsweise erst unlängst eine der „Friedenspyramiden" offenbar mit einem Eispickel oder einer ähnlichen Gerätschaft beschädigt. Die unermüdliche Arbeit, die in Bezug auf die Erinnerung an die Flucht über den Krimmler Tauern in den letzten Jahren geleistet wurde, zeigt aber, dass lokale Erinnerungsinitiativen mit Beteiligung ganz unterschiedlicher Akteurinnen und Akteure sowie Gesellschaftsgruppen viele Mauern des Schweigens bzw. Vergessens aufbrechen können.

Literaturverzeichnis

Albrich, Thomas: Zionisten wider Willen. Hintergründe und Ablauf des Exodus aus Osteuropa, in: Albrich, Thomas (Hrsg.), Flucht nach Eretz Israel. Die Bricha und der jüdische Exodus durch Österreich nach 1945 (Österreich-Israel-Studien Bd. 1) (Innsbruck/Wien 1998) S. 13–48.

Aschauer-Smolik, Sabine: „Unsere Legitimation war die Hoffnung …". Jüdische Flüchtlinge in Saalfelden 1946 bis 1949, in: Floimair, Roland (Hrsg.): Über die Berge dem Gelobten Land entgegen. Alpine Peace Crossing (Schriftenreihe des Landespressebüros, Dokumentationen Nr. 117) (Salzburg 2008) S. 39–44.

Aschauer-Smolik, Sabine / Mario Steidl: Das DP-Camp „Givat Avoda" Saalfelden – Auf den Spuren einer vergessenen Geschichte, in: Aschauer-Smolik, Sabine / Mario Steidl (Hrsg.): Tamid Kadima – Immer vorwärts. Der jüdische Exodus aus Europa 1945–1948 (Innsbruck 2010) S. 187–206.

Ben-Natan, Asher / Susanne Urban: Die Bricha. Aus dem Terror nach Eretz Israel (Düsseldorf 2005).

Embacher, Helga: Vom DP-Lager ins „gelobte Land" – ein schwieriger Neubeginn in Israel und in den USA, in: Floimair, Roland (Hrsg.): Über die Berge dem Gelobten Land entgegen. Alpine Peace Crossing (Schriftenreihe des Landespressebüros, Dokumentationen Nr. 117) (Salzburg 2008) S. 31–37.

Gefen, Aba: Zwei Jahre als *Bricha*-Kommandant in Salzburg, in: Albrich, Thomas (Hrsg.): Flucht nach Eretz Israel. Die Bricha und der jüdische Exodus durch Österreich nach 1945 (Österreich-Israel-Studien Bd. 1) (Innsbruck/Wien 1998) S. 177–186.

Hofinger, Johannes: Nationalsozialismus in Salzburg. Opfer. Täter. Gegner (Nationalsozialismus in den Bundesländern Bd. 5) (Innsbruck 2016).

Knopf, Viktor: Der Fluchtweg über den Krimmler Tauern, in: Albrich, Thomas (Hrsg.): Flucht nach Eretz Israel. Die Bricha und der jüdische Exodus durch Österreich nach 1945 (Österreich-Israel-Studien Bd. 1) (Innsbruck/Wien 1998) S. 193–198.

Lietzow, Bernadette: „Nächstes Jahr in Jerusalem". Die Lager für jüdische DPs und Flüchtlinge in Salzburg, in: Albrich, Thomas (Hrsg.), Flucht nach Eretz Israel. Die Bricha und der jüdische Exodus durch Österreich nach 1945 (Österreich-Israel-Studien Bd. 1) (Innsbruck/Wien 1998) S. 119–136.

Löschner, Ernst: Genesis. Zur Entstehungsgeschichte der Gedächtnisüberquerung 1947/2007, in: Floimair, Roland (Hrsg.): Über die Berge dem Gelobten Land entgegen. Alpine Peace Crossing (Schriftenreihe des Landespressebüros, Dokumentationen Nr. 117) (Salzburg 2008) S. 89–94.

Neuhold, Thomas / Andreas Praher: Widerstand. Verfolgung. Befreiung. Zeitgeschichtliche Wanderungen (Salzburg 2020).

Obermair, Robert: Erzwungene Migration? Schlaglichter der Migrationsgeschichte Salzburgs, in: Duval, Patrick / Manfred Oberlechner / Christine Trültzsch-Wijnen (Hrsg.): Migration bildet (Baden-Baden 2017) S. 69–83.

Rolinek, Susanne: Jüdische Fluchthilfe im Raum Salzburg. Das Netzwerk von *Bricha* und *Betar* 1945 bis 1948, in: Albrich, Thomas (Hrsg.): Flucht nach Eretz Israel. Die Bricha und der jüdische Exodus durch Österreich nach 1945 (Österreich-Israel-Studien Bd. 1) (Innsbruck/Wien 1998) S. 93–118.

Rolinek, Susanne: Jüdische Lebenswelten 1945–1955. Flüchtlinge in der amerikanischen Zone Österreichs (Österreich-Israel-Studien Bd. 4) (Innsbruck 2007).

Waitzbauer, Harald: Über die Berge – dem gelobten Land entgegen. Die „Judenflucht" über den Krimmler Tauern als Teil des großen jüdischen Exodus aus Osteuropa nach Palästina, in: Floimair, Roland (Hrsg.): Über die Berge dem Gelobten Land entgegen. Alpine Peace Crossing (Schriftenreihe des Landespressebüros, Dokumentationen Nr. 117) (Salzburg 2008), S. 15–23.

Nadja Danglmaier

Erinnerungsarbeit als Bildungsarbeit an Orten des NS-Terrors in Kärnten – Herausforderungen und Chancen

In den letzten Jahren – mitunter durch die Aktivitäten und Angebote von _erinnern. at_ angeregt – nahm die Bildungsarbeit zu den Ereignissen des Nationalsozialismus auf regionaler Ebene in Kärnten zu. Während sich Vereine und Initiativen seit den 1990er-Jahren um eine aktive Erinnerungsarbeit bemühen und das Gedenken an die NS-Opfer in Kärnten fördern, dauerte es noch eine Weile, bis der veränderte Zugang zur Regionalgeschichte auch verstärkt von Lehrerinnen und Lehrern aufgegriffen wurde. Wie Ergebnisse aus einer Studie der Alpen-Adria-Universität Klagenfurt zu Erinnerungsgemeinschaften in Kärnten/Koroška zeigen, fällt es Lehrkräften schwer, die regionalen NS-Ereignisse im Unterricht zu thematisieren, da diese in der eigenen Ausbildung nicht vorkamen. Erst in den letzten Jahren fließen verstärkt regionalspezifische Themen in die Angebote der Pädagogischen Hochschule Kärnten ein – eine sehr positiv zu bewertende Entwicklung. Lehrpersonen, die Wert auf die Vermittlung der regionalen NS-Geschichte und Erinnerungskultur legen und deren Ausbildung bereits länger zurückliegt, betonten in der Studie, ihr Wissen stamme größtenteils aus privater Aneignung (Danglmaier, 2017). Hier konnte _erinnern.at_ mit zahlreichen Fortbildungsangeboten für Lehrerinnen und Lehrer sowie Handreichungen für den Unterricht unterstützend wirken, Wissen vermitteln und Anregungen für die Umsetzung im Unterricht liefern.

Die authentischen Orte schaffen Nähe, Geschichte kann anschaulich werden

Die Auseinandersetzung mit den Ereignissen des Nationalsozialismus vor Ort führt zu einem besseren Verständnis des dichten Terrornetzes, das sich von Zentren wie Berlin oder Wien bis in die Peripherie nach Kärnten zog. Mit der Thematisierung der lokalen Kärntner NS-Geschichte kann verdeutlicht werden, inwiefern die Region Teil eines Systems war, jedoch mit speziellen Ausprägungen. Die regionalen Besonderheiten können insbesondere im Hinblick auf die Opfergruppe der Kärntner Slowenen und die der Region zugedachte Rolle als Bollwerk gegen die feindlichen Slawen aufgezeigt werden. Mit dem Wissen über die Ereignisse während des Nationalsozialismus an Orten, die uns bekannt sind, sehen wir diese mit anderen Augen. Die Orte erhalten eine zweite Bedeutung zusätzlich zur aktuellen. Dies kann die Entwicklung von Interesse für die Ereignisse der Vergangenheit fördern und helfen, sie nicht als tote Geschichte, sondern als Geschichte von Menschen zu begreifen.

Erinnerungsarbeit am Kasernengelände – das ehemalige Konzentrationslager Klagenfurt-Lendorf

Aus der Befragung von Lehrenden sowie Direktorinnen und Direktoren an Kärntner Schulen im Forschungsprojekt „Erinnerungsgemeinschaften in Kärnten/Koroška" an der Alpen-Adria-Universität Klagenfurt (vgl. Danglmaier, 2017) wissen wir, dass Exkursionen von Schulklassen an die Gedenkstätte des ehemaligen Konzentrationslagers Mauthausen sehr verbreitet sind. Für Jugendliche ab 14 Jahren gibt es seit April 2020 eine Landesförderung in Höhe von 25 Euro bei Fahrten nach Mauthausen. Ob diese einen zusätzlichen Anreiz darstellen wird und die Zahlen der Schülerinnen und Schüler aus Kärnten, welche die KZ-Gedenkstätte Mauthausen besuchen, steigen werden, bleibt abzuwarten. Doch bekannt ist, dass längst nicht alle Jugendlichen, welche die Möglichkeit einer Exkursion nach Mauthausen erhalten, etwas von der Existenz zweier KZ-Nebenlager in Kärnten erfahren. In zahlreichen Schulworkshops machte ich die Erfahrung, dass diese Information für viele Schülerinnen und Schüler völlig neu war, wohingegen ihnen die Orte Auschwitz und Mauthausen im Zusammenhang mit der Geschichte des Nationalsozialismus vertraut sind. Selbst Jugendlichen in Klagenfurt fehlt oft das Wissen über das Konzentrationslager Klagenfurt-Lendorf am nahen Stadtrand, in dem 80 bis 130 Häftlinge unterschiedlicher Nationalitäten für Zwangsarbeit missbraucht wurden. Nach der Befreiung im Mai 1945 wurde das Konzentrationslager aus dem öffentlichen Gedächtnis verdrängt und im öffentlichen Diskurs als Lager für Kriminelle umgedeutet. Als solches blieb es jahrzehntelang tabuisiert und negativ behaftet.

Erst 2007 konnte an der Außenmauer der heutigen „Khevenhüllerkaserne" des österreichischen Bundesheeres eine Gedenktafel in Erinnerung an die Nutzung des Areals als Konzentrationslager während des Nationalsozialismus angebracht werden. Über die damit verbundene mediale Berichterstattung und die jährlichen Gedenkfeiern in den Folgejahren wurde das Tabu langsam durchbrochen und das Konzentrationslager Klagenfurt-Lendorf kam im öffentlichen Diskurs an (vgl. Pajer, 2010). An Schulen jedoch blieb es weiter größtenteils unerwähnt und dies aus mehreren Gründen: Zuallererst mangelte es Lehrpersonen an Wissen. Sie erfuhren selbst erst spät von der Existenz des Lagers und verfügen über wenig konkrete Informationen über dessen Geschichte. Daher müssen sie sich zuerst selbst unter Heranziehung einiger neuer Publikationen zur NS-Geschichte in Kärnten ins Thema einarbeiten, bevor sie den Jugendlichen die Geschichte des Lagers näherbringen können. Zweitens ist der Ort als Bundesheerkaserne nicht öffentlich zugänglich, was die Erinnerungsarbeit erschwert und wohl eine zusätzliche Hemmschwelle für die Auseinandersetzung mit dem Ort darstellt. Der Ort ist zwar keine öffentlich zugängliche Gedenkstätte im klassischen Sinne, doch Gruppen sind nach Voranmeldung innerhalb der Kaserne willkommen. Sie werden von einem Angehörigen des Bundesheeres begleitet, der sich in den letzten Jahren engagiert in die KZ-Geschichte eingearbeitet hat. Seinem persönlichen Interesse ist es zu verdanken, dass heute auf Anfrage Gruppen durch die Kaserne geführt und über die historischen Ereignisse und Spuren der NS-Zeit informiert werden.

Um dieses Wissen nicht nur nach außen, sondern auch innerhalb des Bundesheeres zu teilen, wurde im Rahmen des Tages der Menschenrechte im Dezember 2020 ein Vortrag für Heeresangehörige der Lendorf-Kaserne organisiert. Im Offizierskasino, in dem sich künstlerisch entfremdete Fresken aus der Zeit des Nationalsozialismus befinden, wurde die Geschichte des Konzentrationslagers thematisiert und damit ins Bewusstsein jener gerückt, die an diesem Ort ihren Arbeitsplatz haben.

So nah und doch so fern – die ehemaligen Konzentrationslager am Loibl-Pass

Die Zwillingslager KZ Loibl-Nord und Loibl-Süd verbindet heute der von den Häftlingen erbaute Loibltunnel – und bildet die Staatsgrenze zwischen Österreich und Slowenien. Auf slowenischer Seite, am Gelände des ehemaligen Konzentrationslagers Loibl-Süd, etablierte sich rasch nach der Befreiung vom Nationalsozialismus eine vom Staat Jugoslawien geförderte Gedenkkultur. Auf österreichischer Seite, am Areal des ehemaligen KZ Loibl-Nord, wuchs hingegen jahrzehntelang das sprichwörtliche Gras – oder eher Wald – über die historischen Ereignisse. Seit Mitte der 1990er-Jahre bemüht sich der Verein „Mauthausen Komitee Kärnten", die Geschehnisse im ehemaligen Konzentrationslager Loibl-Nord aufzuarbeiten und die Geschichte des historisch belasteten Ortes sichtbar zu machen sowie eine Gedenkkultur in Erinnerung an die Opfer zu etablieren. Von Beginn an waren die Aktivitäten des Vereins nicht zuletzt auf die junge Generation ausgerichtet. In zahlreichen Schulprojekten bearbeiteten Klassen verschiedener Schulen einzelne Themenbereiche der KZ-Geschichte am Loibl und teilten ihre Ergebnisse partiell auch der Öffentlichkeit mit. Lange waren die Bildungsangebote an den ehemaligen Konzentrationslagern Loibl-Nord und -Süd von einem Verein und damit von privatem Engagement getragen. Dementsprechend konnten nur einzelne Schulklassen davon profitieren und die Anfragen liefen hauptsächlich über persönliche Kontakte. Seit der Etablierung der „Nebenlager-Guides" durch das Mauthausen-Komitee Österreich 2011 nutzen Schulen zunehmend die Möglichkeit von begleiteten Exkursionen auf den Loibl-Pass und wirken so mit, den historisch belasteten Ort zu einem Lernort zu machen.

Wer bereits mit Schülerinnen und Schülern Orte des nationalsozialistischen Terrors besucht hat, weiß, dass historische Überreste und Spuren des Geschehenen eine große Faszination auf sie ausüben. Die Bestätigung, etwas sei ein originales Relikt von „damals", gibt dem Ort Wahrhaftigkeit und nimmt ihm Abstraktheit. Die Spuren als Evidenz erleichtern den Zugang zur Geschichte und verweisen immer auf menschliches Handeln. Bei Spurensuchen am historischen Ort tauchen immer Fragen nach Menschen auf: Wer war zu dieser Zeit an diesem Ort? Welche Rollen haben Personen eingenommen und welche Auswirkungen auf andere hatte ihr Handeln? Die wenigen betonierten Überreste am Gelände des ehemaligen Konzentrationslagers Loibl-Nord bieten hierfür Anknüpfungspunkte. Kontrovers diskutiert werden kann in diesem Zusammenhang die mit Beton ausgeführte

Ummantelung der Fundamente der ehemaligen Waschbaracke am Lagergelände. Die Denkmalschutz-Maßnahme soll der Konservierung der historischen Überreste dienen, macht diese jedoch unsichtbar und verhindert es, sie zu zeigen. Im Sinne der Spurensuche als Bildungsarbeit kann eine Thematisierung dieses Konfliktes zwischen „Denkmalschützerinnen und -schützern" sowie „Erinnerungsarbeiterinnen und -arbeitern" fruchtbringend sein: Am Umgang mit historisch belasteten Orten von 1945 bis heute können die Entwicklung der Erinnerungskultur und die unterschiedlichen Ansprüche an den Ort aufgezeigt werden. Dadurch wird deutlich, dass die Erinnerung umkämpft ist. Damit nähern wir uns einem Ziel der politischen Bildung, nämlich unterschiedliche Perspektiven auf die Vergangenheit unterscheiden zu lernen, verschiedene Gruppen und ihre Ansprüche wahrzunehmen und sich in Folge daraus selbst eine Meinung zu bilden.

In einer zweiten Klasse der HTL Mössingerstraße Klagenfurt unter der Leitung der Lehrerin Mag. Mirjam Rein entwickelte sich 2017 eher zufällig ein Schulprojekt rund um die ehemaligen Konzentrationslager am Loibl-Pass. Ausgangspunkt war ein Zivilcourage-Training in der Klasse mit Dr. Gerti Malle, bei dem die Ereignisse am Loibl während des Nationalsozialismus zur Sprache kamen. Nachdem ein Schüler viel Erfahrung mit dem Drehen von Videos hatte, entstand die Idee, einen Film über die ehemaligen Konzentrationslager am Loibl zu gestalten. Nach inhaltlicher Vorbereitung durch Expertinnen und Experten im Klassenzimmer erfolgte eine Exkursion auf den Loibl-Pass. Die Jugendlichen erfuhren vor Ort Details zu den historischen Ereignissen und der Entwicklung der Erinnerungskultur. Sie stellten parallel dazu bereits Überlegungen an, welche Themen und Bilder in den Film aufgenommen werden sollten. Durch den eigenen Anspruch der Schülerinnen und Schüler, einen möglichst professionellen Film zu drehen, erfolgte eine tiefgreifende Auseinandersetzung mit den beiden ehemaligen Konzentrationslagern auf Basis einer Mischung aus Selbstaneignung und Input durch Expertinnen und Experten. In Arbeitsteilung erstellte die Klasse Ton und Musik zum Film und wurde für ihr innovatives Projekt vom Kärntner Landeshauptmann im Klagenfurter Konzerthaus ausgezeichnet.

Mehrere Schulprojekte, die sich der Beschäftigung mit der KZ-Vergangenheit am Loibl-Pass widmeten, waren rund um die Planung und Fertigung künstlerischer Interventionen angelegt. Zuletzt stellten Schülerinnen und Schüler der HTL Villach die Kunstinstallation des japanischen Künstlers Seiji Kimoto beim Nebenlager KZ Loibl-Nord her — eine sechs Meter hohe Metallkonstruktion, die direkt am Tunnelvorplatz angebracht wurde und an die Sklavenarbeit an diesem Ort erinnert. Die aktive Mitwirkung an der Entstehung von Erinnerungszeichen kann einen nicht zu unterschätzenden Beitrag zur Sensibilisierung und Identifikation von Jugendlichen leisten: Sie erfordert, sich tiefgreifend mit der Geschichte des Ortes auseinanderzusetzen und diese in Hinblick auf die Erinnerungskultur zu reflektieren. Welche Aussage möchte man mit einem Erinnerungszeichen machen und wie kann diese zum Ausdruck kommen? Welche Symbole werden verwendet und wofür stehen sie? Versteht eine Betrachterin oder ein Betrachter die Intention der Künstlerin oder des Künstlers? Nicht nur für die Rezipierenden, auch für die Gestalterinnen und Gestalter von Denkmälern liegt deren Wirkungsmacht wohl vor allem im Prozess der Aushandlung im Zuge der Planung und Errichtung. „Wenn ein Denkmal steht, ist es tot", spitzt es Wolf Schmidt zu (zitiert nach Augstein 2011, S. 149). Der scheinbaren Nutzlosigkeit von Denkmälern entgegentreten kann man jedoch durch Thematisierung der hinter ihnen liegenden Ereignisse und Biografien. In zahlreichen Schulprojekten zum Nationalsozialismus in Kärnten recherchierten Jugendliche in Gruppen- oder Einzelarbeiten Biografien von Kärntnerinnen und Kärntnern, die verfolgt wurden, die in verschiedener Weise am Regime mitwirkten, Widerstand leisteten oder zwischen Ablehnung, Zustimmung und Wegschauen schwankten. Nicht zuletzt war Lehrerinnen und Lehrern das 2015 erschienene Jugendsachbuch „Nationalsozialismus in Kärnten" (Danglmaier, 2015) hilfreich, um die historischen Ereignisse anhand von Lebensgeschichten zu thematisieren. Zudem führt die Beschäftigung mit konkreten Menschen und ihrem Handeln zur Auseinandersetzung mit Fragen der Gegenwart und zu Fragen nach dem Umgang mit den Ereignissen zwischen 1945 und heute.

Lernen über den Widerstand – das Museum am Peršmanhof

Gerade in Kärnten, wo der slowenische Teil der Bevölkerung einen der effizientesten Widerstände gegen das nationalsozialistische Regime leistete, bietet das Thema Widerstand vielfältige Anknüpfungspunkte für die historisch-politische Bildungsarbeit. Aufgrund der brutalen Germanisierungsmaßnahmen, Enteignungen und Deportationen der Kärntner slowenischen Bevölkerung unterstützten nach dem „Anschluss" an den Nationalsozialismus zunehmend mehr Personen aus der Volksgruppe den Widerstand durch die Partisanen. Die Nationalsozialisten gingen mit aller Härte gegen die Widerständischen vor. Bis heute wird in diesem Zusammenhang ein Ort in den Karawanken nahe der slowenischen Grenze heiß diskutiert: der Peršmanhof. Nur zwei Wochen vor Kriegsende, am 25. April 1945, verübten Angehörige des SS- und Polizeiregiments 13 ein Massaker an der Bauersfamilie Sadovnig und erschossen elf am Hof anwesende Personen, darunter sieben Kinder. Die Familie hatte den Partisanenwiderstand unterstützt und ihren Hof in der Gemeinde Bad Eisenkappel/Železna kapla als Stützpunkt zur Verfügung gestellt, dafür sollte sie bestraft werden. In den folgenden Jahren entwickelte sich der Peršmanhof zu einem Erinnerungsort für die slowenische Volksgruppe. In der deutschsprachigen Öffentlichkeit hingegen wurde das Massaker tabuisiert und umgedeutet, indem der elffache Mord den Partisanen angelastet wurde – eine erwiesene Lüge (vgl. Blohberger, 2014).

1982 richtete der Partisanenverband ein antifaschistisches Widerstandsmuseum am Peršmanhof ein. Die Zahl der Besucherinnen und Besucher blieb überschaubar und größtenteils auf Personen aus der Kärntner slowenischen Volksgruppe beschränkt. Diverse Medienberichte über die Kriegsverbrechen am Peršmanhof führten zu heftigen Kontroversen in Kärnten. 2012 konnte schließlich ein vergrößertes und neu gestaltetes Museum eröffnet werden, das sich in den letzten Jahren zunehmend zu einem Lernort für verschiedenste Gruppen etabliert hat. Von Mai bis Oktober können mehrere Programme, von geführten Rundgängen durch die Ausstellung über mehrtätige zeitgeschichtliche Programme samt Übernachtung am Hof bis zu zeitgeschichtlichen Wanderungen in der Umgebung, gebucht werden. In der Ausstellung vermitteln biografische Beispiele und Stimmen von Zeitzeuginnen und -zeugen ausgehend von der Familie Sadovnik die Geschichte der Kärntner Slowenen im vergangenen Jahrhundert, mit einem Fokus auf Widerstand und Verfolgung während des Nationalsozialismus. Nicht zuletzt verhalf der 2011 mit dem Bachmannpreis ausgezeichnete Roman „Engel des Vergessens" von Maja Haderlap, der ausgehend von der Geschichte eines der benachbarten Höfe des Peršmanhofs die Geschichte der Kärntner slowenischen Bevölkerung im Nationalsozialismus aufrollt, dem Museum zu verstärkter Aufmerksamkeit (vgl. Haderlap, 2012). Mit dem Roman rückte ein in Kärnten lange tabuisiertes Thema in den Fokus einer breiten Öffentlichkeit. Vermehrt erkannten Lehrpersonen den Peršmanhof als wichtiges Exkursionsziel im eigenen Bundesland. Einerseits nützen Schulklassen das neue Vermittlungsprogramm, andererseits entwickelten sich in den letzten Jahren auch mehrere Schulprojekte rund um die Inhalte des Museums. Impulsgebend fungierte ein Jugendbegegnungsprojekt unter dem Titel „Zeit(zu)reisen – Potovanje skozi čas" im Jahr 2007. Als EU-Projekt im Rahmen von „Jugend in Aktion" wurde es in Kooperation des Društvo/Verein Peršman, der zweisprachigen Handelsakademie Klagenfurt und der Gedenkstätte des Jugendkonzentrationslagers Moringen geplant und durchgeführt. In einem wissenschaftlich begleiteten Jugendaustausch in Südkärnten und Deutschland setzten sich Jugendliche mit der NS-Geschichte zweier historisch-verknüpfter Regionen auseinander, denn zahlreiche junge Menschen, die der Volksgruppe der Kärntner Slowenen angehörten, wurden von den Nationalsozialisten zur Zwangsarbeit ins Jugendkonzentrationslager Moringen deportiert. Das Bildungsministerium zeichnete das innovative Projekt 2008 als „Best practice Projekt" aus.

Hilfe, Unterstützungsleistungen und Widerstand während des Nationalsozialismus in den Blick zu nehmen, kann Lernprozesse ermöglichen. Nicht die Auseinandersetzung mit dem Grauen, sondern die Analyse der „positiven menschlichen Möglichkeiten" (Welzer, 2012, S. 179) und der Handlungsspielräume von Menschen in bestimmten historischen Situationen haben das Potential, sich auf das eigene Handeln in verschiedenen Situationen auszuwirken. Zu erkennen, dass Menschen in vielen Situationen eine Wahl hatten und einzelne anders davon Gebrauch machten als andere, dass Handeln eine bewusste Entscheidung für oder gegen etwas bedingt, kann auch die eigenen Handlungsspielräume in der Gegenwart erkennbar und die Wirkungen von Entscheidungen sichtbar machen (vgl. Welzer, 2012).

Lernpotential Erinnerungskultur – Denkmäler in Erinnerung an den Nationalsozialismus in Klagenfurt

Traditionelle jährliche Gedenkfeiern bei Denkmälern für die Opfer des NS-Regimes folgen vielfach starren Ritualen, welche wenig Anknüpfungsmöglichkeiten für Jugendliche bieten. Georges Bensoussan kritisiert, heute werde den Gedenkveranstaltungen sogar mehr Bedeutung beigemessen als den historischen Ereignissen selbst. „Die Manie des Gedenkens führt zu einer Religion der Erinnerung", beklagt er (Bensoussan, 2013, S. 45). Bei ritualisierten Formen des Gedenkens geht es nur mehr am Rande um die Inhalte; das Gedenken bleibt hohl und die entstandene Lücke zu füllen wird zur Aufgabe von historisch-politischer Bildungsarbeit. Eine Chance bietet hier die Beschäftigung mit regionalen Ereignissen und Orten der unmittelbaren Lebenswelt von Jugendlichen (vgl. Danglmaier, 2016). Den schleichenden Prozess sozialer Ausgrenzung nachzuzeichnen macht deutlich, dass sich gesellschaftliche und politische Verhältnisse damals wie heute nicht mit einem Schlag veränderten und manche Bereiche des Alltags davon unberührt blieben (vgl. Welzer, 2012, S. 9, 29). Aus diesen Überlegungen ergeben sich multiple Anknüpfungsmöglichkeiten an Gegenwartsthemen. Eine weitere Chance der inhaltlosen „Manie des Gedenkens" (Bensoussan, 2013, S. 45) zu entkommen und sich stattdessen mit der Entwicklung von Erinnerungskultur auseinanderzusetzen, bieten lokale Denkmäler in Erinnerung an die Opfer des Nationalsozialismus. Ihre Entstehungsgeschichte, der oftmalige Kampf um ihre Realisierung im öffentlichen Raum, die damit verbundenen (medialen) Debatten und Um- sowie Neugestaltungen im Laufe der Zeit bergen Potential für Lernprozesse. In Klagenfurt wären dies z. B. das Denkmal für die Opfer der NS-Justiz beim Landesgericht, das Denkmal am Ort des ehemaligen jüdischen Bethauses in der Platzgasse, die Gedenktafel im Burghof in Erinnerung an das dortige Hauptquartier der Gestapo und die Gedenkstätte am Friedhof Annabichl für die Opfer für ein freies Österreich. Alle vier sind öffentlich zugängliche Orte, die sich in den letzten Jahren in ihrer Gestaltung verändert haben. Und an allen vier Orten haben sich Rituale der Erinnerung etabliert, in die kontinuierlich auch Schülerinnen und Schüler eingebunden werden. Jetzt ist es an der Zeit abzuwägen, was von den gewachsenen Traditionen weitergeführt werden und was neu überdacht werden soll, um in Zukunft nicht das von Georges Bensoussan beklagte hohle Gedenken zu zelebrieren (Bensoussan, 2013, S. 45). Anders als lange angenommen, sitzen Jugendliche nicht als historisch unbeschriebene Blätter in den Schulklassen, sondern verfügen über eine historische Identität und ein Geschichtsbewusstsein, gespeist aus Familiengeschichten, Medien und damit verbundenen Gefühlen (vgl. Georgi, 2003, S. 198f.). Subjektive Aneignungsformen von Geschichte durch Jugendliche wurden bislang eher als Lernwiderstand anstatt als Potential wahrgenommen. Doch mithilfe aktiver Aneignung durch die Schülerinnen und Schüler können sich bei ihnen eigenständige Deutungen entwickeln (vgl. Welzer, 2012, S. 23). Damit wird vermieden, dass das Vermitteln starrer Glaubenssätze Widerstand bei den Lernenden hervorruft oder ein Gefühl der Übersättigung auftritt. Die individuellen Zugänge und Vorerfahrungen der Jugendlichen sollten in den Lernprozess integriert werden, um Interesse für die Geschichte zu wecken. Gelingt uns dies nicht, so kann es zu einer sich selbst erfüllenden Prophezeiung kommen: Das von den Lehrpersonen vermutete Desinteresse bestätigt sich (vgl. Can, 2013, S. 297f.).

Bei einem Zeitzeugengespräch mit Schülerinnen und Schülern der Klagenfurter HTL Lastenstraße im Jänner 2020 richtete der Überlebende des KZ Auschwitz Erich Richard Finsches abschließend einen Appell an das jugendliche Publikum:

„Schaltets euer Hirn ein!" Damit formulierte er salopp das Ziel der vielfältigen Bestrebungen und Anstrengungen historisch-politischer Bildungsarbeit in Hinblick auf Demokratie- und Menschenrechtserziehung – und dies gilt in Kärnten genau wie anderswo.

Literaturverzeichnis

Augstein, Franziska: Ein europäisches Museum – warum, wozu?, in: Knigge, Volkhard / Hans-Joachim Veen/ Ulrich Mählert u. a. (Hrsg.): Arbeit am europäischen Gedächtnis. Diktaturerfahrung und Demokratieentwicklung (Köln 2011) S. 147–150.

Bensoussan, Georges: Eine unvergleichbare Geschichte?, in: Jikeli, Günther / Kim Robin Stoller / Joelle Allouche-Benayoun (Hrsg.): Umstrittene Geschichte. Ansichten zum Holocaust unter Muslimen im internationalen Vergleich (Frankfurt/M. 2013) S. 39–45.

Blohberger, Gudrun / Lisa Rettl: Peršman (Göttingen 2014).

Can, Mehmet / Karoline Georg / Ruth Hatlapa: Überlegungen zur pädagogischen Auseinandersetzung mit der Shoah in der deutschen Migrationsgesellschaft, in: Jikeli, Günther / Kim Robin Stoller / Joelle Allouche-Benayoun (Hrsg.): Umstrittene Geschichte. Ansichten zum Holocaust unter Muslimen im internationalen Vergleich (Frankfurt/Main 2013) S. 289–310.

Danglmaier, Nadja: Erinnerungskultur unterrichten?, in: Peterlini, Hans Karl (Hrsg.): Jenseits der Sprachmauer. Erinnern und Sprechen von Mehrheiten und Minderheiten in der Migrationsgesellschaft (Klagenfurt 2016) S. 43–50.

Danglmaier, Nadja / Andreas Hudelist / Samo Wakounig u. a. (Hrsg.): Erinnerungsgemeinschaften in Kärnten/Koroška. Eine empirische Studie über gegenwärtige Auseinandersetzung mit Nationalsozialismus in Schule und Gesellschaft (Klagenfurt 2017).

Danglmaier, Nadja / Werner Koroschitz: Nationalsozialismus in Kärnten. Opfer. Täter. Gegner. (Klagenfurt 2015).

Georgi, Viola: Zwischen Erinnerung, Verantwortung und Zukunft. Jugendliche aus Einwandererfamilien und die Geschichte des Nationalsozialismus, in: Jahrbuch Pädagogik. Erinnern – Bildung – Identität (Frankfurt/M. 2003) S. 185–205.

Haderlap, Maja: Engel des Vergessens (Göttingen 2012).

Pajer, Rajmund / Peter Gstettner / Christian Rabl: Ich war I 69186 in Mauthausen: wie ich als Jugendlicher ins KZ-Netzwerk geriet und daraus befreit wurde (Klagenfurt 2010).

Welzer, Harald / Dana Giesecke: Das Menschenmögliche. Zur Renovierung der deutschen Erinnerungskultur (Hamburg 2012).

Johannes Spies

Zur Darstellung der NS-Geschichte in Vorarlberger Jungbürgerbüchern nach 1945

„Die Tendenz, sich und die eigenen Verhältnisse zu verklären und zu belobigen, ist der Vorarlberger Geschichtsschreibung nicht neu. Daß bei besonders negativen Erscheinungen eigene Schuld gerne an fremde Verursacher abgeschoben wird, dafür ist die Darstellung der nationalsozialistischen Zeit ein äußerst prägnantes Beispiel." (Pichler, 1983, S. 191)

Eine Überprüfung der Vorarlberger Jungbürgerbücher bestätigt diese Feststellung des Vorarlberger Historikers Meinrad Pichler. Neben dem Vorarlberger Lesebuch, das als Unterrichtswerk eingesetzt wurde, waren es besonders die von der Vorarlberger Landesregierung herausgegebenen Vorarlberger Jungbürgerbücher, welche nach 1945 Jugendliche bzw. junge Erwachsene über die Geschichte Vorarlbergs im Nationalsozialismus informierten.

Die Jungbürgerbücher vermitteln selektive, kritikwürdige Darstellungen der Geschichte des Nationalsozialismus in Vorarlberg. Eine Perspektive, die konkrete Einblicke in Unterdrückung, Verfolgung und Verbrechen des NS-Regimes gibt, kann bei der Lektüre kaum gewonnen werden. Vielmehr ist die Argumentation lückenhaft und bisweilen verharmlosend. Dass sich der Nationalsozialismus bereits lange vor dem März 1938 in Vorarlberg etablieren konnte, bleibt ebenso unberücksichtigt wie auch der Anteil, den Vorarlbergerinnen und Vorarlberger zur Unterstützung des Regimes beitrugen. Kriegsendverbrechen kommen nicht vor und Widerstandshandlungen werden, wenn sie denn überhaupt erwähnt werden, ohne nötigen Kontext und Hintergrundinformationen vermittelt. Widerstandsleistungen, die durch Sozialistinnen und Sozialisten respektive Sozialdemokratinnen und -demokraten oder Kommunistinnen und Kommunisten erfolgten, bleiben zur Gänze unberücksichtigt, ebenso wie Denunziationen durch die ehemaligen „Volksgenossen". Auch über die Nachgeschichte des Nationalsozialismus, konkrete Elitenkontinuität und Entnazifizierung erfahren Leserinnen und Leser nichts. So entsteht in Summe der Eindruck einer Auftragsgeschichtsschreibung entlang vorgegebener Wegmarken, die möglichst wenig Staub aufwirbeln will. Der Nationalsozialismus wurde mit diesem Konstrukt größtmöglich historisiert, die Vergangenheit „bewältigt" und Vorarlberg konnte sich der Gegenwart als sogenanntes „Musterländle" zuwenden.

Anfänge der Jungbürgerbücher nach 1945

Die politischen Verhältnisse waren in Vorarlberg ab 1945 deutlich durch das konservative Lager in Form der Österreichischen Volkspartei dominiert (Barnay, 1988, S. 440). Die Vorarlberger Kulturpolitik der Nachkriegszeit orientierte sich im Allgemeinen an Normen der katholischen Kirche und an tradierten völkischen Mythen (Hafner, 2000, S. 353). Zielsetzung war die Aktivierung einer „Gemeinschaft der Vorarlberger, um die tiefen politischen Gräben der vergangenen zwei Jahrzehnte zuzuschütten" (Barnay, 1988, S. 445).

Bedeutend für eine Verbreitung dieser Vorstellungen war die 1949 von Artur Schwarz herausgegebene „Heimatkunde von Vorarlberg". Diese trug den Wortlaut „Jungbürgerbuch" zwar nicht in ihrem Titel, wurde jedoch kostenlos an junge Erwachsene verteilt. Auch für Lehrpersonen stellte dieses Buch ein Standardwerk zur Unterrichtsvorbereitung dar (Wanner, 2004, S. 28). Schwarz, der nach 1945 als Lehrer am Bundesgymnasium in Bregenz tätig war, erarbeitete seine Landeskunde im Auftrag der Vorarlberger Landesregierung (Wirthensohn, 1996, S. 130f.). Im Abschnitt über den Nationalsozialismus vertritt er ausdrücklich jenes Opferbild, das Verantwortung externalisiert und nach welchem Österreich bzw. Vorarlberg ausschließlich durch eine fremde Macht kontrolliert wurde. So beschreibt er Österreich 1938 als „von den deutschen Truppen besetzt" (Schwarz 1949, S. 369). Zur Durchsetzung des Nationalsozialismus seien „nichtvorarlbergische Beamte ins Land versetzt" worden (ebenda). Oder ganz allgemein: „Das Land gehörte uns nicht mehr, es wurde von Fremden bzw. deren Hörigen verwaltet." (Schwarz, 1949, S. 370)

Während Schwarz detailliert über die Repressalien gegenüber der katholischen Kirche berichtet und in diesem Zusammenhang Gauverbot, Beschlagnahmungen und das Verbot von Prozessionen wie auch Kirchenaustritte benennt, sind seine Darstellungen in Bezug auf andere Opfer des NS-Regimes offenkundig selektiv. Erneut ist hier die Perspektive auf ein Opferbild reduziert:

„Viele Vorarlberger wurden in Gefängnissen oder Konzentrationslagern festgehalten. Dreizehn starben unter dem Fallbeil. Ein schwerer Druck lastete über der Bevölkerung während der ganzen sieben Jahre, der erst von ihr wich, als die braunen Uniformen vom Straßenbild verschwunden waren. Eine solche Herrschaft hatte nicht mehr viel mit dem großdeutschen Ideal gemeinsam [...]." (Schwarz, 1949, S. 370)

Menschen, die aufgrund rassistischer oder linker politischer Motive bzw. ihrer Zugehörigkeit zu einer anderen als der katholischen Religionsgemeinschaft durch das NS-Regime verfolgt wurden, widmet Schwarz keine Zeile. Abschließend macht er jedoch deutlich, welcher Personengruppe seine Anteilnahme galt:

„Unsere ganz besondere Sorge gilt jenen, die noch nicht zurückgekehrt sind und immer noch von den ehemaligen Siegern festgehalten werden." (Schwarz, 1949, S. 374)

„Musterländle" statt Nationalsozialismus

Schwarz verfasste in weiterer Folge gemeinsam mit Herbert Kessler (ÖVP), dem späteren Landeshauptmann Vorarlbergs, 1953 das „Vorarlberger Jungbürgerbuch", zu dem er den zweiten Teil des Textes beisteuerte. Beide Autoren verzichteten in ihren Kapitelüberschriften auf die explizite Verwendung des Begriffs „Nationalsozialismus". Erst nach einigem Suchen finden sich Formulierungen, die auf die Geschichte Vorarlbergs zwischen 1938 und 1945 Bezug nehmen. So verweist Kessler im Zuge einer Erläuterung des Diktaturbegriffes auf den Nationalsozialismus: „Die Staatsform der Diktatur bestand im nationalsozialistischen Deutschland (Führerprinzip)" (Kessler, 1953, S. 92). In einer Darstellung der Entstehung des Bundesstaates Österreich spricht der promovierte Jurist über die Jahre von 1938 bis 1945 als Abschnitt, in dem die Bundesverfassung außer Kraft gesetzt wurde (Kessler, 1953, S. 102). Schwarz wiederum bezeichnet die Geschichte des Nationalsozialismus als

„Episode […], die den Zeitgenossen unangenehm in Erinnerung bleibt, da sie einen großen Krieg brachte und die individuelle Freiheit bedeutend einschränkte, für die Nachkommen aber wird sie als eine Zeit betrachtet werden müssen, die uns beweist, daß Vorarlberg dann am empfindlichsten getroffen wird, wenn es seine durch die Geschichte notwendig gewordene Selbständigkeit aufgeben muß. Das alemannische Volk Vorarlbergs fühlt sich mit dem Volkstum der Schweiz und des alemannischen Teiles nördlich des Bodensees eins […]." (Schwarz, 1953, S. 169)

Die angespannte finanzielle Lage der Landeshauptstadt Bregenz nach 1945 führt er auf Brandschäden, die durch die Bombardierung der Stadt durch französische Truppen Anfang Mai 1945 entstanden waren, wie auch auf von der „Besatzungsmacht" aufoktroyierte Bauprojekte zurück (Schwarz, 1953, S. 182).

In der Ausgabe des Jahres 1956 finden sich nur leicht adaptierte Formulierungen zur Beschreibung der NS-Geschichte Vorarlbergs. Die Beziehung zwischen der Bevölkerung Vorarlbergs und den Nachbarländern beschrieb Schwarz als „artverwandt" (Schwarz, 1956, S. 216). Das Kriegsende in Bregenz wird anhand eines Berichts über Paul Pirker geschildert. Pirker hatte sich am Morgen des 1. Mai auf den Weg gemacht, um mit den französischen Truppen in Kontakt zu treten. Aufgrund seiner Ortskenntnis konnte er diese hinter dem Bregenzer Hausberg, dem Pfänder, herum in die Stadt führen (Walser, 1985, S. 222). In der Darstellung des Jungbürgerbuchs liest sich dies folgendermaßen:

„Vor der Klause machten die Franzosen Ende April 1945 Halt. Sie drohten mit verstärktem Einsatz von Artillerie und Fliegern, wenn die Klause und Stadt nicht freigegeben würden. Bereits waren Artillerietreffer und Bombeneinschläge im Weichbild der Stadt erfolgt, als einige Wegkundige den Mut hatten, die ersten Vertreter der Siegermächte […] über den Haggen in die Stadt zu führen. Diesmal waren es keine Verräter, sondern Freunde der Heimat, denen die Erhaltung der Vaterstadt am Herzen lag." (Schwarz, 1956, S. 218)

Mit keinem Wort werden in dieser Passage die in Vorarlberg begangenen Kriegsendverbrechen benannt.

Im Vorarlberger Jungbürgerbuch des Jahres 1957 wurden die Leserinnen und Leser darüber informiert, dass Österreich im März 1938 „eine Beute des Nationalsozialismus" geworden wäre (Schwarz, 1957, S. 235). Als einschneidende Maßnahme des NS-Regimes wird neben der in den zuvor erschienenen Ausgaben bereits erwähnten Tilgung des Namens Vorarlberg auch die Auflösung von Vereinen, welche die Bezeichnung Vorarlberg in ihrem Namen trugen, hervorgehoben. Weiters wird über Kriegsflüchtlinge in Vorarlberg berichtet, die im Land Aufnahme fanden:

> „Jedes Haus wurde nach Möglichkeit besetzt. [...] Wenn auch das Volk aus allen Wunden blutete und alles darben mußte, gab man den Heimatlosen vom Wenigen, was man hatte." (Schwarz, 1957, S. 236)

Der Bericht über die Entnazifizierung wird in weiterer Folge zu einer Belobigung der Vorgehensweise der Vorarlberger Landesregierung.

> „Eine weise Landesführung wußte in christlicher Haltung denen gegenüber zu begegnen, die im Sinne der Partei das Land bisher geführt hatten. Die anfänglichen Härten, die die ehemaligen Herrschenden zu spüren bekamen, und die jeder Umsturz mit sich bringt, wurden sobald als möglich gemildert und jedes Jahr brachte eine weitere Befriedung." (Schwarz 1957, S. 236)

Dabei hatte die politische Führung Vorarlbergs jedoch „nicht immer freie Hand, denn sie erhielt ihre Weisungen von der französischen Besatzung" (Schwarz, 1957, S. 236). Über Bregenz liest sich nunmehr, es gingen bei den oben genannten Kriegshandlungen am 1. Mai 1945 72 Häuser und vier Fabrikgebäude „verloren" (Schwarz, 1957, S. 252).

Die 1960er-Jahre brachten weitere Neuauflagen des Vorarlberger Jungbürgerbuches. In der Ausgabe des Jahres 1960 blieben die Darstellungen unverändert (Schwarz, 1960, S. 239–242). Mit dem Jahr 1962 war nun nicht mehr von „ehemaligen Herrschenden" zu lesen, diese wurden nun explizit als „ehemalige nationalsozialistische Parteigänger" bezeichnet (Schwarz, 1962, S. 241).

Eine Zäsur markiert das Jahr 1968, mit welchem das Vorarlberger Jungbürgerbuch inhaltlich durch den Beitrag „Politische Geschichte Vorarlbergs", verfasst von dem Vorarlberger Historiker Benedikt Bilgeri, ergänzt wurde. Bilgeri hatte spätestens seit 1964 ein Naheverhältnis zur Vorarlberger Landesregierung, als er mit der Erarbeitung einer offiziellen Landesgeschichte betraut wurde. Hintergrund der Arbeiten Bilgeris war die historische Untermauerung einer homogenen vorarlbergisch-alemannischen Gesellschaft (Wanner, 2004, S. 30). Eine Betrachtung seiner Ausführungen lässt erkennen, dass er an dieselben Argumentationslinien wie Schwarz anknüpft, indem er Österreich im März 1938 in der nationalsozialistischen Diktatur versinken lässt und von einem „noch unerkannten brutalen Feind" schreibt. Zuvorderst beklagt Bilgeri das „besonders schwere Los" Vorarlbergs, da es mit Tirol zu einem Gau vereint wurde. Die Formulierung „[v]ergeblich wehrte man sich gegen das immer schmerzlichere Joch einer landesfremden Führung" zeigt das Verdrängen des Vorarlberger Anteils am NS-Regime (Bilgeri, 1968, S. 49). „[D]ie getarnte Religionsverfolgung" verweist auf Repressalien gegenüber der katholischen Kirche und macht die Ausklammerung der Verfolgung von Jüdinnen und Juden in Bilgeris Ausführungen evident (Bilgeri, 1968, S. 49). Auch Schwarz lieferte für die Ausgabe des Jahres 1968 einen neuen Beitrag, in dem er vom Nationalsozialismus und der direkten Folgezeit als Jahren des „bedeutenden Stillstands auf allen Gebieten" schreibt (Schwarz, 1968, S. 248). Vorarlberg wird in Schwarz' Ausführungen gar zum wirtschaftlichen Vorreiter und leuchtenden Vorbild unter den Bundesländern stilisiert:

> „Unser Volk hatte wie jedes andere mit den Folgen des Krieges zu tun. Noch lange klafften Wunden in jeder einzelnen Familie und in der Wirtschaft. Schneller aber als jedes andere Bundesland erholte sich Vorarlberg und gab so allen wieder Mut zu neuem Schaffen." (Schwarz, 1968, S. 248)

Mit dem Jahr 1978 legte die Vorarlberg Landesregierung ein inhaltlich neu konzipiertes Jungbürgerbuch vor, dessen Beiträge von einem auf 19 Personen angewachsenen Autorenteam verfasst wurden. Der geschichtlichen Darstellungen nahmen sich Reinhold Bernhard wie auch der ehemalige Landeshauptmann Ulrich Ilg (ÖVP) an. Der promovierte Historiker Bernhard war Leiter der Abteilung Volksbildung und Wissenschaft und Referent der Vorarlberger Landesregierung für Erwachsenenbildung. Karl Heinz Burmeister, der Leiter des Vorarlberger Landesarchivs von 1970 bis 2001, beschreibt Bernhards Text als „Ausgleich zwischen den extremen Auffassungen eines Benedikt Bilgeri und den kritischen Einwendungen dazu" (Burmeister, 1989, S. 127f.). Einer Prüfung in Bezug auf Bernhards Darstellung der NS-Geschichte kann Burmeisters Feststellung jedoch nur bedingt standhalten. Vielmehr knüpft Bernhard in seinen Ausführungen an die Argumentationslinien von Schwarz und Bilgeri an, wenn er erläutert, Österreich sei ausschließlich durch einen „mit militärischer Gewalt durchgesetzte[n], völkerrechtswidrige[n] Anschluß" zum Nationalsozialismus übergegangen. Der Verlust der Souveränität Vorarlbergs wird auch von ihm prominent argumentiert: Vorarlberg wurde „rasch seiner Selbständigkeit beraubt" und als Teil im „Gau Tirol-Vorarlberg […] von Innsbruck aus verwaltet". Zwar benennt Bernhard die nationalsozialistische Herrschaft explizit als „Terrorregime", dass er „[d]ie Beseitigung der Arbeitslosigkeit" als „teuer bezahltes Geschenk" betitelt, kann als ungeschickte Wortwahl diskutiert werden (Bernhard, 1978, S. 31f.). Des Weiteren finden sich nur vage Beschreibungen zu Opfern des NS-Regimes, wenn Bernhard von „Opfern der Front, […] der Zivilbevölkerung […] des NS-Terrors" spricht (Bernhard, 1978, S. 32). Zumindest erfuhren junge Erwachsene Vorarlbergs in den Darstellungen des Jungbürgerbuches erstmalig davon, dass es Opfer des NS-Terrors gab, wenngleich es sich dabei auch um eine Formulierung mit unscharfen Konturen handelt. Wie auch in den oben dargestellten Ausführungen von Schwarz wird von Bernhard erst die Nachkriegszeit wieder konkret mit handelnden Personen aus Vorarlberg in Verbindung gebracht. Nach der Befreiung Vorarlbergs war zunächst „das Chaos perfekt". „Verantwortungsbewußte Männer ließen aber Vorarlberg wiedererstehen. [...] Fleiß und Arbeit wurden zum Fundament des Wiederaufbaus" (Bernhard, 1978, S. 32). Kontinuitäten aus der Zeit des Austrofaschismus und des Nationalsozialismus innerhalb der „verantwortungsbewußten Männer" werden von Bernhard jedoch nicht benannt und ob die Feststellung „[d]ie Wunden, die der Krieg ins Antlitz des Landes geschlagen hatte, mußten ausgeheilt werden" (Bernhard, 1978, S. 312) die Praxis einer „sanften" Entnazifizierung skizzieren, ist fraglich.

Ulrich Ilg, der in der Zeit des Austrofaschismus unter anderem als kurzzeitiger Staatssekretär im Bundesministerium für Land- und Forstwirtschaft wie auch als Mitglied des Bundestages Funktionen bekleidete (Parlament Republik Österreich, 6.1.2021), berichtet im Vorarlberger Jungbürgerbuch des Jahres 1978 als „Zeitzeuge" unter dem Titel „Wir waren dabei" über den Nationalsozialismus in seiner Heimat. Auch in Ilgs Darstellung wurde Österreich „dem Deutschen Reich einverleibt" (Ilg, 1978, S. 170). Die Begeisterung für den Nationalsozialismus in der Bevölkerung schreibt Ilg ausschließlich der politischen Propaganda zu, durch welche „viele Leute nicht gemerkt [hatten], daß diese Entwicklung zwangsläufig zu einem neuen Weltkrieg führen mußte" (Ilg, 1978, S. 170). Maßnahmen des Regimes illustriert Ilg anhand einer als Anekdote anmutenden Passage. In dieser berichtet der ehemalige Vorarlberger Landeshauptmann von der „Verdunkelungspflicht" („jeden Abend in allen Häusern die Fenster verdunkeln"), er berichtet über „Keller als Luftschutzräume" und führt außerdem an, dass man „auch in unserem Lande gelegentlich die Detonationen hörte" (der Luftangriffe auf Friedrichshafen) und „die Schweizer beneidet" wurden (Ilg, 1978, S. 170). Deutlicher wird Ilg erst, wenn er von Einberufungen als Druckmittel spricht und über KZ-Haft aufgrund von Kritik am „Führer" berichtet. In diesem Zusammenhang nennt Ilg lediglich eine Person namentlich: „[E]ine Frau Redler aus Bregenz" (Ilg, 1978, S. 171). Dabei handelte es sich um Karoline Redler, eine bürgerlich-katholische Frau, die infolge regimekritischer Äußerungen im November 1944 in Wien enthauptet wurde (Pichler, 1985, S. 140).

Die geschilderten Darstellungen blieben bis zur Ausgabe 1992 unverändert. Wenn Ilg einleitend bemängelt „wie wenig die jungen Leute über die geschichtlichen Ereignisse in unserem Lande informiert sind" (Ilg, 1992, S. 168), so mag dies ein legitimer Befund sein. Den Beitrag, den die Vorarlberger Jungbürgerbücher in einem Zeitraum von mehr als vier Jahrzehnten zum Beheben dieses Umstandes und zur kritischen Bildungsarbeit über die Geschichte des Nationalsozialismus in Vorarlberg geleistet haben, erscheint in Anbetracht der im vorliegenden Text dargestellten Schilderungen zumindest diskussionswürdig.

Literaturverzeichnis

Barnay, Markus: Die Erfindung des Vorarlbergers. Ethnizitätsbildung und Landesbewußtsein im 19. und 20. Jahrhundert (Bregenz 1988).

Bernhard, Reinhold: Vorarlbergs Geschichte im Überblick, in: Vorarlberger Landesregierung (Hrsg.) Vorarlberg – unser Land (Bregenz 1978) S. 9–33.

Bilgeri, Benedikt: Politische Geschichte Vorarlbergs, in: Vorarlberger Landesregierung (Hrsg.): Vorarlberger Jungbürgerbuch (Bregenz 1968), S. 7–50.

Burmeister, Karl-Heinz: Mag. Dr. Reinhold Bernhard zum Gedenken, in: Montfort. Vierteljahresschrift für Geschichte und Gegenwart Vorarlbergs 41, 2 (1989) S. 127–129.

Haffner, Leo: Kultur und Religion als Machtfaktor. Ein Beitrag zur Ideologiegeschichte Vorarlbergs, in: Mathis, Franz / Wolfgang Weber (Hrsg.): Vorarlberg. Zwischen Fußach und Flint, Alemannentum und Weltoffenheit (Wien 2000) S. 346–408.

Ilg, Ulrich: Wir waren dabei, in: Vorarlberger Landesregierung (Hrsg.): Vorarlberg – unser Land (Bregenz 1978) S. 170–179.

Ilg, Ulrich: Wir waren dabei, in: Vorarlberger Landesregierung (Hrsg.): Vorarlberg – unser Land (Bregenz 1992³) S. 100–110.

Kessler, Herbert: Jungbürger und Staat, in: Vorarlberger Landesregierung (Hrsg.): Vorarlberger Jungbürgerbuch (Dornbirn 1953) S. 13–157.

Parlament Republik Österreich. Biografie von Ulrich Ilg (1905–1986), https://www.parlament.gv.at/WWER/PAD_00674/index.shtml (6.1.2021).

Pichler, Meinrad: Eine unbeschreibliche Vergangenheit. Die Vorarlberger Geschichtsschreibung und der Nationalsozialismus, in: Meinrad Pichler (Hrsg.): Nachträge zur neueren Vorarlberger Landesgeschichte (Bregenz 1983) S. 191–206.

Pichler, Meinrad: Individuelle Opposition, in: Johann-August-Malin-Gesellschaft (Hrsg.): Von Herren und Menschen. Verfolgung und Widerstand in Vorarlberg 1933–1945 (Bregenz 1985) S. 129–152.

Schwarz, Artur: Geschichte, in: Schwarz, Artur (Hrsg.): Heimatkunde von Vorarlberg (Bregenz 1949) S. 239–374.

Schwarz, Artur: Ein Gang durch die Heimat, in: Vorarlberger Landesregierung (Hrsg.): Vorarlberger Jungbürgerbuch (Dornbirn 1953) S. 161–348.

Schwarz, Artur: Ein Gang durch die Heimat, in: Vorarlberger Landesregierung (Hrsg.): Vorarlberger Jungbürgerbuch (Dornbirn 1956) S. 211–404.

Schwarz, Artur: Ein Gang durch die Heimat, in: Vorarlberger Landesregierung (Hrsg.): Vorarlberger Jungbürgerbuch (Dornbirn 1957) S. 211–428.

Schwarz, Arthur[1]: Ein Gang durch die Heimat, in: Vorarlberger Landesregierung (Hrsg.): Vorarlberger Jungbürgerbuch (Bregenz 1960) S. 211–431.

Schwarz, Artur: Ein Gang durch die Heimat, in: Vorarlberger Landesregierung (Hrsg.): Vorarlberger Jungbürgerbuch (Bregenz 1962) S. 213–435.

Schwarz, Artur: Heimat Vorarlberg, in: Vorarlberger Landesregierung (Hrsg.): Vorarlberger Jungbürgerbuch (Bregenz 1968) S. 175–412.

Walser, Harald: Die letzten Tage des Krieges, in: Johann-August-Malin-Gesellschaft (Hrsg.): Von Herren und Menschen. Verfolgung und Widerstand in Vorarlberg 1933–1945 (Bregenz 1985) S. 214–233.

Wanner, Gerhard: Zur Entwicklung landesgeschichtlicher Einrichtungen und Aktivitäten in Vorarlberg, in: Rheticus. Vierteljahresschrift der Rheticus-Gesellschaft, 26, 4 (2004) S. 9–58.

Wirthensohn, Ernst: OStR Prof. Artur Schwarz, in: Bundesgymnasium Bregenz (Hrsg.): Jahresbericht. Schuljahr 1996/1997 (Bregenz 1997) S. 130–132.

Anmerkung

1   In der Ausgabe des Vorarlberger Jungbürgerbuchs des Jahres 1960 wird der Vorname des Autors Artur Schwarz „Arthur" geschrieben. Diese Schreibweise wurde im Literaturverzeichnis übernommen.

Horst Schreiber

„Nationalsozialismus in den österreichischen Bundesländern": Die Jugendsachbuchreihe von _erinnern.at_

> *„Die LeserInnen sollen sich anhand der Darstellung ein eigenes Urteil bilden können. Sichtbar werden sollte aber, dass der Nationalsozialismus kein zufälliger politischer Irrlauf war, sondern dass er eine Vorgeschichte hatte, auf verwurzelte Vorurteile baute und wirtschaftliche Interessen bediente. Etliche dieser Vorurteile haben die NS-Herrschaft überdauert. Der Nationalsozialismus ist laut auf die politische Bühne getreten und schleichend in das Alltagsbewusstsein der Menschen eingedrungen; er hat den Idealismus von Menschen genutzt und sie gleichzeitig dazu angehalten, Menschlichkeit und persönliche Verantwortlichkeit einer ‚großen Sache' zu opfern. Getragen war der Nationalsozialismus von einer rücksichtslosen Führungsschicht, von zahlreichen willigen und gehorsamen HelferInnen; und von erheblichen Teilen der Bevölkerung, die gleichgültig wegschauten oder von den anfänglichen Kriegserfolgen fasziniert waren. Und als vielen klar wurde, dass die nationalsozialistischen Machthaber mit dem demokratischen Staat auch die Grundrechte abschafften, auf den Krieg zusteuerten und ganze Bevölkerungsgruppen systematisch zu vernichten begannen, war ein Widerstand kaum mehr möglich, weil Verfolgung und Terror immer engmaschiger wurden. Diesen Weg in die totale Diktatur gilt es aus Gründen einer demokratiepolitischen Prävention besonders zu beachten ..."*

Damit beschreibt Meinrad Pichler treffend die Intentionen der Sachbuchreihe zum Nationalsozialismus in den österreichischen Bundesländern (Pichler, 2012, S. 18).

Wie kam es dazu, diese Reihe zu konzipieren, die sich speziell an jugendliche Leserinnen und Leser wendet?

Die Anfänge

2008 veröffentlichte Horst Schreiber das Jugendsachbuch „Nationalsozialismus und Faschismus in Tirol und Südtirol. Opfer. Täter. Gegner" (Schreiber, 2008). Das Buch fand viele Leserinnen und Leser, es wurde an den Schulen gut angenommen. Erwin Koler, Bildungslandesrat und amtsführender Präsident des Landesschulrates für Tirol, stattete zahlreiche Schulen mit dem Buch aus, zudem übergab er ein Exemplar an alle Tiroler Landtagsabgeordnete, National- und Bundesräte.

Peter Niedermair, damals einer der Geschäftsführer von _erinnern.at_, schuf die Voraussetzungen, nach dem Vorbild des Tirol-Bandes eine österreichweite Reihe zu entwerfen. Er führte entsprechende Gespräche mit potentiellen Subventionsgebern und legte die Grundlagen für das Projekt. Das Bildungsministerium, der National- und der Zukunftsfonds der Republik Österreich, die Länder, das Renner-Institut, fallweise Kommunen und regionale Akteurinnen und Akteure finanzieren die Bücher. Hans Petschar und die Nationalbibliothek stellen Bildmaterial zur Verfügung, das Dokumentationsarchiv des Österreichischen Widerstandes ermöglicht einen günstigen Foto-Tarif. Willi Winkler, neusehland.at, entwickelte eine unverkennbare Grafik, der StudienVerlag garantiert eine hochwertige Umsetzung, speziell das sorgfältige Lektorat von Elfriede Sponring überzeugt. Horst Schreiber betreut für _erinnern.at_ als Reihenherausgeber und Lektor jeden Band inhaltlich.

Bücher für wen und wozu?

Wozu noch ein Buch über den Nationalsozialismus, zudem in jedem Bundesland? Trotz einer kaum mehr überschaubaren Zahl von Einzelstudien fehlen im regionalen Bereich vielfach Überblicksdarstellungen, häufig sind Einzelstudien nicht so leicht zugänglich oder schwer lesbar; dies gilt umso mehr für ein jugendliches Publikum, das eher abstrakt und allgemein gehaltene Schulbuchtexte kennt. Es gibt im österreichischen Bildungswesen zwar laufend bessere Schulbücher für den Geschichtsunterricht in den einzelnen Schulstufen, die Kapitel zu Nationalsozialismus und Shoah sind jedoch limitiert und diese Themen erfahren bei Weitem nicht die notwendige Berücksichtigung.

Die Buchreihe zum Nationalsozialismus in den Bundesländern ist daher als Sachbuchreihe speziell für die Jugend konzipiert. Sie ist für den Einsatz im Unterricht für Lernende ab ca. 14 Jahren gedacht, in der außerschulischen Jugendarbeit und als Lektüre für junge Menschen generell. Die Bände sollen Lehrkräften als wertvoller Fundus für ihre Unterrichtsgestaltung dienen und eignen sich daher besonders für den Einsatz in der Aus- und Fortbildung von Lehrerinnen und Lehrern.

„Nationalsozialismus in den österreichischen Bundesländern" leistet Übersetzungsarbeit und nutzt dem Transfer von Wissen in die Gesellschaft, schlägt den Bogen von der Universität und Wissenschaft zur Bevölkerung. Die Bücher sprechen in volksbildnerischer Weise sowohl Jugendliche als auch Erwachsene an, die sich für die Geschichte ihrer unmittelbaren Heimat interessieren: besonders auch jene, die das Lesen wissenschaftlicher Werke ansonsten abschreckt. Die Bände vermitteln einen raschen Überblick über die wesentlichen Themen des Nationalsozialismus auf dem neuesten Stand der Forschung – und dies übersichtlich gegliedert und in einer gut verständlichen Sprache.

Diese Ziele und die anvisierten Zielgruppen stellen hohe Ansprüche an die Autorinnen und Autoren, sie müssen wissenschaftlich versiert, erzählerisch talentiert und sprachlich fähig sein, komplexe Sachverhalte lesefreundlich und angemessen darzustellen. Viele von ihnen kommen aus dem Kreis der Netzwerkleiterinnen und -leiter von _erinnern.at_ in den Bundesländern. Die Autorinnen und Autoren sind Personen, die aus der Fachwissenschaft, der Didaktik oder der Schulpraxis kommen, oft auch alles davon in Kombination.

Das Konzept

Wie sind nun die Jugendsachbücher aufgebaut? Wir unterscheiden die Ebene der Sachtexte zur knappen Darstellung von historischen Sachverhalten und die der Menschengeschichten, welche die Auswirkungen der Geschichte auf konkrete Lebensverläufe vor Augen führen – ergänzt durch umfangreiches Bildmaterial und ein ausführliches Glossar, in dem in gebotener Kürze Begriffe der Textebene erläutert werden.

Die Bände verfolgen einen narrativen Ansatz. Sie bieten eine inhaltlich bündige, sprachlich jugendgerechte und wissenschaftlich abgesicherte Zusammenschau der vorhandenen Forschungsresultate. Nur in einigen Einzelfragen werden neue Quellen erschlossen. Die Themen variieren entsprechend dem Forschungsstand und den Spezifika des Bundeslandes; jeder Band enthält eine Vor- und Nachgeschichte des Nationalsozialismus.

Die einzelnen Kapitel stehen für sich, sind in sich geschlossen und müssen nicht der Reihenfolge nach gelesen werden. Die Leserinnen und Leser können also je nach Interesse und Notwendigkeit quer ins Buch einsteigen. Die Themen sind durch Fragestellungen gegliedert. Dies macht das Lesen und Verstehen einfacher und bietet den Lesenden die Möglichkeit, sich schnell zu orientieren und Informationen zu einem Teilaspekt zu recherchieren.

"Ich war ja ziemlich klein, gell. Und bin in der düsteren Baracke rein, von einem Bett zum anderen. (…) Aber ich hab keine Ruhe gegeben, so lang bis ich ihn gefunden hab. Und er hat gesagt: ‚Da bin i, da bin i.' (…) Sag ich: ‚Ossi, wir gehen bald nach Hause. Wir gehen bald wieder in den sechzehnten Bezirk auf unseren Platz beim Kongressbad. Dann gemma schwimmen ins Kongressbad.' (…) Er schaut mich an und sagt zu mir, ganz so wie es war: ‚Schau mich an! I komm da nimma auße, Ceija, aber du denkst an mich.' Das war das Letzte. (…) Am nächsten Tag in der Früh sind wir draußen vor der Baracke gesessen, (…) und da hab ich gesehen, wie sie meinen kleinen Bruder –, seine kleine Hand hat hin und her gebaumelt. (…) Da bin ich nachgerannt, wo man ihn hinaufgehaut hat, auf die anderen Toten. (…) Ich hab mir das Hemdl obegrissen und hab ihn zugedeckt. (…) Ja, er liegt heute dort. Irgendwo auf an Grashalm liegt sein Staub, seine Knochen. Nicht nur von ihm. Von viele, viele Millionen Menschen. Wie soll man das vergessen?" (Krist / Lichtblau, 2017, S. 237).

So erinnert sich Ceija Stojka an das Sterben ihres jüngeren Bruders Ossi in Auschwitz, der ins Konzentrations- und Vernichtungslager kam, nur weil er ein „Zigeuner" war, wie er als Mitglied der Volksgruppe der Roma verächtlich bezeichnet wurde. Ihre Geschichte ist eine der Menschengeschichten im Wien-Band der Reihe. An den Sachtext jedes Kapitels schließen mehrere Kurzbiografien an, in denen sich exemplarisch die Konsequenzen nationalsozialistischer Politik für die einzelne Person widerspiegeln. Sie berücksichtigen das pädagogische Prinzip „Erzähle die Geschichte eines Menschen". Wir begegnen unterschiedlichen Männern, Frauen und Jugendlichen. Manche von ihnen trugen die nationalsozialistische Gewaltherrschaft mit, begingen Verbrechen und wurden zu Täterinnen und Tätern. Andere widersetzten sich und riskierten ihr Leben oder wurden in den Lagern und Gefängnissen ums Leben gebracht. Wieder andere wurden aus ihrem bisherigen Leben gerissen, eingesperrt, deportiert und umgebracht, weil sie aus rassistischen Gründen als nicht lebenswert galten oder weil die Nazis schon alleine ihre Existenz als Bedrohung empfanden.

„Bequemer wäre es gewesen, / den Kopf zu senken, klug zu lächeln, / die Knie verrenken, Demut fächeln / und kein verbot'nes Buch zu lesen. (...) / Ich bin den andern Weg gegangen. / Verzeiht – es tut mir gar nicht leid",

schreibt Richard Zach in einem aus dem Gefängnis geschmuggelten Gedicht im Jänner 1942, ein Jahr später wurde der Steirer wegen seines Widerstandes gegen den Nationalsozialismus hingerichtet (nach Halbrainer, 2015, S. 170).

Wie sich Menschen unter den Bedingungen der nationalsozialistischen Diktatur verhielten, zeigen zahlreiche Biografien auf, aber nicht alle sind so eindeutig und schon gar nicht von so vorbildhafter Haltung geprägt wie jene von Richard Zach. Die rund vier Dutzend Biografien in jedem Buch der Reihe ermöglichen eine Betrachtung der Geschichte aus unterschiedlichen Perspektiven. Etliche Kurzbiografien sind nicht schwarz-weiß, sondern vielfach schattiert und fordern deshalb die Lesenden zur Positionierung heraus. So wie jene kinderreiche Bergbauernfamilie in der kleinen Gemeinde Ramingstein im Lungau, die den Nationalsozialismus ausgelassen begrüßt. Sie bezieht die neu eingeführte Kinderbeihilfe und erfreut sich der Entschuldung des Hofes. Doch der Preis für die Begeisterung für das NS-Regime ist hoch. Mit den Worten „Pfiat enk Gott, hoam kimm i neama, dos woaß i!" verabschiedet sich der 18-jährige Halbbruder der Maria Schuster von seiner Familie, vier Wochen später ist er tot. Ein weiterer Bruder bleibt vermisst. Maria erinnert sich:

„Wir hofften lange noch auf ein Wunder, das aber niemals eintraf. Man hatte sich einfach damit abzufinden, daß ein Mensch spurlos verschwunden war." (nach Hofinger, 2016, S. 15)

Die Familienmitglieder waren anerkannte Angehörige der nationalsozialistischen Volksgemeinschaft, sie profitierten von der Blut- und Boden-Ideologie, waren aber auch Opfer der NS-Kriegspolitik.

Es gab die klassischen Täterinnen und Täter, die Widerstandskämpferinnen und -kämpfer, die als gemeinschaftsfremd Ausgegrenzten und Ermordeten. Doch die Autorinnen und Autoren skizzieren auch Lebenswege, in denen die Akteurinnen und Akteure nicht immer eindeutig als Täterin/Täter, als Mitläuferin/Mitläufer, als Profiteur/Profiteurin oder Widerständlerin/Widerständler identifiziert werden können. Sie wechseln mitunter die Kategorie, sind einmal Beteiligte in ihrer duldsamen Passivität im Angesicht von Unrecht oder gar Mitverantwortliche, die ihren Beitrag zur Stabilisierung der Diktatur und Durchführung der Verbrechen nicht wahrnehmen, dann wieder lassen sie eine Geste von Mitmenschlichkeit erkennen, während sie sich ansonsten uninteressiert und unempfänglich gegenüber dem Leid anderer zeigen.

Auffallend ist auch der optische Eindruck der Reihe. Die Bände sind mit jeweils 250 bis 300 Fotos und Dokumenten ausgestattet, teilweise handelt es sich um noch nicht publiziertes Bildmaterial. Oft illustrieren die Abbildungen nicht nur, sondern erzählen kleine Geschichten, laden jedenfalls in Verbindung mit den Texten zur kritischen Betrachtung ein.

Zum Cover des Jugendsachbuchs Salzburg bemerkt Werner Dreier im Vorwort: „Am Titelbild sehen wir Jugendliche in eine mit Hakenkreuzen beflaggte Zukunft marschieren, voran ein kindlicher Trommler. Wie haben sie sich diese Zukunft vorgestellt? Wohl großartig, als eine Welt, die ihnen offensteht und in der alle Probleme gelöst sind. Es lohnt sich zu verstehen, welche Mechanismen Menschen dazu bringen, hinter der Trommel einherzugehen und ihr Glück in der Unterwerfung anderer zu suchen. Was sie die endgültige Lösung dem mühsamen Ringen um Fortschritt im Kleinen vorziehen lässt und wie sie dabei übersehen,

© Studienverlag, Innsbruck

in welche Abgründe der eingeschlagene Weg führen kann, sind relevante Fragen auch für _erinnern.at_. Die großen Versprechungen tauchen immer wieder auf; sie zu hinterfragen und sie auf ihre Risiken zu überprüfen, dazu braucht es eigensinnigen Verstand und historische Einsichten", – beides kann an den Büchern der Jugendsachbuchreihe über den Nationalsozialismus vortrefflich entwickelt werden (Hofinger, 2016, S. 16).

Die Wirkung

2021 erscheint mit dem Band für das Bundesland Niederösterreich das letzte Buch der Reihe. Ein erheblicher Teil der Ziele konnte erreicht werden. In Veranstaltungen der Pädagogischen Hochschulen und der Universitäten kommen die Bücher zum Einsatz, im Unterricht, in Schulworkshops und als Grundlagenlektüre für Vorwissenschaftliche Arbeiten, in Museen, aber auch in Projekten mit der Volkshochschule und der Arbeiterkammer. Katrin Schindler-Bitschnau entwickelte mithilfe des Buches eine Stadtführung in Dornbirn, in Wien konzipierte Martin Krist aus einem Kapitel den Rundgang „KZ und Zwangsarbeit in Wien-Floridsdorf". Er bemerkt dazu: „Den meisten meiner KollegInnen und auch SchülerInnen war dies unbekannt. Durch das Jugendsachbuch und den Rundgang kommt das Thema Konzentrationslager in Wien in den Blick. Das halte ich für äußerst wichtig, weil dadurch ‚KZ' nicht mehr nach Mauthausen und Auschwitz ‚ausgelagert' wird."[1]

Nadja Danglmaier, die gemeinsam mit Werner Koroschitz den Kärnten-Band schrieb, hält fest: „Ich habe Buchpräsentationen für verschiedene Zielgruppen durchgeführt: für die interessierte Öffentlichkeit, für LehrerInnen, für SchülerInnen, für außerschulische Jugendgruppen. Das Buch macht es möglich, einen unterschiedlichen Fokus auf die Inhalte zu legen. Das ist aus meiner Sicht ein großer Mehrwert des Buches, etwa bei Schulworkshops und Schulprojekten mit unterschiedlichen Schwerpunktsetzungen, von den Rollen von KärntnerInnen im Nationalsozialismus über TäterInnen bis hin zu einzelnen Opfergruppen. Für all das und mehr liefert das Jugendsachbuch Material.

Bei Lehrveranstaltungen an der Universität Klagenfurt zu Erinnerungskultur setze ich zum einen Inhalte des Buches ein, um den Studierenden Informationen zukommen zu lassen, andererseits nutzen die Studierenden das Buch zur eigenen Recherche, etwa für Seminararbeiten. Die regionalen Bezüge sprechen sie sehr an, viele geben zu erkennen, über die Geschehnisse in ihrem unmittelbaren Lebensbereich wenig gewusst zu haben.

Besonders überrascht hat mich die positive Resonanz vieler Menschen außerhalb des schulischen und universitären Kontextes, die sich über das Buch an das Thema Nationalsozialismus in Kärnten annähern, zum Teil erstmalig. Besonders gefreut haben mich jene Rückmeldungen, die betonten, das Thema würde sie eigentlich nicht interessieren, erst das Buch habe ihre Aufmerksamkeit erregt."[2]

Was Nadja Danglmaier zuletzt anspricht, verweist auf eine überaus erfreuliche Entwicklung, die so nicht geplant und vorauszusehen war. Binnen kurzem sind die Jugendsachbücher Standardwerke geworden. Die vielen Menschengeschichten, die zahlreichen Abbildungen und vor allem der Mut zur Narration und einer einladenden Sprache bewegen breite Bevölkerungsschichten, diese neue Form der Überblicksdarstellung zum Nationalsozialismus in den österreichischen Bundesländern zu lesen. Der günstige Preis von knapp 25 Euro fördert den Absatz, rund 15.000 Bücher sind bis Spätsommer 2020 über den Ladentisch gegangen.

Ausblick

Die Erfahrungen mit der Buchreihe lehren, dass sich Projekte in zugänglicher Sprache lohnen, möchte man viele Menschen, ob jung oder alt, erreichen und die Blase der eigenen Berufs- und Wissenschaftscommunity verlassen.

Für den Bildungsbereich wäre eine Ergänzung der Bücher um konkrete „Werkzeuge" ihrer Verwendung fruchtbringend: eine didaktische Handreichung, modellhafte Arbeitsaufträge, aufbereitete Unterrichtsmodule, eine Quellensammlung. Einige Bundesländer haben bereits erste Schritte eingeleitet. Maria Ecker und Christian Angerer stellten in Oberösterreich in Fortbildungsseminaren für Lehrerinnen und Lehrer didaktische Angebote vor. Martin Krist veröffentlichte auf der Wien-Homepage von _erinnern.at_ kompetenzorientierte Arbeitsblätter und Unterrichtsmaterial zu mehreren Kapiteln des Buches.

Die Bücher der Reihe zum Nationalsozialismus in den österreichischen Bundesländern beinhalten mit ihren vielen Kurzbiografien noch einen weiteren Aspekt, den der Würdigung der Opfer und der widerständigen Menschen. Darauf macht Meinrad Pichler im Band zu Vorarlberg aufmerksam:

„Den Aufrechten, die trotz Unterwerfungszwangs Haltung bewahrten, den Mutigen, die gegen das staatliche Unrecht aufbegehrten oder die Waffe verweigerten, den Vernünftigen, die den politischen Irrlauf erkannten und gegenzusteuern versuchten und allen, die der Barbarei Gesten der Menschlichkeit entgegenstellten: Ihnen ist dieses Buch gewidmet. Ihr Vorbild gibt Mut." (Pichler, 2012, S. 19)

Literaturverzeichnis

Angerer, Christian / Maria Ecker: Nationalsozialismus in Oberösterreich. Opfer. Täter. Gegner (Innsbruck 2018[2]).

Brettl, Herbert: Nationalsozialismus im Burgenland. Opfer. Täter. Gegner (Innsbruck 2013[2]).

Danglmaier, Nadja / Werner Koroschitz: Nationalsozialismus in Kärnten. Opfer. Täter. Gegner (Innsbruck 2015).

Halbrainer, Heimo / Gerald Lamprecht: Nationalsozialismus in der Steiermark. Opfer. Täter. Gegner (Innsbruck 2015).

Hofinger, Johannes: Nationalsozialismus in Salzburg. Opfer. Täter. Gegner (Innsbruck 2016).

Krist, Martin / Albert Lichtblau: Nationalsozialismus in Wien. Opfer. Täter. Gegner (Innsbruck 2017).

Pichler, Meinrad: Nationalsozialismus in Vorarlberg. Opfer. Täter. Gegner (Innsbruck 2012²).

Schreiber, Horst: Nationalsozialismus und Faschismus in Tirol und Südtirol. Opfer. Täter. Gegner (Innsbruck 2008).

Anmerkungen

1 E-Mail an den Verfasser.
2 E-Mail an den Verfasser.

Herbert Brettl

Das Netz ist sehr dicht geworden.
20 Jahre dezentrales Netzwerk
am Beispiel Burgenland

Ende der 1990er- und Anfang der 2000er-Jahre fand das Konzept der „Glokalisierung" Eingang in die Überlegungen zum Status der Erinnerung an den Nationalsozialismus (Levi, 2001)[1] Es war allen Beteiligten klar, dass _erinnern.at_ einerseits an den transnationalen Diskurs über Holocaust und Nationalsozialismus angebunden, andererseits aber auch regional und lokal verankert sein sollte, denn auch das Schulwesen und die Fort- und Weiterbildung der Lehrpersonen sind nach Bundesländern organisiert und im Schulunterricht erhöht eine lokale Verankerung des Unterrichts über die nationalsozialistische Gewaltpolitik Anschaulichkeit und Relevanz.

Auf dieser lokalen/regionalen Ebene arbeiten die dezentralen Netzwerke in den einzelnen Bundesländern. Sie unterstützen regionalgeschichtliche Initiativen, informieren und vernetzen interessierte Lehrkräfte und Institutionen, die sich mit dem Themenkomplex Nationalsozialismus, Holocaust und Erinnerungskultur beschäftigen. Über die regionalen Lehrerbildungsinstitutionen bieten sie jedes Jahr eine Vielzahl von Fortbildungsseminaren an.

Der Beginn

In meinem eigenen Fundus aus der Anfangszeit finde ich den 1. Rundbrief vom Dezember 2001 von _erinnern.at_. (Aus den Rundbriefen wurden später die Newsletter). Darin steht: „In jedem Bundesland soll eine regionale Servicestelle eingerichtet werden." Damit habe ich quasi die „Gründungsurkunde" der dezentralen Netzwerke aufgefunden und meinen selbst konstruierten Mythos, ich hätte diese erfunden, zerstört. In einer E-Mail vom 5. Februar 2002 (um 16:05 Uhr, um historisch genau zu sein) an Werner Dreier hatte ich nämlich angeregt, sich für eine regionale Servicestelle für Forschende, Lehrende sowie Lernende in den einzelnen Bundesländern einzusetzen. Die Antwort von Werner Dreier erfolgte am 9. Februar 2002 (um 17:15 Uhr): „Im Rahmen unseres Gesamtprojektes ‚Nationalsozialismus & Holocaust – Gedächtnis und Gegenwart' wollen wir unter anderen solche Informationen, wie von dir angesprochen, in jedem Bundesland als Servicestelle einrichten (sic). Diese soll Ansprechpartner für Lehrerinnen und Lehrer sein. Für Vorarlberg haben wir das Jüdische Museum Hohenems als Partner für die Servicestelle gefunden. Wir möchten uns als nächstes um das Burgenland kümmern. […]"

Tatsächlich wurde im Burgenland am 1. Juli 2002 nach Vorarlberg die zweite Regionalstelle ins Leben gerufen und nur kurze Zeit später folgte das dezentrale Netzwerk in Tirol. Selbst die Tageszeitung „Der Standard" nahm damals von der Gründung der dezentralen Netzwerke Notiz und berichtete am 22. April 2003 in der Rubrik „Wissenschaft" unter der Überschrift „Konzepte fürs Erinnern": „[…] Damit die Arbeit in den einzelnen Bundesländern konkrete Formen annehmen und den jeweiligen Bedingungen angepasst werden kann, wurde nun begonnen ‚dezentrale Netzwerke' einzurichten: Vorerst in Vorarlberg, Tirol und dem Burgenland wurden Netzwerkkoordinatoren gefunden."

Vernetzen

Alsbald wurden sukzessive auch in den anderen Bundesländern Netzwerkerinnen und -werker zur Mitarbeit gewonnen. Im zeitlichen Verlauf ist eine sehr geringe Fluktuation zu bemerken, vielfach sind noch dieselben Personen tätig wie zu Beginn. Die angestrebte Geschlechterparität ist noch nicht erreicht, Frauen sind noch in der Minderzahl. Auch ist die Bezeichnung „dezentral" wohl noch immer zutreffend, da die Netzwerke weitgehend eigenständig agieren können und die Koordination untereinander sehr unproblematisch erfolgt. Der wichtigste koordinierende Austausch, neben dem alljährlichen Treffen beim „Zentralen Seminar", findet sicherlich bei den beiden jährlichen, zumeist in Salzburg angesetzten Netzwerktreffen statt. Dabei haben sich so manche Rituale gebildet und vor allem die regelmäßigen „Berichte der Netzwerkerinnen und Netzwerker", welche über bereits gelaufene bzw. geplante Projekte informieren, führen vielfach zu Anregungen und Diskussionen. Meine handschriftlichen Aufzeichnungen, die während der Besprechungen entstanden und danach in meinem bereits angesprochenen Ordner abgelegt wurden, zeigen so manchen Gedanken, der später vielfach durchgeführt wurde – einige jedoch warten bis heute auf ihre Umsetzung.

Die Plattform der Netzwerke dient nicht nur dem Austausch von Informationen, Erfahrungen und Ressourcen, sondern bildet auch eine Basis für die Entwicklung von gemeinsamen Projekten, wie z. B. für die Herausgabe der Jugendsachbücher, die sich mit dem Nationalsozialismus und Holocaust in den österreichischen Bundesländern beschäftigen, oder für das vor Kurzem in Angriff genommene Netzwerkprojekt „Digitale Gedenkkarte", wobei die bestehenden Erinnerungs- und Gedenkzeichen in den einzelnen Bundesländern in Form einer digitalen Landkarte erfasst und gemeinsam mit kompakten Hintergrundinformationen bzw. didaktischen Materialien zugänglich gemacht werden. Die langjährigen Kooperationserfahrungen der Netzwerke erweisen sich hier als belastbare Grundlage.

Das Aufgabenprofil von einst, wie es bei der Gründung des Netzwerkes formuliert worden war, hat sich eigentlich nur sehr geringfügig verändert. Schon damals wurden beispielsweise die Koordination von Veranstaltungen, die Sichtung, Evaluierung und Erarbeitung von Unterrichtsmaterialien, die Organisation von Lehrerfortbildungen u. a. festgehalten. Um diesen Anforderungen gerecht zu werden, wurden damals kurz nach der Schaffung des Netzwerkes im Burgenland Gespräche mit den verantwortlichen Personen der wichtigsten burgenländischen Kultur-, Bildungs- und Gedenkinstitutionen geführt, die sich anschließend im Herbst 2002 zu einem ersten Vernetzungstreffen zusammenfanden. Die meisten davon, z. B. die Kulturabteilung Burgenland, die Gedenkinitiative RE.F.U.G.I.U.S., die Burgenländische Forschungsgesellschaft, das Friedenszentrum Schlaining, der Verein Roma-Service, der Verein Kultur-Bildung-Kunst, das Jüdische Museum Eisenstadt und vor allem die Burgenländische Volkshochschule wurden langjährige und verlässliche Partner. In besagtem Fundus ist eine Fülle von Flyern und Einladungen zu diversen außergewöhnlichen Veranstaltungen und Projekten gesammelt. Aus dem Konvolut sind für mich viele noch in bleibender Erinnerung: Insbesondere die Lesungen in der ehemaligen Synagoge in Kobersdorf mit Bruno Ganz, die Erstellung der Opferdatenbank zur namentlichen Erfassung der NS-Opfer des Burgenlandes oder die digitale Dokumentation der über tausend Grabsteine am alten jüdischen Friedhof in Eisenstadt durch das Österreichische Jüdische Museum in Eisenstadt haben viel Nachhaltiges bewirkt. Die Vernetzungstreffen der relevanten Institutionen im Burgenland finden heute nicht mehr statt. Man kennt sich, trifft sich ohnehin bei den Veranstaltungen – das Burgenland ist doch überschaubar – man kommuniziert miteinander und hilft sich. Es hat sich eine Art Community gebildet und das dezentrale Netzwerk ist dichter geworden.

Fortbilden

Eine der wesentlichen Aufgaben von _erinnern.at_ in den Bundesländern ist sicherlich die Planung und Abhaltung von Fortbildungsveranstaltungen. Dabei ist die Zusammenarbeit mit der Pädagogischen Hochschule Burgenland, vormals Pädagogisches Institut/Pädagogische Akademie Burgenland, als zentrales Fortbildungsinstitut des Landes unerlässlich. Obwohl das Burgenland, gemessen an anderen Bundesländern, ein kleines Bundesland mit relativ wenigen Lehrkräften ist, mussten kaum, und dies zumeist auch nur in den Anfangsjahren von _erinnern.at_, Fortbildungen wegen zu geringem Interesse abgesagt werden. Mit den Jahren hat sich eine Art „Standardpublikum" entwickelt, das an den meisten Veranstaltungen teilnimmt. Dabei handelt es sich einerseits um junge Lehrerinnen und Lehrer, die ihr Wissen erweitern wollen, andererseits um ältere Pädagoginnen und Pädagogen, die sich seit Jahren in verschiedenartiger Weise mit dem Thema Erinnerungs- und Gedenkkultur auseinandersetzen. Die Palette der abgehaltenen Fortbildungsveranstaltungen ist vielfältig und reicht von methodisch-didaktischen Fortbildungen über Fachseminare bis hin zu Exkursionen im In- und Ausland zu Gedenkstätten, Lernorten oder Erinnerungsorten wie z. B. Mauthausen, Hartheim oder Nürnberg. Die Themenvielfalt wird deutlich, wenn man die Programme der Fortbildungsveranstaltungen der letzten 20 Jahre analysiert. So fanden Fortbildungen zu den Themen Rassismus, Rechtsextremismus, Antisemitismus, jüdische Geschichte und jüdisches Erbe, Gedenk- und Erinnerungskultur, Antiziganismus, Nationalsozialismus, Holocaust und vielem mehr statt. Für das Gelingen der Veranstaltungen sind Kontakte zu den Fachkoordinatorinnen und -koordinatoren in den einzelnen Schulen notwendig, um in Gesprächen die Fortbildungsansinnen bzw. Wünsche der Lehrkräfte zu erkunden und entsprechend zu berücksichtigen. Zumeist stehen die Koordinatorinnen und Koordinatoren auch als Partner bei der Organisation von Wanderausstellungen und bei der Vorstellung von neuen Lehrmaterialien zur Verfügung. Ein Vorteil im Burgenland ist dabei sicherlich, dass der Leiter der Landes-Arbeitsgemeinschaft für Geschichte und Politische Bildung mit dem Leiter des dezentralen Netzwerkes ident ist. Nicht nur im Burgenland, auch in den anderen Bundesländern haben die verantwortlichen Koordinatorinnen und Koordinatoren mehrere Hüte auf, oft sind sie Lehrende an Pädagogischen Hochschulen und Universitäten. Die Lehrkräfte der PH Burgenland konnten ebenfalls für die Zusammenarbeit mit _erinnern.at_ gewonnen werden und so gelang es, Zeitzeugenbesuche, die Vorstellung von durch _erinnern.at_ generierten Lernmaterialien sowie themenrelevante Lehrveranstaltungen und Exkursionen zu organisieren.

Projekte anregen und begleiten

Das dezentrale Netzwerk Burgenland hat es sich auch zur Aufgabe gemacht, eine Literaturliste zum Thema Nationalsozialismus und Holocaust im Burgenland zu erstellen und Expertinnen und Experten für verschiedene Rundgänge und Themen zu gewinnen: bei diversen Schulprojekten, bei Recherchen von SchülerInnen zu Vorwissenschaftlichen Arbeiten oder für Exkursionen kann auf deren Fachwissen zugegriffen werden.

Das dezentrale Netzwerk Burgenland wurde des Öfteren eingeladen, bei diversen Schulprojekten mitzuarbeiten – sei es in der Organisation, durch die Bereitstellung von Fachreferentinnen und Fachreferenten oder als „Feedback-Geber". In besonderer Erinnerung geblieben sind mir dabei Projekte wie z. B. „Ausgegrenzt" am Gymnasium Kurzwiese in Eisenstadt, das die Ausgrenzung von Flüchtlingen und Minderheiten, z. B. der österreichischen Roma, zum Thema hatte, oder das Projekt „Holocaust entlang der Grenze", bei dem österreichische Schülerinnen und Schüler aus Neusiedl am See und ungarische aus Mosonmagyaróvár entlang der burgenländisch-ungarischen Grenze Erinnerungszeichen analysierten und dokumentierten. Nachhaltig und bewusstseinsbildend war unter anderen auch das Projekt „Erinnerungszeichen", bei dem Schulen in Zusammenarbeit mit der Kulturabteilung des Landes Burgenland die Patenschaft für jüdische Friedhöfe übernahmen. Hervorzuheben ist zudem das Projekt des Gymnasiums Kurzwiese in Eisenstadt, in dessen Rahmen den 1938 aus der Schule ausgewiesenen jüdischen Schülerinnen und Schülern Gedenkbücher gewidmet wurden, auf deren Grundlage in weiterer Folge ein lokaler Schulgedenkort ausgestaltet wurde. In Zusammenarbeit mit Schulen konnten auch Veranstaltungen mit Zeitzeuginnen und -zeugen organisiert werden: Mein persönliches Highlight war der Besuch des israelischen Journalisten Ari Rath (1925–2017) an mehreren burgenländischen Schulen.

Schwieriger gestaltete es sich zumeist, Schulen für die Gedenktage zu sensibilisieren, wie beispielsweise für den internationalen Tag des Gedenkens an die Opfer des Holocausts am 27. Jänner oder dem Gedenktag gegen Gewalt und Rassismus im Gedenken an die Opfer des Nationalsozialismus am 5. Mai. Dennoch kann man sehr positiv auf so manche Veranstaltungen zurückblicken, etwa auf die Präsentation der Diplomarbeit über das Anhaltelager Frauenkirchen durch Matthias Lidy anlässlich des internationalen Holocaust-Gedenktages 2015 in der Mittelschule Frauenkirchen, oder auf das Schulprojekt der BHAK/BHAS Eisenstadt am 26. Jänner 2016, wo die Zeitzeugin und Holocaust-Überlebende Ruth Glasberg-Gold eine Lesung hielt und sich einem beeindruckenden Interview stellte. Ganz selbstverständlich ist das Gymnasium Oberpullendorf seit vielen Jahren ein Garant für das Gelingen der alljährlich im November stattfindenden Gedenkfeier beim ehemaligen Roma-Lager in Lackenbach. Dabei konnte das Netzwerk Burgenland den Schülerinnen und Schülern schon mehrmals mit historischen Quellen behilflich sein.

Die Netzwerke sind auch beim Nominierungsverfahren der Teilnehmerinnen und Teilnehmer für das Fortbildungsseminar in Yad Vashem mit eingebunden, wobei im kleinen Burgenland der Aufwand für die Auswahl der Teilnehmenden im Gegensatz zu den größeren Bundesländern zumeist überschaubar blieb. Die Diskussion, wie man das Engagement der Teilnehmerinnen und Teilnehmer in den einzelnen Bundesländern nach ihrer Rückkehr nachhaltig einbinden und verstärken könnte, füllte so manchen Seminarabend, ohne dass jedoch ein Patentrezept gefunden werden konnte. Die Netzwerkerinnen und -werker mussten zur Kenntnis nehmen, dass die Teilnahme der Seminar-Absolventinnen und -Absolventen an weiteren Aktivitäten von _erinnern.at_ eine individuelle Entscheidung ist. So manch interessantes Projekt ist diesem Seminar in Yad Vashem geschuldet, wie z. B. die sehr gelungene Biografie der Familie Wallenstein-Benkö aus Neusiedl am See, die Martin Pieber 2018 verfasste.

Zu einer landesweiten Gedenkkultur beitragen …

Erst in einem Gespräch während der Heimfahrt vom ersten Zentralen Seminar von Vorarlberg ins Burgenland im November 2002 wurde mir bewusst, wie leer die Holocaust-Gedenklandschaft im Burgenland damals war. Wohl existierten einige Erinnerungszeichen wie Tafeln oder Steine aus den 1950er- bzw. 1960er-Jahren, doch eine landesweite Gedenkkultur gab es nur in sehr bescheidenem Ausmaß. So gab und gibt es eine kleine offizielle Gedenkfeier des Landes Burgenland für die Opfer des Nationalsozialismus jeweils im November beim Landhaus in Eisenstadt und die Roma-Vereinigungen organisieren jährlich eine Gedenkfeier beim Denkmal für das Roma-Lager in Lackenbach. Äußerst beeindruckend und wohl auch einzigartig waren damals und sind bis heute die Aktivitäten der Gedenkinitiative RE.F.UG.I.U.S., die den Kreuzstadl bei Rechnitz zu einer viel beachtenden Gedenkstätte für die Opfer des Südostwalls ausbaute und zudem jährlich eine Gedenkfeier, ein Symposium und andere Veranstaltungen organisiert. Da die Gedenklandschaft ansonsten sehr bescheiden war, versuchte das dezentralen Netzwerk Burgenland weitere Gedenkinitiativen zu unterstützen. 18 Jahre später fehlen zwar noch immer essentielle Erinnerungszeichen an historisch bedeutenden Orten und die Gedenkkultur ist wahrlich noch ausbaufähig, doch eine positive Entwicklung ist im ganzen Land weithin sichtbar geworden. Initiativen von Privatpersonen, Vereinen und teilweise Gemeindevertretungen schufen beispielsweise die Gedenkzeichen Kobersdorf und Deutschkreutz, den „Garten der Erinnerung" in Frauenkirchen oder die Gedenkstätte in Mattersburg für die ehemaligen jüdischen Gemeinden und deren Bewohnerinnen und Bewohner. Zudem wird heute verstärkt den Opfern aus der Volksgruppe der Roma, den Opfern des Krankenmordes oder auch den politischen Opfern des Nationalsozialismus gedacht. In der Tageszeitung „Der Standard" wurde in diesem Zusammenhang in einem Artikel 2016 sogar von einer „Gedenkinflation" im Burgenland gesprochen. Noch im Jahr 2020 wurden Gedenkzeichen in den Gemeinden Pinkafeld und Oberpullendorf errichtet. Weitere Gedenkzeichen, wie z. B. in Großwarasdorf, Jennersdorf und Pamhagen, sind geplant. Bei diesen und vielen anderen Zeichen konnte das dezentrale Netzwerk Burgenland mittels Recherche, Anregungen und anderen Hilfeleistungen die Realisierung mitgestalten. Auch diese sichtbaren Zeichen lassen mein Resümee nach 18 Jahren dezentrales Netzwerk Burgenland positiv ausfallen – und wohl auch das meiner Kolleginnen und Kollegen in den Bundesländern. Die regionalen Akteurinnen und Akteure konnten vielfach durch ihr Handeln und die Vernetzung mit den lokalen Bildungs- und Gedenkinstitutionen sowie durch den Kontakt zu den Lehrenden dazu beitragen, dass die Themen Nationalsozialismus, Holocaust und Erinnerungs- bzw. Gedenkkultur im schulischen Unterricht, in der Fortbildung der Lehrpersonen und auch im burgenländischen Alltag sichtbarer geworden sind.

Anmerkung

1   Levi, Daniel / Nathan Sznaider: Erinnerung im globalen Zeitalter: Der Holocaust (Frankfurt/M. 2001).

Auseinandersetzung
mit Antisemitismus

Werner Dreier

„Die Tirolerin, die ich bin, und die Antizionistin, die ich wurde …" – Antisemitismus, Schule und Öffentlichkeit*

Der Kollege, der mir das Blatt gab, war sichtlich entsetzt darüber, was er da einer Schülerin abgenommen hatte: „Traurige Grüße", fügte er hinzu. In der Handschrift mehrerer Schülerinnen und Schüler finden wir abscheulichste antisemitische Sprüche, zumeist gereimt. Sie enthalten die bekannten Reizworte: Hitler, beschnitten, vergast, verkohlt, stinkend, klein, Judenstern etc.

Einige Monate später suchte ich ein, zwei Lehrerinnen und Lehrer, die – im Rahmen einer Konferenz zum Umgang mit Antisemitismus in der Schule – über ihre Erfahrungen berichten könnten. So viele ich auch kontaktierte, so eindeutig war die Reaktion: Antisemitismus sei in österreichischen Schulen kein auffallendes Phänomen, wohl aber rassistisch begründete Ablehnung von Immigrantinnen und Immigranten.

Das stand in offensichtlichem Widerspruch zu dem Blatt, das immer noch auf meinem Schreibtisch lag, und ich nahm diesen Widerspruch zum Anlass, das Gespräch mit einem Mädchen zu suchen, das zu den – wie sie sagte, insgesamt drei – Jugendlichen gehörte, welche die antisemitischen Sprüche verfasst hatten. Sie seien eine kleine Neo-Nazi-Gruppe gewesen, die ständig Streit mit vor allem türkischen Jugendlichen gehabt habe. Auf meine Frage, warum dann diese Sprüche gegen Juden und nicht gegen Türken gerichtet seien, meinte sie, „Juden" stünde stellvertretend für „Ausländer", und sie seien überhaupt deshalb für Hitler gewesen, weil der „die Juden" bekämpft habe, welchen heute wiederum „die Ausländer" entsprächen. Das Wissen über die NS-Zeit sei ihnen vor allem durch ältere Kollegen vermittelt worden, das sei wie bei den Zeugen Jehovas.

Womit haben wir es hier zu tun? Einmal wohl mit einer Form von Selbstvergegenwärtigung einer kleinen Gruppe von Jugendlichen, die mit einer symbolischen Provokation die höchste ihnen zugängliche Schwelle überschreitet: die gegenüber den Opfern des Holocaust. Der damit verbundene Regel- beziehungsweise Tabubruch schien diesen Schülerinnen und Schülern stärker zu wirken, als wenn sie sich verächtlich „nur" gegen Immigranten geäußert hätten.

Vor dem Hintergrund aktueller europäischer Debatten, die sich auf islamischen Antisemitismus konzentrieren, erscheint diese Verbindung von „Juden" und „Türken" geradezu antiquiert. In den 1970er- und 1980er-Jahren wurde dieser Konnex im christlich-humanistischen Sprechen über die Schwierigkeiten bei der Integration von Arbeitszuwanderern durchaus hergestellt: So wie damals „die Juden" ausgegrenzt wurden, würden heute „die Türken", „die Jugoslawen" etc. behandelt. Pädagoginnen und Pädagogen sowie Wissenschafterinnen und Wissenschafter in ganz Europa, aufgerüttelt durch antisemitische Übergriffe von Moslems meist aus migrantischem Milieu, wendeten sich in zahlreichen Tagungen[1] diesem „neuen" Antisemitismus zu, der mit dem Nahost-Konflikt in Wechselwirkung steht. Sie fragen sich, ob es sich nicht doch eher um eine Neuauflage des altbekannten handle. Diskutiert wird, ob überhaupt noch – und gegebenenfalls wie denn – in Klassen mit muslimischen Jugendlichen das Thema Holocaust unterrichtet werden kann oder wie Schulen darauf reagieren können, dass über Satellitenfernsehen antisemitische Hetzprogramme aus der arabisch-islamischen Welt in europäische Wohnzimmer flimmern (Wetzel, 2005). Gefragt sind entsprechende Unterrichtsmaterialien – und die gibt es auch, nicht zuletzt die vom Anne-Frank-Haus in Amsterdam publizierten.[2]

Antisemitismus in der österreichischen Öffentlichkeit: „privat" und „offiziell"

Warum gelten diesen Vorarlberger Jugendlichen, die in ihrem Leben vermutlich gar keinen bewussten Kontakt mit einem jüdischen Menschen hatten, gerade „die Juden" als das ultimative Reizwort? Das lässt sich nur dann zufriedenstellend beantworten, wenn wir uns auch fragen, wie denn in dieser Gesellschaft allgemein über Juden gesprochen wird.

In einer Umfrage des Instituts für empirische Sozialforschung in Wien[3] aus dem Jahre 2004 stimmten immerhin 18 Prozent der 403 interviewten inländischen Jugendlichen im Alter von 16 bis 26 Jahren entweder sehr oder noch ziemlich stark folgender Behauptung zu: „Durch ihr Verhalten sind Juden mitschuldig, wenn man sie ablehnt und hasst." Von den befragten 16- bis 18jährigen jungen Männern stimmten dem sogar 24 Prozent mehr oder weniger zu. Mit derselben Frage wurden 1.000 Immigrantinnen und Immigranten der zweiten Generation konfrontiert, von denen insgesamt 18 Prozent mehr oder weniger zustimmten. Unter 465 befragten jungen Türkinnen und Türken waren es 24 Prozent. Dieser Wert unterscheidet sich nicht signifikant von dem unter Jugendlichen aus dem Inland erhobenen. Beachtenswert allerdings ist die insgesamt hohe Zustimmung: Ein Fünftel bis ein Viertel der 1403 befragten jungen Menschen in Österreich identifiziert sich mit einer antisemitischen Behauptung.[4] Eine vom American Jewish Committee in Auftrag gegebene und im März/April 2005 unter jeweils rund 1.000 Bürgerinnen und Bürgern der USA, Deutschlands, Großbritanniens, Frankreichs, Polens, Schwedens und eben auch Österreichs durchgeführte Umfrage deutet in dieselbe Richtung.[5]

Die Werte weisen für Österreich einen vergleichsweise hohen Wissensstand über den Holocaust aus, auch wird der Umfrage zufolge solches Wissen als sehr wichtig eingeschätzt. Diese Wertschätzung von Wissen verhindert jedoch nicht, dass 42 Prozent der Befragten meinen, Juden benutzten die Erinnerung an die Nazi-Verbrechen für eigene Zwecke,[6] und sich gar 45 Prozent mit der Aussage identifizieren, Juden hätten heute wie in der Vergangenheit zu viel Einfluss im

Weltgeschehen. 54 Prozent halten gar einen neuen Holocaust für möglich – ein in seiner Bedeutung wenig klares Statement: Spricht daraus Sorge oder nicht vielmehr Akzeptanz eines prekären, außerordentlichen Status von Jüdinnen und Juden?

Für Ruth Beckermann bilden „Illusionen und Kompromisse" die Grundlage jüdischer Existenz in Österreich nach 1956, denn „Antisemitismus und Fremdenfeindlichkeit sind keine Überreste, sondern konstituierende Bestandteile der österreichischen Identität" (Beckermann, 2002, S. 392). Antisemitische Haltungen und Diskursmuster ziehen sich wie der sprichwörtliche rote Faden durch das öffentliche Leben der Zweiten Republik, sei es in politischen Debatten, sei es in den Medien. Am bekanntesten sind wohl die jahrzehntelang angestimmten antisemitischen Untertöne in der „Kronenzeitung", der auflagenstärksten österreichischen Tageszeitung. Gegen den Antisemitismus in der „Krone" stellte sich lange Jahre im Wesentlichen nur die – längst eingestellte – sozialdemokratische „Arbeiter-Zeitung".[7] Seit den späten 1990er-Jahren setzt sich vor allem Hans Rauscher in der Tageszeitung „Der Standard" kritisch mit der „Krone" und auch mit Jörg Haiders langjährigem Spiel mit dem antisemitischen Ressentiment auseinander (Bunzl, 1983; Marin, 1990; Wassermann, 2002).[8] Heute bieten die Internetausgaben von ORF und Tageszeitungen zusätzlich zu den für antisemitische Ausfälle bekannten Leserbrief-Spalten der regionalen und nationalen Presse ein Forum für antisemitische Postings.[9] Als der Dornbirner Gymnasiallehrer Werner Bundschuh 2004 den Vorstoß machte, seine Schule in „Hans-Elkan-Gymnasium" – nach dem von den Nazis ermordeten Hohenemser Historiker und Gymnasiallehrer – zu benennen, schlug ihm im Internetforum der regionalen Tageszeitung „Vorarlberger Nachrichten" blanker Hass und offener Antisemitismus entgegen, dem Schülerinnen und Schüler dieses Gymnasiums mit großem Engagement entgegneten.[10]

Der Nahost-Konflikt bestimmt nicht erst in den letzten Jahren ganz wesentlich das Bild des Jüdischen (Marin, 1990, S. 342). Zwei Beispiele aus der österreichischen Provinz: Heinz Gstrein, der Nahost-Korrespondent der „Vorarlberger Nachrichten", überschrieb einen Kommentar am 25. März 2004 mit „Rejudaisierung". In ihm setzt er sich mit der israelischen Politik der „gezielten Tötungen" von Führern palästinensischer Guerilla- und Attentatsgruppen auseinander. Er sieht diese Politik nicht im eskalierenden Terrorkrieg begründet, sondern eben im Jüdischen an sich: „Wie sehr es sich schon beim alttestamentlichen Judentum um eine Religion militanter Gewalt handelte, zeigt jeder Blick in die Bibel." Der Israeli von heute ist nach Gstrein noch bedrohlicher, weil diese religiös begründete Gewaltbereitschaft durch den Zionismus politisch-militärisch aufgeladen worden sei. Das passende Bild dazu liefern der israelische Soldat und – auf ganz besondere Weise – die israelische Soldatin,[11] die dem Soldaten der Hitler-Wehrmacht oder gar dem SS-Mann gleichgestellt werden. Das Bild vom Nazi-Soldaten, der ein Kind bedroht, wird in der kollektiven Bilderwelt unserer Tage immer mehr von einem israelischen Soldaten ersetzt, der einem arabischen Kind dasselbe antut.

Diese Karikatur von Petar Pismetrovic erschien am 19. Mai 2004 in der vom Pressverein der Diözese Graz-Seckau herausgegebenen „Kleinen Zeitung" und am 23. Mai 2004 im zum Vorarlberger Medienhaus gehörenden „Wann und Wo". Als der Präsident der Israelitischen Kultusgemeinde Graz bei der „Kleinen Zeitung" gegen „diese Art von Verunglimpfung des Staates Israel" protestierte (auch Yad Vashem hatte den Herausgebern einen Protestbrief geschrieben), antwortete Chefredakteur Erwin Zankel einerseits mit einer Rechtfertigung des „Wesens einer Karikatur", welche die „dramatische Situation in Nahost" übertreiben müsse, andererseits stimmte er zu, dass es sich hier um einen unzulässigen Vergleich handle. Auf derselben Seite des „Leserforums" der „Kleinen Zeitung" vom 20. Mai 2004 finden sich zwei weitere Leserbriefe: In einem fragt ein Herr aus Graz, wer denn „Bush und Sharon in die Schranken weisen und zur Verantwortung ziehen" könne, und im anderen echauffiert sich eine Dame über das vom Tierschutzgesetz erlaubte Schächten von Tieren: „Von wegen koscheres Fleisch …".[12] Diese beiden Leserbriefe scheinen nicht ganz zufällig auf die gleiche Seite geraten zu sein, hob doch die „Kleine Zeitung" in den nächsten Wochen vermehrt israelkritische bzw. antisemitische Leserbriefe ins Blatt (Hödl, 2005).

Der antisemitische Diskurs in der österreichischen Öffentlichkeit kommt mit Andeutungen aus, weil er sich auf Bilder des „Juden" bezieht, die zur kulturellen Grundausstattung gehören. Ariel Sharon kann geradezu als Verkörperung des gewendeten Bildes vom verachteten Juden bezeichnet werden: nicht mehr nach außen unterwürfig und insgeheim nach Macht strebend, sondern aggressiv und selbstbewusst. Und „schächten" ist schon lange in der rassistischen Rede eine

Chiffre für negativ gedeutete kulturelle Differenz (Hödl, 2005, S. 154). Mit dieser Chiffre vom grausamen, dem unschuldigen Lämmchen die Kehle aufschlitzenden, mitleidlosen „Anderen" lassen sich trefflich Emotionen sowohl gegen Juden als auch gegen Moslems wecken.

Hier kommt ein bereits kulturell verfestigter und damit unter der Schwelle bewusster Wahrnehmung wirkender Antisemitismus zum Ausdruck, der keineswegs nur im rechten, sondern durchaus auch im linken politischen Spektrum von Generation zu Generation weitergegeben wird (Reiter, 2001). Er zeigt sich heute vor allem in der Wahrnehmung des Nahost-Konflikts und spiegelt sich auch in populären Redewendungen wie z. B. „geizig wie ein Jud'" – wobei die Intonation zusätzlich einen abwertenden, höhnischen, oft auch höhnisch-herablassenden Kontext herstellt: „der Jud'" oder „wie ein Jud'" bezeichnet nicht einen konkreten Menschen, sondern symbolisiert ein ganzes Ensemble verachtenswerter Eigenschaften (Greussing, 1992). Zahlreich sind die Beispiele für diese „Sprachzerstörung der Umgangssprache" (Marin, 1990, S. 347f.).[13] Ganz selbstverständlich und praktisch nie kritisiert sprechen Vorarlberger Kinder und Jugendliche von „Judenfürzen" und meinen damit kleine Knallkörper.

Doch diese antisemitische Sprache wird auch ganz bewusst eingesetzt. Als Jörg Haider, der ehemals führende Politiker der FPÖ und Kärntner Landeshauptmann von 1989–1991 sowie von 1999–2008, Ariel Muzicant, den Präsidenten der Wiener jüdischen Gemeinde, mit einem antisemitischen Sprachspiel attackierte, wusste der freiheitliche Klub im Vorarlberger Landtag, was lustig ist, und verschenkte ein Paket des Waschmittels „Ariel" – die feixenden Gesichter auf dem Pressebild in der „Neuen Vorarlberger Tageszeitung" vom 18. März 2001 verstanden die Andeutung (Pelinka, 2002).[14]

Das antisemitische Sprechen geschieht in Österreich auf zwei Ebenen: Während im vertrauten Milieu der bekannten und einschätzbaren Adressaten antisemitisches Reden den Systembruch von 1945 unbeeinträchtigt überdauerte, etablierte sich auf der Ebene des „öffentlichen" – das heißt: eben nicht an ausgewählte Adressaten gerichteten – Diskurses ein vorsichtigeres, überwiegend mit Andeutungen operierendes Sprechen. Man kann dies als „kleine" und als „große" Öffentlichkeit bezeichnen. Verwechselt jemand diese Ebenen und spricht in der großen Öffentlichkeit so wie in der kleinen, wird das als Skandal gewertet – zumeist wohl wegen dem tatsächlichen beziehungsweise befürchteten Druck des demokratischen Auslands oder jüdischer Institutionen.

Die generationsübergreifende Weitergabe von antijüdischen Vorurteilen läuft auf mehreren, teilweise sich überlappenden Ebenen ab: in Medien, die ein Teil der „großen" Öffentlichkeit sind, besonders aber in der „kleinen" Öffentlichkeit der Familie und des engeren Kreises von Freunden und Verwandten; nicht zu vergessen aber auch: in der (katholischen) Kirche vor der sich nur langsam durchsetzenden Neubesinnung nach dem Zweiten Vaticanum (mit der dezidierten Verurteilung von Antisemitismus in der kirchlichen Erklärung „Nostra Aetate"). Freilich dürfte dieser Wandel innerhalb des Katholizismus in einer Gesellschaft, in der religiöse Haltung immer weniger durch die Kirchen und immer mehr durch die Massenmedien geformt wird, durch populäre Filme wie Mel Gibsons „Die Passion

Christi" (2004) unterlaufen werden. In der „großen Öffentlichkeit" haben Äußerungen von Persönlichkeiten mit gesellschaftlicher Bedeutung (wie etwa Politikerinnen und Politiker) eine Wirkung, die Vorurteile verstärkt, weil sie nun als legitimiert erscheinen.[15]

Die Rolle der Schule: am Kreuzungspunkt der Öffentlichkeiten

Bei der Frage nach den Formen und den Bedingungen von „Lernen" über Antisemitismus (aber auch für die Weitergabe von Antisemitismus) kommt die Schule ins Blickfeld. In ihr begegnen sich die „kleine" Öffentlichkeit von Familie und Freundeskreis und die „große" nationale beziehungsweise transnationale. Hier treffen die Geschichtsbilder, welche Schülerinnen und Schüler (sowie Lehrkräfte) von draußen mitbringen, auf jene Geschichtsbilder und Erzählungen, welche die Gesellschaft der Schule zur Vermittlung überträgt.

Bei den Lehrerinnen und Lehrern dominierten bis vor Kurzem die Alterskohorten der 40- bis 60-Jährigen. Bei dieser Altersgruppe bedeutet es hinsichtlich der Übernahme beziehungsweise Durcharbeitung der antisemitischen Anteile der österreichischen Kultur keinen prinzipiellen, sondern zumeist nur einen graduellen Unterschied, ob sie aus Nazi-Familien, aus katholischen oder aus sozialdemokratischen Familien stammen. Denn einen zu starken prägenden Einfluss hatte der Antisemitismus insgesamt vor 1945, und zu stark wirkt er weiter – weitgehend unumstritten, findet doch in Österreich kaum einmal öffentlicher Streit darüber statt.[16] Viel entscheidender als die bloße Herkunft aus einem der drei traditionellen politischen Lager ist für den Umgang mit Antisemitismus die individuelle Bearbeitung der jeweiligen Herkunft. Jene Lehrerinnen und Lehrer, die sich mit dieser dunklen Seite ihres kulturellen Erbes nicht auseinandersetzten, sondern schlicht davon ausgehen, dass Antisemitismus a priori für sie und ihr Milieu kein Thema ist, werden von antisemitischen Provokationen durch Schülerinnen und Schüler an einem wunden Punkt getroffen.

Auch bei Lehrenden beeinflusst der Nahost-Konflikt den Blick auf die eigene Geschichte. Österreichische Lehrpersonen haben die Gelegenheit, für Seminare über den Holocaust nach Israel zu fahren und sich in Yad Vashem fast zwei Wochen lang mit dem Holocaust zu befassen. Sie treffen dabei auch Überlebende aus Österreich. Bei der Nachbereitung einige Wochen später erfahren wir, worüber die Seminarteilnehmerinnen und -teilnehmer sprechen und schreiben, wenn sie in ihrem beruflichen und persönlichen Umfeld über die Reise berichten: Dann nimmt der aktuelle Konflikt zwischen Israel und Palästina regelmäßig wesentlich mehr Platz ein, als ihm vom Seminaraufbau zukäme. Die privaten und die beruflich-schulischen Umwelten erwarten Stellungnahmen der Israel-Reisenden zum aktuellen Konflikt, weniger zu historischen oder pädagogischen Fragen aus dem Themenfeld der Shoah.

Schon in Israel selbst fordern die Lehrkräfte regelmäßig eine verstärkte Beschäftigung mit dem israelisch-palästinensischen Konflikt, und die Diskussionen werden gerne dann emotional, wenn die aktuelle Situation das Thema ist und nicht die Geschichte der Shoah. Den Gruppen fällt es sichtlich schwerer, über den Mord an den europäischen Jüdinnen und Juden zu sprechen als über die Gegenwart in Israel/Palästina. Zum Nahost-Konflikt werden aus der Perspektive einer als gesichert geglaubten, auf Neutralität und oftmals auf Pazifismus gebauten österreichischen Nachkriegsidentität meist klare – und gegenüber Israel überwiegend kritische – Positionen formuliert. Das entspricht dem Phänomen, dass der israelisch-palästinensische Konflikt in der Wahrnehmung durch die europäische Öffentlichkeit insgesamt eine überproportionale Bedeutung einnimmt – im Vergleich zu jenen aktuellen Konflikten, die entweder weit mehr Opfer fordern (wie etwa im Kongo) oder durchaus bedrohlicher sind (wie etwa Indien-Pakistan). Das hängt sicherlich damit zusammen, dass der israelisch-palästinensische Konflikt in diesem für Juden, Christen und Muslime so zentralen Raum stattfindet, wohl aber auch damit, dass er für die mediale Berichterstattung so leicht zugänglich ist (Journalistinnen und Journalisten können bequem und sicher beispielsweise von Tel Aviv aus arbeiten), auch dass er früh internationalisiert wurde und – ganz wesentlich – dass ein bestimmtes Sprechen über die Gewalt in Nahost die Erinnerung an die Vernichtung der europäischen Jüdinnen und Juden entlastet. Vieles spricht dafür, dass auch die in Österreich ganz deutlich spürbare Fokussierung auf den israelisch-palästinensischen Konflikt eine Verbindung hat zu der auf heutigen Österreichern und Österreicherinnen lastenden Geschichte der Jahre 1938–45: Es ist ein Entlastungsdiskurs.

Zwei Beispiele sollen verdeutlichen, wie dieser Entlastungsdiskurs mit unserer antisemitisch geprägten Kultur verbunden ist. Das erste berichtet von einer Gymnasiallehrerin aus Tirol, die nach einem der Seminare einen 35 Seiten langen, sehr klugen Bericht über ihre Eindrücke und Erfahrungen schreibt. Dabei nimmt ihre Wahrnehmung der aktuellen Situation in Israel eine ganz bedeutende Rolle ein, wobei sich auch die durch die „zweite Intifada" angespannte Situation niederschlägt. In ihrem Text lassen sich zwei nahezu unverbundene Stränge erkennen, als ob die Erzählerin zwei Brillen trüge, die zwei verschiedene, allerdings nur scheinbar widersprüchliche Sichtweisen bedingten: einmal eine tiefe Skepsis gegenüber dem modernen Israel und den Israelis – die Massaker von Sabra und Schatila und die Israel dafür zugewiesene Verantwortung sind Eckpfeiler dieser Sichtweise.[17] Daneben drückt dieser Text eine tiefe Sympathie mit Jüdinnen und Juden als Opfern der nationalsozialistischen Verfolgung aus. Zusätzlich gewährt er einen kurzen Blick auf die Tiefenstruktur, die möglicherweise die häufig anzutreffenden Einstellungen gegenüber Israel und den Israelis prägt.

Eine Seminareinheit zum islamischen Antisemitismus und über das im arabischen Fernsehen verbreitete Bild vom „Juden" erinnert die Autorin an Parallelen in Tirol:

„Unvermutet fühle ich mich nach Tirol zurückversetzt, wo der Ritualmord am kleinen Anderl von Rinn nur mühsam aus Bild und Kirche, nicht aber aus dem Bauch der Einheimischen verbannt werden konnte. Ich erinnere mich noch, wie uns in der Volksschule ein Wandertag nach Judenstein führte, wo

in der Kirche auf eben ‚diesem' Stein ... gipserne hakennasige pejesbehangene Juden mit gezücktem Messer zu sehen waren ..."

Bemerkenswert ist, dass sie als Kind auf einem Schulausflug an diesen antisemitischen Wallfahrtsort geführt wurde, an dem noch in den 1950er-Jahren das Volksspiel vom Ritualmord aufgeführt worden war. Wenn auch der Kult vom zuständigen katholischen Bischof in den 1990er-Jahren verboten und die Kultstätte schon in den 1980er-Jahren beseitigt worden ist, wird noch bis in unsere Tage in rechtskatholischen Kreisen diese antisemitische Tradition gepflegt – trotz behördlichen Sanktionen und einem ausdrücklichen vatikanischen Verbot (vgl. auch Blaschke, 2000).

Ein solches Bild vom „Juden" bleibt dem erwachsenen Menschen in Erinnerung, und womöglich beeinflusst es die Wahrnehmung der Gegenwart auch dann noch, wenn die eigene Geschichte reflektiert wird und die Mechanismen des Antisemitismus grundsätzlich durchschaut werden. Das zweite Beispiel stammt von Ingrid Strobl, einer weiteren Tirolerin, die sich in ihrem 1995 erschienenen Text „Anna und das Anderle" auch mit der Ritualmordlüge vom „Anderle von Rinn" und mit den Auswirkungen solcher Geschichten auf gegenwärtige Weltbilder befasst. Die Protagonistin Anna baut in der mit deutlich autobiografischen Elementen ausgestatteten Erzählung Beziehungen zu Israel und Israelis auf. Angesichts der für sie wertvollen menschlichen Begegnungen stellt sie sich schließlich der Frage, warum sie bis dorthin unter allen Unterdrückten der Erde gerade die Palästinenser und Palästinenserinnen für ihre Solidarität erwählte? Wie konnte sie als Linke zwar gegen Antisemitismus eintreten, parallel dazu aber den palästinensischen Kampf gegen Israel unterstützen? Ingrid Strobl kommt in ihrem Text zu einem für sie unheimlichen, verstörenden und für uns erhellenden Befund:

„Es könnte eine Verbindung geben, zwischen der Tirolerin, die ich bin, und der Antizionistin, die ich wurde. Es gibt einen Strang, vielleicht nur einen Faden, der das eine mit dem andern verbindet, das Alte mit dem Neuen, das Rechte mit dem Linken, den Antisemitismus der aufrechten Tiroler mit meinem Antizionismus." (Strobl, 1995, S. 61ff.)

Schulbücher: Antisemitismus lernen statt sich über Antisemitismus aufklären

Immer wieder war ich in meiner Tätigkeit als Schulbuchgutachter für das österreichische Bildungsministerium mit Formulierungen in zu approbierenden Schulbüchern konfrontiert, die als antisemitisch einzustufen sind. So bot ein Autor folgende Definition von Antisemitismus: „Feindselige Einstellung gegen Menschen semitischer, vor allem israelischer Herkunft" – womit ausgerechnet das antisemitische Stereotyp des „Semitischen" (als Bezeichnung einer „Rasse" und nicht bloß einer Sprachfamilie) die Weihe eines ernst zu nehmenden Begriffs erhält. In ande-

© Veritas Verlag, Linz

ren Schulbüchern wird vom „wirtschaftlich" oder auch „religiös-wirtschaftlich begründeten Antisemitismus" des Wiener christlichsozialen Bürgermeisters Karl Lueger (1897–1910) gesprochen und dies mit dem Bild vom reichen Juden in Zusammenhang gebracht – so, als sei Antisemitismus legitim und verständlich, wenn er sich nur gegen die „reichen Juden" richte.

Das Titelblatt eines um das Jahr 2000 herum recht weit verbreiteten Geschichtebuchs für die 8. Klasse Gymnasium enthielt ein bezeichnendes Bildprogramm, das den österreichischen Diskurs gut charakterisierte: links Martin Luther King, der christliche Kämpfer für die Rechte der unterdrückten Farbigen in den USA, rechts Mutter Theresa, die katholische Kämpferin für die Armen Indiens, und mitten drin flüchtende, geduckte palästinensische Jugendliche als Verkörperung der Unterdrückten – hinter ihnen der israelische Panzerwagen und israelische Soldaten, die auf sie anlegen: die prototypischen Unterdrücker.[18]

In der Ausgabe desselben Schulbuchs für die 4. Klassen der österreichischen Gymnasien[19] aus dem Jahre 1996 sollen 13-Jährige über Rassismus und Antisemitismus lernen. Dazu werden die Kinder aufgefordert, aus den angebotenen Porträtbildern diejenigen herauszusuchen, die Juden abbilden.

Überlege:

Lieber zu zweit
Bekanntschaften
Heirat

1. Heiratsanzeigen („Annoncen") aus der NS-Zeit:
„Arischer Arzt, 52 Jahre alt, Weltkriegsteilnehmer, wünscht sich männlichen Nachwuchs durch Heirat mit einer gesunden Arierin, jungfräulich, jung, bescheiden, sparsame Hausfrau, an schwere Arbeit gewöhnt, breithüftig, flache Absätze, keine Ohrringe, möglichst ohne Eigentum."
„Deutsche Minne, blondes BDM-Mädel, gottgläubig, aus bäuerlicher Sippe, artbewußt, kinderlieb, mit starken Hüften, möchte einem deutschen Jungmann Frohwalterin seines Stammes sein (niedere Absätze – kein Lippenstift). Nur Neigungsehe mit zackigem Uniformträger."
Welche Eigenschaften sind heute wichtig? Gestaltet Plakate zum Thema „Heiratsannoncen – „damals" und heute".

2. Arier und Juden:

Vergleiche die beiden Plakate – **Welche Rassenmerkmale schrieben die Nazis Ariern bzw. Juden zu? Wodurch unterschieden sie sich in der NS-Propaganda?**

Arierpaß – *Was konnten die Nazis mit diesem „Stammbaum" überprüfen?*

Schau dir die NS-Rassenmerkmale auf den beiden Plakaten genau an. Welche der hier abgebildeten Personen sind Juden? Begründe deine Meinung!

LÖSUNG
SIEHE SEITE 122

Lösung (S. 122): „Die richtigen Zuordnungen lauten: 1. Arierin, 2. arisches Kind, einjährig, 3. Arier, 4. deutsche Jüdin, 5. vier Generationen (jeweils die älteste Tochter einer jüdischen Familie), 6. Dr. Joseph Goebbels, Hitlers Propagandaminister." Aus: *Durch die Vergangenheit zur Gegenwart 4, (Klosterneuburg–Wien 1996), S. 29.*

Was ist die Absicht des Autors? Nehmen wir an, dass mit dieser Übung Schülerinnen und Schüler lernen sollten, dass rassistische Stereotype von Menschen – Blick, Haarfarbe, Gesichtsform (Nase!) usw. – manchmal nicht zutreffen; dass also ein „Arier" wie ein typischer „Jude" aussehen kann und umgekehrt. Doch was ist damit gewonnen? Jedenfalls kein grundsätzliches Aufbrechen rassistischer Stereotype, vielmehr womöglich deren Verfestigung. Denn statt zu lernen, dass der rassistische Blick auf Menschen immer eine Projektion ist, weil er die Identifikation körperlicher Eigenschaften mit (positiven oder negativen) Bewertungen verbindet, wird lediglich die zweifelhafte Erkenntnis gefördert, dass auch Bilder von Nichtjuden (Beispiel: Goebbels) den rassistisch geformten Bildern von „Juden" entsprechen können. Im Ergebnis kann das leicht bedeuten, dass der rassistische Blick gerade noch besonders geschärft, aber eben nicht in Frage gestellt wird.

Wenn auch allgemeiner Konsens darüber besteht, dass das Ergebnis eines jeden Lernprozesses nicht exakt bestimmbar ist und dass das lernende Individuum neue Informationen auch in einem anderen als dem von der Lernorganisatorin oder dem Lernorganisator intendierten Sinne in sein Wissens- und Einstellungsgerüst einbaut, so gibt diese Schulbuchseite doch einen Eindruck davon, wie leicht beabsichtigtes Aufklären über Antisemitismus in das Tradieren von Antisemitismus umschlagen kann.

Doch sind diese Beispiele keineswegs die einzigen. Auch in anderen Schulbüchern werden Jüdinnen und Juden nicht als Menschen in ihrer Vielfalt gezeigt, sondern nur als Karikaturen, als Verfolgte, als Degradierte oder als Soldaten in Israel, die Palästinenser unterdrücken. Allerdings gibt es zunehmend Schulbücher, die eine gelingende Auseinandersetzung mit Antisemitismus unterstützen.

Was kann Schule leisten?

Österreicherinnen und Österreicher zogen aus dem Holocaust nicht so sehr die Lehre, dass es wichtig ist, sich vom Antisemitismus frei zu machen, sondern sie lernten vielmehr, ihre Artikulationsweise so anzupassen, dass sie nicht als Antisemiten gebrandmarkt werden können. Wir haben es also mehr mit einer gewandelten Artikulationsweise als einer gewandelten Einstellung zu tun (Pollak, 2003, S. 82). Wenn dieser Befund richtig ist, dann stellt sich die Frage, wie und wo sowohl Artikulationsweise als auch Einstellung verhandelbar sind. Weder im politischen Raum noch in den Medien wurde dieser österreichische Mainstream bisher ernsthaft herausgefordert: Erst langsam wächst in einer breiteren Öffentlichkeit das Bewusstsein für die Ungeheuerlichkeiten, die immer wieder kleine Erregungen auslösen, jedoch kaum einmal zu ernsthaften Konsequenzen führen.

Schule hat zwar sicher nicht die Kraft, aus sich heraus die Gesellschaft zu verändern, zu sehr ist sie selbst Produkt gesellschaftlicher Kräfte und Diskurse. Auch überfordert es Lehrerinnen und Lehrer, wenn gesellschaftliche Probleme „pädagogisiert", d. h. aus der Verantwortung der Gesellschaft entlassen und dem System Schule zur Lösung übertragen werden. Dennoch birgt Schule als gesellschaftliche Einrichtung ein besonderes Potential, das noch viel mehr genutzt werden könnte.

Sie bietet einen Ort für die Artikulation der unterschiedlichen historischen Narrative und der unterschiedlichen Sprechweisen über Geschichte – in ihr lässt sich austauschen und reflektieren, was in Familie und Freundeskreis an Geschichtserzählungen übermittelt wird; hier können die Geschichten aus der „großen" Öffentlichkeit der Massenmedien und der Politik mit den Geschichten aus der „kleinen" Öffentlichkeit des Umfelds der Jugendlichen sowie der Lehrkräfte konfrontiert werden. Diese Geschichten können dekonstruiert werden, um Einsicht in die Konstruktion von Geschichte und Erinnerung sowie in die Wirkweise des Vergangenen in der Gegenwart zu gewinnen. Es lässt sich so erfahren, wie Vergangenes zur Legitimierung oder auch Delegitimierung gegenwärtiger Interessen verwendet wird und wie sich gesellschaftliche Gruppen als Diskursgemeinschaften um einen Kern gemeinsam akzeptierter Geschichtserzählungen sammeln. Auch lässt sich in der Schule lernen, wie Prozesse der Aneignung von Wissen ablaufen, wie historischer Unterrichtsstoff und die mit ihm verbundenen ethischen Botschaften von den Lernenden mit den bereits vorhandenen, aus der Familie und den Medien stammenden Informationen und Haltungen zusammengebracht und zu „Geschichtsgeschichten" umgemodelt werden. Dieses „triviale Geschichtsbewusstsein" muss ernst genommen werden, bietet es doch vielfältige Möglichkeit zur Reflexion: Nicht nur das über Geschichte und aus der Geschichte Gelernte kann reflektiert werden, sondern darüber hinaus die jeweils eigene Haltung und der jeweils eigene kulturelle Hintergrund (Knigge, 1987; 1988).

Allerdings lässt die Realität in vielen Klassenzimmern dieses Potential ungenutzt. Zu sehr sind Lehrerinnen und Lehrer oft mit „dem Stoff" beschäftigt, zu dominant und zu raumgreifend, ja manchmal direkt überwältigend ist ihre Rolle gerade dann, wenn sie engagiert unterrichten und das Weltbild der Schülerinnen und Schüler beeinflussen wollen. Damit wird bei den Lernenden häufig eine doppelt ungewünschte Reaktion provoziert: bewusstloses Lernen des aufgezwungenen Wissens samt unterwürfiger Annahme der damit verbundenen Werthaltungen oder Widerstand sowohl gegen dieses Wissen über die NS-Zeit als auch gegen die demokratischen Ziele, die die Lehrkräfte mit solchem Wissen verbinden. Daher sind es oftmals außerschulische Bildungseinrichtungen wie Gedenkstätten, Museen oder auch Ausstellungen, die für die Schülerinnen und Schüler diesen Raum zum Sprechen schaffen. Doch auch dort gilt dasselbe wie für die Schule: Nur eine sensibilisierte Vermittlerin, ein sensibilisierter Vermittler, nimmt solche Sprech-Bedürfnisse wahr und kann angemessen darauf reagieren.

Katharina Wegan unterscheidet in ihrem Bericht über antisemitische Reaktionen, die sie 2002 in Wien bei jugendlichen Besucherinnen und Besuchern der Ausstellung „Verbrechen der Wehrmacht. Dimensionen des Vernichtungskriegs 1941–1944" feststellte, zwei Typen von Antisemitismus: einen „ideologischen Antisemitismus", der klar der extremen Rechen zuzuordnen ist und von Jugendlichen zumeist abgelehnt wird; und einen weit schwieriger zu fassenden, kulturell verfestigten „Antisemitismus ohne Antisemiten" (Wegan, 2002, S. 111, 117f.).

Damit solche Geschichtsbilder besprochen und verhandelt werden können, damit Aufklärung und Selbstaufklärung möglich werden, braucht es einen geschützten Raum. Denn die Lernenden müssen sich „ungeschützt" zu ihren Meinungen oder Vermutungen bekennen können, das heißt ohne Furcht vor Abwertung oder Sanktionierung. Und weil gerade Abwertung und Sanktionierung in den Schulen häufig sind, fällt es den außerschulischen Bildungseinrichtungen oft leichter, ein offenes Gespräch zu initiieren, wenn die Lehrerin oder der Lehrer nicht dabei ist.

Nur in einem relativ angstfreien, vor Abwertung und Notendruck geschützten Raum lässt sich auch der außerschulische Diskurs in Familie oder Freundeskreis in die Schule hereinholen. Und nur damit lässt sich verhindern, dass schulisches Sprechen lediglich politisch korrektes Sprechen ist und im Übrigen keine Wirkung außerhalb des Klassenzimmers hat. Die folgenden beiden Pole markieren dabei die Bandbreite, in welcher dieser Prozess stattfinden sollte: „offen" bedeutet, dass der außerschulische Diskurs Platz bekommt, und „bestimmt" meint, dass das Wertesystem, welches unserer Gesellschaft zugrunde liegt, die Form des Aushandelns entscheidet. Das heißt, dass Lehrende und Lernende gemeinsam einen demokratischen Diskurs etablieren und einüben, wie über Antisemitismus und ähnliche Themen in einer demokratischen Gesellschaft gesprochen werden kann. Damit wird auch eine konfliktorientierte Demokratie erlebbar.

Wenn nun in der Schule dieser sowohl in den „großen" als auch den „kleinen" Öffentlichkeiten vorhandene, unterschiedlich offen artikulierte, mehr oder minder gut verklausulierte Antisemitismus thematisiert werden soll, sind dazu einige Voraussetzungen notwendig. Diese Voraussetzungen sind schon deshalb so wichtig, weil wir nicht naiv davon ausgehen können, dass jedwedes Thematisieren von Antisemitismus automatisch aufklärend, „anti-antisemitisch" wirkt. Per se wissen wir nicht, was das lernende Subjekt aus dem Lernangebot aufnimmt und wie es dieses Angebot in das eigene Weltbild integriert. Lernende, die in einem antisemitisch gefärbten Milieu leben, können in der Schule erworbenes Wissen über Antisemitismus und Verfolgung von Jüdinnen und Juden durchaus in ihr außerschulisches Kommunikationsumfeld so einbringen, dass dieses Wissen zur argumentativen Absicherung der Ablehnung von Jüdinnen und Juden beiträgt, nach dem Muster: Juden waren schon immer verfolgt; wenn sie derart heftig abgelehnt wurden, wird schon etwas dran sein; warum soll es denn heute unangemessen sein, israelische Politik samt ihren amerikanischen Unterstützern zu kritisieren?

Damit in der Schule antisemitische Haltungen, Artikulationsweisen, Welterklärungen besprechbar werden, ist die erste und unabdingbare Voraussetzung, dass Lehrpersonen Antisemitismus überhaupt wahrnehmen und nicht beiseiteschieben. Dazu – und um angemessen mit den Lernenden darüber zu sprechen – benötigen sie Wissen über Antisemitismus – über sein Auftreten in Geschichte und Gegenwart, über seine Artikulatoren und die von ihnen verfolgte Ziele, über Wirkmechanismen von Antisemitismus und anderen Verschwörungstheorien (z. B. Reduktion von komplexer Wirklichkeit, Ableitung von sozialem Protest). Damit sie Antisemitismus wahrnehmen und bearbeiten können, müssen sich die Lehrenden selbst intensiv genug mit ihrer kulturellen Herkunft und mit den eigenen blinden Flecken beschäftigt haben. Solch eine gelingende Selbstaufklärung gibt in Verbindung mit einem methodisch-didaktischen Repertoire die notwendige professionelle Sicherheit, sich den Ungereimtheiten und möglicherweise auch Provokationen zu stellen, welche Schülerinnen und Schüler „von draußen" mitbringen.

Die Lehrenden müssen die Lernenden ernst nehmen, und zwar besonders jene ihrer Anteile, die stören, trivial, unfertig, nicht korrekt erscheinen. Weil das heutige österreichische Klassenzimmer das einer Zuwanderungsgesellschaft ist, ergeben sich daraus ganz eigene Herausforderungen (Fechler, 2001; Fechler, 2005; Georgi, 2003). So bringen Lernende beispielsweise aus ihrem familiären Umfeld oder sogar aus eigenem Erleben traumatisierende Erfahrungen mit, etwa aus den Balkankriegen oder aus dem Konflikt zwischen Kurden und dem türkischen Staat, Erfahrungen, die sie anerkannt sehen wollen, bevor sie in der Lage sind, sich der historischen Verantwortung zu stellen, in welche sie in ihrer neuen Heimat eintreten sollen. Auch können selbst derart absurd erscheinende Äußerungen wie die auf dem eingangs erwähnten Blatt mit antisemitischen Parolen, die eigentlich gegen Immigrantinnen und Immigranten gerichtet sind, eine lohnende Lernressource darstellen. Die Adressaten der entsprechenden Debatte sind dabei womöglich nicht einmal in erster Linie die mehr oder minder ideologisierten Artikulatorinnen und Artikulatoren, sondern die indifferente Mehrheit, die sich zu deren Positionen in ein Verhältnis setzen muss. Lehrkräfte müssen diese Anliegen und Problemlagen ernst nehmen und sich ihnen zuwenden. Zugleich sollten sie über die notwendigen Fähigkeiten zum Management jener Konflikte verfügen, die im Klassenraum dabei aufbrechen können.

Wenngleich es tatsächlich eine aggressive antisemitische Agitation gibt, die überwiegend aus dem Nahen Osten und dem Maghreb auf die muslimischen Gemeinschaften Europas übergreift, so ist doch der „bodenständige" Antisemitismus gerade in Österreich das mindestens ebenso drängende Problem. Denn um radikalen, antisemitischen muslimischen Zuwanderern erfolgreich – auch im Klassenzimmer – entgegentreten zu können, ist eine ernsthafte Auseinandersetzung mit der eigenen dunklen Tradition notwendig.

Literaturverzeichnis

Anne Frank House: Fifty Questions on Antisemitism (Amsterdam 2005).
Beckermann, Ruth: Unzugehörig. Österreicher und Juden nach 1945 (Wien 1989).
Beckermann, Ruth: Illusionen und Kompromisse. Zur Identität der Wiener Juden nach der Shoah, in: Botz, Gerhard / Ivar Oxaal / Michael Pollak u. a.: Eine zerstörte Kultur. Jüdisches Leben und Antisemitismus in Wien seit dem 19. Jahrhundert (Wien 2002²) S. 383–392.
Blaschke, Olaf / Aram Mattioli: Katholischer Antisemitismus im 19. Jahrhundert. Ursachen und Traditionen im internationalen Vergleich (Zürich 2000).
Bunzl, John / Bernd Marin: Antisemitismus in Österreich (Innsbruck 1983).
De Cillia, Rudolf / Richard Mitten / Ruth Wodak: Von der Kunst antisemitisch zu sein, in: Judentum in Wien. Katalog Historisches Museum Wien (Wien 1988) S. 94–106.

Fechler, Bernd: Antisemitismus im globalisierten Klassenzimmer. Identitätspolitik, Opferkonkurrenzen und das Dilemma pädagogischer Intervention, in: Loewy (Essen 2005) S. 181–206.

Fechler, Bernd / Gottfried Kößler/ Till Lieberz-Groß (Hrsg.): „Erziehung nach Auschwitz" in der multikulturellen Gesellschaft. Pädagogische und soziologische Annäherungen (Weinheim 2001²).

Georgi, Viola: Entliehene Erinnerung. Geschichtsbilder junger Migranten in Deutschland (Hamburg 2003).

Greussing, Kurt: Die Erzeugung des Antisemitismus in Vorarlberg um 1900 (Bregenz 1992).

Hödl, Klaus / Gerald Lamprecht: Zwischen Kontinuität und Transformation – Antisemitismus im gegenwärtigen medialen Diskurs Österreichs, in: Tel Aviver Jahrbuch für deutsche Geschichte XXXIII (o. O. 2005) S. 140–159.

Knigge, Volkhard: Zur Kritik kritischer Geschichtsdidaktik: Normative Ent-Stellung des Subjekts und Verkennung trivialen Geschichtsbewusstseins, in: Geschichtsdidaktik 12, 3 (1987) S. 253–266.

Knigge, Volkhard: Triviales Geschichtsbewusstsein und verstehender Geschichtsunterricht (Pfaffenweiler 1988).

Loewy, Hanno (Hrsg.): Gerüchte über die Juden. Antisemitismus, Philosemitismus und aktuelle Verschwörungstheorien (Essen 2005).

Marin, Bernd: „Die Juden" in der Kronenzeitung. Textanalytisches Fragment zur Mythenproduktion 1974, in: Bunzl, John / Bernd Marin: Antisemitismus in Österreich (Innsbruck 1983) S. 89–169.

Marin, Bernd: Ein historisch neuartiger „Antisemitismus ohne Antisemiten", in: Botz, Gerhard / Ivar Oxaal / Michael Pollak: Eine zerstörte Kultur. Jüdisches Leben und Antisemitismus in Wien seit dem 19. Jahrhundert (Buchloe 1990) S. 325–348.

Neugebauer, Wolfgang: Antisemitismus und Rechtsextremismus nach 1945 (Wien 1995).

Pelinka, Anton / Ruth Wodak (Hrsg.): „Dreck am Stecken". Politik der Ausgrenzung (Wien 2002).

Pollak, Alexander: Konturen medialen Antisemitismus in Österreich, in: Context XXI, 1/2001, http://www.contextxxi.at/html/lesen/archiv/c21010112.html.

Pollak, Alexander: Aus Geschichte lernen?, in: Büro trafo K / Renate Höllwart / Charlotte Martinz-Turek u. a. (Hrsg.): In einer Wehrmachtsausstellung. Erfahrungen mit Geschichtsvermittlung (Wien 2003) S. 75–86.

Rauscher, Hans: Israel, Europa und der neue Antisemitismus. Ein aktuelles Handbuch (Wien 2004).

Reiter, Margit: Unter Antisemitismus-Verdacht. Die österreichische Linke und Israel nach der Shoah (Innsbruck 2001).

Strobl, Ingrid: Anna und das Anderle. Eine Recherche (Frankfurt/M. 1995).

Wassermann, Heinz P.: Eine Wohn-, aber keine Lebensgemeinschaft? Notizen zum Verhältnis zwischen nichtjüdischen und jüdischen Österreichern nach 1945, in: Hödl, Klaus (Hrsg.): Jüdische Identitäten. Einblicke in die Bewusstseinslandschaft des österreichischen Judentums (Innsbruck 2000) S. 307–334.

Wassermann, Heinz P.: Naziland Österreich? Studien zu Antisemitismus, Nation und Nationalsozialismus im öffentlichen Meinungsbild (Innsbruck 2002).

Wegan, Katharina: Antisemitische Reaktionen auf die Ausstellung „Verbrechen der Wehrmacht. Dimensionen des Vernichtungskrieges 1941–1944", in: Büro trafo K / Renate Höllwart/ Charlotte Martinz-Turek u. a. (Hrsg.): In einer Wehrmachtsausstellung. Erfahrungen mit Geschichtsvermittlung (Wien 2003) S. 111–126.

Weiss, Hilde: Antisemitische Vorurteile in Österreich nach 1945. Ergebnisse der empirischen Forschung, in: Silbermann, Alphons / Julius H. Schoeps (Hrsg.): Antisemitismus nach dem Holocaust. Bestandsaufnahme und Erscheinungsformen in deutschsprachigen Ländern (Köln 1986) S. 53–70.

Weiss, Hilde: Antisemitische Vorurteile in Österreich (Wien 1984).

Wetzel, Juliane: Antisemitismus in Europa. Zwischen Tradition und Einwanderung – neue Tendenzen und alte Diskussionen, in: Loewy (2005) S. 27–45.

Anmerkungen

* Zuerst erschienen in Loewy, Hanno (Hrsg.): Gerüchte über die Juden. Antisemitismus, Philosemitismus und aktuelle Verschwörungstheorien (Essen 2005) S. 209–232, geringfügig überarbeitet.
1 Solche Tagungen waren u. a.: Expert Meeting on Teaching the Holocaust in multicultural classes and dealing with modern-day antisemitism in schools, 14.–16.11.2004, Amsterdam; European Workshop: Education on anti-Semitism, 18.–20.4.2004, Berlin. Ein OSZE-Bericht gibt einen Überblick über Bestrebungen in ausgewählten Mitgliedsländern und enthält Anregungen für konkrete Bildungsarbeit: Education on the Holocaust and on Anti-Semitism in the OSCE-Region. An Overview and Analysis of Educational Approaches (2005). In Deutschland wurde eine eigene Arbeitsgruppe eingerichtet, die Task Force Education on Antisemitism.
2 Siehe die Zusammenstellung von Bildungsmaterialien zur Prävention von Antisemitismus auf http://www.erinnern.at (1.3.2021).
3 Freundlicherweise überlassen von Frau Prof. Hilde Weiss, Wien (siehe auch Weiss 1984 und 1986). Neuere Studien ergeben keine grundlegend anderen Werte.
4 Wenn wir annehmen, dass unter Inländerinnen und Inländern das „management of prejudices", also der Umgang mit der öffentlichen Artikulation sozial verpönter Vorurteile, besser beherrscht wird, Inländerinnen und Inländern somit aufgrund ihres durchschnittlich höheren Bildungsniveaus bewusster kalkulieren, was sie in einer Umfragesituation sagen, dann könnte die Differenz zwischen den befragten migrantischen und inländischen Jugendlichen noch geringer sein. Die Ergebnisse decken sich im Wesentlichen mit einer bei der oben zitierten Konferenz in Amsterdam (siehe Anm. 1) präsentierten Studie aus Schweden. Die Haltungen junger österreichischer Türkinnen und Türken dürften sich jedoch von denen junger Einwanderer mit maghrebinischem beziehungsweise arabischem Hintergrund beispielsweise in Frankreich oder den Niederlanden unterscheiden.
5 Thinking about the Holocaust 60 Years Later. A Multinational Public-Opinion Survey: https://www.policyarchive.org/handle/10207/13667 (1.3.2021).
6 Vergleichbare Umfragen aus den Jahren 1991 und 1995 wiesen mit 32 bzw. 28 Prozent eine deutlich geringere Zustimmung aus – möglicherweise steht die gestiegene Zustimmung 2005 im Zusammenhang mit der in den letzten Jahren intensivierten Debatte und den auch tatsächlich intensiveren Bestrebungen um die Restitution von arisierten Vermögenswerten und um Entschädigungszahlungen. Insgesamt belegen alle Umfragen in der Zweiten Republik beträchtliche antisemitische Haltungen (siehe Wassermann, 2002, S. 164f.).
7 Im April/Mai 1974 wandte sich etwa Manfred Scheuch gegen Viktor Reimanns Serie „Die Juden in Österreich" in der „Krone", 9. April 1974, unter dem Titel „Weinen oder speiben" (Wassermann, 2000, S. 321, 332f.).

8   Für die antisemitischen Untertöne in der „Kronenzeitung" konnte Hans Rauscher 2004 vor Gericht den Wahrheitsbeweis antreten (Rauscher, 2004, S. 149f.); Beispiele aus den Medien: De Cillia (1988, S. 94–106); zu Jörg Haider siehe Neugebauer (1995).
9   Siehe dazu die Jahresberichte des Forums gegen Antisemitismus – http://www.fga-wien.at sowie http://www.zara.or.at.
10 Eines dieser Postings sei hier vollständig wiedergegeben, findet sich doch in ihm die komplette Ausstattung des österreichischen Antisemiten von heute (samt orthografischen Problemen). Am 15. März 2003 postete ein „Herbert", mit ebenso eigenwilligem wie eigenartigem Zeilenfall: „Was will sich diese Volk noch herausnehmen und anderen Völkern / ein schlechtes Gewissen einreden. / Sind es nicht gerade die Juden die / den Nahen Osten seit der Gründung des Staates Israel in ein Pulverfass / verwandelt haben. Dieses Volk hat sicherlich kein recht / sich als Friedensapostel in der Welt aufzuführen und andere Länder wegen früherer Kriege zu kritisieren. / Wir stehen vor einem neuen Krieg gegen den Irak und gerade in Israel / gibt es keine Antikriegsdemonstrationen. / Ariel Sharon, Paul Spiegel (Präsident des Zentralrates der Juden in Deutschland) Michael Friedmann (sein Stellvertreter) Ariel Mucikant uva. einflussreiche Juden fordern schon lange einen Krieg gegen den Irak. / Geld haben die jüdischen Organisationen mithilfe der USA von / den Europäern ja schon genug herausgepresst, jetzt kommen wohl / Schulen, Museum, Straßen, Zoos, / Schwimmbäder, Flüsse, Seen, Berge, / Zeitungen uvm. mit Namensänderungen dran, irgendwo hat da sicher ein Jude ein paar / Tage / Wochen / Monate / Jahre gearbeitet und man könnte das ja / versuchen, denn der dagegen ist ist / Antisemit. / Bin jetzt ein bisschen vom Thema ab- / gekommen, habe halt nur eine Haupt- / schule besucht und möchte mich bei der geistigen Elite für die RECHTS-schreibfehler entschuldigen."
11 Österreichische Lehrpersonen haben große Schwierigkeiten, israelischen Jugendlichen mit Verständnis zu begegnen, wenn diese ihre Begeisterung für den Militärdienst äußern – allerdings fotografieren sehr viele Lehrkräfte gerne bewaffnete israelische Soldatinnen. Hört man den österreichischen pazifistischen Männern zu, wie sie über diese bewaffneten israelischen Frauen sprechen, schwingt da ganz deutlich Faszination mit.
12 1998 hatte der österreichische Verfassungsgerichtshof entschieden, dass ein generelles Schächtverbot den Grundsätzen der freien Religionsausübung widerspreche (siehe Hödl/Lamprecht 2005, S. 154).
13 Diese zerstörten Sprachstrukturen wirken, wie Marin festhält, „als Narben der Vergangenheit" gleichsam „durch das bewusstlose Individuum hindurch" – und sind so ein weiteres Instrument zur unbewussten Tradierung von Antisemitismus.
14 Haider sagte unter Anspielung auf das bekannte Waschmittel: „Ich verstehe nicht, wie jemand, der Ariel heißt, so viel Dreck am Stecken haben kann." Bildunterschrift in der „Neuen Vorarlberger Tageszeitung" vom 18. März 2001: „Weil eine Waschmaschine ohne das richtige Waschmittel nur eine halbe Sache ist, wurde der richtige Dreck-Killer von den FP-Mandataren gleich mitgeliefert." Haider musste nach seiner gerichtlichen Niederlage gegen Muzicant fünf Ehrenerklärungen abgeben (Hödl, 2005, S. 159).
15 Als im Herbst 2002 in österreichischen Medien eine Debatte über eventuell als antisemitisch zu wertende Aussagen von grünen Politikern geführt wurde, verwies die Israelitische Kultusgemeinde Wien in einer Aussendung auch ganz richtig auf zahlreiche antisemitische Aussagen sozialdemokratischer und insbesondere freiheitlicher Politiker (siehe dazu auch Pelinka, 2002). An dieser Stelle sei auch an den von der ÖVP im Wahlkampf Klaus gegen Kreisky 1966 publizierten antisemitischen Slogan vom „echten Österreicher" erinnert, oder an das Gerede von der „Ostküste", womit mächtige jüdische Organisationen in den USA gemeint waren, in der Debatte um Kurt Waldheim 1986.
16 Hödl/Lamprecht (2005, S. 158) konstatieren als „Eigenart im österreichischen Umgang mit Antisemitismus", dass „mangels einer kritischen diskursiven Öffentlichkeit ... Fragen des Antisemitismus über weite Strecken in Form von Ruf- und Kreditschädigungsklagen vor Gericht verhandelt (werden)." Für Ruth Beckermann (2002) bildet diese österreichische Gewöhnung ans Unerträgliche den eigentlichen Skandal.
17 In der Darstellung dieser Massaker kommen bezeichnenderweise die christlichen Milizen als die tatsächlichen Täter kaum bis gar nicht vor.
18 *Durch die Vergangenheit zur Gegenwart* 8.
19 *Durch die Vergangenheit zur Gegenwart* 4, Ausgabe 1996.

Maria Ecker-Angerer und Werner Dreier

Vom Lernheft zu „Stories that Move":
Die Stimmen der Jugendlichen im Zentrum

Vom Lernheft ...

Anlässlich der ersten der beiden Tagungen der Task Force for International Cooperation on Holocaust Education, Remembrance and Research (heute International Holocaust Remembrance Alliance), die unter österreichischem Vorsitz stattfanden, trafen sich im November 2008 Norbert Hinterleitner (damals Advisor on Combating anti-Semitism des Office for Democratic Institutions and Human Rights der OSZE) und Karen Polak (Anne Frank House Amsterdam) in Wien mit einer kleinen Gruppe von mit _erinnern.at_ assoziierten Menschen. Polak war zu dieser Zeit im Auftrag von ODIHR (OSCE Office for Democratic Institutions and Human Rights) federführend an der Entwicklung von Lernmaterialien zu Antisemitismus beteiligt, von denen erste Lernhefte 2007 publiziert wurden und die bis 2012 in 13 Versionen für europäische Länder vorlagen. Ein Schreiben der OSZE an das österreichische Unterrichtsministerium vom Oktober 2010 fasste den Stand der bereits im Jahr davor begonnenen Entwicklung für eine österreichische Version der Lernhefte zusammen, die in enger Zusammenarbeit zwischen ODIHR und dem Anne Frank House erfolgen sollte und mit welcher das Unterrichtsministerium _erinnern.at_ beauftragt hatte. Dieses Schreiben der OSZE an das Unterrichtsministerium formulierte u. a. die Rahmenbedingungen insbesondere für den spezifischen Charakter des für Österreich gedachten Materials:

> „One innovative aspect of this project is that the materials produced are not of the one-size fits-all variety. Instead, the project partners work closely with national experts to produce materials specific to the context of each of the countries. As a result, teachers and students in Austria would have course books that are not only written in German but that also focus on Austrian history and present and rely on Austrian experiences and examples."[1]

Die Lernmaterialien bestanden aus vier Teilen und sahen folgendermaßen aus, wieder dem Schreiben der OSZE folgend:

> „Part 1 is on the history of anti-Semitism and includes the Holocaust; Part 2 covers contemporary forms of anti-Semitism, including portraits of Holocaust survivors; Part 3 focuses on prejudices and looks at anti-Semitism as one of many forms of discrimination. The materials also include a comprehensive guide for teachers."

erinnern.at wurde dann im Verlauf der gemeinsamen Entwicklungsarbeit von ODIHR/OSZE eine Weiterentwicklung des bisherigen Konzepts zugestanden. Der intensive Austausch mit Norbert Hinterleitner und Karen Polak über die Erfahrungen mit den schon vorhandenen Heften und über Konzeptideen für die österreichische Variante schuf ein belastbares Vertrauensverhältnis.[2] Insbesondere der Austausch mit Isabel Enzenbach (damals Zentrum für Antisemitismusforschung an der TU Berlin) über die gerade erst fertiggestellte deutsche Länderfassung[3] ermöglichte es dem österreichischen Team, die unserer Meinung nach gelungenen Elemente aufzugreifen, andere aber zu verwerfen und daraus einen neuen Zugang zu entwickeln. Dieser betraf das Gesamtkonzept der Materialien (nur ein Heft statt drei und die erweiterten Lernmaterialien auf der Website von _erinnern.at_), das Design, den Aufbau und zuvorderst der zu den Heften führende Entwicklungsprozess – alles in Abstimmung mit ODIHR und dem Anne Frank House.

1. Der Prozess: Die Stimmen der Jugendlichen sind im Zentrum

Es war uns von Beginn an ein Anliegen, Stimmen und Erfahrungen von jungen Menschen viel stärker als bisher einzubinden – und damit wiederum Lernende anzuregen, sich selbst mit ihren Erfahrungen einzubringen. Als ersten Schritt organisierten wir im Winter 2009/2010 eine Reihe von „kleinen" Workshops mit jeweils einer recht homogenen Gruppe von Jugendlichen (Stadt, Land, Jugendtreffs, Schulen, christliche, jüdische, muslimische Herkunft) in mehreren Bundesländern und sprachen mit ihnen über ihre Erfahrungen über Antisemitismus und Rassismus sowie ganz allgemein über Vorurteile, Ausgrenzung und Abwertung. Am Ende dieser „kleinen" Workshops wurden jeweils zwei „Delegierte" gewählt, die alle zusammen eine recht heterogene Mischung aus jüdischen, muslimischen und christlichen Jugendlichen aus unterschiedlichen sozialen Schichten bildeten, welche am zweitägigen „großen" Workshop im April 2010 in Wien teilnahmen. Bedauerlich war, dass sich Jugendliche aus der burgenländischen Volksgruppe der Roma nicht zu einer Teilnahme an diesem zentralen, österreichischen Workshop entschließen konnten. Insgesamt gilt wohl, dass die vorbereitenden Workshops in kleinem Rahmen und die grundsätzliche Offenheit der Workshop-Teilnehmenden für die unterschiedlichen Erfahrungen und Gesprächsbeiträge wesentlich zu einem von den Teilnehmenden einhellig als „besondere" Erfahrung empfundenen Workshop in Wien beigetragen haben. Rebecca, in einem kleinen Dorf in Oberösterreich aufgewachsen, sagte etwa über ihre Bilder von Jüdinnen und Juden: „Ich kenne sonst nur aus den Dokumentationen diese alten Menschen, die über den Nationalsozialismus reden. Man redet viel über Juden im Unterricht, aber mit jungen Jüdinnen und Juden kommt man nicht in Kontakt. Man hat ja doch immer die Vorstellung, dass Juden ihre Religion ausüben, mehr als zum Beispiel Christen. Für mich ist es auch das erste Mal, dass ich mit jungen Juden rede und auch ein persönliches Gespräch führe." (erinnern.at, 2012, S. 8) Der Workshop wurde fotografisch begleitet und dokumentiert, auch wurden die Teilnehmenden einzeln interviewt. Diese Quellen, welche die Erfahrungen, Einsichten und Haltungen der Jugendlichen dokumentieren, bildeten die Basis für das österreichische Lernheft. Der von uns gewählte Zugang, die Jugendlichen und deren Perspektiven ins Zentrum zu rücken, sollte auf den ersten Blick sichtbar werden. So zeigt das Cover ein Mosaik aus deren Porträts. Auch das titelgebende Zitat „Ein Mensch ist ein Mensch …" stammt von einem der am Workshop teilnehmenden Jugendlichen.

2. Der Aufbau: Antisemitismus und Rassismus

Die deutsche Version der Lernmaterialien folgt einem im Wesentlichen chronologischen Aufbau und ist in drei Hefte gliedert:

Teil 1 „Juden und Judenfeindschaft in Europa bis 1945"
Teil 2 „Antisemitismus – immer noch?"
Teil 3 „Vorurteile. You 2?" In diesem Teil wird Antisemitismus im Rahmen allgemeiner Vorurteilsstrukturen, Rassismus und Diskriminierung behandelt.[4]

Das österreichische Heft stellt die Struktur vom Kopf auf die Füße: Während die deutschen Hefte mit der Frage beginnen „Wer ist Jude", befragt das österreichische Heft zuerst den Leser: „Wer bin ich?" – ausgehend von der Prämisse, dass wir besser über Antisemitismus zu lernen in der Lage sind, wenn wir uns selbst befragen, und weniger gut, wenn wir von jenen Menschen ausgehen, die zum Objekt antisemitischen Hasses werden. Das Heft geht konsequent von den Jugendlichen und ihrer Welt aus: Was hilft ihnen, Antisemitismus zu erkennen und seine Wirkungsweise zu verstehen, ihm zu begegnen und ihn zu überwinden? Welche Zugänge und welche Kontexte sind hilfreich und notwendig? Welche Sprache vermag die Inhalte zu transportieren und welche Lernaufgaben unterstützen die Lernprozesse? Welche Struktur und welche Gestaltung machen die Inhalte für schulische und außerschulische Bildungsarbeit leicht zugänglich?

Um beim einfachsten und offensichtlichsten zu beginnen: Zeit ist die knappste Ressource im Bildungsprozess und darauf reagiert das Heft mit einer Reduktion auf 18 Themen, denen jeweils zumeist nur eine Doppelseite gewidmet ist. Viel komplizierter wird es schon beim Verhältnis von Rassismus und Antisemitismus. So verschieden der nach unten ausgrenzende und einschränkende Rassismus von den antisemitischen Machtprojektionen ist, so eng gehören beide Phänomene zusammen, werden sie aus der Multi-Herkunfts-Perspektive österreichischer Jugendlicher betrachtet. Zu Rassismus-Erfahrungen haben viele Zugang, Antisemitismus hingegen wird bestritten und verleugnet. Um antisemitischem Gerede begegnen zu können, braucht es ein Bewusstsein für antisemitisches Sprechen. Folgerichtig teilen ein jüdischer Jugendlicher und ein Direktor einer jüdischen Schule die verletzenden Erfahrungen, welche jüdische Menschen immer wieder machen – und ein nigerianischer Musiker sowie ein junger aus Serbien zugewanderter Rom ihre ebenso verletzenden Erfahrungen mit Rassismus.

3. Die Gestalt: Keine Verwendung von antisemitischen Abbildungen

erinnern.at entschied sich dafür, im Lernheft keine antisemitischen Bilder zu verwenden. In den „kleinen" Workshops hatten wir festgestellt, dass viele der nichtjüdischen Jugendlichen von den althergebrachten antisemitischen Stereotypen gar nichts wussten, dass aber die Bilder des „kämpfenden Juden in Israel" oder des „religiösen Juden" durch die Medien vermittelt sehr wohl in ihren Köpfen waren. Diese aktuelleren Bilder versuchten wir aufzugreifen, indem wir etwa die Vielfalt jüdischer Identitäten sichtbar machten und uns auch eingehend mit dem Themenfeld „Kritik an Israel und Antisemitismus" auseinandersetzten. Auf die Wiedergabe von althergebrachten antisemitischen Karikaturen und Bildern verzichteten wir, um nicht zu ihrer Tradierung beizutragen. Lehrpersonen hingegen finden auf der für sie konzipierten Lernwebsite Materialien und Anregungen, damit Schülerinnen und Schüler das Dekonstruieren von althergebrachten wie auch neueren antisemitischen Mustern lernen können.[5]

Die Arbeitsimpulse: Eine breite Palette an Methoden

Besonders während des „großen" Workshops machten wir die Erfahrung, wie wichtig es war, ein Spektrum an Methoden anzubieten, um die Jugendlichen mit ihren jeweiligen Stärken und Interessen anzusprechen. Während sich manche verbal hervorragend ausdrücken konnten und gut im Argumentieren und Diskutieren waren, blühten andere bei darstellenden Methoden wie Rollenspielen und Standbildern so richtig auf. Auch im Lernheft selbst bildet sich deshalb diese Methodenvielfalt ab.

Das Lernheft erschien im Mai 2012 und wurde wenige Jahre später auf Betreiben von OSCE/ODIHR als Beispiel für „good practice" ins Englische übersetzt. In einer Vielzahl von Seminaren in allen Bundesländern vorgestellt, wurde es zumeist in Klassensätzen rege nachgefragt. Die Kritik am Heft monierte, ob denn die im Heft gestellten und als wichtig anerkannten Fragen auf derart geringem Raum angemessen behandelt werden können. Derselbe Kritiker eröffnet ein weiteres Feld zum Nachdenken, wenn er angesichts der im Heft vertretenen „Musterexemplaren an Toleranz und Kritikfähigkeit" das Konzept der Fokussierung auf Jugendliche hinterfragt: Wozu brauchen die denn überhaupt derartige Bemühungen? (Espinoza, 2012) Eine mögliche Antwort darauf wäre, dass Schule bei der Adressierung von ideologisch gefestigten Antisemiten (oder Rassisten, Identitären, Nazis …) überfordert ist – hingegen kann sie erfolgreich indifferente Jugendliche dabei unterstützen, Positionen gegen die Hass-Ideologen zu finden und zu beziehen.

… zu „Stories that Move"

Im Mai 2010, also zu einer Zeit als wir noch mitten in der Erarbeitung des österreichischen Heftes steckten, trafen sich Vertreterinnen und Vertreter der internationalen Lernheft-Projektgruppen zum Erfahrungsaustausch in Berlin. Wir konnten bei diesem Treffen die Schlussfolgerungen aus den Workshops mit den Jugendlichen präsentieren. Es wurden dann erste Ideen entwickelt, wie die Inhalte der Lernhefte auf einer Website zugänglich gemacht werden könnten. Daraus erwuchs ein gewaltiges Projekt – wieder unter der Leitung von Karen Polak vom Anne Frank House – mit einem ehrgeizigen Ziel: Es sollte eine einheitliche, „europäische" Website zu verschiedenen Diskriminierungsformen entstehen, die Jugendlichen „auf der technologischen Höhe der Zeit" Materialien zur Auseinandersetzung bieten würde.

Das internationale Projektteam, darunter _erinnern.at_, begann ab nun in regelmäßigen Treffen über Ideen, Möglichkeiten, Optionen und Lernphilosophien zu diskutieren. Dazu nahmen wir uns viel Zeit, denn die pädagogischen Zugänge waren sehr vielfältig und die didaktischen Vorstellungen disparat, weil von den jeweiligen nationalen Traditionen geprägt. Auf *einen* gemeinsamen Nenner konnten wir uns allerdings früh verständigen: dass auf der Website die Jugendlichen, ihre Stimmen und Erfahrungen im Zentrum stehen sollten. Hier waren unsere Erfahrungen, die wir bei der Erarbeitung des Lernheftes gesammelt hatten, tonangebend.

Und so fand im September 2013 das „International Youth Meeting" in Berlin statt: 41 Jugendliche zwischen 14 und 17 Jahren aus neun europäischen Ländern diskutierten eine Woche lang über verschiedene Diskriminierungsformen. Emily, eine 15-jährige österreichische Jüdin, erzählte in einer der Sessions, wie sie aufgrund einer antisemitischen Beschimpfung begann, sich stärker mit ihrer jüdischen Identität und mit Ausgrenzung allgemein zu befassen:

> *„I don't really define myself as Jewish – or hadn't up to that point (…) I felt like he was hurting my dad, my family. I don't understand why he said that. (…) It's not just people making fun of me for being a Jew. (…) Sometimes people use the n-word. I also hear kids making fun of Turkish or Muslim kids. Some students mock the way they talk. And the teachers just don't get involved."*
> (Conference report International Youth Meeting, 2013).

Ein internationales Treffen von Expertinnen und Experten, zahlreiche Projektteam-Treffen (eines davon in Bregenz im September 2017) und ungezählte Stunden an Entwicklungsarbeit später wurde im Oktober 2017 schließlich die erste Version der Website „Stories that Move. Toolbox gegen Diskriminierung" veröffentlicht. Sie bietet Online-Module zum Thema Identitäten und zu folgenden Diskriminierungsformen an: Antisemitismus, Rassismus, Antiziganismus, Islamophobie und Homophobie.

Fünf verschiedene Lernpfade organisieren die Inhalte:

- Sehen und gesehen werden
- Diskriminierung begegnen
- Lebensgeschichten entdecken
- Medien kritisch nutzen
- aktiv werden.

Die Toolbox wird seitdem kontinuierlich weiterentwickelt, insbesondere im Hinblick auf technische Optimierung bzw. die verbesserte Nutzbarkeit einzelner Elemente. Die Resonanz ist vor allem bei jüngeren Lehrkräften, die als „digital natives" keine technologischen Hemmschwellen überwinden müssen, überwiegend positiv. Verhaltener reagieren länger im Berufsleben stehende Lehrerinnen und Lehrer, die auch ihre Rolle als Vermittlerinnen und Vermittler durch die konsequente Zuwendung zu den Lernenden gefährdet sehen, werden in der Toolbox doch Inhalte von den Jugendlichen weitgehend selbstständig erarbeitet. Gemeinsam ist fast allen Lehrpersonen das Gefühl der Überforderung, wenn es in ihren Schulklassen zu antisemitischen und rassistischen Äußerungen oder Verhaltensweisen kommt. Aus der Perspektive der oben zitierten Emily drückt sich diese Überforderung so aus: „And the teachers just don't get involved."

Doch das ist ein weiteres Thema: Wie können Lehrpersonen dazu motiviert und ermächtigt werden, dass sie auf antisemitische Aussagen und Vorfälle angemessen reagieren? Wie können Schulverwaltungen und Behörden dazu motiviert und ermächtigt werden, dass sie Lehrpersonen bei dieser wichtigen Aufgabe unterstützen?[6]

Literaturverzeichnis

Erinnern.at: „Ein Mensch ist ein Mensch". Rassismus, Antisemitismus und sonst noch was … (Bregenz 2012).
Espinoza, Luis Liendo: Rezension: erinnern.at: „Ein Mensch ist ein Mensch". Rassismus, Antisemitismus und sonst noch was …, in: Scholars for Peace in the Middle East 8786 (2012), https://spme.org/german-edition/meinung/luis-liendo-espinoza-rezension-erinnern-at-ein-mensch-ist-ein-mensch-rassismus-antisemitismus-und-sonst-noch-was/10709/ (8.4.2021).
OSZE/ODIHR, Unesco: Mit Bildungsarbeit gegen Antisemitismus. Ein Leitfaden für politische Entscheidungsträger/-innen. 4 Hefte (Paris/Warschau 2020).

Anmerkungen

1 Schreiben von Jo-Anne Bishop, Head of Tolerance and Non-Discrimination Department in Warschau an Martina Maschke, Leiterin der Abteilung Bilaterale Angelegenheiten des Bundesministeriums für Unterricht, Kunst und Kultur vom 20. Oktober 2010.
2 Die Projekthierarchie war dabei klar, wie sie Norbert Hinterleitner in einer E-Mail vom 3.2.2009 festhielt: „With other words: In fact you are implementing an OSCE-ODIHR project, with that ODIHR fulfils a task given by the 56 OSCE participating States, the political impact of the work you are doing is self-evident."
3 https://www.tu-berlin.de/fakultaet_i/zentrum_fuer_antisemitismusforschung/menue/publikationen/unterrichtsmaterialien/ (6.1.2021).
4 Teil 1, S. 15. Die Hefte können hier heruntergeladen werden: https://www.erinnern.at/themen/e_bibliothek/antisemitismus-1/antisemitismus (8.4.2021).
5 https://www.erinnern.at/themen/e_bibliothek/antisemitismus-1/copy_of_antisemitismus/antisemitische-karikaturen (8.4.2021).
6 Mit diesen Fragen beschäftigen sich sowohl OSZE/ODIHR in der Broschüren-Reihe „Adressing Anti-Semitism in Schools" (https://www.erinnern.at/themen/artikel/lehrerinnenbildung-zur-antisemitismuspraevention-ein-handbuch-fuer-ausbilderinnen) als auch das von _erinnern.at_ initiierte Projekt „Gegen Antisemitismus in Schulen und Hochschulen" (https://www.erinnern.at/themen/artikel/gegen-antisemitismus-in-schulen-und-hochschulen) (6.1.2020).

Axel Schacht

„Fluchtpunkte":
Der Konflikt im Nahen Osten und wir

- Batya Netzer, geboren 1921 als Irma Bauer in Wiener Neustadt, kann im Rahmen der Jugend-Alija 1938 nach Palästina entkommen, wo sie eine Familie begründet und bis zur ihrem Tod 2010 im Kibbuz Sha'ar Ha Golan lebt.

- Fatima Hamadi, 1940 geboren in Samach, einem Dorf am See Genezareth, flieht mit ihrer Familie im Krieg 1948 nach Damaskus, von dort 2012 vor dem syrischen Krieg nach Deutschland, wo sie heute lebt.

Die Geschichten der beiden Frauen verbindet nicht nur der Nahraum am See Genezareth, wo sie einige Jahre als Nachbarinnen im Dorf und im Kibbuz lebten. Vielmehr zeigen ihre Lebensgeschichten auch die Verflechtung des Nahen Ostens mit der deutschen und österreichischen Geschichte auf.

Eine Bearbeitung aktueller Formen des Antisemitismus kann den historischen wie gegenwärtigen Kontext des Nahen Ostens nicht aussparen, wird doch Antisemitismus häufig im Zusammenhang mit Israel artikuliert. Diese als „Nahostkonflikt" bezeichneten Konflikte zwischen Jüdinnen und Juden, Palästinenserinnen und Palästinensern sowie den Nachbarländern und die damit verbundenen Gebiets- und Dominanzansprüche erschweren und belasten eine pädagogische Auseinandersetzung durch verhärtete Positionen, die oft eine Eindeutigkeit und einen absoluten Wahrheitsanspruch beinhalten. Das von _erinnern.at_ mit Kooperationspartnern wie dem Anne-Frank-Zentrum Berlin mit Unterstützung der Stiftung Erinnerung, Verantwortung und Zukunft entwickelte Lehrmittel „Fluchtpunkte" (www.fluchtpunkte.net) stellt sieben Lebensgeschichten mit Flucht- und Migrationserfahrungen vor, welche die Verflechtungen der deutschen und österreichischen Geschichte mit der Geschichte des Nahen Ostens sichtbar und besprechbar machen. Neben Batya Netzer und Fatima Hamadi sind dies die aus Berlin nach Palästina ausgewanderte Architektin Lotte Kohn, der in Khartum geborene Arzt Mohamed Helmy und die in Rumänien geborene Anna Boros, welche als Jüdin in Berlin von Mohamed Helmy versteckt und gerettet wurde; weiters Sami Michael, der aus einer jüdischen Familie in Bagdad stammt und als Schriftsteller in Israel lebt, und Aya Khaled, geboren in Damaskus und seit 1917 in Wien wohnhaft. Die Biografien werden durch sechs Lernmodule didaktisch erschlossen. Die Lebensgeschichten ermöglichen die Diskussion über geschichtliche und politische Prozesse, von Identitätsbildern und unterschiedlichen Narrativen. Die Themen Flucht und Migration sowie Antisemitismus und Rassismus werden im Kontext der Geschichte des Nationalsozialismus und der Shoah sowie unter

Berücksichtigung der Folgen europäischer (Nahost-)Politik bearbeitbar. Holocaust, der Nahostkonflikt und Migration werden gemeinsam thematisiert und unterrichtet.

Die vielfältigen Verflechtungen zwischen dem Nahen Osten und Europa sind in Klassenzimmern und Jugendgruppen präsent: Jugendliche haben eigene biografische und familiäre Bezüge zu beiden Regionen oder beziehen sich auf Medien und öffentliche Diskussionen. Der Konflikt zwischen Israelis und der palästinensischen Bevölkerung, der Krieg in Syrien, damit verbundene Fluchtbewegungen, antimuslimischer Rassismus und Anfeindungen gegen geflüchtete Menschen, auf Israel bezogener oder auch allgemeiner Antisemitismus, all das beschäftigt nicht nur Schülerinnen und Schüler. Dennoch fokussieren schulische und öffentliche Auseinandersetzungen mit dem Nahen Osten häufig nur auf die ‚Nahostkonflikt' genannten Auseinandersetzungen um Israel und Palästina. Der Themenkomplex scheint vielfach überfordernd und birgt viel Konfliktpotential. Dem allen nähern wir uns in dem Lernmaterial „Fluchtpunkte" über konkrete Lebensgeschichten und nicht über große geopolitische Fragen oder gar die Suche nach der einen Wahrheit und der einen eindeutigen Erzählung an. Solche werden in dieser Region und zu diesen Themen nicht zu finden sein.

Schülerinnen und Schüler sind eingeladen, bei der Betrachtung von lebensgeschichtlichen und politischen Prozessen wechselnde Standpunkte und Perspektiven einzunehmen, diese als legitim anzuerkennen und als widersprüchlich zu erfahren. Multiperspektivität fordert dazu heraus, sich des eigenen sozialen wie politischen Standpunktes bewusst zu werden und diesen von einer anderen geografischen, politischen oder sozialen Position aus zu verstehen und einer kritischen Betrachtung zu unterziehen. Zentral dabei ist die explizite Sichtbarmachung unterschiedlicher Perspektiven, zu denen sich die Lernenden in ein Verhältnis setzen können. Dadurch wird eine Vielstimmigkeit erfahrbar und einer vereinfachten Interpretation entgegengewirkt.

Antisemitismus und Rassismus gemeinsam denken

Eine oft vorgebrachte Empfehlung für eine von Diversität geprägte Lernumgebung ist eine Verknüpfung einer antisemitismuskritischen mit einer rassismuskritischen bzw. diskriminierungssensiblen Perspektive. Hierbei muss sowohl auf Gemeinsamkeiten wie etwa die Konstruktion eines ‚Anderen', als auch auf Differenzen wie etwa unterschiedliche Weltbilder bzw. Welterklärungsversuche achtgegeben werden. In Abgrenzung zu anderen Rassismen besteht Antisemitismus neben der Zuschreibung der Andersartigkeit auch in der Zuschreibung besonderer Macht und konspirativer Pläne und Handlungen (Sigel, 2019). Der wesentliche Unterschied ist die Zuweisung von Macht: Im Rassismus wird die Aggression nach unten gerichtet, ‚die Anderen' werden als minderwertig gesehen und das Feindbild ist meist auf konkrete Individuen oder Gruppen gemünzt. Antisemitinnen und Antisemiten heben ihr Feindbild nach ‚oben', sie halluzinieren eine jüdische Überlegenheit. Ungeachtet der bestehenden Unterschiede zwischen Rassismus und Antisemitismus können die Auswirkungen jeglicher Form von Ausgrenzung verdeutlicht und bearbeitet werden. „Erforderlich wird deshalb eine doppelte Perspektive, bei der Nachwirkungen kolonialer und nationalsozialistischer Welt- und Selbstbilder in den Blick genommen und unterschieden werden." (Messerschmidt, 2008, S. 56)

Ausgangspunkt für einen Lernprozess gegen Antisemitismus können auch andere Diskriminierungserfahrungen oder -beispiele in Verbindung mit einem Perspektivenwechsel sein. So forderte auch der Unabhängige Expertenkreis Antisemitismus: „Antisemitismus also im Zusammenhang von Diskriminierung, Inklusion oder Exklusion, auf Basis individueller und sozialer Erfahrungen zu diskutieren." (Unabhängiger Expertenkreis, 2017) Bei der Bearbeitung unterschiedlicher Opfergeschichten und Ausgrenzungserfahrungen muss nämlich keine Entweder-Oder-Entscheidung oder Hierarchisierung getroffen werden.

Widerspruchstoleranz als Lernziel

Antisemitismuskritische Bildungsarbeit zielt auch auf eine Infragestellung von Gewissheit und Eindeutigkeit ab, sowie auf eine Verhandlung und Bearbeitung von Mehrdeutigkeit und Unsicherheit. Der Umgang und das Aushalten von Komplexität, Konflikten, Pluralismus, Differenz, Widersprüchen und Ambivalenzen kann eingeübt und erlernt werden (Niehoff, 2019, S. 42). Dadurch wird eine politische Urteilskompetenz gestärkt, die unterschiedliche Perspektiven und Positionen sowie die Begründbarkeit des Urteils miteinbezieht.

Der vereinfachten Weltsicht von unumstößlicher Wahrheit, Eindeutigkeit, Gewissheit, Harmonie und Ordnung wird die Idee und Realität von Komplexität, Pluralismus, Differenz und Konflikt entgegengesetzt. In diesem Lernprozess geht es um die Thematisierung der Sprechakte sowie um ideologische Kritik und nicht um individuelle Entlarvung, es sollen die Aussagen und nicht einzelne Schülerinnen oder Schüler als antisemitisch markiert werden.

Exkurs: Prävention von Antisemitismus

Zusätzlich zu den „Fluchtpunkten", dem Lernheft „Ein Mensch ist ein Mensch" und zum digitalen Lernangebot „Stories that move" bietet _erinnern.at_ auf der Website www.erinnern.at konkrete Hilfestellungen insbesondere für die Prävention von Antisemitismus in Form einer Sammlung empfohlener Lernmaterialien an.

Antisemitismus kann auf vielfältige Weise auftreten, sei es als gefestigte Ideologie in einer geschlossenen Weltanschauung, als nicht ideologisch geformtes Fragment, als unbewusstes antisemitisches Stereotyp, als Teil einer jugendkulturellen Rhetorik oder als gezielte Provokation. Der Antisemitismus, dem wir in der Schule und in der außerschulischen Bildungsarbeit begegnen, ist nur selten Teil eines geschlossenen Weltbilds oder einer Ideologie, die auf eine verfestigte politische

Haltung verweist, sondern artikuliert sich meist durch antisemitische Stereotype und (Erzähl-)Fragmente, die in der Alltagskommunikation verwendet werden. In der Auswahl einer didaktischen Intervention sind die Motive der Sprechenden zu ergründen.

Ausgehend von der Prämisse, dass Lernen über die Verbrechen des Nationalsozialismus nur bedingt gegen antisemitisches Gedankengut immunisieren kann, lassen sich folgende Ziele einer antisemitismuskritischen schulischen und außerschulischen Bildungsarbeit formulieren:

- Sensibilisierung für antisemitische Manifestationen
- Aufklärung über die Mechanismen sowie die gesellschaftlichen Funktionen von Antisemitismus wie auch von Diskriminierung und Ausgrenzung (Othering-Prozessen)
- Dekonstruktion von Verschwörungstheorien
- Solidarität mit Zielgruppen von Antisemitismus und Rassismen im Sinne einer universellen Menschenrechtsbildung
- Angebote zu Deutungen und Einstellungen, in denen antisemitische Vorurteile und Ideologien als solche entlarvt, infrage gestellt und überflüssig werden
- die Anerkennung einer gesellschaftlichen Vielfalt und des Judentums als einer von vielen Religionen
- eine Werte- und Handlungsorientierung, die zur individuellen und kollektiven Handlungsfähigkeit gegen Antisemitismus befähigt.

Die Sammlung empfohlener Lernmaterialien auf der Webseite bietet konkrete Hilfestellungen, wie Lehrende (oder auch Multiplikatorinnen und Multiplikatoren in der offenen Jugendarbeit) auf gegenwärtige Formen und Formulierungen des Antisemitismus mittels antisemitismuskritischer Bildungsarbeit reagieren können. Es handelt sich hier auch um pädagogische Angebote für die sogenannte sekundäre Prävention, d. h. wenn es im Unterricht oder im schulischen Umfeld zu antisemitischen Artikulationen bzw. Vorfällen gekommen ist. In vier Themen- und Handlungsfeldern werden Lernmaterialien, Handreichungen, Webtools und thematisch vertiefende Texte vorgestellt und kurz kommentiert:

1. *Antisemitismus in sozialen Interaktionen und in der Alltagskommunikation*
2. *Antisemitische Verschwörungstheorien und -ideologien*
3. *Antisemitismus im Kontext von Israel und dem Nahost-Konflikt*
4. *Schuldabwehr in der Erinnerungskultur (Sekundärer Antisemitismus)*

Diese Lernmaterialien können bei den Lehrpersonen zur Schärfung der didaktischen Kompetenz in der antisemitismuskritischen Bildungsarbeit als Teil der historisch-politischen Bildung beitragen, v. a. im Umgang mit aktuellen Ausdrucksformen von neuem wie überkommenem Antisemitismus im Kontext der Migrationsgesellschaft. Dabei ist für eine didaktische Bearbeitung aktueller Formen von Antisemitismus gerade die Verbindung zu anderen Formen gruppenbezogener Menschenfeindlichkeit (Küppe, o. J.) hilfreich. Die Lernmaterialien ermöglichen eine selbstreflexive Kritik der Dominanzgesellschaft und ihrer „Wir"-Konstruktion genauso wie einen Perspektivenwechsel von einer national konnotierten Gedenkkultur (Leitkultur) zu einer gemeinsamen, vielfältigen Kultur der Erinnerung.

Literaturverzeichnis

Niehoff, Mirko / Amina Nolte: Widerspruchstoleranz in der politischen Bildung, in: Kreuzberger Initiative gegen Antisemitismus (Hrsg.): KigA 15 Jahre (Berlin 2019) S. 38–45.

Küpper, Beate / Andreas Zick: Gruppenbezogene Menschenfeindlichkeit (o. O. o. J.), https://www.bpb.de/politik/extremismus/rechtsextremismus/214192/gruppenbezogene-menschenfeindlichkeit (15.2.2021).

Messerschmidt, Astrid: Postkoloniale Erinnerungsprozesse in einer postnationalsozialistischen Gesellschaft – vom Umgang mit Rassismus und Antisemitismus, in: Peripherie – Politik. Ökonomie. Kultur 109–110 (2008) S. 42–60.

Sigel, Robert: Zur Auseinandersetzung mit Antisemitismus in der schulischen Bildung (13.12.2019), https://www.blz.bayern.de/meldung/zur-auseinandersetzung-mit-antisemitismus-in-der-schulischen-bildung.html (15.2.2021).

Unabhängiger Expertenkreis Antisemitismus: Antisemitismus in Deutschland – aktuelle Entwicklungen (Berlin 2017).

Autorinnen und Autoren

Christian Angerer, Dr., Germanist und Historiker, Lehrer an der Pädagogischen Hochschule Oberösterreich, Mitarbeiter bei _erinnern.at_ und an der KZ-Gedenkstätte Mauthausen. Arbeitsschwerpunkte: KZ- und Holocaust-Literatur, Literatur- und Geschichtsdidaktik, Gedenkstättenpädagogik. Buchpublikationen u. a.: *Aber wir haben nur Worte, Worte, Worte. Der Nachhall von Mauthausen in der Literatur*, (2007, hg. mit Karl Schuber); *Nationalsozialismus in Oberösterreich. Opfer – Täter – Gegner* (2. Aufl. 2018, mit Maria Ecker).

Irmgard Bibermann, Mag.[a], Dr.[in]; Lehrerin für Geschichte, Latein, Italienisch und Darstellendes Spiel am Abendgymnasium Innsbruck; Gestalt- und Theaterpädagogin, Lehrbeauftragte an der Pädagogischen Hochschule Tirol; Projektmitarbeiterin bei _erinnern.at_; Arbeitsschwerpunkte: ZeitzeugInnen-Interviews im Geschichtsunterricht sowie Vermittlung von Zeitgeschichte mit theaterpädagogischen Methoden.

Herbert Brettl, Mag., Dr., lebt in Halbturn im Burgenland. Netzwerkkoordinator von _erinnern.at_ Burgenland. Lehrbeauftragter an der PH Burgenland. Kurator zeithistorischer Ausstellungen. Forschungen zur burgenländischen Landesgeschichte (Auswahl): *Die jüdische Gemeinde von Frauenkirchen* (2003/2016), *Nationalsozialismus im Burgenland. Opfer. Täter. Gegner* (2012), *„Einfach weg!" Verschwundene Romasiedlungen im Burgenland* (2020, mit Gerhard Baumgartner).

Nadja Danglmaier, Mag.[a], Dr.[in], studierte Pädagogik und Publizistik an der Alpen-Adria Universität Klagenfurt. Nach der Promotion verschiedene (Schul-)Projekte zu zeitgeschichtlichen Themen sowie Forschungsprojekte und Publikationen zu Nationalsozialismus in Kärnten. Sie ist Mitarbeiterin am Institut für Erziehungswissenschaft und Bildungsforschung der Alpen-Adria-Universität Klagenfurt und Leiterin des Kärntner Netzwerkes von _erinnern.at_.

Werner Dreier, Mag. Dr., Historiker, arbeitete als Lehrer und in der LehrerInnenbildung, leitet 2000 bis 2021 _erinnern.at_ (Nationalsozialismus und Holocaust: Gedächtnis und Gegenwart). Er gehört seit 2001 der österreichischen Delegation zur International Holocaust Remembrance Alliance (IHRA) an, wo er Mitglied der Education Working Group ist. Leitung von Forschungs- und Publikationsprojekten, u. a. zum historischen Lernen mit ZeitzeugInnen-Videointerviews, Antisemitismus.

Maria Ecker-Angerer, Mag.[a], Dr.[in], Historikerin, Pädagogin, Psychotherapeutin in Supervision; von 2003 bis 2021 bei _erinnern.at_ u. a. für die Arbeit mit Zeitzeuginnen und Zeitzeugen sowie der didaktischen Aufbereitung ihrer videographierten Erinnerungen zuständig; Planung und Durchführung zahlreicher Fortbildungsseminare für Lehrpersonen, allen voran das jährliche Zeitzeugen-Seminar.

Peter Gautschi, Prof. Dr., ist Professor für Geschichtsdidaktik an der Pädagogischen Hochschule Luzern/Schweiz, wo er auch das Institut für Geschichtsdidaktik und Erinnerungskulturen (IGE) leitet. Seine Arbeitsschwerpunkte sind Geschichtsunterricht, Public History sowie Lehrmittel. Er ist Mitglied in verschiedenen Gremien, u. a. im Beirat von _erinnern.at_, Nationalsozialismus und Holocaust, Gedächtnis und Gegenwart; Bregenz. Verschiedene seiner Publikationen wurden mit Preisen ausgezeichnet (u. a. World Didac Award).

Gregor Kremser, MMag., PhD, Lehramtsstudium (Geschichte und Kunsterziehung), Diplomstudium Malerei und Grafik, postgradualer Lehrgang für Kulturmanagement. 2019 Promotion an der UFG Linz. Unterrichtet seit 2000 in Wien und Niederösterreich. Tätigkeit an der KPH Wien/Krems von 2008 bis 2018 (Ausbildung und Leitung der Fortbildung im Bereich der Ästhetischen Bildung). Seit 2018 Leiter des Kulturamts der Stadt Krems und des museumkrems. Koordinator für _erinnern.at_ Niederösterreich. Autor, Schulbuchautor, Kurator und Projektinitiator v. a. an der Schnittstelle von (Zeit-)Geschichte und Kunst.

Victoria Kumar, Mag.ª, Dr.in, ist Historikerin und stellvertretende Geschäftsführerin von _erinnern.at_; davor wissenschaftliche Mitarbeitern am Centrum für Jüdische Studien Graz und am Center for Austrian Studies, The Hebrew University of Jerusalem, Israel. Forschungsschwerpunkte: Geschichte des Nationalsozialismus und des Holocaust, Exil in Palästina/Israel, Flucht und Migration aus historischer und gegenwärtiger Perspektive, Antisemitismus, Erinnerungskulturen, Digital Mapping.

Gerald Lamprecht, Mag. Dr., Professor für Jüdische Geschichte und Zeitgeschichte sowie Leiter des Centrums für Jüdische Studien der Karl-Franzens-Universität Graz und Netzwerkkoordinator von _erinnern.at_ in der Steiermark. Forschungsschwerpunkte: Jüdische Geschichte des 19. und 20. Jahrhunderts, NS-Herrschaftssystem, Geschichte des Vermögensentzuges, Gedächtnisgeschichte, Geschichte des Antisemitismus.

Peter Larndorfer, Mag., war 2001/02 Gedenkdienstleistender in Auschwitz, studierte Geschichte in Wien und arbeitete als freier Mitarbeiter an der Gedenkstätte Mauthausen und als Begleiter historisch-politischer Studienfahrten beim Verein Gedenkdienst. Er unterrichtet seit 2012 an der Berufsschule für Gastgewerbe Wien und ist seit 2016 Vortragender am Zentrum für Politische Bildung an der Pädagogischen Hochschule Wien. Seit 2017 unterstützt er _erinnern.at_ als Netzwerkkoordinator in Wien.

Angelika Laumer, Dipl.-Pol., hat den Aufbau des Online-Videointerviewarchivs www.weitererzaehlen.at bei _erinnern.at_ geleitet und ihre Dissertation zu Erinnerung an NS-Zwangsarbeit in der ländlichen Gesellschaft verfasst. In ihrem Film „Szukając Emila – Looking for Emil" setzt sie sich mit der Geschichte eines Zwangsarbeiters, der für ihre Familie arbeiten musste, auseinander. Laumer hat dafür viele Interviews, auch mit in Deutschland lebenden Nachkommen von NS-Zwangsarbeitern und Zwangsarbeiterinnen, geführt. Für die Gedenkstätte Berliner Mauer ist sie seit 2004 in der Vermittlungsarbeit tätig.

Albert Lichtblau, Dr., Studium der Geschichte und Politikwissenschaft an der Universität Wien. Bis 2019 Universitätsprofessor am Fachbereich Geschichte der Universität Salzburg und stellvertretender Leiter des Zentrums für jüdische Kulturgeschichte der Universität Salzburg. Forschungsschwerpunkte und Publikationen: Oral History, Audiovisuelle Geschichte, Migration, Nationalsozialismus, Rassismus, Erinnerungspolitik.

Martina Maschke, Mag.[a], Historikerin und Romanistin; seit 1998 Leiterin der Abteilung für bilaterale internationale Angelegenheiten und Holocaust Education international im jetzigen Bundesministerium für Bildung, Wissenschaft und Forschung; 2001 Mitbegründerin des (damaligen) BMUKK-Vermittlungsprojektes „Nationalsozialismus und Holocaust: Gedächtnis und Gegenwart" und seit 2007 Obfrau des daraus hervorgegangenen Vereins _erinnern.at_; Vertreterin des Ministeriums in der österreichischen Delegation der International Holocaust Remembrance Alliance (seit 2002) sowie in den Kuratorien des Nationalfonds der Republik Österreich und des Friedhofsfonds (seit 2007); Mitglied des Steering Committee für die Neugestaltung der Österreichischen Länderausstellung im Staatlichen Museum Auschwitz-Birkenau (seit 2009) sowie Vorstandsmitglied im Wiener Wiesenthal Institut.

Robert Obermair, Mag., ist Historiker und Salzburger Netzwerkkoordinator für _erinnern.at_. Er arbeitet als wissenschaftlicher Mitarbeiter für Zeitgeschichte an der Universität Salzburg und ist an einer Reihe von zeitgeschichtlichen Erinnerungsinitiativen und Forschungsprojekten mit Bezug auf die Zeit des Nationalsozialismus und deren Aufarbeitung in der Nachkriegszeit beteiligt.

Anton Pelinka, Dr., 1975 bis 2006 o. Univ. Prof. für Politikwissenschaft an der Universität Innsbruck, 2006 bis 2018 Prof. of Nationalism Studies and Political Science, Central European University, Budapest. Gastprofessuren in den USA, Belgien, Israel. Letzte Buchveröffentlichung: *Der politische Aufstieg der Frauen. Am Beispiel von Eleanor Roosevelt, Indira Gandhi und Margaret Thatcher* (2019).

Falk Pingel, Dr. phil., lehrt und forscht zu Zeitgeschichte/Nationalsozialismus sowie Geschichtsdidaktik und Schulbuchforschung. Er war viele Jahre lang Stellvertretender Direktor des Georg-Eckert-Instituts für internationale Schulbuchforschung in Braunschweig und hat sich u. a. als „Director of Education" der OSZE-Mission in Bosnien und Herzegowina in der Reform des Unterrichts in Südosteuropa engagiert. Er ist in vergleichenden Schulbuchprojekten u. a. in Ostasien, Südafrika und Israel/Palästina tätig gewesen. Er berät internationale Institutionen und Bildungsministerien zu Fragen der Konfliktdarstellung in Unterrichtsmedien. Bis 2021 war er Sprecher des Beirats von _erinnern.at_.

Axel Schacht, Mag., ist Mitarbeiter von _erinnern.at_. Schwerpunkte sind die Vermittlung des Holocaust im Kontext der Migrationsgesellschaft, die antisemitismuskritische Bildungsarbeit sowie die österreichische Erinnerungskultur. Bei _erinnern.at_ begleitet er Seminarreisen nach Israel und ist für die Entwicklung und Betreuung von Rundgängen und Lernmaterialien verantwortlich.

Schreiber, Horst, Mag., Dr., Universitäts-Dozent für Zeitgeschichte; Leiter von _erinnern.at_ Tirol; Lehrer für Geschichte und Französisch am Abendgymnasium Innsbruck; Herausgeber der Reihe Nationalsozialismus in den österreichischen Bundesländern im Auftrag von _erinnern.at_ und der Studien zu Geschichte und Politik; Mitherausgeber der Gaismair-Jahrbücher und der sozialwissenschaftlichen Reihe transblick.

Adelheid Schreilechner, Mag.[a], Lehrerin für Geschichte und Deutsch. Fachdidaktikerin für Geschichte und Politische Bildung an der Pädagogischen Hochschule Salzburg. Leiterin des Hochschullehrgangs „Holocaust. Erinnerungskulturen. Geschichtsunterricht" (in Kooperation mit _erinnern.at_).

Robert Sigel, Dr., Historiker, Mitarbeiter der Geschäftsstelle des Beauftragten der Bayerischen Staatsregierung für jüdisches Leben und gegen Antisemitismus, für Erinnerungsarbeit und geschichtliches Erbe. Langjährige Tätigkeit im gymnasialen Schuldienst, Lehrbeauftragter an der Ludwig-Maximilians-Universität München mit den Schwerpunkten justizielle Aufarbeitung der NS-Verbrechen, NS-Lagersystem, Holocaust Education und Erinnerungskultur. Als Delegierter der Kultusministerkonferenz in der IHRA auch Mitglied der internationalen Didaktik-Expertengruppe bei der Erarbeitung der Online-Materialien „Das Schicksal der europäischen Roma und Sinti während des Holocaust". Mitglied im Antiziganismus-Arbeitskreis der Kultusministerkonferenz. Zahlreiche einschlägige Veröffentlichungen.

Johannes Spies, MSc, BEd, Dipl.-Päd., Lehrer für Geschichte, Sozialkunde und Politische Bildung, Netzwerkkoordinator von _erinnern.at_ in Vorarlberg, Mitarbeiter am Jüdischen Museum Hohenems im Bereich Kulturvermittlung, Lehrbeauftragter an der Fachhochschule Vorarlberg und der Pädagogischen Hochschule Vorarlberg.

Manfred Wirtitsch, Ministerialrat Mag., Leiter der Abteilung I/1 (Grundsatzangelegenheiten; Unterrichtsprinzipien und fächerübergreifende Kompetenzen; Schulversuche; Ganztagesschulformen; Schulpartnerschaft) im BMBWF. Studium der Geschichte und Kommunikationswissenschaften; 1986 wiss. Mitarbeiter im Österreichischen Staatsarchiv; 1988 Eintritt in das Bundesministerium für Wissenschaft und Forschung; 2001 Abteilungsleiter im Bildungsministerium (Abteilung Politische Bildung). Gründungs- und Vorstandsmitglied im Verein _erinnern.at_, Vorstandsmitglied im Verein Dokumentationsarchiv des österreichischen Widerstandes.